ROMANZI E RACCONTI

Dello stesso autore
nel catalogo Marsilio

E i figli dopo di loro
Come una guerra

Nicolas Mathieu
La canzone popolare

traduzione dal francese di
Margherita Botto

Marsilio

Titolo originale: *Connemara*

Prima edizione: marzo 2023
ISBN 978-88-297-1552-7
www.marsilioeditori.it

LA CANZONE POPOLARE

Per Elsa

I

La rabbia arrivava già al risveglio. Per incavolarsi le bastava pensare a che cosa la aspettava, tutte quelle incombenze a cui far fronte, tutto quel tempo che le sarebbe mancato.

Eppure Hélène era una donna organizzata. Stilava liste, programmava la settimana, aveva chiaro in testa, e persino nel corpo, quanto durava una lavatrice, il bagno della più piccola, quanto ci voleva per cuocere la pasta o apparecchiare la tavola per la prima colazione, portare le figlie a scuola o lavarsi i capelli. Già, i capelli, che venti volte era stata tentata di tagliarsi per guadagnare le due ore di cure settimanali che le costavano, e che però venti volte aveva risparmiato, doveva proprio sacrificare anche loro, i suoi lunghi capelli, un tesoro che si portava dietro dall'infanzia?

Hélène ne aveva abbastanza di quel tempo contato, di quelle tessere quotidiane che componevano il rompicapo della sua vita. Ogni tanto ripensava alla sua adolescenza, la pigrizia concessa a partire dai quindici anni, l'indolenza domenicale, e poi i doposbronza, a non fare un tubo. Quel periodo morto e sepolto che era durato così a lungo e che retrospettivamente sembrava così breve. Allora sua madre le faceva dei cazziatoni perché passava ore a stiracchiarsi nel letto invece di uscire a godersi il sole. Adesso la sveglia suonava alle sei tutti i giorni feriali, e nel weekend non doveva nemmeno suonare perché lei si alzasse sempre alla stessa ora, come un automa, una macchina messa a punto fin troppo bene.

A volte aveva la sensazione di essersi lasciata rubare qualcosa, di non appartenersi più completamente. Ormai il suo sonno obbediva a esigenze superiori, il suo ritmo era diventato familiare, professionale; la sua cadenza, insomma, perseguiva scopi collettivi. Sua madre poteva essere soddisfatta. Ora Hélène era sulla breccia dall'alba al tramonto, utile, alla fine, madre a sua volta, reclutata come lei.

«Dormi?» chiese sottovoce.

Philippe era disteso a pancia in giù, massiccio, al suo fianco, con un braccio sotto il cuscino. Poteva sembrare morto. Hélène controllò l'ora. 6.02. Si cominciava.

«Ehi» bisbigliò più forte. «Vai a svegliare le bambine. Sbrigati. Faremo tardi di nuovo.»

Philippe si girò con un sospiro, e la trapunta, sollevandosi, liberò il greve odore tiepido, così consueto, la densità accumulata di una notte a due. Hélène era già in piedi, nel gelo pungente della camera, e cercava gli occhiali sul comodino.

«Philippe, cazzo...»

Lui brontolò e le voltò le spalle. Hélène passava già in rassegna le tappe obbligate della sua agenda.

Corse sotto la doccia senza rilassare la mascella, poi andò in cucina, dando una prima occhiata alle mail. A truccarsi avrebbe pensato poi, in auto. Ogni mattina le bambine le facevano venire le scalmane, preferiva non mettersi il fondotinta prima di averle lasciate a scuola.

Con gli occhiali sulla punta del naso mise a scaldare il latte per loro e versò i cereali nelle scodelle. Alla radio c'erano i soliti due giornalisti di cui non ricordava mai il nome. Aveva ancora tempo. Il programma mattutino di France Inter le forniva ogni giorno gli stessi, facili punti di riferimento. Per adesso la casa riposava ancora in quella calma notturna nella quale la cucina formava come un'isola; lì Hélène poteva assaporare una parentesi di rara solitudine, che si godeva come un soldato in licenza, il tempo di bere il caffè. Erano le sei e venti, sentiva già il bisogno di una sigaretta.

Si gettò sulle spalle il cardigan pesante e uscì sul balcone. Appoggiata alla ringhiera, fumò contemplando la città giù in basso, i primi balbettii rossi e gialli del traffico, i bagliori distanziati dei lampioni. In una strada vicina, un camion della spazzatura faceva il suo lavoro pieno di sospiri e lampeggiamenti. Un po' più in là, sulla sinistra, svettava un alto edificio disseminato di rettangoli di luce che erano attraversati di tanto in tanto da un'ipotetica sagoma. In fondo, una chiesa. Sulla destra, la massa geometrica degli ospedali. Il centro era lontano, con i suoi vicoli acciottolati, i suoi negozi ricchi di promesse. Nancy si stiracchiava, tornava alla vita. Non faceva tanto freddo per essere una mattina di ottobre. Il tabacco emise il suo crepitio colorato e Hélène gettò un'occhiata oltre la spalla prima di consultare il cellulare. Sul volto le comparve un sorriso, evidenziato dalla luce dello schermo.

Aveva ricevuto un nuovo messaggio.

Parole semplici che dicevano non vedo l'ora, a prestissimo. Il cuore ebbe un breve sussulto e lei fece un altro tiro, poi rabbrividì. Erano le sei e venticinque, doveva ancora vestirsi, lasciare le bambine a scuola, e mentire.

«Hai preparato lo zainetto?»

«Sì.»

«Mouche, hai pensato alle cose per la piscina?»

«No.»

«Be', devi pensarci.»

«Lo so.»

«Te l'avevo detto ieri, non mi stavi ascoltando?»

«Ma sì.»

«Allora perché non ci hai pensato?»

«Non l'ho fatto apposta.»

«Ecco, appunto, bisogna fare apposta a pensarci.»

«Non si può essere bravi in tutto» ribatté Mouche con aria saccente dietro i baffi di Nesquik.

La più piccola aveva appena compiuto sei anni e stava cambiando a vista d'occhio. Anche Clara aveva attraversato quella fase di crescita accelerata, ma Hélène si era dimenticata dell'effetto che faceva vederle diventare così bruscamente delle *persone*. Perciò riscopriva, come fosse la prima volta, il momento in cui un bambino esce dal torpore della prima infanzia, abbandona i modi da animaletto avido e si mette a ragionare, a fare battute, a tirare fuori cose che possono modificare l'umore a tavola o lasciare gli adulti a bocca aperta.

«Bene, io devo andare. Ciao a tutte.»

Philippe era appena comparso in cucina e, con un gesto per lui abituale, si sistemava la camicia nei pantaloni, passando una mano sotto la cintura, dal ventre alla schiena.

«Hai fatto colazione?»

«Mangio qualcosa in ufficio.»

Il padre diede un bacio alle bambine, poi a Hélène, a fior di labbra.

«Ti ricordi che stasera tocca a te andare a prenderle?» disse lei.

«Stasera?»

Philippe non aveva più tanti capelli come un tempo, ma era ancora un bell'uomo, del tipo marcantonio profumato, grande, grosso e ben messo, sempre con quella luce nello sguardo, il furbetto dell'ultima classe di liceo che non si sbatte più di tanto, il cialtrone che sa come vanno le cose. Irritante.

«Ne parliamo da una settimana.»

«Sì, ma rischio di portarmi del lavoro a casa.»

«Allora chiama Claire.»

«Hai il numero?»

Hélène gli diede il numero della babysitter e gli consigliò di contattarla al volo per accertarsi che fosse disponibile.

«Okay, okay» rispose Philippe registrando l'informazione sul cellulare. «Sai se torni tardi?»

«Non troppo, in teoria.»

Allora le salì alle guance una vampata di calore e sentì la camicetta restringersi di due taglie.

«Una bella rottura, comunque» osservò lui mentre faceva scorrere le mail con il pollice.

«Mica passo la vita fuori casa. Ti ricordo che tu sei tornato alle nove ieri e l'altro ieri.»

«Lavoro, lavoro, cosa vuoi che ti dica?»

«Certo, invece io faccio volontariato.»

Philippe alzò gli occhi dallo schermo azzurro, e lei ritrovò il suo buffo sorriso orizzontale, le labbra sottili, quell'aria di prendere tutti per il culo.

Da quando erano tornati a vivere in provincia, Philippe sembrava pensare che non gli si potesse chiedere più niente. Dopotutto, per lei aveva mollato un posto fantastico da Axa, gli amici del badminton e, in generale, prospettive senza paragoni con quanto c'era lì. E tutto perché la sua compagna non aveva retto. Peraltro, si era forse rimessa in sesto? Quella partenza forzata restava fra loro come un debito. O comunque era questa l'impressione che aveva Hélène.

«Bene, a stasera» disse lui.

«A stasera.»

Poi Hélène si rivolse alle bambine: «Forza, denti, vestitevi, usciamo. Devo ancora mettermi le lenti a contatto. E non ve lo dirò due volte.»

«Mamma...» azzardò Mouche.

Ma Hélène era già sparita, frettolosa, capelli raccolti, chiappe alte, controllava i messaggi su WhatsApp mentre saliva la scala che portava di sopra. Manuel gliene aveva scritto un altro, a stasera, diceva, e lei provò ancora una volta quel delizioso pizzicore, quella fifa nel petto che apparteneva un po' ai suoi quindici anni.

Mezz'ora dopo le bambine erano a scuola e Hélène era quasi arrivata in ufficio. Meccanicamente passò in rassegna gli appuntamenti della giornata. Alle dieci aveva una riunione con quelli della Vinci. Alle due doveva chiamare la tizia della Porrette, il cementificio di Dieuze. Si profilava un accordo per un licenziamento collettivo e lei aveva un'idea per riorganizzare i servizi trasversali che avrebbe evitato la perdita di cinque posti di lavoro. Secondo i suoi calcoli, si potevano risparmiare circa cinquecentomila euro all'anno modificando l'organigramma e ottimizzando il reparto acquisti e il parco auto. Erwann, il suo capo, le aveva detto su questa faccenda non possiamo toppare, è superemblematica, è semplicemente vietato toppare. E poi, alle quattro, la famosa presentazione in municipio. Prima, avrebbe dovuto ricontrollare un'ultima volta le slide. Chiedere a Lison di stampare un fascicolo per ogni partecipante, fronte-retro, per non farsi crocifiggere da qualche ecologista cavilloso. Senza dimenticare il frontespizio personalizzato. Conosceva il personale della pubblica amministrazione, i capiservizio, quelle cricche di pezzi grossi e di apprensivi che componevano la dirigenza delle forze comunali. Tutta gente che impazziva di gioia non appena mettevi il suo nome su una cartellina o sulla prima pagina di un documento ufficiale. Una volta superato un certo livello, nelle loro faticose carriere, l'essenziale era distinguersi dalle mezze calzette, differenziarsi dai colleghi.

E la sera, quell'incontro...

Da Nancy a Épinal doveva considerare poco meno di un'ora. Non avrebbe nemmeno avuto il tempo di passare da casa per una doccia. Comunque era escluso andarci a letto al primo appuntamento. Ancora una volta si disse che lo avrebbe annullato, che stava facendo una cretinata. Solo che Lison la attendeva già nel parcheggio, appoggiata al muro, aspirando avidamente la sigaretta elettronica, con quella sua buffa faccia persa in una nube di fumo al gusto mela e cannella.

«Allora? Pronta?»

«Vuoi scherzare... Devi stamparmi i fascicoli per il municipio. La riunione è alle quattro.»

«Tutto fatto da ieri.»

«Fronte-retro?»

«Certo. Mi prende per un'ecoscettica?»

Si affrettarono verso gli ascensori. Nella cabina che portava agli uffici di Elexia, Hélène evitò lo sguardo della stagista. Per una volta, Lison aveva rinunciato alla sua aria perennemente insonnolita ed era frizzante, quasi fosse lei ad avere un *date* per quella sera. Le porte si aprirono sul terzo piano e Hélène la precedette.

«Vieni con me» disse attraversando il vasto ambiente sul quale si articolava il notevole *open space* dello studio di *consulting*, con il suo arcipelago di scrivanie, la stretta passatoia rossa che tracciava i percorsi e le tante, rigogliose piante verdi sotto il diluvio di luce che pioveva dalle alte finestre. Poltrone rosse e divani grigi consentivano qua e là una pausa conviviale. In fondo, un cucinotto attrezzato permetteva di riscaldare il portavivande e provocava liti sulle cibarie abbandonate in frigo. Gli unici spazi chiusi si trovavano al mezzanino, una sala riunioni chiamata *il cubo* e l'ufficio del capo. E appunto nel cubo si chiusero Hélène e Lison, al riparo da orecchie indiscrete.

«Ho fatto una cazzata» esordì Hélène.

«Ma no, assolutamente no. Andrà tutto bene.»

«Sto qui come una scema a guardare il cellulare tutto il santo giorno. Ho del lavoro da fare. Ho due figlie. È una stupidaggine. Non posso lasciarmi coinvolgere in cose del genere. Ci rinuncio.»

«Aspetta!»

Capitava che Lison, per distrazione, si permettesse di dare del tu alla sua capa. Hélène non si formalizzava. Tendeva a perdonare tutto a quella buffa ragazzina. Va detto che era divertente con le sue Converse, i suoi cappotti firmati di seconda mano e la sua faccia equina, denti troppo lunghi e occhi distanziati che non bastavano a imbruttirla. A dire il vero, le aveva cambiato la vita. Perché, prima di vedersela davanti, Hélène si era sentita a lungo a un passo dal baratro.

Eppure, sulla carta, aveva tutto, una casa progettata da un architetto, un lavoro di responsabilità, una famiglia degna di comparire su *Elle*, un compagno niente male, una cabina armadio e persino la salute. Restava qualcosa di inesprimibile che la minava e aveva a che fare al tempo stesso con la sazietà e con la mancanza. Quella crepa che si portava dentro senza saperlo.

Il malessere si era manifestato quattro anni prima, quando lei e Philippe vivevano ancora a Parigi. Un bel giorno, al lavoro, Hélène si era chiusa in bagno perché, semplicemente, non le andava più di vedere i messaggi riempire la casella di posta elettronica. In seguito, quella fuga era diventata un'abitudine. Si era nascosta per evitare una riunione, un collega, per non dover più rispondere al telefono. Ed era rimasta seduta così, sul water, ore e ore, migliorando il suo punteggio a *Candy Crush*, incapace di reagire, e accarezzando amorevolmente idee di suicidio. A poco a poco le cose più banali erano diventate intollerabili. Per esempio, si era sorpresa a piangere davanti al menu della mensa aziendale perché a pranzo c'erano di nuovo carote grattugiate e patate dauphine. Persino le pause sigaretta avevano assunto una piega tragica. Quanto al lavoro in senso stretto, semplicemente non le sembrava più di alcun interesse. A che pro quei fogli Excel, quelle riunioni riproducibili all'infinito, e il linguaggio, cazzo? Quando qualcuno pronunciava davanti a lei le parole «impattare», «*kickoff*» o «priorizzare», le veniva la nausea. E verso la fine non riusciva nemmeno più a sopportare il suono di accensione del MacBook Pro senza scoppiare in singhiozzi.

Così aveva perso sonno, capelli, peso e le era venuto un eczema sotto le ginocchia. Una volta, sui mezzi pubblici, osservando il cranio pallido di un tale, sotto il riporto, aveva avuto un malore. Si sentiva estranea a tutto. Non aveva più voglia di essere da nessuna parte. Il vuoto l'aveva catturata.

Il medico aveva diagnosticato un *burnout*, senza esserne del tutto convinto, e Philippe, con la morte nel cuore, aveva dovuto acconsentire a lasciare Parigi. Se non altro la provincia prometteva qualche vantaggio, una migliore qualità di vita e la possibilità di comprarsi una casa spaziosa con un grande giardino, senza contare che in quelle zone ospitali sembrava ragionevole ottenere un posto al nido senza dover andare a letto con un funzionario del comune. E poi i genitori di Hélène vivevano nei dintorni, di tanto in tanto avrebbero potuto dare una mano.

A Nancy, Hélène aveva subito trovato lavoro grazie a un amico di Philippe: Erwann, direttore di Elexia, uno studio che vendeva consulenza, revisione dei conti, strategie nel settore delle Risorse umane, sempre la stessa solfa. E per qualche settimana il cambiamento di ambiente e il nuovo ritmo erano bastati a tenere a distanza i patemi. Ma non era durata molto. Ben presto, pur senza ripiombare totalmente in depressione, si era sentita di nuovo frustrata, fuori posto, spesso stanca morta, giù di corda per cose da nulla e tanto arrabbiata.

Philippe non sapeva come gestire quelle crisi di malumore. Un paio di volte avevano tentato di parlarne, sì, ma Hélène aveva avuto l'impressione che lui ci mettesse troppa enfasi, l'aria convinta, dandole ragione a intervalli regolari, l'identica manfrina di quando era in videoconferenza con i colleghi. In fondo, Philippe si comportava con lei come con tutto il resto: cercava di sfangarla.

Per fortuna, un bel giorno, in quella nebbia di stanchezza aveva ricevuto uno strano cv, una domanda di stage. Di solito richieste di quel tipo non arrivavano fino a lei, oppure le trasferiva direttamente nel cestino della posta elettronica. Ma aveva attirato la sua attenzione perché era di una semplicità quasi ridicola, senza fotografia, senza le solite cavolate, che cosa sai fare, che cosa vuoi essere, hobby virtuosi e patente B. Era un banale documento Word con nome e cognome, Lison Lagasse, indirizzo, numero di cellulare, la menzione di un master di primo livello in Economia e un elenco di esperienze eterogenee. Léon a Bruxelles, Deloitte, Darty, Barclays e persino un'azienda ittica in Scozia. Invece di rifilare la candidatura alle Risorse umane come richiedeva la procedura di assunzione, Hélène aveva fatto un colpo di telefono alla candidata, per curiosità. E anche perché quella ragazza le ricordava qualcosa. Lei aveva risposto subito, con una voce flautata, precisa, inframmezzata da brevi risate che erano la sua punteggiatura. Lison rispondeva alle domande con *sì*, *assolutamente no*, *certo*, poco ansiosa di piacere, divertita e complice. In ogni caso, Hélène le aveva fissato un appuntamento, una sera dopo le sette, quando l'*open space* era quasi vuoto, come in segreto. La ragazza si era presentata puntuale, una spilungona dall'aria sveglia, ultramagra, jeans aderenti e mocassini con le nappine, la frangia, ovvio, e quella faccia lunga nella quale, a intervalli, lampeggiavano i suoi denti da puledra, splendenti e quasi sempre in bella vista.

«Lei ha uno strano curriculum. Come si fa a passare da Deloitte a Darty?»

«Sono tutte e due sulla linea 1.»

Hélène aveva sorriso. Una parigina... Quel genere di donne l'avevano intimidita per anni, con la loro eleganza speciale, la loro certezza di essere ovunque al proprio posto, l'incapacità di ingrassare e quel modo di essere, imperioso, perentorio, nel quale ogni gesto diceva il meglio che tu possa fare, cara mia, è cercare di assomigliarmi. Era strano vederne una lì, nel suo ufficio di Nancy, sul far della sera. Guardandola, Hélène aveva l'impressione di ricevere una cartolina da un luogo dove un tempo aveva passato vacanze difficili.

«E che ci fa qui?»

«Oh!» aveva risposto Lison con un gesto evasivo. «Mi hanno buttata fuori da Arti decorative, e mia madre si è trovata un tizio da queste parti.»

«E si sta ambientando?»

«Più o meno.»

Hélène l'aveva assunta subito, affidandole tutti gli strumenti di *reporting* che venivano loro imposti da quando Erwann dava la caccia agli sprechi e voleva raffinare i *process*, il che significava giustificare ogni minima trasferta, indicare i compiti più insignificanti su tabelle ciclopiche, trovare in interminabili menu a tendina la voce criptica che corrispondeva ad attività un tempo imponderabili, e perdere così un'ora al giorno a giustificare le altre otto.

Contro ogni aspettativa, Lison se l'era cavata alla grande. Dopo una settimana conosceva ogni persona dello stabile e tutti i piccoli segreti dell'ufficio. Era semplicissimo: tutto la divertiva e, come una bolla di sapone, fluttuava nell'*open space*, efficiente e imperturbabile, irritante e perlopiù apprezzata, refrattaria allo stress, dando l'impressione di fregarsene, non deludendo mai, una specie di Mary Poppins del terziario. Per Hélène, che passava il tempo a combattere e mirava a una posizione di associata al fianco di Erwann, quella leggerezza aveva qualcosa di fantascientifico.

Una sera, mentre si facevano una pinta in un pub lì accanto, Hélène era diventata curiosa: «C'è qualcuno che ti piace in ufficio?»

«Al lavoro mai, è severamente proibito.»

«Il lavoro è il principale luogo di incontro.»

«Preferisco non mischiare. Troppa tensione, soprattutto in *open space*. Dopo, i tizi ti girano intorno tutto il santo giorno come avvoltoi. E, peggio ancora, quei deficienti non possono fare a meno di raccontare cose, è più forte di loro.»

Hélène aveva ridacchiato.

«E allora come te la cavi? Esci, vai a ballare?»

«Ah, no! I locali, qui, sono tremendi. Faccio come tutti quanti: vado a caccia nel web mondiale.»

Hélène aveva dovuto sforzarsi per non sorridere. Da Lison la separava appena una generazione e già non capiva più niente delle usanze amorose in vigore. Ascoltandola, aveva scoperto che le possibilità di incontro, la durata delle relazioni, l'interesse che si nutriva reciprocamente in seguito, il concatenarsi delle storie, la tolleranza per quelle simultanee, la sovrapposizione o la sincronia degli amori, insomma le regole della scopata e del sentimento, avevano subito grossi cambiamenti.

A fare la differenza era innanzitutto l'uso della messaggistica e dei social. Quando Hélène spiegava alla sua stagista di non aver sentito parlare di internet prima del liceo, Lison la guardava con doloroso stupore. Sapeva che prima della rete c'era stata una civiltà, ma tendeva a retrodatare quel periodo a decenni color seppia, da qualche parte fra il patto Ribbentrop-Molotov e i primi passi sulla Luna.

«Ebbene sì» sospirava Hélène. «Ho visto i risultati della maturità sul numero di Minitel del ministero dell'Istruzione, o qualcosa del genere.»

«Naaa...»

La generazione di Lison, invece, con internet ci era cresciuta. Alle medie lei passava già serate intere a flirtare online con perfetti sconosciuti sul computer che i genitori le avevano regalato allo scopo di migliorare il suo rendimento scolastico, parlando a non finire di sesso sia con ragazzini della sua età sia con maniaci sulla cinquantina che digitavano con una mano sola, con internauti di Singapore o con il suo vicino di casa, a cui non sarebbe riuscita a dire una parola se le si fosse seduto accanto sull'autobus. In seguito si era divertita a intrattenere sul cellulare rapporti epistolari di lungo corso con un sacco di ragazzi che conosceva vagamente. Bastava contattare su Facebook o Instagram un compagno di scuola che ti piaceva, ciao, ciao, e il resto veniva da sé. Nella notte digitale le conversazioni schizzavano a velocità stupefacente, annullavano le distanze, rendendo l'attesa insopportabile, il sonno superfluo, l'esclusività inammissibile. Lei e le sue amiche alimentavano sempre tre o quattro *thread* contemporaneamente. La conversazione, dapprima banale, avviata su un tono scherzoso, ben presto virava sul personale. Si esprimeva il proprio malessere, si parlava dei genitori che rompevano, di Léa che era una zoccola e del prof di fisica e chimica, un maniaco narcisista. Dopo le undici di sera, andata a letto la famiglia, quello scambio fra pari prendeva una piega più clandestina. Ci si cominciava a scaldare sul serio. Le fantasie venivano formulate con poche parole, tutte abbreviate, codificate, indecifrabili. Si finiva per inviarsi foto in biancheria intima, in erezione, inquadrature dal basso in alto suggestive e segretissime.

«Il massimo era scattare una foto dove si vedeva la testa ma tu restavi in incognito. Non si sa mai.»

«Non avevi paura che il tizio la girasse ai suoi amici?»

«Certo. È il prezzo da pagare.»

Quelle immagini, scattate a letto, selfie in chiaroscuro, erotismo più o meno padroneggiato, venivano scambiate come una moneta di contrabbando, ignota ai genitori, valuta illecita che faceva esistere tutto un mercato della libido su cui incombeva sempre la minaccia dello svelamento. Perché a volte capitava che un'immagine licenziosa diventasse di pubblico dominio, che una minorenne seminuda diventasse virale.

«A quindici anni ho avuto una compagna che ha dovuto cambiare scuola.»

«Che cosa orribile.»

«Sì. E c'è anche di peggio.»

Hélène si rimpinzava di quegli aneddoti che, come le patatine, lasciavano una sensazione un po' disgustosa, eppure non se ne aveva mai abbastanza. Si preoccupava anche per le sue figlie, chiedendosi come avrebbero affrontato quelle minacce di tipo nuovo. Ma soprattutto erano storie che la facevano arrabbiare. Invidiava quel desiderio che non era destinato a lei. Si sentiva sminuita dal fatto di esserne esclusa. Ricordava l'avidità che un tempo era stata la sua velocità di crociera. Allo psicologo aveva confidato: «Mi sembra di essere già vecchia. Tutto questo per me è finito.»

«Che cosa prova?» aveva chiesto lui, tanto per cambiare.

«Rabbia. Tristezza.»

Lo stronzo non si era nemmeno degnato di appuntarlo sul suo Moleskine.

Il tempo era passato così in fretta. Dall'esame di maturità alla quarantina la vita di Hélène aveva preso un treno ad alta velocità, per poi abbandonarla, un bel giorno, su una banchina di cui non si era mai parlato, con un corpo diverso, le borse sotto gli occhi, meno tette e più culo, figlie attaccate alle sottane, un uomo che diceva di amarla e si defilava ogni volta che bisognava fare una lavatrice o stare con le bambine se a scuola c'era sciopero. Su quella banchina gli uomini non si giravano più tanto spesso quando passava. E gli sguardi che un tempo rimproverava loro, e che ovviamente non erano la misura del suo valore, ciò nonostante le mancavano. Era cambiato tutto in un batter d'occhio.

Un venerdì sera, mentre era al Galway con Lison, alla fine Hélène aveva sputato il rospo.

«Mi deprimi, con tutti questi uomini.»

«Mica ho niente contro le ragazze» aveva ribattuto Lison con una smorfia gioviale e soddisfatta. «E comunque sono soprattutto flirt. A essere sincera, me ne scopo solo la metà.»

«Intendo dire che mi viene il magone a pensare che il mio turno è passato.»

«Ma lei è matta. Ha un potenziale fantastico. Su Tinder farebbe sfracelli.»

«Oh, piantala. Se è per dire queste scemenze...»

Ma Lison era categorica: il mondo era pieno di morti di fame che si sarebbero dannati l'anima per portarsi a letto una donna come lei.

«Ne sono lusingata» aveva osservato Hélène, con le palpebre pesanti.

Ovviamente aveva sentito parlare di quel genere di app. I siti dedicati alle novità tecnologiche che consultava lei erano unanimi nel magnificare quei nuovi ritrovati che schiavizzavano milioni di single, collezionavano incontri, ridefinivano con i loro algoritmi affinità elettive e intermittenze del cuore, appropriandosi fra l'altro, tramite i loro canali immediati e le loro interfacce ludiche, sia delle miserie sessuali sia dell'eventualità di un colpo di fulmine.

In quattro e quattr'otto Lison le aveva creato un profilo, tanto per ridere, con fotografie rubate su internet, due di spalle e una terza sfocata. Quanto alla pappardella di presentazione, se l'era giocata in stile minimalista e un pizzico provocatorio: *Hélène, 39 anni. Cercami se sei un uomo*. Per il resto, il funzionamento non aveva niente di difficoltoso.

«Vedi comparire il tizio, la sua faccia, due o tre foto. Se supera l'esame, *swippi* a destra. Altrimenti a sinistra, e non ne senti parlare mai più.»

«E lui fa lo stesso con le mie foto?»

«Esatto. Se vi piacete, scatta il *match* e potete cominciare a chiacchierare.»

Con i gomiti sul bancone, Hélène e la sua stagista avevano passato in rassegna tutto ciò che offriva la regione quanto a uomini disponibili e infedeli compulsivi. La sfilata si era rivelata abbastanza divertente e i belli una merce rara. Da quelle parti bazzicavano soprattutto bulli da quattro soldi che posavano a torso nudo davanti a un'Audi, single con occhiali senza montatura, divorziati con la maglia della loro squadra di calcio, agenti immobiliari impomatati o pompieri dall'aria goffa. Spietato, il pollice di Lison spediva tutta quella bella gente nell'inferno di sinistra, ripescando a titolo eccezionale un tizio che somigliava vagamente a Jason Statham, oppure un caso totalmente pietoso, così, per scherzo. Comunque procedeva in modo sistematico. Perché se le ragazze facevano le difficili, i maschi invece non andavano tanto per il sottile e optavano per la rete a strascico, passando poi al vaglio il magro ricavato della loro pesca indiscriminata. Ogni volta Lison se ne usciva con un commento breve e pungente, e Hélène, sempre più brilla, rideva.

«Aspetta, questo non è neanche maggiorenne.»

«Fregatene, mica sei una cabina elettorale.»

«E lui? Guarda il taglio di capelli!»

«Forse va di moda a New York.»

Lison aveva appunto usato Tinder in quelle città modello, New York e Londra, da cui aveva riportato il racconto di messi miracolose. Perché in quei luoghi, in balia della pressione immobiliare e di una competizione incessante, bisognava sgobbare senza tregua per restare a galla e mancava il tempo per tutto, fare la spesa come rimorchiare. Quindi si usavano i servizi online per riempire sia il letto sia il carrello. Una connessione, qualche parola scambiata all'ora di pranzo, un cocktail a un prezzo stellare verso le sette di sera e, in gran fretta, ci si andava a spogliare in un appartamento minuscolo per una scopata veloce, fatta pensando ai messaggi urgenti che non smettevano di piovere nella casella di posta elettronica. Quelle vite affilate come pugnali continuavano così, rapide e dolorose, esibite costantemente sui social, senza lacrime né rughe, nella sinistra illusione di un perpetuo presente.

E invece lì da loro, ovvio, tra Laxou e Vandœuvre, era tutto diverso.

«E tu mostri la tua faccia su questo coso?» aveva chiesto Hélène. «Non ti secca che qualcuno ti riconosca?»

«Fanno tutti così. Quando la vergogna è generale non c'è più vergogna.»

A quel punto le aveva interrotte un sms di Philippe, guastando un po' l'atmosfera. *Le bambine dormono. Ti aspetto?* Hélène aveva pagato il conto, accompagnato Lison ed eliminato la app prima di tornare a casa.

Il giorno dopo l'aveva reinstallata.

In pochissimo tempo aveva afferrato pienamente il meccanismo, ampliando la zona di caccia a un raggio di ottanta chilometri e arricchendo il suo profilo con foto autentiche ma che non consentivano di identificarla. Però mostravano le gambe lunghissime, la bocca così appetitosa che a volte, al risveglio, di prima mattina, o quando era contrariata, la faceva assomigliare a un'anatra. Un'altra istantanea di lei seduta a bordo piscina permetteva di prendere visione dei fianchi, delle chiappe piuttosto consistenti ma sode, della sua pelle abbronzata. Aveva valutato se mostrare gli occhi, che avevano il colore del miele e potevano virare al verde mandorla quando veniva l'estate, ma alla fine aveva rinunciato. Non era il caso di essere romantici.

Ben presto aveva cominciato a cercare occasioni tutto il santo giorno, mentre ogni *match* ripristinava la sua sicurezza, ogni complimento ricevuto faceva alzare il suo nuovo piedistallo. Eppure tutto quel desiderio anonimo non spegneva la rabbia. La sensazione dell'a che serve, l'impressione di aver subito un danno restavano vive. Ma ormai aveva quei risarcimenti minuscoli, quasi automatici, e la soddisfazione dell'imbarazzo della scelta. Altrove, degli sconosciuti la desideravano, e la loro gentilezza interessata la rianimava. Si sentiva vivere di nuovo, dimenticava il resto. Anche se capitava che un poveraccio troppo educato e davvero brutto le facesse venire qualche scrupolo.

Dopo un po', comunque, un ragazzo aveva finito per attirare sul serio la sua attenzione. Anche lui si nascondeva, ma dietro una maschera da panda. E il suo annuncio era diverso dalle solite vanterie. *Manuel, 32 anni. Cerco donna bella e intelligente per accompagnarmi al matrimonio della mia ex. Se sei di destra e usi lo stesso profumo di mia madre è un plus.*

Divertita, Hélène gli aveva chiesto che profumo usasse sua madre.

Nina Ricci, aveva risposto lui.

Allora forse possiamo combinare.

Da quel momento avevano preso a chattare con regolarità. Dapprima Hélène si era limitata a un tono distante e vagamente sarcastico. Poi Philippe si era assentato per un corso di formazione a Parigi e lei si era ritrovata sola per tre notti. Dalle battute erano passati alle confidenze, poi alle allusioni. Nel buio della sua camera, Hélène era diventata solo un volto illuminato di azzurro, mentre le ore scivolavano via in silenzio. Aveva avuto vampate di calore, sofferto di insonnia e bruciori agli occhi, fra le lenzuola delle loro interminabili conversazioni si era dimenata molto. Al risveglio aveva una faccia da far paura e il suo primo gesto era controllare i messaggi. Due parole nuove bastavano a darle allegria. Un'ora di silenzio, e cominciava a immaginare scenari tragici. Nel complesso era felice. Alla fine aveva accettato un appuntamento.

Ma ora che mancava poco non era più tanto sicura. Nel cubo, al mezzanino, sentiva arrivare la fifa, e la prospettiva di un pentimento. Lison, invece, restava fiduciosa.

«Andrà bene. Non è più abituata, tutto qui.»

«No, lascio perdere. Questo genere di cose non fanno per me.»

«È per il suo uomo?»

Hélène aveva spostato lo sguardo verso la finestra. Fuori, il cielo già greve pesava sulla città e sul suo brulicare di edifici disparati. Su strade ferrate contraddittorie, treni ad alta velocità incrociavano regionali mezzi vuoti fra muri variopinti di tag. Erwann aveva voluto uffici che dominassero la città. Bisognava guardare le cose dall'alto, avere una visione globale.

«Ma no» mentì Hélène. «Non è la giornata giusta, ecco. Ho quell'appuntamento in municipio. Ci lavoriamo su da tre mesi.»

«Alla peggio può annullare il *date* all'ultimo momento. Il tizio non sa neanche chi è lei né altro.»

Hélène osservò Lison. Quella ragazza così giovane per la quale tutto era possibile... Volle ferirla, vendicarsi di tutto il tempo che lei aveva ancora.

«Quanto rompi, non sono più una bambina...»

Lison recepì il messaggio e si eclissò all'istante. Rimasta sola, Hélène osservò il proprio riflesso nel vetro. Indossava la gonna nuova di Isabel Marant, una bella camicetta, il chiodo e i tacchi alti. Si era fatta bella per Manuel, per quegli idioti del municipio. Constatò quanto fosse striminzito lo chignon, in cima alla testa. All'improvviso se la prese con se stessa. Era per questo che aveva combattuto tutta la vita?

In quel momento Erwann scelse di piombare nel cubo, tablet in mano, mal sbarbato, capelli rossi, pancia senatoria avvolta nel fantastico tessuto di una camicia azzurra di twill.

«Hai visto la mail di Carole? Ci prendono proprio per il culo. In tutta onestà, l'ho *forwardata* direttamente all'avvocato, me ne sbatto le palle. A prescindere, è okay per domani? Il grosso incontro per la fusione?»

«Sì, ho confermato ieri.»
«Fico, mi era sfuggito. E il municipio? Tutto a posto?»
«Sì, sarò lì alle quattro.»
«Sei sicura, nessun problema, va tutto bene?»
«Va tutto bene.»
«Non possiamo toppare, su questa faccenda. Se mettiamo un piede dentro, dopo possiamo fare una barca di soldi. Ho pranzato con la direttrice dei servizi. Vogliono ristrutturare tutto da cima a fondo. Se cominciamo bene, poi saremo in pole position per le gare d'appalto.»
«Cominceremo bene, non preoccuparti.»
In un attimo, Erwann uscì da quello stato di surriscaldamento egocentrico che era la sua modalità abituale e la fissò con gli occhietti dorati. All'École supérieure des sciences économiques et commerciales lui e Philippe avevano presieduto insieme l'associazione studentesca. Due decenni dopo si vantavano ancora di aver stornato un po' di fondi per regalarsi un weekend a Val Thorens. Quindi Erwann sapeva da dove veniva Hélène, per quale università era transitata, sapeva del crollo parigino, delle figlie che le impedivano di lavorare fino a tardi, delle sue glorie passate, dei suoi cedimenti, e probabilmente sapeva cose ancora più intime.
«Mi fido di te.»
«Dovremmo anche vederci.»
«Per?»
Sapeva benissimo a che cosa si riferisse. Hélène si trattenne e ignorò la sua sceneggiata.
«Ricordi? La mia carriera in azienda...»
«Ah, sì sì sì. Dobbiamo fare il punto. È senz'altro una delle priorità.»
Hélène sentì idee omicide attraversarle la mente. Ormai lo assillava da mesi per passare da *senior manager* (che in una piccola azienda non significava granché) ad associata vera e propria, e se in linea di principio Erwann era d'accordo, nei fatti non succedeva un bel niente.

«Okay» disse. «Questo mese ho fatturato più giorni di tutti quelli feriali messi insieme. Lavoro come una pazza e so benissimo che vuoi vendere a un grosso studio. Ti avverto, è escluso che io mi ritrovi a essere la decima ruota del carro in una succursale di McKinsey.»

«Ma siamo assolutamente d'accordo!» esclamò Erwann con un entusiasmo scomposto. «Sai come la penso. Fidelizzare quelli bravi. Non preoccuparti.»

Hélène si disse che se l'avesse presa per il culo gli avrebbe fatto sputare sangue. Era una di quelle frasi poco impegnative ma che davano sollievo, soprattutto quando le tenevi per te. Dopo questa riflessione bellicosa tornò nell'*open space*, disseminato di altri consulenti, ognuno con una cuffia sulle orecchie e gli occhi fissi sullo schermo. Gente che guadagnava tra i quarantamila e i novantamila all'anno e non aveva neanche un ufficio tutto suo. Doveva uscire ad ogni costo da quella palude di indifferenziati. Era da sempre la stessa storia. Avere successo.

La riunione doveva tenersi nel seminterrato del municipio, una stanza senza finestre illuminata al neon, con tavoli di laminato disposti a U e una lavagna magnetica. Arrivata per prima, Hélène controllò che il wireless per le presentazioni funzionasse, attivò la connessione sul suo computer, fece scorrere qualche slide per accertarsi che fosse tutto a posto, poi attese, con le gambe accavallate, digitando meccanicamente sul cellulare. Manuel le aveva mandato tre nuovi messaggi che in sostanza dicevano tutti la stessa cosa. *Non vedo l'ora. Penso a te di continuo. A stasera finalmente*. Era carino, ma ridondante. E non doveva cominciare a montarsi troppo la testa. Hélène stava per scrivergli una risposta che calmasse i suoi bollenti spiriti, esitò; in effetti non sapeva bene che cosa dirgli. In quel momento entrarono nella stanza due uomini, lasciandosi la porta aperta alle spalle. Hélène si alzò subito in piedi, tutta sorrisi. Conosceva vagamente il primo, un tizio giovane e già calvo con le Church's e una giacca attillata. Aurélien Leclerc. Sosteneva di ricoprire la carica di vicedirettore della comunicazione. Ma le malelingue assicuravano che in realtà era solo assistente del direttore. Comunque, aveva frequentato Sciences Po. In genere non passavano dieci minuti prima che accennasse alla cosa.

Il secondo, un cinquantenne alto con il cranio ancora più liscio, camicia bianca e pullover girocollo, braccialetto brasiliano e sguardo tagliente, le tese una mano marziale.

«David Schneider. Responsabile dei sistemi informatici.»

«Ah» fece Hélène, «piacere.»

Leclerc intervenne subito per fornire utili precisazioni. Sarebbe stata una riunione ristretta. Il signor Politi, che dirigeva il polo comunicazione e informatica, si scusava. Era impegnato altrove per un incontro, alla presenza del prefetto, in particolare. Pazienza, avrebbero fatto a meno di lui.

Hélène sorrise di nuovo. Certo, capiva. Dopotutto le ci erano volute solo centocinquanta ore per sbrogliare lo spaventoso groviglio dei servizi informatici di quella città, un casino degno di un romanzo russo in cui soldi ed energie si perdevano in inverosimili circuiti decisionali che vedevano sovrapporsi non meno di tre diversi organigrammi. Durante tutta la sua valutazione si era stupita che quella babele si reggesse ancora in piedi. La pigrizia accumulata, l'indeterminatezza delle gerarchie, gli odi atavici fra dirigenze amministrative avevano partorito una vera e propria Černobyl' digitale. Quando si pensava che i cittadini affidavano il numero della carta di credito a quel sistema degno dei Soviet per pagare la mensa scolastica dei figli o il permesso di soggiorno, c'era da rimanere perplessi.

«Possiamo cavarcela senza di lui» proseguì Schneider, più impavido che mai. «Non si preoccupi.»

«In ogni caso siamo appena all'inizio del progetto» aggiunse Leclerc. «Possiamo senz'altro mettere a punto un metodo con una serie di tappe che poi il direttore convaliderà. È quello che facciamo di solito con i nostri fornitori di servizi.»

«Certo, ma non è esattamente quello che avevamo concordato con il signor Politi. E in più il *planning* è già a buon punto.»

«Così stanno le cose, adesso» tagliò corto Schneider.

Hélène li considerò uno dopo l'altro, il vice soddisfatto, l'informatico sicuro di sé. Conosceva come le sue tasche quel tipo di soggetti che passavano la vita a pavoneggiarsi nelle riunioni, gestendo in modo disinvolto funzionari dalle carriere statiche, dispensando la manna comunale a sfilze di subappaltatori remissivi, facendo pressione quando gli veniva il ghiribizzo e blaterando a vuoto tutto il santo giorno.

«Okay» disse. «Faremo così.»

Esordì in modo classico, partendo dai punti di forza e di debolezza dell'organizzazione, poi precisando le minacce (quattro delle quali si rivelavano critiche per il sistema nel suo complesso), prima di concludere con le opportunità, il che le richiese non più di un minuto. Aveva parlato in tono pacato, maneggiando il telecomando e a volte avvicinandosi allo schermo per indicare con un dito un elemento che doveva attrarre in modo particolare la loro attenzione. La presentazione era integrata da dati statistici che non comparivano nel PowerPoint ma che lei aveva memorizzato apposta, un metodo che in genere faceva il suo bell'effetto. Poi si soffermò su alcuni casi esemplari, un po' di *benchmarking*, qualche elemento di sociologia delle organizzazioni. Dapprima diligenti, ben presto Leclerc e Schneider cominciarono a deconcentrarsi, distraendosi dalle sue spiegazioni per consultare mail e mandare sms. A un certo punto Hélène sospettò persino che Leclerc guardasse dei video su YouTube. Appena prima di passare alle strategie consigliate lasciò cadere apposta il telecomando del wi-fi. Che nell'urto si aprì, e le pile uscirono, scomparendo in un rumore di metallo e plastica. I due sobbalzarono. Anzi, Leclerc arrossì.

«Che le prende?» fece Schneider.

«La stiamo ascoltando» aggiunse Leclerc, più conciliante.

Hélène stava ritta, a pochi metri di distanza, con la mascella rigida. Calcolava fra sé e sé i rispettivi vantaggi fra sottomettersi e andare allo scontro. Pensò al fatturato di Elexia, ai rapporti privilegiati che quei due alti papaveri avevano di sicuro con un certo numero di loro simili in varie istituzioni della zona, Consiglio dipartimentale, Azienda sanitaria regionale, Provveditorato agli studi e altre comunità municipali.

«Scusate» disse. «Mi è sfuggito di mano.»

Ricompose il telecomando e terminò la presentazione in un'atmosfera di reciproca reticenza. Leclerc uscì prima della fine con la scusa di un'emergenza. Schneider, invece, le fece i complimenti per il suo lavoro. Però non era del tutto d'accordo con le conclusioni, che giudicò inutilmente allarmistiche.

«Abbiamo avuto una valutazione l'anno scorso. Che consigliava interventi più misurati. Ciò che conta, in sistemi complessi come il nostro, è attuare dispositivi che permettano un costante miglioramento. Non si può stravolgere tutto dall'oggi al domani.»

«Certo» disse Hélène.

L'aveva letta, quella famosa valutazione, condotta internamente, che per la sua acquiescenza e i suoi sofistici giri di parole ricordava un po' i rapporti dell'Ispettorato generale dei servizi. Aria fritta.

«Comunque la ringrazio» riprese Schneider. «Ci rifletterò con i miei collaboratori. È un buon lavoro. Specie il punto sulla situazione attuale. Quanto alle raccomandazioni strategiche, penso che le cose possano essere migliorate.»

«Ovviamente» disse Hélène.

Quando Schneider le annunciò che bisognava fissare un altro appuntamento per rivedere il tutto, senza precisare la data, capì che la faccenda era morta lì.

Lasciò il municipio in fretta, camminando veloce sul lastricato recente, con la testa come una centrifuga. Mentre saliva la scala che portava al parcheggio, controllò l'ora. Era troppo tardi per passare in ufficio. Pensò alle bambine, alla babysitter e a Philippe, doveva chiamare Erwann, spiegargli la situazione. In realtà, era già stato deciso tutto ben prima della riunione. Schneider era riuscito a metterla in panchina, mentre quel casino era interamente colpa sua. Erano anni che si limitava a fare la ruota fra riunioni e *conference call*, fregandosene di organizzare il personale, intrallazzatore e onnipresente, intossicando i superiori col gergo tecnico e rifilando ai sottoposti direttive criptiche che non miravano a niente e a niente approdavano mai. Doveva aver sistemato le cose durante un pranzo con Politi o con la direttrice generale dei servizi, tra un filetto di branzino e un carpaccio di frutta, esprimendo probabilmente qualche educata riserva sul rapporto di Elexia e pronunciando la parola «politico», che in quell'ambiente giustificava le inerzie più sorprendenti, gli arzigogoli meno razionali, e congelava nel giro di un attimo qualunque buona volontà. Ben presto il suo incasinato sistema era parso il frutto di compromessi machiavellici e necessari che il minimo gesto avrebbe potuto scombussolare, provocando notevoli disordini, nel personale tanto per cominciare, poi dal punto di vista operativo, e alla fine scontentando gli utenti, il che non era mai auspicabile, tanto più che la stampa aveva appena tirato fuori un'imbarazzante faccenda di sovvenzioni concesse ad associazioni confessionali che si erano accaparrate certi orti urbani in disuso dalle parti di Laxou. Quadri come Schneider passavano il tempo a presentare il caos di cui erano responsabili sotto le sembianze di sofisticati aspetti tecnici inaccessibili ai profani, dando un'aria di necessità alle proprie cattive abitudini, un'apparenza diplomatica alle proprie vigliaccherie. Insomma, gliel'aveva proprio messo in culo.

A quel punto qualche goccia sparsa cominciò a punteggiare l'asfalto. Hélène affrettò il passo, ostacolata dalla gonna e dai tacchi, già in un bagno di sudore, con la tracolla che le segava la spalla mentre l'impermeabile le scivolava dal braccio. Ma non fece in tempo ad arrivare alla macchina. La pioggia si abbatté sulla città e lei si mise a correre per le vie di colpo deserte, traballando, con il cellulare in mano, a testa bassa. Intorno restavano solo il selciato lucido, la violenza dell'acquazzone sul cofano delle auto e sulle facciate dei palazzi, l'odore pulito dell'aria lavata e, in alto, quel cielo che non si vedeva più.

Una volta dentro la Volvo, poté soltanto prendere atto del naufragio. I suoi lunghi capelli avevano assunto un aspetto desolante, tipo mocio per pavimenti o spaghetti troppo cotti. Quanto agli abiti, le si appiccicavano addosso, appesantiti dall'acqua, diventati troppo stretti. A ogni movimento poteva avvertirne l'intralcio e, sotto le cosce, il cuoio dei sedili che aderiva alla pelle. Prese dei fazzoletti di carta dal vano portaoggetti e tentò di rimediare ai danni più grossi. Mentre si agitava, i finestrini si appannarono e ben presto, all'esterno, vide solo ombre dal contorno spugnoso. Si ritrovò sola nell'abitacolo con la propria esasperazione e lo scrosciare della pioggia. Era tutto inutile. Nello specchietto vide il trucco disfatto.

«Merda» gemette fra i denti, con un nodo in gola.

Per prendere un po' d'aria forzò i lembi della camicetta e due bottoni caddero a terra. Una camicetta da duecento euro, a motivi floreali, di seta, la stoffa si era strappata, ormai poteva buttarla nella spazzatura. Le prese una voglia matta di spaccare tutto e impugnò il volante con entrambe le mani, stringendo le labbra. La pioggia imperversava, fitta, invadente nel suo martellare ripetitivo. La città intorno ora era ridotta a un'indistinta gamma di sfumature verdi e grigie. Era sola.

Allora si sollevò la gonna sulle cosce umide. Respirava in fretta, sul punto di piangere, con la schiena bagnata e la nuca calda. Aprì le gambe, la mano destra trovò subito la piega del sesso sotto il cotone delle mutandine. Agì velocemente, con due dita, le natiche appiccicate al cuoio del sedile, un gesto preciso, direttamente sul rigonfiamento, ruotando e premendo, con un'insistenza ostinata. La fica si ammorbidì, e ben presto lei provò quella sensazione deliziosa, all'interno, come una bolla, la tiepida possibilità che le attraversava la pancia. Le serviva solo un minuto e si affrettò, sicura di sé, decisa come un bambino. Quel gesto lo conosceva da tanto tempo, lo aveva perfezionato per tutta la vita. Era un rifugio e un diritto. Certo, scopare con gli uomini le piaceva. Il loro corpo massiccio, i peli dappertutto, l'odore copioso. Ti rigiravano, ti rinchiudevano fra le braccia, ti facevano sentire piccolissima e crepare di felicità sotto il loro peso. Le piaceva, e persino le delusioni in genere nascondevano un piccolo non so che di provocante. Però a quella cosa, personalissima, delicata e senza vergogna, all'utilizzo del proprio sesso, all'uso facile del proprio piacere, non rinunciava per nulla al mondo. Si accarezzava spesso, persino quando era innamorata, persino quando era incinta, persino quando era felice, sotto la doccia, al mattino, al lavoro, a volte in aereo, e in auto, se le andava. A volte la prendeva la voglia, così forte e improvvisa che era tentata di fermarsi sulla corsia di emergenza.

Quel giorno, nell'abitacolo ovattato, si masturbò in fretta, chiudendo gli occhi di tanto in tanto, spiando possibili silhouette attraverso i vetri appannati, immaginando una situazione che le faceva sempre effetto, e venne di colpo, un piacere limpido e localizzato, una scarica neutra che la lasciò quasi serena, e comunque un po' meno confusa.

Se non altro, al suo appuntamento sarebbe arrivata rilassata. Poi si ricompose, mise in moto e si avviò. Non gliene fregava più un cazzo.

2

Cornécourt non era niente di che. Una cittadina tranquilla, con la sua chiesa, un cimitero, un municipio *Seventies*, una zona commerciale che faceva da tampone rispetto all'agglomerato urbano più vicino, aree di villette che spuntavano come funghi tutto intorno e, in mezzo, una piazza circondata dai soliti negozi: sala scommesse, panetteria, macelleria-salumeria, agenzia immobiliare in cui si affaccendavano due uomini in camicia a maniche corte.

A Cornécourt il tasso di natalità era basso, la popolazione invecchiava, ma le finanze comunali continuavano a godere di ottima salute, grazie soprattutto alle ingenti imposte versate da una grande fabbrica di pasta di cellulosa con un nome norvegese che lì nessuno riusciva a pronunciare. Quella prosperità non impediva al Front national di vincere al primo turno, né agli abitanti di deplorare i comportamenti incivili imputabili sempre alle stesse persone. Così, uno specchietto danneggiato poteva ispirare discorsi passibili di denuncia, qualche tag tracciato di notte sui muri del centro culturale poteva alimentare progetti di spedizioni punitive. Perciò al bancone del Narval, il bar all'angolo che era anche edicola e tabaccheria, le violenze erano abbastanza frequenti ma rimanevano puramente retoriche. Si bevevano aranciate, Stella Artois, vino rosé ai tavolini esterni, quando tornava il bel tempo. Si raschiavano anche gratta e vinci chiacchierando di politica, corse tris e flussi migratori. Alle cinque del pomeriggio ci andavano a farsi un bicchiere e a ripulirsi dalle fatiche della giornata imbianchini con gli abiti sporchi di vernice, imprenditori sempre preoccupati, muratori turchi che in vita loro non avevano mai visto un cedolino dello stipendio, ragazzini del centro di formazione professionale. Le donne erano più rare, quasi sempre accompagnate. A parte questi clienti passeggeri, alcuni maestosi ubriaconi ornavano il bar come piante tropicali. Sui muri, fotografie di Lino Ventura o Jacques Brel ricordavano la filosofia del locale.

Cornécourt doveva il suo nome agli stagni che si trovavano a nord, sparsi sul terreno come una manciata di spiccioli, e che dispiegavano per vari chilometri un paesaggio di ninfee e giunchi. Le loro acque ferme sotto il cielo basso sembravano una distesa di mercurio su cui sfilavano le nuvole, gli uccelli migratori, i voli transoceanici. Il luogo era frequentato quasi ininterrottamente dai pescatori, e le canne in diagonale segnalavano da lontano la loro minuscola presenza. In primavera pullulavano anche ragazzini in motorino e famiglie festaiole. Era il posto privilegiato per fumare le prime sigarette, baciarsi in bocca di nascosto, organizzare intorno a un falò bevute segrete fra adolescenti o portare a spasso il cane. In quella piccola città vivevano quindicimila anime, fra scampoli residui di natura, qualche fattoria moribonda, rotatorie inutili, uno stadio di calcio, uno studio medico che stava invecchiando e il canale che tagliava in due l'abitato. Capitava che a due strade di distanza abitassero tre generazioni della stessa famiglia. Le notti erano tranquille, anche se la polizia municipale era dotata di giubbotti antiproiettile. Il corteo della festa di San Nicola e i falò di quella di San Giovanni scandivano anni privi di scossoni. A Natale le luminarie davano alle vie un aspetto allegro e opulento. D'estate, reiterate canicole mandavano nel panico i reparti geriatrici. Tutti si conoscevano di vista. Il sindaco non aveva etichetta.

Era appunto con quest'ultimo che Christophe Marchal aveva appuntamento. Ogni mese gli consegnava lo stesso quantitativo di cibo per cani, crocchette, minimo tre sacchi. Si conoscevano da sempre e il vecchio gli dava del tu, come a tutti i ragazzi che erano nati e cresciuti lì. Christophe, invece, non si sarebbe mai permesso. Peraltro, al momento di parcheggiare, scelse di farlo lontano dalla Range Rover di papà Müller, in un certo senso per rispetto. Questi uscì subito di casa, in stivali di gomma e berretto pubblicitario.

«Ah! Eccoti qui» disse sollevando il berretto per grattarsi la testa.

Christophe gli rispose con un sorriso. Si strinsero la mano mentre il sindaco lo squadrava da capo a piedi.

«Be', guarda un po'. Vai a un matrimonio?»

Christophe indossava una camicia bianca e scarpe nuove, il che gli dava effettivamente un'aria piuttosto azzimata. Papà Müller immaginò che quell'abbigliamento fosse dovuto a un appuntamento galante e gli disse che aveva proprio ragione, che nella vita bisognava spassarsela. Ogni parola che gli usciva di bocca era avvolta in un pesante accento dell'Alta Francia, Bussang, Le Tholy, La Bresse, posti di grandi freddi, prati fioriti, vocali strascicate; ma di quell'apparenza rustica non bisognava fidarsi. Il tizio era ricco, furbo e temuto. Durante i suoi cinque mandati aveva sbaragliato diversi ambiziosi in mocassini Weston. Christophe lo ascoltava in silenzio, continuando a sorridere. Poi aprì il baule della Peugeot 308 Sw.

«Le ho aggiunto un quarto sacco, questo mese.»

«Ah, sì?»

«Omaggio della casa.»

«Ah, bene. Ti do una mano. Portiamo tutto al canile.»

Mentre papà Müller andava a prendere una carriola dietro la casa, Christophe lasciò vagare lo sguardo sui dintorni. A fianco dell'abitazione principale, un altro edificio, quasi identico ma in scala ridotta, permetteva di ospitare gli amici di passaggio, spesso colleghi cacciatori. Più in là si vedeva il canile con i muri intonacati, e giù in fondo, a duecento metri di distanza, la linea scura del bosco che delimitava la proprietà. Quando papà Müller fu di ritorno, i due ammucchiarono i sacchi sulla carriola.

«Allora, vanno bene gli affari in questo periodo?»

«Non mi lamento.»

«E lo stadio del ghiaccio?»

«Si sta riprendendo un po' alla volta.»

«Che casino... Ormai non ci vado più. Quelle storie mi hanno disgustato.»

«Sì, un vero peccato.»

«A dir poco... Tutti quelli bravi se ne sono andati. Per come si sono messe le cose, finiranno per richiamare te.»

«Non è mica escluso» disse Christophe.

Il sindaco rise e si avviarono. Christophe spingeva la carriola e papà Müller gli camminava accanto con il suo tipico passo saltellante.

Da oltre cinquant'anni la città vicina viveva una speciale storia d'amore con la sua squadra di hockey. Dagli ultimi posti delle massime serie regionali fino alla divisione élite, a seconda delle stagioni, il club di Épinal aveva sempre attirato l'attenzione su di sé, compiendo qualche rara prodezza, subendo bruschi declini, alti e bassi che non scoraggiavano mai lo zoccolo duro dei tifosi. Durante la stagione, lo stadio del ghiaccio faceva il tutto esaurito a ogni partita. Lì, i notabili in soprabito si mescolavano alle famiglie schierate tutte in fila, adolescenti dei quartieri bene si ritrovavano gomito a gomito con ubriaconi sdentati che al bar vuotavano pinte di Picon Bière, senza dimenticare gli imprenditori nelle loro tribune riservate e gli sfegatati, dipinti con i colori della squadra, che facevano la coda dalle tre del pomeriggio per accaparrarsi i posti migliori. In quella città lo stadio era come un ventre in cui, nel freddo e nell'eco schioccante delle mazze sul ghiaccio, prendeva forma un'unanimità introvabile altrove. Duemila sguardi fissi sul puntino nero che scivolava a centocinquanta chilometri all'ora. Tutto un popolo radunato per due ore intorno alla pista ad aspettare reti, velocità e violenze. Lo stesso desiderio in ogni petto.

«Davvero ti hanno chiesto di tornare?» domandò papà Müller.

«Se ne sta parlando...»

«E tu ti vedi ancora a giocare, alla tua età?»

«Forse...»

Due anni prima il club era stato retrocesso in seguito a problemi finanziari derivati da una politica di reclutamento troppo ambiziosa, che lo aveva portato in alto in classifica ma anche indebitato fino al collo. Dopo un periodo di amministrazione controllata, cechi, slovacchi e canadesi vari ceduti a peso d'oro si erano volatilizzati. La squadra delle riserve ormai cercava di tenere a galla la barca in fondo alla seconda divisione. Christophe pensava perché no? Gli anni da giocatore erano stati i migliori della sua vita.

«Rischi di non farcela» riprese il sindaco di Cornécourt. «Il tuo punto di forza era la velocità.»

«Si può compensare. C'è anche l'esperienza.»

«E la stazza.»

Papà Müller gli lanciò un'occhiata piena di crudele malizia. Negli ultimi tempi Christophe era ingrassato parecchio. La vita da rappresentante non aiutava a mantenere la linea, mangiare sempre al ristorante, culo sul sedile dell'auto per otto ore al giorno. Il quarantenne strinse nei grossi pugni i manici della carriola e riuscì a sorridere ancora.

«Ci vuole anche gente solida, in una squadra.»

Questo rammentò al vecchio un viaggio che avevano fatto una volta, con altri ragazzini dell'hockey e i loro genitori, uno stage di perfezionamento in Canada.

«Te li ricordi, quei mostri?» disse papà Müller in tono di ammirazione.

Ovvio che Christophe se li ricordava. Là ogni squadra aveva il suo bruto ufficiale che proteggeva i giocatori meno fisici e più tecnici. Quello di *enforcer* era un ruolo difficile. Per non pochi tizi provenienti da squallidi paesini era l'unico modo di accedere agli alti livelli. Rivedeva ancora quel ragazzo nato in un buco dell'Ontario, un posto da niente, duemila anime e tre piste di ghiaccio. A venticinque anni non aveva più un incisivo che fosse suo e gli avevano innestato una placca di metallo sotto lo zigomo destro. Prima di ogni partita si inginocchiava a pregare in un angolino dello spogliatoio. Ma quando veniva il momento di menare le mani non esitava, si sbarazzava dei guanti e picchiava duro. In America certi *enforcer* erano diventati autentiche leggende. Là l'intimidazione era ammessa e bisognava riconoscere che buona parte del pubblico andava solo per quello, per quella scarica elettrica, l'impressione che nel giro di un minuto il gioco diventasse davvero una questione di vita o di morte.

«In ogni caso non sei un violento, tu» tagliò corto papà Müller. «Non è qualcosa che uno s'inventa a quarant'anni...»

«Dipende...» rispose Christophe.

E, dicendolo, non sorrideva più; il vecchio, invece, sghignazzò, padronale e gioviale, sicuro di aver ragione dalla bellezza di mezzo secolo.

Nel canile furono accolti da una breve salva di latrati, che papà Müller tacitò con un fischio tra i denti. Subito i cani si placarono, e non si sentì altro che il rumore delle unghie sul cemento freddo, il tintinnio dei collari, l'umido andirivieni del respiro animale. C'erano una ventina di cani da seguita, ognuno nel suo recinto, piastrelle bianche alle pareti, finestre a ribalta con le inferriate, il tutto pulitissimo malgrado l'odore soffocante. I due uomini si diressero verso il fondo, dove si trovava il contenitore ermetico delle scorte di cibo. Si divisero il lavoro senza dover dire una parola, papà Müller apriva ogni sacco con un taglierino e Christophe versava le crocchette nel contenitore. Quando ebbero finito, Christophe si spolverò i vestiti e tirò fuori di tasca le fatture e una ricevuta.

«Mi servirebbe una firmetta...»

Papà Müller diede una breve scorsa ai fogli e poi, senza alzare gli occhi, chiese a Christophe di chinarsi. Dapprima questi pensò che scherzasse, ma il vecchio era serio. Allora si piegò in due, con le mani sulle ginocchia, e attese che l'altro siglasse i documenti appoggiandoglieli sulle spalle. Concluse con due puntini che gli punsero la schiena. Intanto il cane più vicino, seduto, non aveva staccato da Christophe i suoi begli occhi umidi, l'aria vagamente malinconica.

Quello spiacevole episodio non impedì a Christophe di spendere qualche commento cortese. Si vedeva che gli animali erano ben tenuti. Non sempre si poteva dire lo stesso.

«Li curo, cosa vuoi che ti dica?»

Papà Müller, nonostante tutto piuttosto lusingato, sollevò di nuovo il berretto per grattarsi la testa, poi aggiunse: «To', vorrei mostrarti qualcosa di bello.»

I due uscirono dal capannone e si diressero verso il bosco. Poco dopo Christophe scoprì in lontananza due chalet in miniatura circondati da una recinzione di fil di ferro.

«Sono nuovi?»

«Mi sono tolto uno sfizio» spiegò il sindaco dandogli una pacca sulla spalla.

Proseguirono attraverso il prato, sotto un cielo color ardesia nel quale, in languide striature, maturava la possibilità di un acquazzone. Intorno si estendeva ampia la campagna, con in fondo il nastro grigio degli alberi, e aleggiava l'odore selvatico dei cani misto a quello più pungente dell'humus e dell'aria aperta. Nell'erba alta i loro passi producevano un piacevole fruscio, intimo, quasi stordente come una ninnananna.

«Vedrai» disse papà Müller aprendo la recinzione.

In realtà, i piccoli chalet erano solo cucce più eleganti, davanti alle quali erano disposte ciotole piene d'acqua e di crocchette. Si accoccolarono di fronte all'apertura e quando gli occhi si furono abituati alla penombra Christophe scorse all'interno due sagome morbide, due splendidi cuccioli che dormivano su plaid a quadretti.

«Che cosa sono?»

«Mastini tibetani.»

«Ma no!»

«Ma sì. Avvicinati.»

Seduti sui calcagni, i due si misero ad accarezzare a lungo le possenti creature. Il pelo era di una morbidezza straordinaria, e sotto si poteva sentir battere il cuore, veloce, ostinato. Erano davvero animali magnifici.

«Dove li ha trovati? Non se ne vedono spesso da queste parti.»

«I miei contatti spagnoli.»

«E quanto costano?»

«Duemila l'uno. Più il trasporto. Il padre era un vero campione.»

Christophe fischiò tra i denti. Da un po' di tempo quella razza era diventata di moda e a rivenderli, con un buon pedigree, si poteva arrivare a cifre da capogiro. Da qualche parte, in Cina, un esemplare era stato addirittura pagato più di un milione di euro. Christophe guardò l'orologio.

«Posso tenertene uno, se vuoi» scherzò papà Müller, tutto serio.

Intanto un cucciolo si era alzato e aveva fatto un pigro giro su se stesso per poi sdraiarsi di nuovo, sfiorandoli con il suo sguardo languido.

«Quello è Jumbo. Da adulto sarà circa settanta chili.»

«È proprio bello» ammise Christophe.

Niente lo commuoveva quanto gli animali. A parte suo figlio, certo, che d'altronde aveva un po' gli stessi modi innocenti, quella specie di esistenza ansimante ed elementare. A volte, quando lo osservava davanti alla tivù, spaparanzato sul divano, a piedi nudi e a testa in giù, si diceva *ecco*. Il suo ometto, il suo maschietto. Allora pensava al dopo, alla madre del bambino. E lo invadeva un sentimento così forte che era costretto a uscire dalla stanza.

«Ma non sono bestie facili» riprese papà Müller. «Mai visti testoni del genere. Come cani da guardia sono i migliori. Quando penso che lo venderò a una zoccola col suv.»

«Ho letto da qualche parte la storia di un cinese che aveva comprato un mastino di questa razza. Non smetteva di prendere peso. Mangiava dalla mattina alla sera. Quantità astronomiche. E poi, un bel giorno, il cane si è alzato sulle zampe di dietro. E allora hanno capito.»

L'allevatore si girò verso Christophe e, con le sopracciglia aggrottate, aspettò la conclusione. Da vicino si poteva seguire, sulle guance e sul naso, il ventaglio di venuzze rosse e violacee. Veniva sempre la tentazione di cercarvi la strada, di trovare una via nello spessore del cuoio.

«Gli avevano rifilato un orso.»

«Ma dai!» ridacchiò il vecchio.

«Giuro.»

La faccia dell'allevatore assunse all'improvviso un aspetto infantile. Esclamò ah!, e si batté una manata sul ginocchio. Quegli scemi di cinesi! Erano straordinari, miliardi, in capo al mondo, una nazione di individui gialli e mingherlini, di un'efficienza spaventosa, però. Li immaginava così, con il loro orso, e godeva. Nella sua mente l'aneddoto aveva assunto il contorno preciso e divertente di una vignetta del *Loto blu* di Tintin.

Sul sentiero che li riportava verso la casa, Christophe guardò di nuovo l'orologio, poi il cielo grigio e caliginoso.

Ora l'aria era più pesante e grosse gocce avevano cominciato a imperlare la fronte di papà Müller, che spingeva la carriola vuota. Per due volte Christophe si offrì di aiutarlo, ma il sindaco di Cornécourt non ne volle sapere. Così camminavano, il giovane e il vecchio, sul vasto terreno coperto di erba selvatica, schiacciati dall'immensità del cielo, due sagome nere contro l'orizzonte. A metà strada papà Müller fece comunque una sosta e si asciugò con il fazzoletto. Quella sudata all'aria aperta gli dava un'aria sana. Era tutto rosso, pieno di energia, con l'occhio vivace nonostante l'incipiente decolorazione che si notava nella pupilla. Christophe si chiese quanti anni potesse avere. Gli sembrava di averlo sempre conosciuto così, anziano, calvo, un despota vestito alla buona, ricco ma senza ostentazione, maniaco della prudenza, di quella razza di faccendieri che mettono in ginocchio gli eredi e causano successioni turbolente.

Dopo aver ripreso fiato, papà Müller gli chiese se avesse sentito parlare dell'ultimo consiglio comunale.

«Vagamente. Be', mio padre mi ha raccontato.»

«La Marina non ne avrà più per molto, sai.»

«Ah...»

Nel corso di quella famosa seduta, l'assessora al Tempo libero e alla comunicazione aveva avuto un malore e avevano dovuto portarla al pronto soccorso. Già da qualche tempo nei corridoi del municipio si sussurrava dei suoi reiterati mancamenti. Più volte si erano notati tremiti, pallori improvvisi. Durante un'esibizione di twirling era stata persino costretta a interrompersi nel bel mezzo di un discorso, con lo sguardo perso, e si era seduta dicendo di avere un capogiro. Quei sintomi portavano a varie diagnosi, tutte dilettantesche e altrettanto definitive. Eppure aveva solo sessantadue anni, il che ispirava a ognuno riflessioni metafisiche e nuove ambizioni.

«Ho pensato che potrebbe interessarti» disse per l'appunto papà Müller.

Christophe aggrottò le sopracciglia.
«Me?»
«Be', sì. Vivi qui da quando eri piccolo. La gente ti conosce. E poi hai un nome che da queste parti rievoca bei ricordi.»
Il pesante accento avviluppava ogni parola in uno spessore familiare che rassicurava e poteva convincere. Christophe annuì. Effettivamente lui aveva una sua piccola fama, la sua leggenda. La finale del 1993 era ancora scolpita nella mente di tutti.
«E poi la tua faccia verrebbe bene su un manifesto elettorale» scherzò il sindaco.
Christophe sorrise nonostante l'imbarazzo. Odiava quel genere di situazioni. Era abituato da sempre a mostrarsi accomodante. Dire di no lo metteva in difficoltà.
«Allora?» insistette papà Müller.
«Non so cosa dirle.»
«Bah, di' di sì. Non è complicato.»
«Non ho mai fatto questo genere di cose.»
«Non è mica chissà che. Non appena uno prende un'iniziativa, gli dici che è fantastico. Diffidi dei socialisti, e il resto è sempre la stessa solfa: la convivenza, la democrazia, la promozione dei territori, le forze vive, la solita pappardella. E soprattutto, dici amen quando la gente brontola.»
«Non penso di avere tempo» obiettò Christophe.
Il vecchio distolse lo sguardo e parve annusare il vento che si era alzato e appiccicava i vestiti alla pelle.
«Hai davvero intenzione di riprendere a giocare? Alla tua età?»
Christophe si limitò a incollare il mento al petto, di colpo pensieroso. Nessuno riusciva a capire. Ogni partita chiamava quella successiva, ogni rete quella dopo. Era lì, in tutto il corpo, una memoria delle membra, fino all'osso. La gente immaginava le carriere sportive concludersi con un'u-

scita di scena, medaglie sul muro, l'impressione di aver compiuto il proprio dovere. Era tutto il contrario. Sette anni dopo aver mollato gli capitava ancora di sognarseli di notte, la sensazione di scivolare, il sollievo del dischetto che schioccava, le braccia tese, gli altri che gli sfrecciavano intorno e le grida del pubblico. Le spalle, i muscoli e le mani soprattutto erano ancora pieni di quelle vecchie abitudini. A volte quasi soffriva.

Alla fine sollevò il naso e osò fissare il vecchio.

«Mi spiace. Non posso darle una risposta subito.»

Papà Müller alzò le spalle e scosse la testa come se avesse sentito una bella battuta.

«Bene. In ogni caso ne riparliamo.» E riprese la carriola, prima di aggiungere: «Ma almeno sei sicuro che ti faranno giocare di nuovo?»

Per fortuna Christophe sentì vibrare in tasca il cellulare. Era suo padre.

«Scusi, devo rispondere. La raggiungo subito.»

Così il sindaco di Cornécourt proseguì da solo verso casa, rimpicciolendo con la sua carriola vuota mentre il cielo a grande distanza si chinava sulla terra.

«Pronto?»

Dall'altra parte il padre di Christophe cominciò a farfugliare concitato. Si trattava del bambino, dell'ora che era, della maestra e degli altri bambini a scuola. Christophe ascoltò come poteva, tappandosi un orecchio, a testa bassa per proteggersi dal vento. Disse sì più volte, poi va bene, e promise di richiamare entro cinque minuti. A quel punto suo padre si rilassò e lui poté raggiungere il sindaco di Cornécourt, che lo aspettava appoggiato al suo suv.

«Allora? Tuo padre? Tutto bene?»

«Sì, sì, tutto bene.»

«Salutamelo.»

«Non mancherò.»

Si strinsero la mano. Il sindaco gli disse che la sua offerta era sempre valida. Per il momento, almeno. Christophe lo ringraziò e promise di pensarci. Andandosene, vide nello specchietto che il vecchio restava piantato lì e lo guardava allontanarsi, ben saldo sulle gambe, peggio di un giudice.

Le prime gocce si spiaccicarono sulla strada proprio nel momento in cui Christophe accostava e si fermava. Tirò il freno a mano, poi guardò il cielo attraverso il parabrezza. Allora l'acquazzone parve abbattersi di colpo, annegando ogni dettaglio del paesaggio. Prima di richiamare suo padre, Christophe si concesse il tempo di fare qualche tiro dalla sigaretta elettronica.

«Pronto, papà?»

«Non hai cercato di richiamarmi?»

«Ti *sto* richiamando.»

«Sono appena andato a prendere il bambino a scuola.»

«Cos'è successo?»

«Il solito. Dei deficienti che gli rompono le palle.»

«Cosa gli hanno fatto?»

«Non so. In macchina piangeva.»

«L'hanno picchiato?»

«Non so. Comunque non vuole più andarci.»

«Non gli hai chiesto che cosa era successo?»

«Non vuole dirmi niente.»

«Fisso un altro appuntamento con la maestra.»

«Ci sei già stato. Lo vedi anche tu che non serve.»

«Cosa vuoi che ti dica?»

«È tuo figlio. Se non fai niente, ci penserò io.»

Fuori non restava nulla a cui aggrapparsi se non il rumore ininterrotto della pioggia sulla carrozzeria. Christophe sentì un sussulto alla palpebra destra e si passò due dita sulla minuscola cicatrice appena sotto l'occhio, il pezzettino di sé diventato insensibile come conseguenza di una brutta botta.

«Ce n'è uno soprattutto» spiegò suo padre. «Un deficiente con le scarpe da ginnastica rosse. Se continua così lo sistemo io, se lo ricorderà.»

«Passami Gabriel, per piacere» disse Christophe.

Dopo qualche secondo sentì la vocetta stridula dalle *s* troppo sibilanti.

«Pronto.»

«Ciao, orsacchiotto. Come va?»

«Bene.»

«E la scuola?»

«Bene.»

«Il nonno mi ha detto che hai pianto.»

«Un po'.»

«Ti hanno fatto i dispetti?»

Il bambino non rispose e Christophe si ritrovò da solo nel vuoto dell'abitacolo in cui rumoreggiava l'eco sorda della pioggia. Fece un altro tiro, forte, che bruciasse.

«Adesso è tutto a posto?»

«Sì» rispose la vocetta dall'altra parte.

«Bene... Mi ripassi il nonno?»

Christophe non ebbe il tempo di aggiungere una parola, suo padre aveva già afferrato la cornetta.

«Torni tardi stasera?»

«Un pochino, sì.»

«Verso che ora?»

«Verso mezzanotte, penso. Lo sai, te l'avevo detto. Devo vedere sua madre.»

«Cosa vuole ancora, quella lì?» borbottò il padre.

«Niente, dettagli, per le vacanze, cavolate.»

«Bene. Io preparo le frittelle. Con la marmellata di mirtilli. Farà bene al morale.»

«D'accordo... Cerco di non tornare troppo tardi.»

«Be', buona serata. Divertiti.»

«Sai che divertimento...»

Forse sarebbe dovuto passare da casa prima di vedere Charlie. Da quando si erano separati, Christophe viveva da suo padre, con il bambino quando era affidato a lui. Ma al pensiero di quella grossa casa mal riscaldata, con quell'odore così tipico dell'età e delle abitudini, all'idea di dover sopportare ancora una volta il sottofondo del canale *all news* in corridoio e i pattini all'ingresso, gli mancò il coraggio.

Si rimise in strada e rimuginò le solite vecchie idee, svapando senza convinzione. Per tutta la vita si era ritrovato così, tra due fuochi. Per cominciare aveva dovuto fare da tampone fra suo padre e sua madre. Poi c'erano stati gli altri grandi dilemmi, lo sport o lo studio, Charlie o Charlotte Brassard, e ora questo, il gelo costante fra suo padre e la madre del bambino, soprattutto da quando lei aveva annunciato che intendeva andarsene.

«Non glielo lascerò mai fare» aveva avvertito il padre.

Christophe rivedeva la scena. Il vecchio guardava la tivù, un programma via cavo con un team che ti ristrutturava la casa da cima a fondo, gratis. Non si era neanche preso la briga di staccare gli occhi dallo schermo.

«Non riesco proprio a capire come puoi lasciarle dire certe cose.»

Bisognava vederli, il vecchio e il bambino, quanto andavano d'accordo. La sera, quando Gabriel all'ora di andare a letto cercava di svicolare, poteva sempre contare sull'appoggio del nonno, e non di rado finivano per addormentarsi tutti e due sul divano, il piccolo con le guance paonazze e il vecchio che russava. Christophe si chiedeva di che cosa sarebbe stato capace suo padre se mai il bambino se ne fosse andato sul serio.

Arrivò da Marco alle sei in punto. Anche il suo amico viveva a casa dei genitori, ma da solo, perché il padre era morto e la madre ricoverata in una rsa. Una casa piuttosto isolata, a meno di dieci chilometri dall'autostrada, in un posto che non era proprio campagna ma neanche città. All'epoca i terreni edificabili non costavano granché e i suoi vecchi si erano potuti costruire la casa dei loro sogni con una cifra tutto sommato modica. Mille metri quadrati di prato, due piani, tre camere da letto e due bagni. Le sere in cui si sentiva in gran forma, Marco progettava di metterci una piscina.

In ogni caso, da lui gli amici erano sempre i benvenuti. Come potevano testimoniare l'armadietto rifornito di salatini e il fusto della birra in dispensa. E se sapevi a che ora arrivavi, in genere quella a cui te ne andavi era meno documentata.

«Chi si vede» disse il padrone di casa aprendo la porta. «Come mai qui?»

Marco era uno di quei giganti contraddittori che pesano cento chili a quindici anni e non hanno mai la tempra adeguata alla propria forza. Di fronte alla sua faccia buona dai capelli ricci Christophe si sentì subito meglio.

«Passavo da queste parti. Ho visto la tua macchina.»

«Giusto per l'aperitivo» osservò Marco.

«Non ho molto tempo.»

«Dai, sei appena arrivato.»

«Sei solo?»

«Sì.»

Marco si guadagnava da vivere guidando un'automedica, il che consisteva nel percorrere le strade su una Passat bianca con una stella blu sulle portiere, a gran velocità e sempre sintonizzato su Fun Radio. Trasportava così per tutto l'anno persone affette da insufficienza renale, leucemici o vecchi col diabete che avevano bisogno dei servizi di medicina high-tech dell'ospedale universitario di Nancy. Conosceva ogni chilometro del dipartimento, i benzinai meno cari e la posizione di tutti gli autovelox. La sua patente dipendeva ormai da un solo punto. Non aveva avuto il minimo incidente dal 2007.

«Cosa vuoi bere?»

«Niente. Quello che bevi tu.»

I due si trasferirono in cucina, dove nulla era cambiato

da quando la madre di Marco era stata ricoverata in casa di riposo. Sopra la credenza, un dipinto naïf che rappresentava due boscaioli e una slitta da legna su un pendio di montagna. Sul tavolo erano ammonticchiate fatture e offerte della catena di abbigliamento Daxon. Una lampadina con un paralume fantasia vi gettava una luce dai riflessi andalusi.

«Aspetta, andiamo fuori, ci ho messo una cosa, ti verrà da ridere.»

«Ci congeliamo.»

«Ma no, vieni.»

Marco prese due birre dal frigo, un po' di pistacchi, e uscirono sulla veranda riparata dal balcone. Lì, Marco aveva installato due funghi riscaldanti e un nuovo salotto da esterno. Accese i funghi e fu subito Brasile.

«Picchia, eh?» osservò il colosso, illuminandosi. «Con questi qui, puoi farti un barbecue a Natale, se ti gira.»

«Scemo» ribatté Christophe, che già rideva, e fece un tiro dalla sigaretta elettronica. «Deve consumare un botto.»

Marco fece un rumorino con la bocca che equivaleva a una scrollata di spalle e appoggiarono il culo sulle sedie di plastica.

«Cin.»

«Alla tua, ciccio.»

I due amici bevvero un lungo sorso di birra e rimasero per un momento così, in silenzio, a godersi il clima e la tranquillità. Poi Marco si alzò per accendere i faretti che illuminavano il prato, rivelando il denso profilo degli alberi e, a una decina di metri, una corda tesa fra due pali da cui penzolavano mollette da bucato.

«Guarda un po' qui.»

Marco aveva appena afferrato una carabina ad aria compressa che era appoggiata in un angolo e la puntò. Si sentì un lieve rumore pneumatico e subito una molletta cominciò a roteare, là in fondo, sul filo.

«Ah! Che figata!» si entusiasmò Christophe, che aveva rimesso giù la birra e voleva già provare.

«Visto?»

«Lo ammetto, è l'idea del secolo.»

Marco era raggiante. Aprì la canna, introdusse un nuovo pallino e gli passò la carabina. Christophe dovette provarci tre volte prima di spaccare una molletta da bucato. Che cadde sul prato fra altri cadaveri. A quanto pareva, Marco si divertiva così già da un bel po'.

«Come ti è venuto in mente?»

«Ho ritrovato la carabina di mio fratello in cantina. Francamente, fa piacere tornando dal lavoro.»

«È perfetto.»

I due continuarono a sparare a turno e bevvero un'altra birra scambiando poche parole e divertendosi come ragazzini. Si conoscevano dalla seconda media, e lo si intuiva. Quando Seb Marcolini era sbarcato all'istituto Louise Michel, Christophe giocava già nella squadra giovanile ed era stato lui a convincere il nuovo arrivato a darsi all'hockey. Solo che la famiglia Marcolini aveva tre figli e un solo stipendio, quello del padre, che lavorava come tuttofare alla scuola materna in centro. Perciò i genitori di Christophe avevano dovuto anticipare la grana per comprare l'equipaggiamento al piccolo Marco. Roba da pochi soldi, marca Artis, ma comunque questo aveva creato dei legami.

Poi i Marcolini avevano vinto una bella sommetta al lotto, circa settecentomila franchi, abbastanza per meritarsi invidie e la prima pagina di *L'Est Républicain*. Il gruzzolo gli aveva permesso di costruire la casa in cui Marco viveva ancora e di rimborsare i Marchal, fra le altre cose. In seguito Marco padre era andato un po' fuori di testa, si era comprato una Chevrolet e frequentava bar di escort dove aveva preso l'abitudine di pagare da bere tutti i giorni a una folla di nuovi amici. Ben presto la scuola materna l'aveva messo alla porta e per lui la storia si era conclusa in un fosso, una notte di Capodanno. La madre di Marco, che se l'era cavata per un pelo, aveva sempre mantenuto una certa diffidenza nei confronti del Monopolio lotterie e scommesse e delle grosse cilindrate.

In ogni caso, poiché nella squadra giovanile c'erano già due Seb (Seb Madani e Seb Coquard), la nuova recluta si era fatta chiamare Marco, e quel nome gli era rimasto. Quanto al gioco, si era sempre dimostrato piuttosto lento e goffo, e malgrado la stazza non era mai riuscito a intimidire nessuno. Ma apparteneva a quella categoria di tizi accomodanti e di buona pasta che creano la giusta atmosfera sul pullman e nel dopopartita. A distanza di venticinque anni era il capo del club dei tifosi, i Cannibali. C'era poi un terzo ladrone, Greg, ex giocatore di hockey e pure lui compagno di scuola alle medie. Quei tre non stavano mai una settimana senza vedersi.

«Uh» disse Christophe poco dopo, restituendo a Marco la carabina.

Aveva appena guardato l'ora.

«Devo andare. Ho appuntamento con Charlie.»

«Ah, merda.»

«No, questa volta sono solo cosette.»

«Adesso mi spiego la giacca.»

Nemmeno a Marco, Charlie era mai stata simpatica. Comunque non gli piacevano granché le donne degli amici. Quanto alle sue storie sentimentali, fitto mistero. Si era parlato, sì, a un certo punto, di una che faceva l'infermiera nel dipartimento di Meurthe-et-Moselle. Ma in un batter d'occhio quella fidanzata si era trasformata in una buona amica a cui dare una mano. Marco le aveva falciato il prato e noleggiato un furgoncino per trasportare una cabina armadio dell'Ikea. Per il resto non se ne sapeva niente.

Quando a Christophe e a Greg capitava di parlarne, amavano immaginare che avesse una vita segreta. Così, abbastanza spesso se ne uscivano con frasi tipo: «Chiamo quel frocio di Marco, ci vediamo da me», oppure: «Hai notizie di quel culattone di Marco?» Ma tutto ciò senza nessuna implicazione. I tre compari passavano a trovarsi, visite brevi, senza un motivo preciso, il tempo di bere qualcosa, chiacchierare di sport o di lavoro, di famiglia e di ricordi, a volte dei fatti di cronaca. Quasi mai di politica. Il venerdì sera l'aperitivo si trasformava spesso in una trappola. E allora, a tarda notte, tra i fumi dell'alcol, poteva capitare che menzionassero il nome di una donna, che accennassero a una storia mal cicatrizzata o a vaghe speranze. Però l'amore restava tabù, ben nascosto in fondo al petto, inaccessibile alle parole.

«E dove vi vedete?» chiese Marco.

«Andiamo ai Moulins Bleus, vicino al bowling.»

«Strano.»

«È stata lei a sceglierlo.»

«Nota, non è caro.»

«Sì, be', neanch'io volevo spendere più di venti euro.»

Christophe traccheggiava. Avrebbe bevuto volentieri la birra della staffa, vedi mai. Ma Marco spense i faretti e i funghi riscaldanti. Sul prato ripiombò la notte.

«Bene» disse.

«Sì.»

Nell'ingresso, prima di separarsi, i due si fermarono un momento davanti alla vetrinetta con i soldatini di piombo del padre di Marco. Una pubblicità alla tivù della casa editrice Atlas, e si era comprato i primi tre, poi era rimasto intrappolato nell'ingranaggio. Granatieri, cacciatori, ussari, dragoni, l'imperatore in persona, erano tutti lì, belli dritti e in ogni dettaglio, con i piccoli cannoni, le facce mal disegnate, le piume variopinte, al tempo stesso ridicoli e imponenti. Quanto li aveva fatti ridere quella collezione quando avevano quindici anni e fumavano canne in camera del ciccio.

«Ah, a proposito» disse Marco. «Ti ha poi chiamato, il coach?»

«No, ancora niente.»

«Merda...»

«Comunque non so se avrò tempo per gli allenamenti. Ho già abbastanza l'acqua alla gola così, tra il lavoro e il bambino.»

«Vuoi scherzare» commentò Marco, beffardo.

E anche Christophe sorrise. Entrambi ricordavano perfettamente certe partite a casa di Dio, le feste in albergacci di Nantes o di Chamonix, la fifa che li prendeva negli spogliatoi prima del fischio d'inizio, quindici tizi bardati come poliziotti in assetto antisommossa, seduti sul proprio culo e con il cuore in gola. Fuori, il rombo astratto della folla. *Forza ragazzi, si comincia*. Niente valeva quel brivido.

«Be', tolgo le tende. Ciao.»

«Ciao.»

Si abbracciarono e Marco gli augurò in culo alla balena.

«Sì, proprio...»

Prima di andarsene, Christophe restò un momento in macchina, a tirare boccate dalla sigaretta, immobile, con il finestrino socchiuso, godendosi la tranquillità, il buio, l'aria della sera appesantita da un residuo di umidità. In lontananza lampeggiava un punto luminoso che segnalava l'alta ciminiera della fabbrica di pasta di cellulosa, il più grosso datore di lavoro di Cornécourt. Era là che lavorava Greg. Be', sempre meno da quando era riuscito a farsi eleggere nel consiglio di fabbrica. Peraltro, la Norske Tre aveva tentato varie volte di buttarlo fuori con la scusa che passava le ore di permesso sindacale al bar. A Greg piaceva molto raccontare delle convocazioni e delle raccomandate con ricevuta di ritorno, lo facevano ridere. Il suo ottimismo aveva un che di abbastanza misterioso pensando a come viveva, scapolo, indebitato fino al collo e senza neanche la patente. All'ultima festa di Capodanno si era presentato in giacca e stivali da cowboy, con tre cartoni di Mumm. Visto lo stato delle sue finanze, era al limite del suicidio. Ma

Greg se ne fregava. Suo padre era morto giovane, diabetico e dipendente dalle ciambelle Paris-Brest. Anche lui alzava parecchio il gomito e fumava due pacchetti di Camel al giorno. Nella vita non bisognava fasciarsi la testa.

Poi Christophe si decise a partire, e cercò sull'autoradio una canzone che lo accompagnasse lungo la strada. Spesso, quando guidava così e ripercorreva le vie arcinote della città in cui era cresciuto, aveva amato e dove già invecchiava, gli piaceva farsi trasportare da una delle vecchie hit prive di lustro trasmesse sulla frequenza Fm. Per le strade non c'era nessuno, i lampioni punteggiavano il suo itinerario, e a poco a poco sentiva montare i grandi sentimenti che suscitano le parole, scolpite nella memoria, delle canzoni ascoltate da ragazzini. Allora si lasciava catturare. Johnny Hallyday, che per tanto tempo aveva snobbato, ora gli spezzava il cuore. Cantava i colpi del destino, gli uomini distrutti, la città, la solitudine. Il tempo che passa. Con una mano sul volante e la sigaretta elettronica nell'altra, Christophe reinventava il testo a modo suo, un tizio tutto solo con i propri ricordi. Le pensiline sotto le quali aveva speso metà dell'infanzia ad aspettare lo scuolabus. La sua vecchia scuola, i kebab che erano spuntati a ogni cantone, lo stadio del ghiaccio dove aveva conosciuto i suoi momenti migliori, i ponti da cui aveva sputato nella Mosella per ingannare la noia. Le sale scommesse, il McDonald's e poi il vuoto dei campi da tennis, la piscina spenta, il lento scivolare verso le aree di villette, la campagna, il nulla.

Quella sera s'imbatté in *Les lacs du Connemara* e rivide sua madre in grembiule a fiori che sgusciava i piselli una domenica mattina, Sardou alla radio, mentre lui disegnava un castello fortificato, la primavera fuori dalla finestra. Poi il matrimonio di sua cugina, quando aveva vomitato dietro la sala delle feste, con una brutta cravatta legata intorno alla testa, *colorent la terre, les lacs, les rivières*. Suo padre lo aveva riportato a casa all'alba, e al semaforo gli aveva detto sembri proprio sulle montagne russe. A vent'anni, lo stesso *tam tatam tatatatatam* in un locale notturno nei dintorni di Charmes, il fumo delle Marlboro e Charlie nel bagliore nebbioso delle luci rosa e azzurre, prima di ritrovare il freddo pungente dei parcheggi e il mortale ritorno delle superstrade. Dieci anni dopo, al bar, sette del mattino, e la voce in sordina del cantante mentre lui beveva un caffè al bancone, con il peso della stanchezza sotto gli occhi, tanto da chiedersi se avrebbe trovato il coraggio di arrivare alla fine di quell'ennesima giornata. E per concludere, a quarant'anni, una sera di Capodanno, dopo aver riconsegnato il bambino a sua madre, la voce che scandisce *autour des lacs, c'est pour les vivants*, e lui tutto solo al volante, senza sapere nemmeno dove cenare né con chi, ritrovarsi lì, a conti fatti, con i capelli più radi e la camicia che stringeva all'altezza dello stomaco, sorpreso da quella saggezza da vecchio che, inaspettatamente, sulle note di una canzone che dispensava il suo eroismo da dépliant, lo coglieva dentro un'auto che non era nemmeno sua. Christophe pensò a quella ragazza che aveva voluto a tutti i costi, e che aveva lasciato. A quel bambino che era tutto e per il quale non trovava mai il tempo. La sensazione di spreco, di stanchezza, e l'impossibilità di fare marcia indietro. Eppure bisognava vivere, e sperare, malgrado il conto alla rovescia e i primi capelli bianchi. Sarebbero arrivati giorni migliori. Gli era stato promesso.

3

Hélène era uscita da quel primo appuntamento completamente rintronata, anche se con ogni probabilità non era l'appuntamento la causa principale della sua confusione. Comunque, invece di imboccare la direzione di Nancy per tornare diretta a casa, si era fatta intrappolare da vecchi riflessi condizionati e, senza nemmeno rendersene conto, era finita sulla strada di Remiremont, quella che faceva da bambina per andare a trovare i nonni. Erano bastati pochi secondi di distrazione per imporre quel percorso inciso nella memoria. A lasciarlo fare, il passato prendeva rapidamente il sopravvento.

Non appena si era accorta dell'errore aveva fatto inversione, ma poi si era persa da qualche parte fra Dinozé e Archettes. Eppure nei paraggi la strada dipartimentale non riservava nessuna sorpresa. Alla fine aveva accostato per consultare il gps, ma l'aggeggio annaspava e lei, spazientita, era scesa a fumarsi una sigaretta al buio, appoggiata alla macchina. A un certo punto un automobilista aveva rallentato chiedendosi che cosa cazzo ci facesse lì quella donna, in gonna e tacchi alti, intenta a fumare a mezzanotte nel bel mezzo del nulla. Forse era una puttana. Hélène aveva scritto a Lison: *Una catastrofe, poi ti racconto.*

Tuttavia l'inizio era sembrato piuttosto positivo. Manuel assomigliava alle sue foto, ed era già una bella sorpresa. Poco più che trentenne, camicia tinta unita, New Balance ai piedi, un'aria lievemente attonita, in ogni caso un che da adolescente appena tirato giù dal letto, ma sguardo dolce e pancia piatta, una piacevole novità. Si erano incontrati a un tavolino fuori da un caffè in centro, a Épinal. Dove avevano bevuto qualcosa chiacchierando del più e del meno.

Ciò nonostante, Hélène aveva stentato a rilassarsi. Non amava quella città e aveva una gran paura di ritrovarsi faccia a faccia con qualche vecchia conoscenza. Era il dramma dei piccoli centri, sempre pieni di volti familiari, di gente che frequentavi secoli prima e che poteva agganciarti senza preavviso, come va, quanto tempo, e i tuoi genitori? Del resto, i genitori vivevano ad appena tre chilometri di distanza ed era strano andare da quelle parti senza passare a fargli un saluto.

Dapprima lei e Manuel avevano ripreso a voce molti discorsi fatti virtualmente, quasi per verificarsi, ognuno dei due che spesso concludeva le frasi dell'altro, in quella fase buffa in cui ogni parola sembra un po' una password. In compenso era come se le loro conversazioni piuttosto disinibite non ci fossero mai state. Ritrovatisi faccia a faccia, si erano attenuti a una tranquilla cordialità, poi avevano passato in rassegna argomenti banali, il lavoro, l'acquazzone di poco prima, un film che era piaciuto a entrambi, quella vicenda di passione folle con Vincent Cassel, invece l'ultimo Tarantino lui lo aveva trovato palloso e troppo parolaio, cosa che lei era disposta a credere, comunque non le piacevano granché quel genere di storie, i drammi a porte chiuse la scocciavano quasi quanto le commedie degli equivoci.

Più volte, però, Hélène aveva sentito affiorare nei discorsi di Manuel qualcosa di inquietante che aveva lasciato un'increspatura sgradevole sulla superficie della loro conversazione. Per esempio, lui non trovava così assurdo che gli inglesi volessero uscire dall'Unione Europea. Anche se non aveva niente contro l'Europa, ovvio. Inoltre faceva un uso smodato del pronome "loro", con cui designava i media, i legislatori, nonché le forze occulte responsabili delle previsioni del tempo. Hélène non si era formalizzata più di tanto, ma ben presto aveva cominciato a sentirsi a disagio, con la pelle tiepida, come costretta in un sottogiacca di tessuto sintetico, senza sapere se il suo malessere dipendesse dalla situazione o dal clima pesante lasciato dal temporale. Si era scusata per andare a rinfrescarsi e, alla toilette, si era soffermata a osservarsi un momento nello specchio. Si era guardata bene in faccia, notando una ruga, qualche filo bianco sulle tempie, forse un lieve cedimento delle guance; lo sguardo, invece, era immutato, sfavillante e profondo. E si era detta *cosa cazzo ci fai qui, ragazza mia?* Aveva riflettuto su quel tizio, si era chiesta se ne valesse la pena. Per la verità, non la ispirava molto. Forse doveva insistere. Era quello il prezzo dell'avventura, probabilmente.

Con un deciso gesto elicoidale si era rifatta lo chignon prima di tornare al tavolino, dove aveva ordinato un'altra bevanda, uno Spritz questa volta, che l'aveva aiutata ad apprezzare di più gli occhi grigioazzurri di Manuel, i suoi avambracci piuttosto sexy, e altri mille particolari invisibili dieci minuti prima e diventati all'improvviso abbastanza allettanti. Grazie al prosecco lui aveva smesso di essere un estraneo.

Purtroppo, sentendo girare il vento a suo favore, Manuel si era incautamente imbaldanzito e lasciato andare a qualche confidenza. Allora lei aveva appreso che ormai da due anni si preparava per le selezioni del reality *Koh-Lanta*, cosa che prima si era ben guardato dal rivelarle. Correva tre volte alla settimana, faceva apnea e yoga, e frequentava appena possibile un centro fitness vicino a casa, dove i suoi sforzi si concentravano sugli esercizi cardio. Con il bel tempo faceva trekking sul massiccio dei Vosgi e una volta al mese digiunava in previsione dei sacrifici futuri. Hélène aveva ascoltato sempre meno divertita il racconto di quell'addestramento militare. Lui aveva anche menzionato il suo indice di massa corporea, la sua velocità aerobica massima e gli inconvenienti comparati di varie "prove di immunità" previste dal reality. Ma, tutto sommato, a contare era soprattutto la dimensione mentale. E da quel punto di vista non aveva nulla da temere.

Al terzo bicchiere la situazione si era ulteriormente deteriorata quando Hélène aveva riconosciuto in una donna a un altro tavolino una compagna delle medie. Sonia Mangin, una bionda dalla pelle rosea, orfana di padre a dodici anni, che fumava già in seconda media e aveva quattro fratelli maggiori, uno più fuori di testa dell'altro. All'epoca si diceva che si fosse fatta tutto il quartiere. Ed eccola lì, seduta a dieci metri di distanza, quasi bella, e comunque con un'aria florida, in compagnia di un tizio alto in camicia a righe e mocassini scamosciati. Hélène aveva sentito su di sé i suoi occhi inquisitori, fisionomisti e azzurri. Avrebbe finito per farle un cenno e intavolare una conversazione, in pieno appuntamento clandestino. Tutto ciò era così preoccupante che Hélène aveva quasi dimenticato il suo candidato survivalista. Era stato allora che lui aveva avuto la bella idea di sbottonarsi la camicia per mostrarle un tatuaggio maori. A quel punto Hélène era tornata in sé, occhi sgranati, guance di colpo bollenti: «Ma che ti prende?»

«Cosa?»

«Piantala, non siamo mica soli...»

Il trentenne era parso disorientato, le sopracciglia avevano lanciato qualche surrettizio segnale di sgomento, e si era riabbottonato rapidamente.

«È tutto a posto» aveva borbottato. «Chi se ne frega degli altri.»

Gli ci erano voluti cinque lunghi minuti per smettere di tenere il muso mentre Hélène cercava una scappatoia, consultando l'orologio, il cellulare, il cielo sopra le loro teste. Perlomeno Philippe non aveva cercato di contattarla, era già qualcosa.

«Credo che farei meglio ad andare» aveva buttato lì.

«No, senti...»

Allora lui le aveva detto quanto fosse dispiaciuto. Non si sarebbero comunque lasciati così. Ci teneva a invitarla a cena, da amici, per salutarsi con una buona impressione reciproca.

Intanto Sonia Mangin aveva cominciato a bisbigliare e il suo tipo si era persino girato due volte. Bisognava sbrigarsi, prima che la ex compagna di scuola provocasse la tanto temuta rimpatriata.

«Okay, ceniamo pure, ma in fretta e qualcosa di semplice.»

«Potremmo andare all'Étiquette.»

«Preferirei un posto meno frequentato.»

«C'è calma piatta durante la settimana.»

«Meno centrale, allora.»

«Magari il Flunch...»

E mentre Hélène metteva in borsa le sigarette, Manuel aveva giocato la sua ultima carta.

«Bene, dai. So dove possiamo andare. Staremo tranquilli.»

E così erano finiti ai Moulins Bleus, un ristorante in franchising che aveva il vantaggio di garantire un servizio rapido ed essere relativamente decentrato.

All'interno, la sala ricordava abbastanza un *open space*, con i suoi gruppetti di tavoli e i séparé a mezza altezza ornati di piante artificiali. I camerieri vi tracciavano percorsi zelanti, con sorrisi a ritmo alterno, passando fulminei per le porte a vento della cucina da cui uscivano effluvi compositi. Già entrando, Hélène si era presa la briga di passare in rassegna la clientela, cercando un profilo noto, una sagoma che avrebbe potuto farla preoccupare, e una volta rassicurata aveva comunque scelto il tavolo più defilato. Su schermi appesi in alto si vedevano sfilare fotografie del gestore insieme a celebrità minori, Michel Cymes, Frank Lebœuf, Véronika Loubry. Il pletorico menu offriva sia pizze sia gamberoni, senza dimenticare l'inevitabile caffè con i pasticcini.

«Hai trovato qualcosa che ti piace?» aveva chiesto Manuel.

«Credo di non avere molta fame.»

«Puoi prendere il carpaccio. O la *Caesar salad*.»

«Sì.»

«Sì cosa?»

«Il carpaccio. Andrà bene.»

Fatta l'ordinazione, si erano ritrovati soli di fronte all'evidenza del loro fallimento. Ora lui la fissava con uno sguardo da bassotto preoccupato per la sua ciotola. Lei non osava più fare un gesto. La conversazione assomigliava all'alfabeto morse. In mancanza di meglio, Hélène osservava i tavoli vicini.

A sinistra, tre donne di mezza età bevevano cocktail scambiandosi aneddoti da sala professori. Dietro Manuel si riconoscevano dal completo floscio commessi viaggiatori su di giri che ordinavano quartini di vino e uscivano a turno a fumare. Più in là, una tavolata di otto persone era già al dessert. Dai vestiti appena tirati fuori dall'armadio, dai faccini puliti dei bimbi, dalla loro aria pettinata, si intuiva che ce l'avevano messa tutta per un'occasione speciale. Forse un compleanno. Altrove, una coppia sulla cinquantina che si godeva le sue cotolette impanate, una ragazza con la french manicure stordita di chiacchiere da un ragazzo che soffocava nella camicia attillata, un vecchio signore dalla faccia piatta che mangiava spiedini con il figlio. E proprio in fondo, verso il parcheggio, quella donna dal bel viso regolare e pallido che cenava con un uomo, seduto di fronte. Hélène aveva cominciato a fissarla, incuriosita dal fuoco di fila delle parole che le uscivano dalle labbra, ammirando la sua espressione combattiva mentre l'uomo sembrava incassare senza fare una piega. Che cosa mai poteva esserci tra di loro, in quella pubblica tempesta a bassa intensità? Quanto amore o quanta rabbia?

Quando la cameriera aveva augurato loro buona continuazione, comunque, Hélène aveva smesso di distrarsi. Dall'altra parte del tavolo Manuel era immusonito. Avevano mangiato in silenzio. Di tanto in tanto lei aveva gettato un'altra occhiata a quella coppia, senza riscontrare alcun cambiamento: la donna carina e imperiosa, la massiccia figura dell'uomo immobile. Poi lui aveva girato la testa prima di alzarsi in piedi e il cuore di Hélène aveva perso un battito.

«Qualcosa non va?» le aveva chiesto Manuel.

«No, no, tutto bene.»

Però dentro di lei l'impalcatura dell'età adulta era appena crollata. Si era versata un bicchiere di vino con mani tremanti. Stringendo le labbra, il suo *date* aveva insistito: «Ma che ti succede?»

All'epoca Hélène aveva voluto prendere le distanze, a colpi di scuole, titoli di studio e abitudini raffinate. Aveva lasciato quella città per diventare l'immagine di donna che era adesso, efficiente e razionale. E lì, come una scema, in un ristorante in franchising ficcato tra un cimitero e un parcheggio, si era appena fatta venire le scalmane vedendo Christophe Marchal. Vent'anni di sforzi non erano serviti a niente.

Da quel momento non era più riuscita a inghiottire un boccone. L'adolescenza le era tornata su di botto chiudendole la gola, sensazioni confuse di inferiorità e di leggerezza, lacrime per dei nonnulla, le amiche, i ragazzi e lo stadio del ghiaccio il sabato, i fogli dei quaderni ad anelli e quelle frasette magniloquenti che si scrivevano sul banco tra una caterva di parolacce e lo scarabocchio di un cazzo stillante.

«Be', che ne dici? Andiamo?»

«Cosa?»

«Mi sembra che hai la testa altrove.»

«Sono solo un po' stanca.»

«Sì, soprattutto hai l'aria di romperti le palle.»

Manuel aveva bruscamente assunto un tono duro e Hélène si era quasi impaurita. In fondo al locale, Christophe Marchal stava tornando dalla toilette. Non si era nemmeno preso la briga di sedersi di nuovo. Lui e quella donna si erano scambiati ancora una manciata di parole, probabilmente di natura pratica, con qualcosa di doloroso nell'atteggiamento, poi se n'erano andati senza voltarsi. Hélène aveva dovuto fare uno sforzo per non precipitarsi a controllare dalla finestra se fossero saliti sulla stessa auto.

Poco dopo, nel parcheggio dei Moulins Bleus, Manuel aveva tentato un ultimo riavvicinamento.

«Senti, siamo partiti con il piede sbagliato. Ma sappiamo tutti e due perché siamo qui. Di certo non torneremo ognuno a casa propria.»

«Oh sì, invece. Penso che non ci sia più niente da dire» aveva risposto Hélène aprendo la portiera della Volvo.

L'altro non aveva resistito ad afferrarla per un braccio.

«Ma chi ti credi di essere? Pensi di avere vent'anni?»

«Stronzo» aveva concluso Hélène.

E aveva tagliato la corda.

Dieci minuti dopo lo stronzo in questione le mandava per sms e su Tinder messaggi di insulti, in cui era questione di troia e di arroganza, di disprezzo e di andare affanculo. Hélène lo aveva bloccato su tutti i social, senza nemmeno rallentare. Poi aveva sbagliato strada, e adesso fumava una sigaretta sul ciglio della strada, alle prese con sentimenti vecchi di oltre vent'anni. Googlò sul cellulare il bel nome autoctono di Christophe Marchal, ma non c'era abbastanza campo e le informazioni rimasero nascoste nel fitto del web. Allora si decise a tornare a casa, e se gli abitanti di quel paesino dei Vosgi non fossero stati tutti concentrati sui loro schermi tivù, oppure a letto, o troppo vecchi, avrebbero visto passare nell'unica via dell'abitato una Volvo nera che flirtava con i cento chilometri all'ora. A bordo, una donna rimuginava previsioni nefaste, ansiosa, frettolosa, con il cuore carico come un revolver.

Arrivata a casa, Hélène salì in punta di piedi, con le scarpe in mano, la scala che portava dal garage al pianterreno. Philippe aveva lasciato un biglietto sul tavolo. Alla fine la babysitter non era potuta venire e lui aveva badato alle bambine da solo. Un punto esclamativo segnalava l'orgoglio di quel padre finalmente all'altezza. Seguivano informazioni pratiche di minore importanza, poi una frase affettuosa in cui chiamava Hélène *micina*. Lei, mentre leggeva, prese una bottiglia di acqua frizzante dal frigorifero e ne bevve parecchi sorsi, dopodiché salì al piano di sopra, con la gonna tirata su all'altezza delle cosce per fare i gradini più facilmente.

Adorava la tranquillità che offriva quella casa, di notte, quando tutti dormivano. Era un edificio a spigoli vivi con il tetto quasi orizzontale, ampie vetrate piuttosto esibizionistiche e, per accedere al primo piano, una scala di pietra nera senza mancorrente che faceva temere a ogni istante un incidente domestico; una casa, insomma, che si sarebbe stati tentati di definire moderna. Fuori, i due suv della famiglia riposavano sulla ghiaia, dando un'impressione statica e ruminante, mentre alberi perfettamente potati creavano tutto intorno le loro ondulazioni protettive. Ogni città aveva case di quel genere, dall'aspetto sereno, ispirate al Giappone e alle colline californiane, che racchiudevano in sé il segreto della loro possibilità di esistere, l'indispensabile guazzabuglio di affari e denaro necessario per potersi permettere quei blocchi di finta eternità. Il comfort lo si pagava a quel prezzo, un prezzo di sangue e di ore di lavoro, ma quando era molto tardi come in quel momento, e la città riposava giù di sotto, era bello godersi il luogo che ci si meritava.

Hélène fece una doccia veloce, bollente, e passò da una camera all'altra per dare un'occhiata al suo gregge. Philippe dormiva, con un braccio sotto il guanciale, le bambine pure, così immerse nel sonno da sembrare morte; poi tornò in fretta in cucina, in accappatoio e pantofole. Meno di un minuto dopo, con il computer sulle ginocchia, scandagliava il web alla ricerca di quel tizio che era appena riaffiorato nella sua vita.

Dopo aver scritto il nome nella barra di ricerca incrociò i nomi, le date e i luoghi. Non si era nemmeno concessa il tempo di infilare gli occhiali e stava china, con il naso sullo schermo che crepitava di vecchi ricordi. Di tanto in tanto dai capelli bagnati cadeva sulla tastiera una goccia, che lei asciugava subito con il dorso della mano. Rovistando nel blog di un tifoso di hockey ritrovò vecchi articoli di giornale che parlavano in particolare della finale del 1993. In una foto, Christophe si riduceva a una nuvola di puntini bianchi e neri, eppure era perfettamente identificabile. Come titolo, il giornalista aveva ripreso una citazione: «Questa sconfitta non è la fine.»

Per più di un'ora si divertì a rimescolare il passato nella zangola degli algoritmi. Sul sito "Vecchi compagni di scuola" riaffiorarono altri personaggi. John Morel. Magalie Clasquin. Virginie Comte. Jean-Didier Trombini. Marc Lebat. Li aveva dimenticati tutti quanti e ora ritornavano grazie a una fotografia di classe, in ordine di altezza, con la loro fisionomia da fantasmi, i tagli di capelli improbabili, i maglioni variopinti, quel buffo aspetto raffazzonato in cui la provincia e il grunge cercavano un punto di equilibrio, la lavagna che precisava l'anno, e il tizio all'ultima fila che allora trovava così carino e adesso le sembrava così idiota. Quanto a lei, che si era sempre sentita tanto imbranata, ora scopriva di non essere stata male, tutto sommato, con i suoi lunghi capelli e la famosa giacca Oxbow che le era costata tre settimane di trattative familiari. All'epoca avrebbe venduto padre e madre per indossare qualcosa di firmato.

Soprattutto, proprio accanto a lei c'era la sua grande amica, Charlotte Brassard. Le due ragazze portavano gli stessi vestiti o quasi, lo stesso fermacapelli in cima alla testa, masticavano lo stesso chewing-gum al frutto della passione. Era strano rivederla, con il suo faccino perfetto e il golf Benetton. Eppure, in quei pixel Hélène non ritrovava il volto scolpito nella propria memoria. Curiosamente, era la foto a sembrare sfocata e il ricordo, invece, ben definito. Però lì c'era tutto, lo scenario e il cast di un momento di brusco passaggio che restava importante: le vecchie amiche tradite, la nuova migliore amica, e gli altri, che formavano l'amabile inferno da cui aveva voluto fuggire a tutti i costi. In fondo, quella fotografia era solo un monumento ai caduti, una bugia immortalata, la tomba dei suoi tredici anni.

Controllò su Facebook il profilo di questo e di quello, per vedere che fine avessero fatto. Molti erano ingrassati, gli uomini perdevano i capelli, le donne pure, in realtà. Tutti fingevano di essere felici. Facevano il contabile, il panettiere, l'*account manager*, il *visual merchandiser*, l'insegnante di inglese, la madre casalinga, e fiera di esserlo. Alcuni avevano creato degli album che raccoglievano le prove del loro successo. Ogni volta vi si ritrovavano gli stessi figli, le stesse vacanze, l'immagine di una grossa moto o di un labrador con una bandana intorno al collo. Alla fine risultava tutto molto deprimente.

Si concentrò per un momento su Charlotte, che aveva un account LinkedIn e ormai viveva in Lussemburgo, dove esercitava la professione di *transfer agent*. Aveva frequentato l'Institut d'économie scientifique et de gestion di Lille. Per il resto, nessuna foto recente, nessun altro dettaglio. Non era né su Facebook né su Instagram, e nemmeno su Twitter. Hélène dovette accontentarsi di ipotizzare la sua esistenza, da qualche parte al di là della frontiera. E dire che avevano dormito nello stesso letto, una volta si erano persino toccate un po', una sera, a una festa a casa di Sarah Grandemange. Ricordava ancora i polpastrelli raggrinziti, dopo.

«Cosa combini?»

Philippe era comparso in cima alla scala, scarmigliato e in mutande.

«Niente. Ti ho svegliato?»

«Sono le due del mattino. Qualcosa non va?»

Lei si guardò bene dall'abbassare lo schermo del computer, gesto che sarebbe potuto sembrare sospetto, e invece gli mostrò il risultato delle sue ricerche.

«Ho mangiato un boccone e mi sono persa in queste cose.»

Philippe appoggiò le mani sulle spalle di Hélène e si chinò per vedere meglio.

«Guarda» disse lei facendo scorrere la pagina.

«Che cos'è?»

«Un sito per ritrovare i vecchi compagni di scuola. È pazzesco rivedere tutte queste facce.»

Il volto di Philippe si illuminò, e lui recuperò la sua solita aria ironica.

«Ah, ma sì! Ci sono capitato dentro un giorno in ufficio. Mi ha fottuto il pomeriggio. Sono infernali, queste cose.»

Stretti l'uno all'altra, risero per un momento di quei volti improbabili, dei percorsi di vita, delle storie che si raccontava la gente, tutta la scena che fanno i nostri destini esibendosi sul web.

«Detto questo, adesso non è mica meglio.»

«In che senso?»

«Fotografiamo il dessert. Ci mostriamo in spiaggia e sugli sci. Tu hai fatto addirittura una serie a puntate sulla nostra yucca.»

«Certo...» ammise Hélène.

Philippe si avvicinò al lavandino e bevve un po' d'acqua dal rubinetto.

«Andiamo a dormire?» disse Hélène chiudendo il Mac.

«Sì, vengo subito.»

Ma lei sapeva che prima di raggiungerla avrebbe passato dieci minuti sulle sue mail. Forse ci sarebbe stato un messaggio dagli Stati Uniti o da Amsterdam e avrebbe risposto subito, come se facesse ancora parte di quella casta di gente per cui la notte non esiste, la tribù delle camicie bianche, principi mercantili che intessono intorno alla Terra, a colpi di voli e segnali, l'invisibile rotazione dei beni e dei servizi. Anche Hélène l'aveva voluta, una vita in orbita espressa in ore Gmt, non tirarsi più appresso l'enorme valigia delle vacanze alle Baleari ma correre negli aeroporti con una minuscola Samsonite rigida, prendere aerei come altri prendono treni, conoscere bar e hotel un po' dappertutto, avere uno splendido appartamento dove non abiti mai, non lamentarsi, non conoscere più la stanchezza, essere solo un protone efficiente partecipe dello spirito del tempo.

E invece pensava a Christophe Marchal.

Sotto la trapunta, si chiese che cosa facesse, come fosse la sua vita, aveva dei figli? L'indomani avrebbe continuato la sua piccola indagine. Si diceva che non doveva aver combinato granché, visto che viveva ancora nei paraggi.

Di sicuro aveva sposato una ragazza del posto, mandato a puttane gli studi, e doveva vivere più o meno come i suoi genitori prima di lui, in modo decoroso, cioè come un idiota. In ogni caso, le loro rispettive posizioni sulla scala del prestigio si erano invertite. Il campione non esisteva più. L'insignificante prima della classe era cambiata drasticamente.

Quella notte dormì poco, ma fece bei sogni.

4

A tredici anni, Hélène è una ragazzina con la puzza sotto il naso.

O almeno, così la pensa sua madre, perché non vuole fare un cazzo in casa, è sboccata, corregge i genitori quando fanno un errore parlando, si arrabbia per quisquilie e vive in una bolla nella quale Jim Morrison e Luke Perry occupano il posto d'onore.

E soprattutto perché passa il tempo a prendere le distanze e a comportarsi come se fosse una principessa finita accidentalmente in casa di due contadini. Già da piccola faceva la saputella con i genitori. E non c'è speranza che la situazione cambi perché, intorno a lei, tutto il linguaggio ha cominciato a sfilacciarsi. Un sacco di cose che prendeva per oro colato sono diventate sospette. Ora certe forme di gentilezza hanno l'aria di essere manipolazioni. Certe ingenuità la disgustano. Quando sua madre dice *non tutti possono diventare ingegneri*, per esempio, o quando le viene chiesto di finire quello che ha nel piatto perché ci sono paesi dove la gente non ha da mangiare. Per non parlare di quelle frasi fatte che sono la saggezza dei poveracci: *meglio un uovo oggi che una gallina domani*, *non bisogna fare il passo più lungo della gamba*, *i soldi mica te li porti nella tomba*. E quando i genitori tessono le lodi della semplicità, quando le portano a esempio i suoi cugini, quando criticano gli ambiziosi, i parvenu, chi fa sfoggio del proprio successo, quando vantano i meriti degli sgobboni, di chi sa usare le mani, di chi fa da sé, di quelli che sanno cavarsela, di quelli che la sfangano, cialtroni e specialisti vari del vivere alla giornata. Quando le dicono ti mandiamo a lavorare nei campi così impari a vivere, quando mettono l'articolo determinativo davanti a un nome proprio, il Dédé, la Jacqueline, il Rémi, allora Hélène sente una fune tendersi dentro di sé. Istintivamente, senza sapere perché, rifiuta tutto in blocco. Ogni segno di quel modo di essere è come un ceffone. Preferisce crepare piuttosto che vivere così, modesta e al proprio posto. È una che si monta la testa. Una che ha la puzza sotto il naso.

Ogni mercoledì pomeriggio inforca la bici di sua madre, che non avrebbe il permesso di usare, per andare in biblioteca. La bicicletta è un po' troppo alta per lei e, anche regolando il sellino, al semaforo rosso deve stare in punta di piedi, e per tutto il tragitto, che non è poi così lungo, teme di fare un capitombolo rovinando la bella mountain bike. I genitori sono al lavoro e non possono sapere. Allora lascia la villetta, come un'equilibrista, con ai piedi le Dr. Martens taroccate, attraversa il quartiere, scende per rue Jeanne-d'Arc con l'enorme zaino sulle spalle. Vicino al municipio non dimentica di legare la bici con la catena antifurto blu, poi entra nella minuscola biblioteca che Cornécourt ha messo insieme alla bell'e meglio, a furia di donazioni e lasciti. Una spilungona giovanissima, con i capelli a caschetto e una maglia a righe, un po' asparago e un po' maschietta, la saluta chiamandola per nome. Hélène risponde buongiorno signora. Non sa come si chiami quella donna, che pure ha un'enorme importanza nella sua vita. Perché la bibliotecaria la lascia curiosare fra gli scaffali, le permette di prendere venti volumi anche se il prestito ne prevede solo dieci, e non la rimprovera mai se li restituisce in ritardo. Le ha persino consigliato alcuni dei suoi libri preferiti, *Matilde* di Roald Dahl per esempio. Hélène aveva undici anni ed era stato uno shock. Da allora legge come una pazza, immagazzina tutto, proprio come Matilde, legge contro il mondo intero, contro i suoi vecchi, gli altri, la vita.

In genere fa sempre lo stesso giro. Comincia dai fumetti, i dolciumi per così dire. Adora *Iznogoud*, gli album che raccontano la storia di Francia, con Francesco I e Ravaillac, *Yoko Tsuno*. Poi i romanzi, le collane Bibliothèque Verte, 1000 Soleils, Jules Verne ed Emily Brontë. E per finire, i periodici. Certo, ci sono i vecchi numeri di *J'aime lire*, *Géo* e *Historia*. Ma un bel giorno Hélène incappa in una pila di strane riviste che puzzano di muffa e si rivelano ben più interessanti. Un lotto che probabilmente viene da una cantina, a causa di un decesso o di un trasloco. In ogni caso la strega immediatamente. Seduta per terra a gambe incrociate, sfoglia i numeri uno dopo l'altro. Ben presto le viene un po' di paura e si sente strana. Le pagine sono piene di personaggi nudi, inquietanti mostracci da fantascienza, avventure in cui compaiono seni enormi, e persino, a volte, quell'altra cosa: la pancia degli uomini. Non riesce a smettere di voltare le pagine. Per cominciare ne ha presi cinque, che ha appoggiato sul bancone, proprio in fondo alla pila. Al momento di registrarli, l'Asparago le chiede: «Sei sicura che siano adatti alla tua età?»

Hélène sente la faccia cambiare colore. Dice di sì e l'Asparago ridacchia prima di annotare i prestiti su una grande scheda di cartoncino. Venticinque opere, fra cui cinque numeri di *Métal Hurlant*.

«Ecco fatto.»

Tornata a casa, Hélène infila le riviste sotto il letto e aspetta l'ora giusta, dopo che tutti sono andati a dormire, per divorare le storie di John Difool e Thorgal sdraiata a pancia in giù, con il cuscino fra le cosce. Per qualche giorno si dimena e rilegge molto, temendo di essere colta sul fatto ma senza poter rinunciare. Al minimo rumore in corridoio le si ferma il cuore, e spegne subito la lampada sul comodino. Però non resiste, torna alle vecchie riviste che puzzano così tanto e fanno così bene. In biblioteca le prenderà in prestito tutte e l'Asparago le registrerà senza fare una piega.

Quasi contemporaneamente s'imbatte in alcuni libri che suo padre nasconde nel comodino, *Amok a Bali*, *Un cimitero sul fiume Kwai*, *Requiem per i Tonton Macoute*. Ogni volta la stessa copertina, con donne poco vestite armate di grosse pistole, l'aria spavalda e sexy. Le storie si rivelano piuttosto sceme e ripetitive, ma almeno lei impara un po' di lessico. Vulva, pene, turgescente. Ben presto prende l'abitudine di dare una scorsa veloce per trovare le scene giuste. C'è decisamente un nesso fra i libri e il desiderio.

E poi, un mercoledì di novembre, l'Asparago le dice vieni a vedere. Insieme, la donna alta e la piccoletta con la puzza sotto il naso si avventurano tra gli scaffali; l'Asparago piega le ginocchia per passare in rassegna il ripiano più basso facendo scorrere le dita sui dorsi dei libri e la sua mano si ferma su tre volumi, che risveglia dal sonno per passarli alla ragazzina.

«Vedrai, ti piaceranno.»

Sono tre romanzi di Judy Blume, di cui Hélène non ha mai sentito parlare. Ed effettivamente li adora. Storie di prime volte, di amore, di cose fantastiche che fanno venire voglia di esistere. Hélène divora quei primi tre titoli in un batter d'occhio. E di slancio legge tutti gli altri.

Ma probabilmente è *Per sempre* a lasciare maggiormente il segno. Racconta la storia di Katherine, una diciassettenne che conosce Michael a una festa di Capodanno. Per la verità è un romanzo abbastanza loffio, ma è più forte di lei. La cattura completamente fin dalle prime pagine, e ormai Hélène desidera una sola cosa, che quei due babbei si innamorino. E poi la protagonista arriva al dunque. Hélène legge quei brani con il batticuore, i primi passi, le timidezze, il seno di lei, il sesso di lui, tutto così angosciante e delizioso.

A volte si chiede come andrà quando toccherà a lei. L'amore le fa lo stesso identico effetto della patente. Tutti ci riescono ma lei, ne è convinta, non ce la farà. Non sarà mai capace di cambiare le marce, stare attenta a destra, a sinistra, guardare nello specchietto, è troppo goffa, con la testa fra le nuvole; del resto, sua madre non smette di dirglielo, ma santo Dio guarda dove metti i piedi. Ogni volta che asciuga i piatti ne rompe uno. Non può farci nulla, la sua mente va a zonzo. Le capita ancora di indossare la maglietta a rovescio o di uscire di casa con un po' di dentifricio sul mento. Si sente incompiuta e non può immaginarsi in un letto con un ragazzo. Non ci riuscirà, ne è sicura. Perciò li odia, e non è certo difficile. Sono così infantili, e tonti. Bambinoni aggressivi, con la voce che deraglia. E i loro foruncoli, le Adidas Torsion, i jeans sopra la caviglia, gli scooter e quell'abbozzo di baffetti talmente dissuasivi.

Però rilegge comunque *Per sempre*, e quella storia le si insinua dentro, vi lascia la sua impronta americana. Hélène sogna l'università, tutti quei vantaggi a cui Katherine ha diritto, il padre e le sue due farmacie, le settimane bianche, la vita con il frigo gigantesco e le auto climatizzate, la madre attenta e affidabile, quell'esistenza protetta che lascia tutto lo spazio al resto, a ciò che è importante, coltivare in sé quella cosa curiosa che si gonfia come una grossa pianta carnivora, pensare tutto il santo giorno al ragazzo che frequenta la scuola accanto, invitarlo a casa, aspettare, osare, dire di sì, avere paura, lui sarà carino, tutto sarà bello e con una tenda che ondeggia appena nella brezza pomeridiana, sanguinerà?, a quanto pare non succede sempre. Prende in prestito il libro quattro volte e l'Asparago non dice niente. È una complice discreta e premurosa.

Intanto, a casa, è un po' l'America.

Un giorno, Charlotte Brassard organizza una festa di compleanno e invita tutta la classe. Charlotte è arrivata all'inizio dell'anno al traino di suo padre, che è appena stato assunto alla cartiera come dirigente. Prima, si verrà a sapere, ha lavorato in Germania e in Norvegia, Charlotte non perde occasione di ricordarlo. Sua madre è professoressa di economia, ma alla fine casalinga perché il marito ha una carriera e ci sono tre figli.

In ogni caso, i quattordici anni sono importanti e una festa aiuterà di certo Charlotte a inserirsi nella sua nuova classe dell'istituto Jeanne-d'Arc di Épinal. Quindi sono tutti invitati, senza eccezioni. Quando consegna il biglietto a Hélène, Charlotte non le rivolge nemmeno uno sguardo. È troppo presa a chiacchierare con la sua superamica, Camille Millepied, e a fare la perfettina, liscia come un bonbon, con il suo caschetto impeccabile, la catenina d'oro sopra il golf, il faccino da stronza. La classe, comunque, è in ebollizione. Perché casa Brassard è fantastica. Alcuni ci sono già stati e sostengono che ci sia persino un biliardo. La festa è sabato, l'invito specifica alle due del pomeriggio e di non portare regali. A casa di Hélène si va un po' nel panico, perché nessuno si fa ingannare da quella formula di cortesia. Ovvio che ci vorrà un regalo, ma quale? Di che cosa ha bisogno gente così? Che cosa può piacergli? Jeannot, il padre di Hélène, suggerisce dei fiori, è facile, e piacciono a tutti.

«Mica è il compleanno di sua madre» ribatte Hélène, subito fuori di sé.

«Cioccolatini, allora?»

«Cioccolatini, ma che orrore!»

«Oh, insomma!» sbotta sua madre.

Mireille è una donna energica con i capelli corti, incapace di mettere su un grammo e i cui occhi chiari gettano di continuo lampi di esasperazione, rivolti in particolare a chi non ha la fortuna di essere energico come lei, gli imbranati, sua figlia. Ha smesso di studiare a quattordici anni, ha lavorato in una filanda, poi è assurta al rango di segretaria, a furia di corsi serali. Ed è stato così che, a venticinque anni, è riuscita a entrare in uno studio notarile. Ne trae un orgoglio da libera professionista, anche se le sue giornate consistono sostanzialmente nello smistare carte e rispondere al telefono. Perlomeno conosce il gergo legale, eccepire, fattispecie, dolo, il che comunque la distingue abbastanza. Quindi è più o meno convinta di essere l'intellettuale della famiglia, e considera suo marito Jean con un pizzico di condiscendenza.

Lui non si formalizza. Accetta questa superiorità, che trova una compensazione altrove e gli evita di sciropparsi tutto ciò che ha a che fare con le scartoffie (termine sotto il quale ricadono tanto i quaderni di scuola di Hélène quanto la denuncia dei redditi, tanto ordinare sul catalogo La Redoute quanto affittare un appartamento al mare per le vacanze). Invece gli piace cercare funghi, fare lavoretti nel suo laboratorio, andare allo stadio a vedere le partite con gli amici, girare in bicicletta nei dintorni. È un ottimo cuoco, sempre con la sigaretta in bocca, Gauloises, e quando sta chino sui fornelli a preparare uno spezzatino o un soufflé, seguendo su un quaderno ereditato da una prozia ricette scritte in inchiostro viola, Hélène può vedere i ciuffi di peli fitti che sbucano dallo scollo della maglietta blu, gli stessi che ha sui bicipiti mentre la testa è già calva, il tutto aureolato di fumo grigio.

Jean è una brava persona che ha i suoi limiti, gentile a patto che nessuno gli stia troppo addosso. Ha lavorato anche lui nel tessile, alla Gosse, la stessa fabbrica di Mireille, ma alla fine lo stabilimento ha chiuso, e dopo qualche mese di disoccupazione ha dovuto accettare di riciclarsi da suo cognato, il marito di sua sorella, che ha un negozio di vernici, rivestimenti per pavimenti e carta da parati. Non si trova poi tanto male, anche se il cognato tende a tirarsela e, più che lavorare, si pavoneggia sulla sua Audi.

A casa dei Poirot, cognome non facile da portare quando hai tredici anni, aleggia sempre un po' di elettricità. Prima Hélène non se ne rendeva conto. Ma adesso i genitori la imbarazzano, perché si baciano, si palpeggiano, si permettono battute volgari. Li ha visti cento volte chiudersi in camera a metà giornata. Da piccola grattava alla porta e sua madre le ordinava di andare a giocare. Di notte le capita di sentirli. Si tappa le orecchie. In genere dura poco. Appartengono a quella specie sorprendente di coppie instancabili che continuano a desiderarsi dopo quindici anni di vita insieme, nonostante l'abitudine, i corpi conosciuti a memoria, l'usura della ripetitività. È strano, a pensarci, che da tutto ciò non siano nati altri figli. Ma Jean era troppo preoccupato. A che pro, in un mondo dove da un giorno all'altro il tuo lavoro può finire in Marocco o in Turchia? E poi avevano avuto Hélène già piuttosto tardi, a trent'anni passati. Pazienza, Hélène dovrà brillare anche per i figli che non hanno fatto.

«Non posso andarci con un regalo schifoso» sta appunto dicendo lei.

«Qui non abita mica Creso» taglia corto sua madre, anche se non si capisce bene il nesso. «Se è così, non vai e basta.»

Hélène soppesa i pro e i contro, fra rendersi ridicola e perdersi quel grande momento di mondanità adolescenziale. Dopotutto, che gliene frega? La Brassard è una smorfiosa. Hélène e le sue amiche Béné e Farida non la reggono.

«Basta che le prendi un foulard» propone Jean.

«Buona idea» ammette Mireille, sapendo che al Prisunic

troveranno quel che ci vuole senza mettere a rischio i risparmi della famiglia.

«Ecco. Ci andiamo sabato» decide il padre. «Ho giusto un po' di tempo.»

«Fai così» aggiunge Mireille, in un tono definitivo che si presta a varie interpretazioni.

Per tutta la settimana Hélène e le sue amiche non hanno altro in testa. È l'evento dell'anno. L'atmosfera in classe ne risulta completamente stravolta. Com'è ovvio, Charlotte va fortissimo, tutti sono supersimpatici con lei, persino i maschi si sforzano, e per qualche giorno la III B assomiglia un po' a Cape Canaveral alla vigilia di un lancio.

«Tu a che ora vai?»

«Non troppo presto» risponde Béné. «Mica voglio ritrovarmi come una scema da sola con quella là.»

«Ah, sì, non ci avevo pensato!» esclama Farida, che d'altra parte è spesso esclamativa.

«La cosa migliore è un po' prima delle tre, così non hai l'aria di essere rimasta ad aspettare dietro la porta.»

Ognuna ha la propria idea dell'evento. Per Farida quella festa di compleanno assume l'aspetto scintillante e rotatorio di un ballo a metà fra *Madame Bovary* (studiato a scuola) e *Cenerentola*. Hélène la vede piuttosto come un cocktail chic, tipo *Dynasty*, e Béné pensa soprattutto alle bibite, ai dolci, aspettandosi segretamente dei Curly e degli m&m's, tutta roba razionata a casa sua da quando il medico le ha diagnosticato un leggero sovrappeso. In ogni caso l'eccitazione è tale che venerdì pomeriggio, alla fine della lezione di matematica, che è l'ultima della settimana, persino il prof augura loro di divertirsi. Si lasciano alle quattro in uno stato di agitazione quasi doloroso. Sarà difficile prender sonno, non vedono l'ora.

Il gran giorno, a pranzo, Hélène non ha ancora vuotato il piatto quando suo padre guarda l'orologio della cucina, sbadiglia e si stira: «Bene... Fra poco andiamo.»

«Cosa?» esclama lei.
«Dalla tua amica. Dove sta, a proposito?»
«Ma è ancora presto.»
«Be', sì, però mica ho solo questo da fare.»
«Ma sarò la prima ad arrivare.»
«Devo passare dai Depétrini a controllare una perdita. Poi dal dottor Miclos. Ha un problema con lo scaldabagno. Perciò andiamo adesso.»
Jeannot sa fare di tutto, tanto che in famiglia si ha l'impressione che un sacco di mestieri non abbiano ragione di esistere. Piastrellista, muratore, idraulico, a che servono? Dai Poirot non se n'è mai visto uno. Coltiva anche l'orto. Lo dimostrano, dietro la casetta, cento metri quadrati di terreno, con file di cipolle, sostegni su cui si arrampicano piante di pomodoro, e poi fagioli, rabarbaro e prezzemolo. Anche parecchie erbacce. D'estate, Hélène deve inginocchiarsi e strapparle a mano, di malavoglia e con il walkman sulle orecchie. *Who Wants to Live Forever*. Non lei, in ogni caso. Comunque i lavoretti extra di Jean servono ad arrotondare e, in confronto, le regole sociali di una merenda di compleanno non hanno un gran peso. Ben presto la discussione si avvelena. Mireille taglia corto.
«O così o niente. Non siamo mica al tuo servizio.»
Hélène pensa che potrà sempre aspettare fuori, nascosta in un angolino. Quel giorno di novembre, Alain Gillot-Pétré ha annunciato temperature comprese fra sei gradi a Strasburgo e diciotto a Bastia. Fattibile. Infila le Dr. Martens taroccate, si avvolge una sciarpa intorno al collo, prende il regalo, si mette il berretto, il cappotto.
«Ehi, sembra che parti per una spedizione al polo nord.»
Hélène mugugna tra sé. Sua madre le consiglia di abbassare la cresta, non è ancora a casa della sua amica. La ragazzina stringe le labbra e china il capo, gonfia di ostilità. Bisogna sempre chiudere la bocca, stare attenti, ingoia-

re i propri umori e i propri desideri. Eppure esistono, girano come pianeti dentro di lei. Hélène vorrebbe esplodere, ma tutto la tiene a freno, la scuola, i suoi vecchi, il mondo intero che è la sua camicia di forza. Quanto a Jean, sostituisce le ciabatte con un paio di mocassini, quelli orribili e supercomodi che si mette per andare nell'orto, in ogni caso non ha intenzione di scendere dall'auto, poi indossa la giacca di velluto foderata di montone.

«Su, dai!»

Ha appoggiato sulla spalla di Hélène la sua pesante mano di padre, e in quel peso su di sé la ragazzina avverte tutto ciò che serve. Andrà bene. E all'improvviso prova una gran tristezza, inspiegabile. Che rottura essere così, con i sentimenti che si ingarbugliano, con il cuore sempre sulle montagne russe.

Nella 309 rossa, poco dopo, Jean fischietta ascoltando radio Rtl, e la figlia si perde a contemplare le sue mani che vanno e vengono dal cambio al volante, meccanicamente, segnate da vene spesse, la curva eccessiva del pollice, il sottile orlo nero sotto le unghie, la loro tranquilla evidenza, poi gira lo sguardo verso la città immutabile, là fuori. Novembre è grigio, dalle facciate dei palazzi al cielo, e anche la Mosella non ha più colori. Sotto i ponti, scorre con una lentezza oleosa, come un fiume di lacrime. Di tanto in tanto un manifesto quattro per tre interrompe quella monotonia e lascia esplodere le dorature di un profumo, il verde acido di un prato in cui pascolano vacche da latte. Finalmente arrivano a destinazione, davanti a una grande casa degli ex sobborghi che guarda il mondo dall'alto in basso. Hélène dà un bacio al padre e dice grazie. Respira il suo odore, annusa il dopobarba, la pelle sempre rasata, conciata come il cuoio dalla lama che ogni mattina taglia a zero i peli.

«Dai, su, divertiti, ho del lavoro da fare.»

«Sì.»

«Sembri scocciata.»
«No, tutto bene.»
«Non dimenticare il regalo.»

La 309 scompare e Hélène si ritrova piantata lì come una scema nella lunga via di case chic, con il suo pacchetto sotto il braccio. Non fa così freddo, tuttavia trema un po'. Gironzola per il quartiere, e le sembra che ogni passante sospetti di lei, che le facciate la squadrino. Una bambina la spia dalla sua camera, con la fronte appiccicata alla finestra di un primo piano opulento. Il tempo passa lentamente e Hélène comincia ad avere freddo alle mani e ai piedi. Alla fine si decide a suonare da Charlotte Brassard, e pazienza se è in anticipo. Preme il campanello tondo e dorato e ascolta fremendo le due note enfatiche che risuonano all'interno.

Ad aprirle è Charlotte in persona.

«Sei già qui?»

La sua compagna di classe ha una maglietta con la scritta NEVER MIND THE BOLLOCKS, ombretto rosa sulle palpebre, gloss sulle labbra. Hélène si chiede *ma si è mascherata o cosa?* Pensa anche, ma più segretamente, che vorrebbe tanto essere così anche lei, carina e di classe, e al tempo stesso rock. Le porge il regalo. Charlotte dice grazie e la fa entrare. Cavolo, i soffitti sono così lontani. Hélène attraversa la casa. Alle pareti e sopra i mobili ci sono molte cornici, e parecchie foto di famiglia, un sacco di persone che sorridono, li si vede vivere a proprio agio, piuttosto soddisfatti e spesso in vacanza. Sembra un po' un catalogo. Hélène nota in particolare due gemelli, di cui si può seguire la crescita dall'infanzia fino alle piste nere.

«Sono i tuoi fratelli?»

«Sì.»

Hélène si guarda bene dal dirle che secondo lei hanno una faccia strana. Poi le due ragazzine entrano in una specie di veranda vecchiotta che si affaccia su un bel giardino con le aiuole ben tracciate e arbusti grigioverdi. Due lunghi tavoli pieni di bibite, torte e dolciumi delimitano una pista da ballo. Un po' in disparte, l'impianto hi-fi aspetta il suo momento.

«Fantastico» dice Hélène.

«Sì.»

«Ah!»

Alle loro spalle è comparsa la signora Brassard, anche lei in jeans e maglietta, con i polsi spogli tranne un orologio extrapiatto. Alla mano destra un grosso anello d'argento assolve da solo il suo imponente compito decorativo.

«Mamma...» geme Charlotte.

«Aspetta, avrò pure il diritto di salutare i tuoi amici.»

Subito appare chiaro che Charlotte ha negoziato il confino dei genitori per tutta la durata dei festeggiamenti. Però, ecco, la signora Brassard è abbastanza curiosa di conoscere i compagni di scuola della figlia, in fondo è a casa sua. Hélène ha appena il tempo di salutarla che già Charlotte la porta via con sé.

«Bene, dai, vieni, saliamo in camera mentre aspettiamo gli altri.»

Hélène la segue, sgranando gli occhi, un corridoio, due piani, un altro corridoio. Se mai dovesse ritrovare da sola la strada per uscire, rischierebbe di essere complicato. Poi la camera di Charlotte. Sopra il letto lo splendido poster di una corrida. Un'intera parete è ricoperta di cartoline: Jim Morrison, Rimbaud, Gainsbourg, Duras, solo persone giuste. E altre che non riconosce.

«Chi è?»

«Yeats.»

«E lei?»

«Virginia Woolf.»

Hélène si china per vedere meglio e scruta ogni immagine, le ombre, i nasi aquilini, gli sguardi tutti uguali. Ogni volta la medesima lezione di malinconia che ti invoglia, di tristezza sulla lingua che si scioglie come un bastoncino di zucchero. Anche lei vorrebbe appartenere a quel mondo in bianco e nero, scrivere poesie, romanzi, conoscere amori fatali, disporre dello scenario adeguato per una vita perfettamente in carreggiata. È in quelle foto che si sentirebbe a casa, in quelle vite esemplari, in quelle atmosfere difficili da descrivere ma nelle quali sarebbe felice, di sicuro. Prova gli stessi sentimenti quando sfoglia *Madame Figaro* dal dentista.

Intanto Charlotte si è seduta a gambe incrociate sulla moquette e inganna la noia facendo i codini al tappeto a pelo lungo. Hélène dovrebbe sentirsi a disagio, ma la curiosità ha il sopravvento e senza più preoccuparsi della sua ospite continua l'ispezione, prende in mano i cd, i ninnoli, guarda i libri uno per uno, il mix di letture, Jack London e Roald Dahl, Balzac e *Piccole donne*. Sui ripiani scova cose che le fanno gola, come pasticcini all'uscita da scuola. Romanzi di americani ambientati *on the road*, Cocteau, e poi quelli, i volumetti rosa di Anaïs Nin. Ne prende uno dalla piccola libreria di rattan.

«Che fai?» sbotta Charlotte, che paventa il disordine.

«Che cos'è?»

Henry e June. Hélène si è già imbattuta in quel titolo da qualche parte e le è rimasta un'impressione gradevole, avvolgente. Spesso si sente attratta in quel modo da cose oscure che sa che la riguardano personalmente anche se non le conosce. Ha avuto la stessa impressione, per esempio, davanti a certe foto di Marlon Brando sulla guida dei programmi tivù. O quando sente la voce di Jean Topart alla fine dei cartoni animati *Cités d'or*. Sono appelli flash, affinità misteriose, che le lasciano un segno paragonabile a quello di una ditata su un vetro pulito. È al tempo stesso piacevole e doloroso, perché sfugge e tenta. Dovrà approfondire. Tutto il suo desiderio è lì, in agguato, pronto a portarla via.

«Niente» risponde Charlotte.

Ma fa lo sforzo di alzarsi e si avvicina.

«Dammi» aggiunge.

Le toglie di mano il libro, lo rimette a posto nella libreria, che recupera il suo aspetto implacabile e chiuso. Poi, con l'indice, tira fuori un altro volume vicino, anch'esso rosa.

«Questo è il suo diario. È fantastico. Racconta tutto.»

«Tutto cosa?»

«Tutto.»

Charlotte passa il libro a Hélène, che si getta sulla quarta di copertina.

«Racconta la sua vita, i suoi incontri con un sacco di scrittori. Come manda tutti affanculo.»

«Ah, sì?»

«Ce ne sono di ancora peggio. In realtà è mia madre che li colleziona.»

Charlotte si dirige verso il letto, si siede e apre il cassetto del comodino.

«Tieni.»

Mostra a Charlotte la copertina di un volumetto smilzo su cui si vede una donna seduta di spalle, nuda fino alla vita e con in testa un cappello sormontato da una piuma. Gli spessi caratteri del titolo ricordano le vetrine dei sexy shop. Sotto il braccio alzato della donna sbuca sfrontatamente un cespuglietto di peli.

«Questo gliel'ho fregato» bisbiglia Charlotte.

Hélène la raggiunge subito sul letto. Le due ragazzine si ritrovano spalla a spalla, con la faccia china sul libro, i capelli all'improvviso mescolati.

«Cosa racconta?»

«Sono novelle. Storie di sesso» spiega Charlotte a mezza voce.

Hélène sfoglia. Alcune parole le saltano agli occhi. Di colpo fa stranamente caldo.

«Me lo presti?»

Dall'espressione della sua invitata, Charlotte riconosce la serietà delle grandi cause. Dovrebbe rifiutare, certo. Nemmeno lei ha davvero il permesso di fare quel genere di letture. Ha sottratto l'antologia alla sezione personale dei libri proibiti di sua madre, un angolo della grande libreria, dietro i volumi d'arte, dove li nasconde. Lì ce ne sono altri, ancora più terribili. Ben presto Charlotte lo spiegherà a Hélène. Andranno a frugarvi tutte e due, ridenti ed eccitate, e metteranno in piedi uno splendido traffico. Leggeranno così Pauline Réage, Régine Deforges, Arthur Miller e un pochino di Sade, *L'amante di Lady Chatterley*, che lascerà loro solo una sensazione di noia pastosa.

Ma per il momento Hélène pende dalle labbra di Charlotte. Forse fra un secondo sua madre verrà a bussare alla porta. Scoppierà lo scandalo. Sono inebriate. Charlotte annuisce.

«Va bene. Ma me lo rendi fra due giorni.»

«Te lo giuro.»

Hélène s'infila il libro sotto il golf. Adesso è lì, rigido e freddo contro la pancia. Lei è impaziente e nello stesso tempo non vuole più che finisca, quel momento fra loro, elettrico, sull'orlo della risata, con il petto che scoppia.

«In compenso io ti ho preso un regalo di merda» dice. «Mi dispiace.»

Charlotte ride. È così carina, talmente preziosa, sembra un oggetto. Fra loro è come un colpo di fulmine, per la vita e per la morte, cioè almeno fino alla fine dell'anno scolastico.

Poco dopo arrivano a valanga gli altri invitati e Hélène deve abbandonare la sua nuova amica per raggiungere Béné e Farida.

«Cavolo, è troppo bella, casa sua.»

«Sì, quella ladra.»

Hélène e Farida si girano verso Béné per avere spiegazioni. Lei alza le spalle, non sapranno altro.

Ben presto tutta la classe è riunita nella veranda. Il buffet viene saccheggiato in un batter d'occhio, Charlotte apre i regali che non avrebbero dovuto portarle e poi arriva l'ora di ballare. Ragazzi e ragazze limonano un po', ma poiché la madre di Charlotte si affaccia regolarmente alla porta nessuno azzarda dei lenti molto spinti. Hélène, invece, non balla. Con le sue due amiche si limita a godersi lo spettacolo. È strano ritrovare fuori dalla scuola tutta quella gente che frequentano in continuazione. I ragazzi hanno un'aria ancora più infantile, da imbranati, mentre le ragazze, che si sono messe in ghingheri, di tanto in tanto sembrano adulte in miniatura. Il pomeriggio prosegue in un misto di sfioramenti, sguardi in tralice, sarcasmi e piccole audacie. Come quando Romain Sprier va a chiedere a Farida se non vuole mica ballare, e lei rifiuta, anche se forse ne ha voglia. Ma Béné sta all'erta, e le amiche prevalgono ancora sugli amici. Quando scende il buio, Laurence Antonelli propone di fare una seduta spiritica. Così la maggior parte degli invitati si ritrova seduta per terra intorno ad alcune candele e a una manciata di lettere dello Scarabeo disposte in cerchio. Per lunghi minuti chiamano invano spiriti non disponibili, divisi fra la ridarella e la fifa. E poi, di colpo, tutte le luci si spengono. Seguono grida, una breve ressa a tentoni, un tavolo si rovescia e piedi scalzi si feriscono su schegge di vetro. Arrivano le lacrime e la madre di Charlotte, che accorre. Ma era solo un brutto scherzo. Non c'è nemmeno il tempo di chiarire le cose che già cominciano a presentarsi i primi genitori a recuperare la prole. Sono le sette di sera, la festa è finita. Comunque è stata bella.

Quella sera Hélène non ci metterà più di tre ore a leggere tutto il libro prestatole dalla sua nuova amica, che troverà bello quanto orribile. Certe pagine la scandalizzeranno così tanto che le leggerà due volte per stigmatizzarle meglio.

I genitori di Hélène hanno voluto iscriverla a una scuola privata perché quell'istituto ha il duplice vantaggio di trovarsi vicino allo studio dove lavora Mireille e accogliere i figli dei notai che l'hanno assunta. Questa scommessa sul futuro comporta però qualche piccolo inconveniente per Hélène, in particolare fare la spola tutti i giorni da Cornécourt, andare a messa quattro volte l'anno nella cappella della scuola e sentirsi dire dai genitori che è una bella spesa. Il resto probabilmente non è né meglio né peggio che altrove. Sua madre la lascia a scuola prestissimo ogni mattina, poi lei ritrova Béné e Farida in cortile verso le otto meno un quarto, dalla parte di rue des Passants, poco lontano da un ingresso secondario meno frequentato di quello principale, che dà loro l'impressione di essere libere di tagliare la corda se gli venisse voglia.

Solo che dopo la festa di compleanno Hélène cambia abitudini. Ormai aspetta Charlotte sotto la tettoia dalla parte di rue Clemenceau. A volte quest'ultima le porta un nuovo libro, oppure Hélène le restituisce quello che ha appena finito. Perlopiù le due ragazzine si limitano a chiacchierare. Sono momenti frenetici, quasi clandestini. Si rannicchiano in fondo, vicino al bidone della spazzatura, sentendosi spiate e in colpa. La loro amicizia assomiglia a una storia d'amore, quasi a un segreto.

Quando suona la campanella, Hélène si affretta a raggiungere Béné e Farida. Ma loro non tardano a scoprire il maneggio.

«Cosa cazzo ci fai con quella tipa?»

Béné non ha peli sulla lingua, Farida è meno sicura del fatto suo, ma questo non le impedisce di approvare con veemenza.

«Esatto. Chi è quella tipa? Non è nessuno.»

«Piantatela, non siamo mica in prigione.»

«Sei tu la prigione» ribatte Béné con una smorfia sdegnosa.

E se ne va, zaino in spalla, fianchi che ondeggiano, larghi. Indossa un paio di jeans e la felpa con i colori dell'Olympique Marsiglia ereditata dal fratello maggiore, che le va già stretta. L'anno prima, durante l'ora di scienze, un tizio seduto dietro di lei le ha tirato l'elastico del reggiseno. Béné gli ha sputato addosso.

Nonostante tutto, il fatto che le cose con le sue amiche stiano andando storte angoscia un po' Hélène. Si conoscono dalle elementari. L'estate precedente sono state in campeggio, le migliori vacanze di tutta la sua vita, tre giorni in riva a un piccolo fiume dalle parti di Plombières, con il fratello maggiore di Béné. Farida si era presa una specie di cotta, era buffo. Stavano insieme tutto il giorno, facevano il bagno, il barbecue. Potevano credersi libere.

Non sa che cosa stia succedendo, per quale motivo ciò che ieri era così prezioso stia diventando di colpo una rottura. Ora si sente sempre così. Quando i suoi vecchi le parlano è più forte di lei, deve alzare gli occhi al cielo. Dopo cena si chiude in camera con il walkman e i libri. Ma persino quella stanza di cui per anni ha curato l'arredamento le dà sui nervi. Due settimane prima ha eliminato il poster di Madonna e lo ha sostituito con fotografie di vecchie star di Hollywood, le vende il tabaccaio in pacchetti da cento per dieci franchi. Guarda i bei volti grigi di Warren Beatty e di Marilyn, di cui non ha mai visto neanche un film. E di Marlon Brando, certo. È un pensiero che la tormenta. Si sta allontanando a poco a poco. Vorrebbe proprio sapere perché, capire che cosa ci sia che non va in lei. A volte piange, di rabbia e d'irrequietezza, perché desidera che le cose accelerino e nello stesso tempo rimpiange il fatto che tutto stia cambiando. Quando si ricorda che le mancano quattro anni all'esame di maturità spaccherebbe tutto, tanto la fa arrabbiare. Conta i giorni che la separano dai diciott'anni, quando potrà dire *sono maggiorenne e andate affanculo.* Sente aumentare la pressione. Si dice che non resisterà mai, è troppo, è troppo poco, e le lacrime scendono da sole mentre non è nemmeno tanto infelice.

Hanno dovuto giocare molto d'astuzia e dare un sacco di spiegazioni, ma ce l'hanno fatta.

Hélène e Charlotte si tengono per mano, sul ghiaccio, come cerbiatti appena nati che cercano di stare in equilibrio. Portano tutte e due uno spesso berretto di lana, anche se in un primo tempo Charlotte ne aveva scelto uno di feltro, ma poi ha pensato che avrebbe avuto un'aria da scema. Da lontano sembrano sorelle. Anche da vicino, peraltro.

I loro genitori le hanno lasciate lì alle due e mezzo del pomeriggio e torneranno a prenderle alle cinque. Non è molto, ma bisogna pur cominciare. Davanti all'ingresso la madre di Charlotte ha stretto la mano al padre di Hélène. Erano entrambi affabili e sorridenti, palesemente contenti di trovarsi fra gente perbene. Ci fidiamo di voi, ragazze, siete grandi, ma attente se qualcosa va storto. Le due amiche già avevano occhi solo per i pattinatori che scivolavano sulla pista.

All'inizio si sono trovate un angolino accanto alla balaustra, a cui sono rimaste aggrappate per un bel po', come due cozze. Le loro guance hanno preso un bel colore, e non osano avventurarsi troppo, non sapendo come gestire quella prima volta, con il naso gocciolante, e limitandosi a occhieggiare gli altri ascoltando la musica trasmessa dagli altoparlanti. È fantastico.

«Pare che a un certo punto spengano le luci» dice Hélène.

«Sì, ci sono dei faretti, sembra *Il tempo delle mele*.»

Hélène ridacchia, adora Sophie Marceau.

«Hai visto là in fondo?»

«Cosa?» chiede Hélène.

«Quelli...»

Sono tre, senza guanti e a testa nuda, e chiacchierano

con due tizie ordinarie, capelli stracotonati, azzurro sulle palpebre, tonde e piuttosto carine. Zoccole.

«Sono hockeisti» spiega Charlotte. «Ogni tanto andiamo a vedere le partite con mio padre, al lavoro gli danno i biglietti gratis. Il più piccolo gioca già in prima squadra. Ha solo sedici anni.»

«Ah, sì?»

«Christophe Marchal.»

Hélène e Charlotte sono nell'età in cui un volto può diventare un sentimento. È quello che succede loro con Christophe, ma anche con Mathieu Simon o Jérémy Kieffer, che sono un po' più grandi, carini, e soprattutto fichi, perché voler essere baciate è anche voler far parte di un giro, quelli che contano, che hanno una moto o uno scooter, portano i vestiti giusti e vengono invitati alle feste esclusive organizzate qua e là. In seguito Hélène e la sua amica passeranno ore deliziose a soffrire sul letto ascoltando Whitney Houston o Phil Collins, disperate e languide. Impareranno a memoria le parole, canteranno durante l'intervallo, in cortile, fumeranno di nascosto. Le canzoni d'amore sono state inventate appunto per questo, rimuginare sul proprio dramma e far vivere il teatro d'ombre dei grandi sentimenti, un ragazzo che ti sfiora, una nuca nell'ora di scienze, qualunque sciocchezza.

«Dobbiamo assolutamente andare a qualche partita» dice Charlotte.

«Già.»

«Ti avverto, l'ho visto prima io.»

Hélène ride: «Puoi tenertelo, il tuo nanerottolo.»

E si stringono, falsamente accomunate dal romanzetto all'acqua di rose che Charlotte ha cominciato a inventarsi. Per il momento Christophe non è ancora una persona vera e propria. Assomiglia piuttosto a un poster, simile nella sua lontana perfezione alle immagini appese nelle loro stanze. Comunque, volerlo è delizioso, rende tutto più importante.

«Ahhh!» esclama Hélène.

Il ragazzo si è appena scostato dal gruppetto con una graziosa spinta all'indietro, e dopo un mezzo giro non meno elegante raggiunge due ragazze in piumino che stanno all'altro capo della pista. Sfreccia, sfiorando gli altri pattinatori con un sussiego deliberato, poi frena bruscamente davanti alle due ragazze producendo una sventagliata di ghiaccio che le investe in pieno. Loro protestano un po', tanto per fare, spazzolandosi i vestiti; ma non ci crede nessuno. Con le mani nelle tasche posteriori dei jeans, la vita davanti a sé, Christophe si pavoneggia, unico al mondo, insopportabile e *supercute*.

«Chi sono quelle cozze?» chiede Charlotte con aria disgustata.

Hélène sogghigna. Ma non hanno tempo di cianciare a lungo. La luce si è appena spenta e già si sentono le prime note di pianoforte, riverberate e gravi nell'enorme catino dello stadio. Allora i faretti colorati cominciano a spazzare il ghiaccio. Alcune coppie si lanciano subito, mano nella mano, e mentre la sfera sfaccettata dissemina ovunque briciole di luce la voce di Bonnie Tyler intona la sua canzone triste e rauca. Da quel momento è sempre la stessa storia, la stessa urgenza. L'ora dei lenti passa in fretta, come il resto. Domani sarà domenica, con la sua noia. Bisogna cogliere l'occasione. In fondo alla pista, Christophe Marchal prende per un braccio una delle ragazze e se la porta via. Lei è bionda come si è bionde a diciassette anni, ed è strano e fa male veder passare a due metri da sé quella coppia così invidiabile. Hélène li guarda e vorrebbe morire.

«Che depressione!»

«Sì, terribile.»

Charlotte strappa la sua amica dalla balaustra e cominciano a pattinare anche loro, incerte, a braccia tese, sorreggendosi a vicenda nella penombra striata di azzurro. Hélène sente la mano di Charlotte che stringe forte la sua.

5

Christophe guardava suo padre e si chiedeva come avrebbe fatto a dargli la notizia.

I due erano ancora a tavola, avvolti nel tiepido strame delle abitudini e della digestione. Quella sera Christophe aveva messo i piatti piccoli su quelli grandi. Tornando dal lavoro aveva comprato due medaglioni di filetto alla macelleria del Leclerc e scelto una bottiglia di Saint-Joseph in cantina. Quando suo padre l'aveva visto spacchettare gli acquisti sul tavolo gli aveva chiesto che cosa ci fosse da festeggiare.

«Vedrai» aveva risposto il figlio.

E aveva tirato fuori dalla borsa la nuova maglia, sempre con il numero 20 come un tempo, solo che adesso era bianca e verde con davanti una testa di lupo stilizzata. Gli occhi del padre, di solito di un pallore lacustre, per una volta si erano illuminati.

«E perché un lupo?» aveva chiesto.

«Lo sai. È il nome della squadra. L'animale dei Vosgi, immagino.»

«Ah, sì.»

Gabriel, che frugava nella busta della spesa, aveva lanciato un grido di gioia alla vista dei cubetti di formaggio e di una confezione di gelati con lo stecco, causando la fuga precipitosa del gatto Minousse, il quale sapeva per certo che era meglio diffidare delle manifestazioni di gioia di quel bambino.

Dopodiché Gérard Marchal, senza ulteriori commenti, aveva dato una mano ad apparecchiare e abbandonato il suo pile sullo schienale della sedia, tanto per dire che era festa. Poi aveva servito l'aperitivo, una Coca per il piccolo, birre per gli adulti, mentre Christophe si affaccendava ai fornelli. Il bambino aveva chiesto un foglio e matite colorate per disegnare lo stadio del ghiaccio e suo padre che vinceva le partite. A un certo punto avevano brindato: «A noi?»

«Alla tua stagione.»

E avevano bevuto, tre generazioni sotto lo stesso tetto, senza moglie né madre, uomini sotto la luce bianca, nel calore del forno e nello scricchiolio delle sedie sul pavimento.

Il piccolo aveva cominciato a rimpinzarsi di cubetti di formaggio, tanto che il nonno gli aveva detto di darsi una calmata, si guastava l'appetito. Poiché non obbediva, lui aveva calato la sua manona tutta maculata sulla manina grassoccia e Gabriel era rimasto immobile per un secondo, col braccio teso, pieno di malizia dietro gli occhiali, covato dallo sguardo del nonno. Christophe li osservava. Alle sue spalle il burro sfrigolava nella padella e spandeva il suo buon profumo per la cucina. Il vecchio tavolo, il profondo lavandino bianco, gli armadietti e il ronzio del frigorifero. Lo scenario immutabile. Eppure tutto passava. Charlie stava per trasferirsi. Quella vita era arrivata al capolinea.

Però avevano mangiato con piacere, e non solo per via della bottiglia di Saint-Joseph, fatta fuori rapidamente. Il nonno si era persino esibito in alcuni dei suoi soliti giochetti di prestigio, e se Gabriel non credeva più alla scomparsa del proprio naso, il trucco della moneta tirata fuori da dietro l'orecchio lo aveva sbalordito ancora una volta.

Poi, messo a letto il bambino, i due uomini erano rimasti a tavola ancora un po'. Erano appena le nove e Christophe ascoltava il rumore della lavastoviglie alle sue spalle. Aspettava il momento buono per sputare il rospo. Di ottimo umore, un po' alticcio, suo padre invece rimuginava sui bei vecchi tempi, grattando la testa al gatto che gli era saltato sulle ginocchia. In fondo, la cosa più bizzarra, con quella malattia, era vedere come la memoria, andando in pezzi, rigurgitasse ricordi.

Gérard Marchal aveva conosciuto un destino piuttosto tipico da baby boomer, che quando lo raccontava diventava una specie di epopea. La scuola fino alla licenza elementare, un apprendistato alla Cugnot, nel settore elettrico, spostamenti nella Francia degli anni del boom, da un cantiere all'altro, Grenoble, Tulle, La-Roche-sur-Yon o Guéret. Allora il paese si dotava di ospedali, palazzi di uffici e nuove costruzioni intorno a cui pullulava una piccola popolazione di tizi allegri e irresponsabili, intonacatori, muratori, elettricisti, tecnici del riscaldamento, piastrellisti, ascensoristi, imbianchini e conciatetti. Quegli uomini spensierati abitavano in albergo e vivevano il lavoro come una colonia estiva. Paga buona, aumenti quasi ogni mese, e quando un capo rompeva le scatole bastava licenziarsi e il lavoro ti cadeva in bocca già il giorno dopo. La sera si mangiava al ristorante e una volta sceso il buio si giocava a briscola in sale da pranzo dall'arredamento rustico, con tovaglie a quadretti e orologi appesi al muro, vuotando bicchierini di acquavite locale. Verso l'una il padrone diceva be', basta così, e i tizi, con la loro voce spessa e maschia, lanciavano degli oh e degli ah tanto per fare, le sedie raschiavano il pavimento e tutti si disperdevano ai vari piani ridendo. In camera, sdraiati sul letto, ascoltavano i risultati sportivi da una piccola radio a transistor Braun, con una Gitane fra le labbra, leggevano qualche pagina di un gialletto che in quarta di copertina vantava le qualità virili del profumo Balafre o delle sigarette Bastos. Poi dormivano il sonno dei giusti, tutta una generazione di proletari in fin dei conti fortunati, e convinti che quel momento fosse la norma, che ci sarebbero stati lavoro e progresso per sempre.

Gérard Marchal si ricordava in particolare del mese di maggio del 1968, che aveva passato in Corsica a installare gli impianti elettrici a bassa tensione del nuovo ospedale di Furiani. La Francia continentale era in balia degli scioperi e dei disordini, e gli operai avevano potuto dimenticare per qualche istante le loro mani nere e inventarsi forme di futuro politico, mentre un po' dappertutto gente importante e arrivata, presa dal panico, si rifugiava in Svizzera, in campagna o nella lettura di Chateaubriand. Comunque, grazie a quel casino la Corsica aveva colto l'occasione per accentuare ulteriormente la sua insularità e, in mancanza di forniture e istruzioni, il cantiere di Furiani si era fermato. Gérard e i suoi colleghi si erano ritrovati come altrettanti Robinson senza niente da fare, e con il mare davanti.

Certo, si erano preoccupati un po' per la loro sorte, su quell'isola dove non conoscevano nessuno e con la paga che non arrivava più. Ma il padrone dell'Hotel Beau Rivage, calmo e panciuto, aveva continuato a garantire vitto e alloggio, dandogli persino qualche spicciolo per resistere e distrarsi. Quella parentesi non era durata a lungo, ovvio, ma era rimasta incastonata nella vita di Gérard Marchal come una gemma speciale, al crocevia fra la gioventù e la primavera, con le sue interminabili giornate in spiaggia, l'ebbrezza delle anisette, le serate ai tavoli dei bar, le ragazze brune e curiosamente più libere che nel continente, o comunque era così che lo raccontava cinquant'anni dopo, con un sorrisetto sotto i baffi grigi. Del resto, aveva conservato nel portafoglio la foto di una ragazza di Bastia dalle lunghe chiome. Aveva dimenticato il suo nome, ma non le ore passate nelle calette. Alla fine, forse non gli sarebbe rimasto che quello, l'immagine di un neo sotto un ombelico femminile.

In seguito, stanco di quell'esistenza seminomade, Gérard Marchal si era trovato un lavoro alla Rexel, dove era salito di grado, poi si era sposato con Sylvie Valentin e aveva aperto un negozio suo di attrezzature sportive. Robetta, per le ciaspolate, come diceva lui. A poco a poco, mentre la sua situazione migliorava notevolmente, l'umore era peggiorato. Era quello il dramma dei negozianti, la preoccupazione galoppante, il rompicapo quotidiano dell'approvvigionamento e della logistica, gli stock da gestire, le tasse troppo gravose, i clienti che non arrivavano o ti rompevano le palle, e poi quei due dipendenti furbi e fischiettanti capaci solo di avanzare rivendicazioni. A metà degli anni Novanta un controllo particolarmente severo della previdenza sociale gli aveva definitivamente rovinato il carattere. Eppure lui e Sylvie avevano una bella casa, due auto, tre tivù, il frigo era pieno, e i loro due ragazzi continuavano a essere un motivo di orgoglio nonostante le pazzie del maggiore. Ma non c'era stato verso. Il tempo era passato e quel tormento bilioso era diventato come un rumore di fondo, un mal di testa senza fine.

Va detto che Sylvie non era mai in gran forma. Da quando aveva lasciato il lavoro dopo la nascita di Christophe, qualcosa in lei si era avvizzito. Una volta cresciuti i ragazzi, Gérard le aveva consigliato di trovarsi un'attività, impegnarsi in un'associazione o fare gite in bici. Consigli che però venivano accolti da quella donna sottovalutata solo con una circospetta alzata di sopracciglia.

«Potrei anche buttarmi nella Mosella» diceva svogliatamente fumando la sua Winston.

Da bambina era sempre andata bene a scuola, come dimostravano le pagelle in solaio. Senza parlare del famoso test del QI fatto a sedici anni, che lei tirava sempre in ballo come prova indiscutibile dello spreco della sua persona, della cattiva sorte toccata alla sua materia grigia. Avrebbe potuto studiare se l'avessero incoraggiata un po', ma la sua famiglia non lo aveva ritenuto utile. A casa si credeva nella paga, nelle gravidanze multiple, e sua madre non si era mai nemmeno degnata di firmare le pagelle.

«Potresti riprendere a studiare» osservava Gérard senza crederci sul serio.

Sylvie alzava gli occhi al cielo. Per fare che? Non sarebbe certo diventata prof o ingegnere, alla sua età. Preferiva uscire a fumarsi un'altra sigaretta e contemplare il laghetto, gli alberi da frutto in giardino. Perciò la loro quotidianità era stata quel campo di battaglia senza grandi scontri, disseminato di scaramucce tutte uguali e di musi lunghi più o meno giustificati. Julien, il fratello maggiore di Christophe, aveva scelto ben presto di schierarsi dalla parte della madre. Del resto, le assomigliava molto.

Come lei era troppo sensibile, ombroso, incapace di sforzarsi per facilitare le cose, sicuro di sé eppure complessato, e di quell'umore tagliente, sottile come un rasoio, che poteva incidere fino all'osso. Christophe, invece, aveva preso più da suo padre, anche fisicamente. Comunque, avevano mantenuto tutti le proprie posizioni e i propri ruoli, ostili pur amandosi, conflittuali e senza vie d'uscita, come sono le famiglie. Per fortuna c'era stato l'hockey a offrire una specie di tregua. Lì perlomeno erano tutti uniti.

Per qualche anno, del resto, Gérard aveva sponsorizzato la squadra, il che gli dava diritto a posti in tribuna e ingressi gratuiti. Aveva potuto invitare fornitori, clienti e amici. Avevano passato davvero ore felici. Persino Sylvie era irriconoscibile, durante le partite. Quando un avversario scagliava Christophe contro la balaustra la si poteva sentire anche all'altro capo dello stadio. I tifosi, per i quali era diventata una mascotte, a volte intonavano un «Forza mamma!» caustico e rinvigorente. E poi, alla fine del primo dei tre tempi, il sindaco faceva il giro. Ci si stringeva la mano e si scambiava qualche parola cortese. Gérard apprezzava quel genere di piccoli riguardi.

«Ti ricordi?» disse il padre.

Christophe si ricordava. Erano sempre le stesse storie, gli stessi aneddoti, non rischiava certo di dimenticarli.

«Il bambino sarà contento di vederti giocare.»

«Credo di sì.»

«Andremo alle partite.»

«Non so se mi faranno giocare tanto. Mi hanno preso soprattutto come tappabuchi.»

«Staremo a vedere.»

Christophe sorrise, ma sapeva che cosa aspettarsi. Madani, il coach, era stato piuttosto chiaro in proposito quando si erano visti tre giorni prima.

«Onestamente, non raccontiamoci palle. Sei troppo vecchio. Hai già bucato cinque partite e la preparazione atletica. Ti trascinerai. La settimana prossima giochiamo con il Vaujany. Non so se hai idea.»

Era la squadra nella quale il Grenoble formava i suoi futuri giocatori, ragazzini di primo pelo pieni di energia e pronti a tutto per distinguersi sul ghiaccio. Mancavano di maturità, ma al terzo tempo non riusciva a stargli dietro più nessuno.

«Ormai ho un solo slovacco e, con Pavel in porta, qui l'età media è trentun anni» aveva ripreso Madani. «La maggior parte dei giocatori il lunedì va a lavorare. Una vera merda.»

In passato lui e Christophe avevano giocato insieme per quasi dieci anni, senza mai sopportarsi. Ma l'amicizia non c'entrava. Il coach diceva la verità.

Ovviamente il presidente del club gli aveva fatto sentire tutt'altra campana, era il suo lavoro.

«Ho contattato il direttore della comunicazione della Norske Tre, è un amico. I norvegesi hanno tanti di quei soldi da non sapere dove metterli. Però non sono molto entusiasti di sponsorizzarci, dopo il disastro degli ultimi anni. Ma ne ho parlato con il mio amico, abbiamo frequentato tutti e due la *business school* di Nancy. E suo figlio fa tennis con il mio. Penso che si possa combinare.»

Il presidente Mangin era uno di quegli imprenditori in giacca Ted Lapidus, rosei e tutti in tiro, che vanno sempre di fretta. Proprietario di un ristorante, di due bar in città e del bowling, dirigeva anche l'Unione commercianti e artigiani di Épinal. Frequentava la Camera di commercio e il municipio, e lo si considerava di sinistra perché sua sorella si era presentata alle elezioni cantonali con i socialisti. Al suo passaggio, quell'uomo affabile ed energico si lasciava dietro sempre lo stesso effluvio di dopobarba e di gioviale bonomia. Però nessuno l'avrebbe definito un tipo perbene.

«Gli venderemo una bella storia. Se ti rimetti i pattini, sarà davvero qualcosa da raccontare. I giornalisti saranno soddisfatti. Il ritorno del figliol prodigo. Porterai i colori della cartiera. Così si dimenticherà il casino della liquidazione giudiziaria. La leggenda, insomma. Capisci?»

Christophe capiva, sì, e si era lasciato dare del tu da quel perfetto sconosciuto.

Già il giorno dopo i due erano andati alla Norske Tre, dove erano stati accolti bene, con dolci e succhi di frutta; poi il giro dell'impianto. Il gigante norvegese era installato lì da oltre tre decenni, eppure la sua presenza semivichinga continuava a non piacere, anche se la fabbrica dava lavoro a più di trecento persone e assicurava la prosperità di Cornécourt. Probabilmente l'odore di uova marce che emanava certe sere, appestando le adiacenti aree di villette, c'entrava qualcosa con quell'ostilità che provocava chiacchiere e petizioni. Secondo Greg le emissioni erano innocue e in gran parte immaginarie. In ogni caso, lui non le sentiva, e per sottolineare il suo scetticismo accendeva un'altra sigaretta.

«Siamo felicissimi di ricevervi, comunque» si era rallegrato il signor Gailly, il direttore, un bell'uomo grigio e blu come se ne vedono nei repertori di immagini su internet.

Aveva mostrato loro su una fotografia appesa alla parete del suo ufficio l'estensione dell'insediamento, settanta ettari, impianti per un miliardo di euro, poco meno di trecento milioni di fatturato. Il direttore della comunicazione aveva saltellato durante quasi tutta la visita.

«Vorremmo modificare l'immagine dell'azienda. Perché la gente è ben consapevole del nostro peso economico. Però continua a vederci come estranei.»

Il presidente del club aveva annuito educatamente. Certo, la mentalità, le abitudini, anche una certa ristrettezza di idee. Ma avrebbero sistemato le cose. Nemmeno i residenti avrebbero più storto il naso allo stesso modo dopo qualche vittoria della squadra.

Nel parcheggio, uscendo dalla fabbrica, Christophe aveva scorto Greg che fumava appoggiato al muro di un capannone, riconoscibile dalle lunghe gambe, dagli stivali da cowboy e dalla pancia sporgente. I due amici si erano scambiati un cenno da lontano. Faceva piacere vederlo, anche a distanza.

Due giorni dopo, Christophe aveva in mano la sua nuova maglia. Ma la vita era fatta in modo tale che ogni buona notizia sembrava subito contraddetta da una botta di un qualche tipo. Al ristorante, Charlie gli aveva annunciato la cosa senza girarci intorno, al tempo stesso dispiaciuta e perentoria: a gennaio si trasferiva.

«Non è neanche una sorpresa. Te l'avevo detto che stavo cercando di andarmene.»

In realtà Christophe non ci aveva mai creduto. Aveva pensato che fosse l'ennesimo ghiribizzo, cose da donne, stiamo bene così.

«Ho trovato un posto di art director. A Troyes.»

«A Troyes? Parli sul serio?»

«Sì, in una piccola agenzia. GrazieMille Communication.

Hanno grossi clienti. La Foire de Champagne, enti pubblici, la Bnp. Guadagnerò quasi seicento euro in più. È un'occasione enorme.»

«E il tuo uomo?»

«Per lui non è un gran problema.»

Ovvio, i logopedisti trovavano lavoro dappertutto. Lei glielo aveva ripetuto a sufficienza.

Al ristorante, davanti alle bavette al pepe, Christophe aveva incassato come meglio poteva.

«E il bambino? Gliene hai parlato?»

«Non ancora» aveva risposto Charlie, con una faccia diventata di colpo inaccessibile. «Non voglio che glielo dica tu. Lo farò io a modo mio.»

Per il resto della cena si erano scambiati qualche battuta tesa. Charlie si era dimostrata implacabile. Aveva ricordato a Christophe il passivo che aveva accumulato, le assenze, gli amici, le puttane. Alla fine lui si era alzato per andare alla toilette. Che cosa poteva dire? Ai discorsi credeva poco, le lacrime erano escluse, il tempo dei ceffoni ormai superato. Non aveva nemmeno un posto per soffrire. Pensava a suo padre.

Alla fine Christophe non trovò il coraggio. Sparecchiò la tavola, poi salì di sopra a controllare che suo figlio dormisse. Il tempo di ridiscendere e il padre si era trasferito in salotto, e già russava davanti alla tivù, con il gatto sulle ginocchia. Si era tolto la dentiera e ora pareva così vecchio, così sprofondato nell'età avanzata da assomigliare quasi a un bimbo. Solo i baffi ricordavano l'uomo che era stato. Christophe gli sistemò il plaid sulle spalle e lo osservò per un momento. Ogni tanto si chiedeva se per lui non sarebbe stato meglio morire. Guardò l'ora. Non era così tardi e Marco gli aveva mandato degli sms più o meno perentori per dirgli di fare un salto. Lui e Greg avevano una cosa da mostrargli, una sorpresa, doveva darsi una mossa, e alla svelta. Christophe soppesò i pro e i contro. Comunque, un bicchiere in più o in meno non avrebbe certo cambiato la faccia del mondo. E poi era venerdì. Gratificò il gatto con un'ultima carezza e tagliò la corda, senza dimenticare di portarsi la nuova maglia.

Arrivato dall'amico, non si sorprese di trovare tutte le finestre illuminate. Gli altri due balordi dovevano essere già sbronzi, come confermò il rumore dei bassi proveniente dalla veranda. Prima di suonare si preoccupò di nascondere la maglia in una manica, poi annusò l'aria della sera. Faceva freschino, ma niente di più, e intorno c'era una calma assoluta. A malapena si percepiva in lontananza il rumore costante della superstrada. Guardò l'orologio e si ripromise di non fare troppo tardi. Fra due giorni avrebbe ripreso gli allenamenti e l'indomani doveva andare a correre, tanto per eliminare un po' di ruggine.

«Ah! Ecco il più bello» fece Greg aprendogli la porta.

Christophe rise. L'amico portava una giacca mimetica e aveva due sbaffi neri su ogni guancia. Sembrava un soldato americano o un cacciatore, ma a prevalere era soprattutto la certezza di avere di fronte qualcuno che ci aveva dato dentro con l'aperitivo.

«Cosa cazzo combinate ancora?» chiese Christophe.

«Adesso qui si fa sul serio» scherzò Greg, impassibile.

In cucina, il tavolo era pieno di bottiglie vuote e cartacce, il frigo socchiuso. Greg prese altre birre e fece cenno a Christophe di seguirlo. Man mano che si inoltravano dentro casa, il volume della musica aumentava. A Christophe parve di riconoscere un pezzo degli Stones. Prima di arrivare sulla veranda Greg bisbigliò: «Vedrai, è una cosa pazzesca.»

E rise fra i denti, *ksss ksss ksss*.

In effetti Marco era in azione, anche lui con la faccia imbrattata, canottiera dei Sepultura, camicia cachi, e puntava verso il giardino quello che sembrava un tubo di pvc.

Il tutto sotto il fungo riscaldante acceso al massimo, mentre le casse in equilibrio sul davanzale di una finestra minacciavano di precipitare giù da un momento all'altro.

«Cosa cazzo è?» chiese Christophe indicando l'arma di Marco.

«Aspetta» disse Greg. «Vedrai.»

Afferrò l'aggeggio, se lo appoggiò su un fianco, con l'impugnatura ben salda in mano, e mirando davanti a sé premette il pulsantino rosso. Seguì un enorme BUUUM e il tubo sputò nel buio il suo proiettile invisibile con una potenza assolutamente inattesa.

«Ma che cos'è questa roba?» ripeté Christophe avvicinandosi per vedere meglio.

«Uno sparapatate!» esclamò Marco con un'aria da gradasso.

«Ma quanto siete scemi...»

Fingendosi costernato, impugnò l'arma artigianale per provare anche lui. Non c'era più posto per i pensieri cupi.

«Il problema» spiegò Greg, «è che ci vuole una ricarica di gas a ogni tiro.»

«Te lo sei costruito tu?»

«Sì, ci sono dei tutorial su internet.»

«Siete proprio fuori di testa.»

Christophe fu subito informato del fatto che ai due compari era venuta l'idea durante la settimana, dopo un aperitivo tostissimo particolarmente abbondante. Da due ore ormai si scolavano birre e sparacchiavano a tutto campo, il che spiegava il loro buonumore e la bardatura militare. Spararono ancora un buon chilo di patate nella notte dei Vosgi, senza preoccuparsi dell'elettricità che consumavano i funghi riscaldanti, impazienti e brutali come bambini. Poi seguì una tregua. Marco abbassò il volume delle casse e Christophe ne approfittò per mostrare loro la nuova maglia.

«Porca eva!»

E Marco fischiò tra i denti.

«Bella. Fa' vedere.»

La stoffa passò di mano in mano. Apprezzarono il colore, il materiale, il disegno. Greg ululò persino alla luna, come il lupo che decorava il petto dei giocatori. Christophe, a cui comunque tutto ciò faceva molto piacere, accettò una seconda birra e poi, dato che le cose sono quel che sono, se ne scolò altre tre. Poco dopo mezzanotte si lasciarono cadere sulle sedie da giardino e, con i gomiti sul tavolo di plastica, approfittarono di quella serata interminabile per fare quattro chiacchiere. Avevano la testa pesante, ben poco pudore, ormai, e Greg era nei casini.

Da qualche tempo usciva con una ragazza che aveva conosciuto a casa di sua madre, alla quale consegnava ogni giorno pasti caldi per conto di un'associazione di assistenza domiciliare. Greg aveva subito notato quella finta bionda dai fianchi larghi, più giovane di lui, che faceva il suo lavoro con un brio indefettibile. Senza azzardare la minima mossa ne aveva parlato a lungo agli amici, in termini scurrili e con finta indifferenza, e gli altri due avevano fatto del loro meglio per incoraggiarlo. Quindi per settimane Greg si era presentato a casa di sua madre all'ora della consegna, ogni volta che poteva, verso le dieci del mattino. Aveva persino chiesto dei turni di notte in fabbrica per avere le mattinate libere. I suoi rapporti con Jennifer Pizzato, così si chiamava, si erano limitati dapprima a rapide ed evasive frasi di cortesia. La donna metteva in frigo le pietanze sottovuoto, rivolgendosi alla madre di Greg in terza persona, la nonna ha dormito bene?, ha mangiato tutto?, a voce troppo alta, cosa irritante per l'anziana signora, che non era sorda, tante grazie, dopodiché tagliava la corda, veloce nelle Reebok bianche, e il suo notevole didietro si dirigeva verso l'indirizzo successivo. Dal balcone, Greg la guardava salire sull'utilitaria che sarebbe sgattaiolata in città, lontano da lì, per nutrire altri deboli vecchietti.

Dai e dai, alla fine lei aveva sgamato il maneggio, a meno che non gliene avesse accennato la madre di Greg. In ogni caso, aveva abbassato la voce di un tono e si era truccata più accuratamente. Greg le aveva offerto il caffè. Mentre la madre guardava il quiz sul secondo canale, avevano fatto girare a lungo il cucchiaino nei tazzoni di ceramica, seduti uno di fronte all'altra nella minuscola cucina al quinto piano. La luce pioveva da una finestra troppo alta, che si affacciava su un cornicione dove alcuni piccioni andavano a cacare e a fare le loro cose. In primavera erano comparse tre uova in un nido. Il giorno in cui si erano schiuse Greg si era buttato.

Fino a quel momento la sua vita sentimentale era stata limitata a ben poca cosa. Ogni tanto andava a ballare al Pacha oppure faceva un salto a uno dei tè danzanti del Panache per portarsi a casa una cinquantenne di bocca buona, ma più o meno era tutto lì. Con Jennifer, invece, aveva avuto accesso per la prima volta – e a quarant'anni suonati – a una storia in piena regola, con cinema, colazioni a letto, presentazione alla famiglia di lei e tutto l'ambaradan. Aveva persino tentato di raddrizzare Bilal, il figlio di Jenn, un po' come quel tipo alla tivù che andava a recitare il ruolo del fratello maggiore a casa di sconosciuti. Ma a tredici anni il ragazzino era già alto un metro e sessanta e aveva visto ben altro. Figlio di puttana, sei mica mio padre, aveva ribattuto, e la cosa era morta lì. Comunque Jennifer e Greg erano scivolati in quella routine di ristorantini e serate tranquille davanti alla tivù. La loro vita a due si era intessuta un filo dopo l'altro e, quanto al sesso, evidentemente funzionava, anche se Greg, pur essendo fanfarone per carattere e di solito un po' mitomane, non ne parlava mai, il che era già di per sé una notizia. Insomma, andava tutto bene, e nessuno affrontava gli argomenti che in genere fanno litigare, matrimonio, convivenza, vacanze o conto corrente in comune.

Poi, qualche giorno prima, il fulmine a ciel sereno. Jenn era incinta.

Sul momento Greg non aveva nemmeno saputo cosa risponderle, al telefono. Lo so, è una rottura, aveva ammesso la ragazza. Ma che si fa? Lui non ne aveva la più pallida idea. Aveva soprattutto voglia di mettere le gambe in spalla e farsi la Route 66 sotto falso nome. Era passato a trovarla il giorno dopo e aveva bevuto una birra senza neanche sedersi, freddo a dir poco: un estraneo. Jenn aveva capito. Era una di quelle donne che devono sempre capire, le esplosioni di rabbia e le vigliaccate, sciropparsi i bambini e pulire il culo ai vecchi, essere pagata sempre meno e farselo piacere. Di madre in madre, era così.

«Ma tu, cosa vorresti?» aveva chiesto comunque Greg.

«Non so.»

Questo significava chiaramente che aveva una mezza idea di sbarazzarsi del futuro che le cresceva nella pancia.

Il padre di Bilal era sparito da tempo e lei si era sbattuta per rifarsi una vita, fra le giornate che non finivano mai e quel figlio che non era una passeggiata. Aveva tenuto duro, indomabile e sorridente, senza mai rinunciare, però, alla possibilità di una vita a due, l'unica concepibile ai suoi occhi. In quel campo, del resto, non aveva tante pretese, e sull'amore nessuna illusione. Per lei non si trattava più di colpo di fulmine né di cieca passione, con il cuore a cento all'ora e le mani umide. Quanto a quello, Hollywood e i romanzi rosa potevano andare affanculo. A trentadue anni Jennifer non si raccontava più favole.

Nella sua vita aveva avuto ragazzi simpatici e precari che si facevano le canne, maniaci della console, bruti o zombi come il padre di Bilal, che poteva passare ore davanti alla tivù senza dire una parola. Aveva avuto tipi che la scopavano in fretta e male alle due del mattino nel parcheggio di una discoteca qualunque. Era stata innamorata e tradita. Aveva tradito e se l'era presa con se stessa. Aveva passato ore a piangere nel cuscino come una scema per ragazzi bugiardi o gelosi. Aveva avuto quindici anni e, come chiunque, la sua dose di lettere e di flirt esitanti. L'avevano tenuta per mano e l'avevano portata al cinema. Le avevano detto ti amo, voglio scoparti, per sms e a mezza voce nell'intimità di una camera da letto. Adesso Jenn era grande. Sapeva come stavano le cose. L'amore non era quella sinfonia con cui ti rimbambivano dappertutto, pubblicitaria e magica.

L'amore erano liste della spesa attaccate sul frigo, una pantofola sotto il letto, un rasoio rosa e l'altro azzurro in bagno. Cartelle aperte e giocattoli sparsi in giro, una suocera che accompagni a fare la pedicure mentre lui va a portare vecchi mobili alla discarica, e la sera tardi, nel buio, due voci che si riscaldano, le si sente appena, che dicono cose semplici e senza importanza, è finito il pane per la colazione, sai che ho paura quando non ci sei. Ma, per l'appunto, io sono qui.

Jenn non sarebbe stata in grado di esprimerlo a parole, ma tutto questo lo sapeva per certo. Era dentro il suo corpo e la sua pelle. Arrivava un bebè, e anche lui avrebbe portato conforto e tenuto a bada la morte.

A Greg, invece, non veniva in mente granché. Quindi Jennifer gli aveva lasciato qualche giorno per rifletterci, cosa che per quanto possibile lui aveva evitato di fare. Quella serata con gli amici era l'ennesima occasione per pensare ad altro. Purtroppo, complici l'ora tarda e l'alcol, Marco tendeva ad allargarsi.

«Ma almeno la ami, questa ragazza?»

«Che ne so» ribatté Greg, che trovava la domanda quasi offensiva. «È carina...»

«Non basta per fare un bambino.»

«Perché no?»

In effetti era una domanda legittima. Christophe e Marco ci rimuginarono su per un po' prima che Greg riprendesse la parola: «Ho l'impressione di essermi lasciato incastrare. Non so cosa fare. Non avrò mai più la stessa vita, dopo...»

«Ma magari non sarà peggio.»

«Non mi piace complicarmi l'esistenza.»

«Certo che i bambini, quanto a complicazioni...» osservò Marco, che come tutti quelli che non hanno figli non resisteva mai alla tentazione di dire la sua sull'argomento.

Christophe ascoltava. Pensò a Gabriel. Una settimana su due era già poco. Una volta che se ne fosse andato, il tempo avrebbe accelerato ancora di più. Della sua infanzia lui avrebbe avuto solo frammenti, notizie telegrafiche. Il meglio della vita sotto forma di ritagli.

Al che Marco andò a prendere da bere e gli altri due rimasero sotto i funghi riscaldanti, senza dire una parola, messi un po' fuori combattimento dalla stanchezza e dalla birra. Alla radio, Nino Ferrer cantava *le temps dure longtemps*. Intorno, la notte regnava come un mare. Poi Marco tornò con tre bottiglie. L'atmosfera non era più tanto allegra.

«A proposito, ho ricevuto una cosa strana» disse Christophe aprendo la sua birra con l'aiuto dell'accendino.

«Tipo?»

Prese il cellulare dalla giacca e mostrò un messaggio che gli aveva mandato una sconosciuta su Messenger.

«Chi è?»

«Una tizia della Jeanne d'Arc.»

«Fortunello» sogghignò Marco.

«Non sembra male» disse Greg facendo scorrere le foto con l'indice.

«Sì, non si vede granché.»

A turno, Greg e Marco rilessero il messaggio, controllarono il profilo. Si chiamava Hélène e diceva in due parole di aver visto Christophe ai Moulins Bleus, di essere rimasta sorpresa, e che sperava stesse bene.

«Ti vuole, è chiaro» disse Marco.

«Sicuro. Questa qui, ce l'hai già in tasca.»

«Scemi. Ha due figlie.»

«Che c'entra?»

Christophe tese una mano per farsi restituire il cellulare, ma Marco aveva già cominciato a digitare qualcosa sul display.

«Cosa combini?»

«Niente» rispose Marco alzandosi in piedi.

«Piantala, cazzo.»

«Ma sì!» urlò Greg, colpito da un'improvvisa illuminazione. «Me la ricordo.»

Il braccio di Christophe restava teso sul tavolo. Ma la faccia si girò verso Greg.

«Di cosa ti ricordi?»

«Di una ragazzina che veniva alle partite. L'amica del cuore di Charlotte Brassard.»

Christophe non si prese la briga di confermare, ma se la ricordava anche lui e quel messaggio gli aveva fatto uno strano effetto. Aveva ritrovato l'umore di quei tempi, le canzoni dei Pixies e dei Mano Negra, il respiro facile, tutta la città per sé, le partite, la finale. Cose lontane e crudelmente lì.

«Ecco, ho risposto» disse Marco restituendogli il cellulare con un sorriso soddisfatto.

Christophe lo afferrò ma con quel gesto chiuse la app. Ci mise qualche secondo a recuperare il messaggio, e la risposta che aveva mandato quell'idiota di Marco. Ecchecazzo, disse, scoprendo la portata dei danni.

Mi piacerebbe tanto prendere un caffè. L'altra sera mi hai fatto venire molta voglia.

Seguiva il numero di telefono.

«Sei proprio una merda» disse Christophe, seccato.

«Ma no» ribatté Marco. «Vedrai, andrà tutto liscio.»

«Da quel che ricordo non era granché, comunque» osservò Greg con una smorfia dubbiosa.

«Oh, be'» disse Marco assumendo di colpo un altro punto di vista. «Le cose cambiano.»

Quando Christophe si svegliò, gli facevano male pure i capelli e non ricordava nemmeno più come fosse tornato a casa. Si girò nel letto, afferrò la bottiglia d'acqua appoggiata a terra e la vuotò. A quanto pareva, non aveva avuto la forza di chiudere le imposte e la luce del giorno passava attraverso le tende di tulle azzurro, spiacevole quasi quanto un rumore. Per l'appunto riconobbe un familiare *tum tum tum tum* in corridoio e la porta si socchiuse sulla faccia di Gabriel.

«Ciao, orsacchiotto.»

Aveva la gola intasata nonostante l'acqua minerale, la voce arrochita. Dovette inghiottire un po' di catarro prima di aggiungere: «Ti sei già alzato?»

«Sei malato?» rispose il bambino, ma in tono non particolarmente ansioso.

«No, non è niente. Ho dormito male.»

Con addosso solo le mutandine il piccolo saltò sul letto e prese subito posto sotto le lenzuola, nel calore di suo padre. Christophe girò la testa e gli depose un bacio sui capelli leggeri come l'aria.

«Non hai un buon odore!» disse il bambino tappandosi il naso.

La sveglia sul comodino indicava le dieci e un quarto. Niente corsa.

«Giochiamo a qualcosa?» chiese Gabriel.

Ma Christophe si era lasciato cadere e giaceva come una statua, con un braccio sugli occhi chiusi.

«A cosa vuoi giocare?»

«Preferisci avere una lingua di cacca o dieci anatre che ti seguono per tutta la vita?»

«Okay, ho capito.»

Un sospiro profondo, il tempo di pensarci, e poi Christophe si buttò.

«Preferisci avere le ginocchia di crema chantilly o un occhio dietro la testa?»

«Fa schifo» disse il bambino.

«Sono stanco, orsacchiotto.»

Allora il piccolo scalciò via le coperte e si mise a cavalcioni sul suo petto.

«Forza! Arri!»

«Oh, cavolo» gemette Christophe.

E prese suo figlio fra le braccia, sempre con gli occhi chiusi, stringendolo forte al petto. Il bambino cominciò a ridere e a divincolarsi. La sua pelle contro la guancia ispida di Christophe era di una morbidezza incredibile. Lui lo strinse ancora di più, poi aprì le braccia di colpo e il bambino rotolò di fianco.

«Ti ho fatto male?»

«No, tutto a posto.»

La manina si posò sul suo braccio, un piede raffreddato dal pavimento gli toccò una gamba.

«Papà?»

«Sì?»

«È vero che ce ne andiamo?»

«Perché me lo chiedi?»

«L'ha detto la mamma.»

Ovvio. I bambini stanno sempre con le orecchie tese. Christophe si schiarì la voce ancora una volta e si massaggiò le tempie, senza riuscire ad aprire gli occhi.

«Comunque non sarà subito.»

«Lo so.»

Poi Christophe gli passò un braccio intorno e lo avvicinò di più a sé.

«Non piangerai mica?»

«Non riesco a farne a meno.»

«Verrò a trovarti. E anche tu. Verrai a vedermi giocare.»

«Sì, però!» esclamò il piccolo con una rabbia improvvisa.

Christophe poteva sentire contro di sé il corpicino scosso dai singhiozzi, e attraverso la maglietta il calore umido delle lacrime. Ripeté non è niente, orsacchiotto, passerà. I pianti continuarono per un po'. Poi, quando il bambino si fu calmato: «Per il momento non dobbiamo dire niente al nonno, d'accordo?»

«Lo so.»

E Christophe lo strinse di nuovo, ma solo per sé, questa volta.

6

Dalla mattina i loro genitori non si sono scambiati nemmeno due parole.

Capita, soprattutto di domenica. A quell'ora la madre dev'essere in soggiorno, a sbucciare clementine davanti alla tivù, mentre il padre pasticcia in garage ascoltando la radio. Poi andrà a farsi un giro, a trovare uno dei suoi fratelli o un amico. Tornerà rilassato con addosso un forte odore di tabacco bruno e in bocca notizie che Sylvie fingerà di ascoltare mentre prepara la cena.

«Eh, be'» dirà per concludere. «Mettetevi a tavola.»

Nel frattempo ha spedito fuori i figli, tanto per cominciare perché non sopportava più il loro chiasso e poi perché non può fargli male. Ha detto mi mandate fuori di testa, uscite o uso uno di voi per ammazzare l'altro. Una volta in giardino, Christophe e Julien hanno tentato di giocare a calcio, ma hanno rinunciato quasi subito. Solo in due era una rottura, e il pallone, dopo un inverno passato all'esterno, era sgonfio. Perciò sono lì, seduti sul tronco disteso a terra che il padre ha pitturato per farne una panca, mani in tasca, vapore che gli esce dalla bocca. Bisogna davvero essere obbligati, per starsene fuori con quel clima. I due ragazzi tirano su col naso, guardano gli alberi, il grigio del terreno, il laghetto coperto di ghiaccio. È brutta la natura quando hai freddo e il cuore pesante, soprattutto nel mese di febbraio a Cornécourt. Ogni volta che Julien sputa, lo fa anche Christophe. Fra quattro anni ne avrà quindici anche lui, deve esercitarsi, ovvio. Sopra le loro teste il cielo è di un bianco sporco e dietro si erge la grande casa *off limits* dove fa un bel calduccio. Christophe sente gli occhi inumidirsi.

«Ehi, mica ti metterai a piangere.»

«Sono stufo...»

Julien dà una spallata al fratellino.

«Dai, chissenefrega, andassero affanculo.»

Christophe fa sì con la testa e stringe le labbra.

«Bene» dice il fratello maggiore. «Ho un'idea.»

È saltato in piedi e si avvia già verso il laghetto. Christophe si asciuga gli occhi con una manica, il naso con il dorso della mano. Sa benissimo che Julien potrebbe essere altrove, insieme ai suoi amici. È rimasto apposta con lui.

Più in là, Julien azzarda il piede destro sul ghiaccio che si è formato qualche notte prima sopra il laghetto. Lo chiamano laghetto ma è piuttosto una grossa pozza. Il padre l'ha scavata per abbellire il giardino, e in primavera ci crescono giunchi, erbacce, ninfee. Si sentono persino le rane, e ragni d'acqua tracciano cerchi sulla superficie. Il padre ha cercato di farci vivere qualche trota e una carpa, ma due giorni dopo le hanno trovate a pancia all'aria. In ogni caso, per carattere Christophe non è un temerario e non gli piace per niente vedere suo fratello tentare il diavolo a quel modo.

«Fermati!»

«Va tutto bene, sta' a vedere.»

Julien fa un altro passo, a braccia spalancate come su una corda tesa. All'improvviso il ghiaccio scricchiola sotto il suo peso.

«Fermati!» urla di nuovo Christophe accorrendo.

Ma il fratello maggiore non lo ascolta più. Continua a camminare, e a ogni passo, sotto le grosse suole, il ghiaccio fa lo stesso rumore, crocchiante e sordo. In pochi secondi ha raggiunto il punto più lontano dal bordo e si gira verso il fratellino, trionfante, con un gran sorriso.

«Dai, vieni» dice.

È tutto vestito di jeans, e la sciarpa rossa annodata al collo si staglia sulla vacuità del paesaggio e sul cielo albino.

«Dai, non farmelo ripetere...»

All'improvviso Christophe sente un gran bisogno di pisciare. Ogni volta che ha fifa è lo stesso. Un giorno che era in cantina e frugava fra vecchie cose, fotografie, roba di suo padre, aveva avuto così paura di essere sorpreso che se l'era fatta addosso. Sua madre non si era neppure presa la briga di sgridarlo. Si era limitata a dire «è proprio corto di cervello, questo qui», e Christophe non se l'era presa. Lei dice anche «voglio morire» davanti a una pila di bucato da stirare.

Intanto Julien è lì ad aspettarlo sul ghiaccio.

Christophe osa appoggiarci un piede. Avverte sotto la scarpa la sua enorme fragilità e, ancora più sotto, lo spaventoso mistero dell'acqua nera e gelida. Gli passa un brivido lungo la nuca nonostante il martellare del sangue nelle vene. A malapena riesce ancora a respirare.

«Vedi? Mica è così difficile.»

Julien l'ha raggiunto a passi scivolati e lo prende per mano per trascinarlo in mezzo al laghetto. Christophe chiude gli occhi, sente volare sopra di loro un uccello che si lascia dietro solo un rapido fruscio di piume e di cielo. A poco a poco al timore subentra qualcos'altro, una sensazione di facilità sotto le suole, che sale lungo le gambe, e sempre il bisogno di pisciare.

«Apri gli occhi» dice Julien. «Adesso va tutto bene.»

Sente la mano di Julien abbandonare la sua, poi la presenza del fratello che si allontana.

«Non aver paura. Non muoverti.»

Christophe apre gli occhi e lo vede lanciarsi. Ogni volta

che il piede urta il ghiaccio è un colpo di tuono che percorre tutto il laghetto e sale fino allo sterno.

«Fermati! Sei pazzo!»

Ma ormai la sagoma di Julien è solo una scia azzurra attraversata dalla pennellata rossa della sciarpa. Christophe contempla il suo passaggio attraverso lo spazio, senza ostacoli, quell'impressione di fluidità, la velocità meravigliosa. È così bello. Se la fa addosso.

Quella sera, a letto, Christophe fatica a addormentarsi. Sente ancora nelle gambe la sensazione di scivolamento, di scorrimento vertiginoso, e poi la testa vuota, nonostante il freddo e i pantaloni di velluto bagnati. Eppure non ha potuto godersela a lungo. Julien lo ha aiutato a cambiarsi prima che tornasse il padre. Quando la madre li ha sorpresi a trafficare nella lavanderia si è limitata a dire: «Fate un bucato? Succede proprio di tutto...»

Il giorno dopo si sveglia presto e si veste in fretta, poi scende al pianterreno in punta di piedi. Fuori è ancora buio, ma sa di poter contare sul puntino di luce della lampada fissata al muro della casa. Infila gli stivali senza far rumore, si mette il berretto e sguscia fuori dalla porta sul retro. Non sono neanche le sette e il freddo pungente gli brucia gli occhi e le narici. Si affretta verso il laghetto sull'erba crocchiante e annusa il buon odore del gelo, così percepibile nel mattino nascente.

Arrivato sul ghiaccio, ritrova subito il piacere del movimento sotto i piedi, il suolo che va alla deriva. Ci riprova, galoppa, scivola, braccia tese a fare da bilanciere, la rapidità della partenza, e poi quel senso di urgenza che passa attraverso le suole, sale in tutto il corpo. Poco dopo, l'alba sbuca fuori dalla terra, pallida, rosa e azzurra, arrotondata in superficie, e il ragazzino la vede diffondersi delicatamente a partire dal terreno, infondendo nel cielo la sua progressiva tenerezza. Minuscolo in quel paesaggio di aurora, si dice ancora una e poi basta. Per dieci volte si ripete quella bugia dell'ultima scivolata. Ma il piacere è troppo intenso e smettere è impossibile.

Sulla soglia di casa il padre non si è perso niente della scena. Guarda il figlio soffiando sul caffè bollente. Potrebbe gridare, punirlo. Invece sorride. Prova uno strano conforto nel vedere quel corpo di bambino che annienta le resistenze del suolo e dell'aria. La sera, all'ora di andare a dormire, entra nella sua stanza e si siede sul letto.

«Ti ho visto stamattina. Sul laghetto.»

Christophe non ha tempo di inventarsi una bugia, e comunque suo padre non chiede spiegazioni.

«Non voglio che ci torni. È pericoloso. Non siamo mica al polo nord.» Poi, dopo che il bambino ha promesso, aggiunge: «Andiamo allo stadio del ghiaccio, se vuoi. Ma devi promettermi di non andare mai più sul laghetto.»

«Te lo prometto» risponde il bambino.

Guarda le labbra di suo padre che si muovono appena sotto i baffi. Nella penombra sembra che quella voce esca dal nulla.

«Vedrai» dice il padre. «Con i pattini sarà ancora meglio.»

Christophe immagina. Suo fratello ha fatto hockey qualche anno prima. Ben presto recupererà dal solaio il suo equipaggiamento. Metterà i guanti di cuoio cotto dal sudore, il casco e la maglia bianca e blu, e cercherà la mazza, invano.

Gli esordi sono difficili. Christophe ha compiuto da poco dodici anni e ha sempre freddo. Per di più, in squadra fa parte dei più bassi, quelli in ritardo sulla crescita, e odia l'atmosfera dello spogliatoio. Va detto che puzza da morire, un odore di traspirazione, di piedi, di gomma e anche di caffè bruciato, perché là dentro gorgoglia in continuazione una macchinetta da cui attinge l'allenatore, il signor Lukic, riconoscibile dal piumino rosso, dal berretto tricolore e dalla tazza fumante che ha sempre in mano. Cammina sul ghiaccio con le suole di para, cosa rigorosamente vietata, però lui se ne frega e gli capita persino di fumare quando è sicuro che nei paraggi non ci sono pezzi grossi, tenendo la sigaretta nell'incavo della mano, anche se il tanfo non inganna nessuno.

In più, molti ragazzini si conoscono già dalla scuola di pattinaggio. Quando si lanciano sull'ovale impeccabile della pista sembrano missili. Christophe, invece, combatte per infilarsi i pattini, per vestirsi, ha male ai piedi, e si sente lento e goffo.

«Marchal!» borbotta il coach. «Cosa combini? Sei *slow*, Marchal. Troppo *slow*.»

Lukic parla così, uno strano sabìr pieno di inglese e di parole slave. E meno lo capiscono, più lui usa parole mai sentite.

L'allenamento si svolge ogni martedì e giovedì dopo la scuola. Ormai per Christophe il piacere del laghetto è solo un lontano ricordo. Perciò, dopo qualche settimana di zero risultati e di vessazioni da parte dei compagni, ha annunciato ai suoi che preferiva smettere; ma, visto il costo dell'attrezzatura e dell'iscrizione, loro non ne hanno voluto sapere. «Finché non perdi un dito dei piedi» ha detto sua madre, «non c'è problema.»

Tutto sommato, l'inconveniente principale resta comunque quel fetente di Madani. Ogni volta che Christophe è impegnato ad allacciarsi i pattini, l'altro gli sbatte un guanto sulla testa. Non è particolarmente doloroso, ma ridono tutti. Quel bastardo non la pianta di provocarlo. E sul ghiaccio è un autentico bulldozer. Christophe ha lividi dappertutto che lo dimostrano.

«Ha due anni più di te, è normale» gli dice Julien. «Devi giocare più veloce, essere più aggressivo, è l'unico sistema.»

Per motivare il fratellino gli viene l'idea di un allenamento speciale, che comincia con un lavaggio del cervello in piena regola. In programma, *Rocky*, *Momenti di gloria*, *Karate Kid* e *Colpo secco*: tutto il repertorio. Ogni volta è più o meno la stessa storia: attori a torso nudo e sequenze di addestramento che trasformano perfetti perdenti in macchine per vincere.

«Quando giocavo io» spiega Julien, «il migliore era Adam figlio. Aveva due cosce come pali della luce. Muscoli che sembravano cavi elettrici. Quel che conta sono le gambe.»

Allora, quando non ha l'allenamento, Christophe va a correre nei dintorni, e si esercita in garage con un dischetto di gommapiuma. Il sabato va allo stadio del ghiaccio con Greg e Marco, i suoi amici, che ha convinto a entrare in squadra.

Perlomeno la faccenda ha il merito di avvicinare i due fratelli, perché a parte questo Julien non è molto presente, troppo impegnato a bighellonare fuori, a mostrare quanto sia distrutto dallo spleen e più furbo dei comuni mortali. Su quest'ultimo punto, del resto, verrebbe da dargli ragione. Ha trovato il sistema per svuotare con un cacciavite i parchimetri intorno alla basilica. Quella rendita ha avuto vita breve, ma ormai la leggenda era nata. In famiglia la situazione è meno brillante. A tavola Julien resta con il naso sul piatto e si esprime solo a onomatopee.

«Devi fare qualcosa per questi capelli» osserva il padre.

«Se mi avessero detto che avrei messo al mondo un esemplare del genere» aggiunge la madre senza scomporsi.

Così, spesso Julien si alza da tavola prima del dessert.

«Gli passerà» si augura Gérard Marchal. «E il tuo allenamento? È andato bene?»

Poi la serata dei Marchal si svolge più o meno sempre alla stessa maniera, davanti alla tivù. Il padre si addormenta già alle previsioni del tempo e Sylvie ne approfitta per impadronirsi del telecomando e cambiare canale alla chetichella, svegliando di soprassalto il marito e generando discussioni sulla parità di genere.

Eppure in quella casa ci si vuole bene, ma in quel modo goffo e contradditorio che compensa la mancanza di dialogo con lo scialo. Perché se Gérard si fa il culo dodici ore al giorno in negozio non è per stringere la cinghia. Così, ai compleanni o a Natale, o quando si tratta di andare in vacanza, non si sta a contare il centesimo. Si va spesso a mangiare alla Gondola, una pizzeria di cui la famiglia è cliente abituale, o al Tablier, una brasserie affacciata sulla Mosella. Julien si è persino fatto regalare un quad. Quanto a Sylvie, darebbe un braccio per la felicità dei suoi figli. Tiene d'occhio i loro risultati scolastici, peraltro, ma con scarso successo.

«Non ti lascerò finire allo sbando come tuo fratello» dichiara a Christophe.

«Appena compio diciott'anni, tanti saluti» ribatte il fratello in questione.

Christophe odia sentirglielo dire. Non osa immaginare che cosa sarà quella bicocca una volta che suo fratello avrà tagliato la corda. Probabilmente è meglio non pensarci. Per distrarsi ha l'allenamento, correre, pattinare e, ogni sera, flessioni e addominali nella sua stanza. Si mette in posa davanti allo specchio per verificare personalmente i progressi di una muscolatura che, nonostante gli sforzi, si fa attendere.

«Bene» dice l'allenatore serbo con il suo accento che si taglia col coltello, «fra cent'anni sarai un vero campione.»

Ha l'aria di prenderlo in giro ma detto da lui è un complimento.

Per fortuna ci sono le partitelle che il coach organizza alla fine di ogni allenamento. Otto contro otto, tempi di tre minuti e i giocatori che si danno il cambio a tutta velocità.

«Quel che conta sono i passaggi.»

E si sente Lukic urlare «*Passia! Passia!*» sotto la cupola piena di echi dello stadio. Da lontano i ragazzini sembrano nani in armatura, il dischetto schizza da una mazza all'altra, si sente *ciac*, *ciac*, e il rumore dei ferri che rigano il ghiaccio. In genere è Madani a segnare di più, ma è impressionante soprattutto nei passaggi alla cieca, quando spedisce il dischetto alle sue spalle e trova sempre un compagno di squadra.

«Prima di tirare, lui guarda» spiega Julien. «Bisogna sempre sapere dove sono gli altri, anche quelli che non vedi.»

Una lezione che Christophe non dimenticherà.

Adora anche il rituale del sabato pomeriggio, quando vanno allo stadio, lui e i suoi amici. La fauna degli adolescenti che si cercano, le ragazze appiccicate fra loro, i maschi in gruppo, il loro modo di aggregarsi e poi disperdersi come stormi di uccelli prima del temporale. E anche le famiglie, che ci vanno per passare il tempo e sembrano tutte più felici della sua. Pure lì le cose si svolgono sempre nello stesso modo. Verso le quattro la musica si interrompe, in attesa che la levigatrice rifaccia la pista. Tutti aspettano che la grossa macchina vada e venga lasciandosi dietro strisce di ghiaccio liscio e umido, poi arriva il «minuto di velocità».

Ben più di quello dei lenti, è il momento culminante del pomeriggio, riservato ai pattinatori più agguerriti. Una ventina di tizi e qualche ragazza si allineano alla partenza, lo speaker dà il via e tutti si lanciano, sempre più veloci, sempre meno preoccupati del dolore e del rischio. La maggior parte non indossa né guanti né berretto, i più fuori di testa si limitano a una maglietta. Allora la pista diventa un'enorme centrifuga in cui si sentono solo il brusio sordo dei pattini, quella grande ruota incisiva che fende il ghiaccio, e a volte un incitamento che piove dalle gradinate.

I tre amici sono in prima fila e ogni volta che passa il plotone possono sentire l'aria spostata dalla massa dei corpi in movimento, l'inebriante perturbazione causata dalla velocità. Ma i secondi sono contati e ben presto alcuni leader si staccano per sgomitare davanti agli altri. Al termine dei sessanta secondi uno solo taglierà il traguardo immaginario. Christophe li divora con gli occhi. Dire che vorrebbe essere uno di loro è dir poco.

Quell'estate il ragazzo passa vacanze piuttosto squallide con i suoi genitori, sulla penisola di Giens. Al momento di partire suo fratello non voleva andarci e l'ha esternato a iosa durante gli ottocento chilometri fra Cornécourt e il luogo di villeggiatura. Tenuto conto che il viaggio è stato compiuto su una Renault 25 senza aria condizionata, si capisce meglio la catastrofe all'arrivo, quando Julien si è reso conto che avrebbe dovuto condividere la camera con il fratellino.

«Me ne frego, torno a casa!»

«Sì, figurati» ha ribattuto Sylvie Marchal addentando una pesca.

Gérard, il padre, non ha reagito, deciso a rilassarsi ad ogni costo, atteggiamento peraltro un po' esasperante.

Per fortuna si instaura rapidamente una routine non così spiacevole. Tutti i giorni, al mattino presto, Christophe va a fare il bagno con suo fratello. Quando i genitori arrivano in spiaggia, con asciugamani, ombrellone e tutto l'armamentario, Julien si eclissa. Non si sa bene che cosa combini, ma il padre ha decretato che bisogna lasciarlo andare in giro. Purché si presenti a cena e non passi la notte fuori, chi se ne frega. Poi Christophe aspetta che suo padre abbia finito di sfogliare *L'Équipe* per leggerlo anche lui. Per Christophe lo sport è come un'immensa telenovela, con i suoi protagonisti, i suoi colpi di scena e le sue trame di lungo corso. Quell'anno la nazionale francese di rugby ha vinto il grande slam, Lendl il Roland-Garros e lo Us Open, Platini ha appeso gli scarpini al chiodo. Christophe ha riletto in lungo e in largo gli articoli pieni di prodezze e di record che il quotidiano sportivo ha dedicato a quell'idolo. Ogni giorno fornisce la sua messe di facce e di modelli. Bisogna essere appassionati come Senna o meticolosi come Prost, infallibili come Lendl o punk come McEnroe? Christophe tende a privilegiare l'ipotesi fuoco e fiamme, gli equilibrati gli ricordano troppo i suoi genitori.

Durante quella vacanza il ragazzo passa molto tempo in acqua e si fa degli amici nel residence, con i quali gioca a calcio nel parcheggio fino alle dieci di sera. Ma preferisce comunque gironzolare dalle parti del campo di beach volley, che attrae una cricca di giovani composta da abitanti del luogo e turisti di passaggio. Tutti i maschi indossano i boxer e Christophe si sente un po' scemo con i suoi slip. Ne ha parlato a sua madre, che ha liquidato la questione con una frase: «Mica vai a una sfilata di moda.»

Seduto su un muretto, li guarda giocare per ore. I tizi, robusti e orgogliosi, sfoggiano una battuta bestiale, scendono sistematicamente a rete e si danno il cinque a ogni punto che segnano. Hanno la schiena che si spella, sorrisi abbaglianti e collanine heishi come i surfisti di Malibù. Ma a interessare Christophe sono soprattutto le ragazze, le loro chiappe tonde e le code di cavallo che svolazzano quando corrono, la loro finta indifferenza, i gruppetti in cui si riuniscono per chiacchierare sugli scogli che digradano a partire dalla strada. Alcune non portano neanche il sopra del costume. Christophe ha notato in particolare due sorelle, olandesi, la maggiore con un gran seno, cosce sempre in moto, che fa pensare a un pan brioche appena uscito dal forno, e l'altra, più slanciata, labbra sottili e nei sulla schiena di cui lui conosce a memoria la distribuzione. Arrivano nel pomeriggio, piuttosto tardi, con un'andatura pesante da dopo siesta, e ogni volta ci mettono un secolo a entrare in acqua. Freddolose, sguazzano indecise, si bagnano le spalle e la nuca, fanno smorfie. Si sa che poi andranno ad asciugarsi al sole, fumando una sigaretta dopo essersi sfilate il pezzo superiore del costume. Tutti i ragazzi aspettano facendo finta di niente l'attimo in cui compare il loro seno, e

Christophe pure, gambe penzoloni e occhi fissi. È una vera rottura indossare slip azzurri quando si vorrebbe avere un posto nella vita di due ragazze olandesi.

A volte, quando ha troppo caldo, Christophe torna in fretta nell'appartamento. Sua madre gli dà le chiavi, non senza aggrottare le sopracciglia, si sa come sono i maschi. Le infradito schioccano ridicole sulla scala che lui sale a tutta velocità. Apre la porta, arraffa *Vds* o *Voici* dal bancone della cucina, ci sono sempre utili foto di donne nude, e risolve la questione in bagno, in cinque minuti. Ci mette poco, ma l'episodio può ripetersi tre volte al giorno. Poi si sente stupido e colpevole, in quella faccenda dev'esserci per forza qualcosa di malsano. Ma è più forte di lui.

Un giorno una ragazza della famosa banda dei giocatori di beach volley gli rivolge la parola. Prima non l'aveva neanche notata. Una bruna qualunque, topless, capelli lunghissimi, lentiggini, che mastica chewing-gum. Si siede al suo fianco sul muretto e gli chiede come si chiama, che cosa ci fa lì. Christophe la guarda in tralice, non osa tanto, ma a poco a poco lei è sempre meno insignificante. Scopre così che la faccia delle persone cambia a seconda del bene che ti fanno. Quando lei sorprende lo sguardo di Christophe sul suo seno e gli chiede cos'hai da guardare?, la malizia dei suoi occhi è sconvolgente. Christophe non risponde. La ragazza gli dice che se ne frega. È come se lui avesse il diritto di farlo.

«Quanti anni hai?»

«Quattordici» mente Christophe.

«Sei mai uscito con una ragazza?»

Arrossisce. Per fortuna è abbronzato, la cosa passa inosservata. Del resto, non capisce bene che cosa intenda con "uscire". Per andare dove? E fare che? Lei è divertita e gli spiega.

Ma in spiaggia comincia a farsi tardi, e mentre il caldo si attenua si vedono famiglie che già chiudono l'ombrellone e raccolgono le loro cose. La sabbia schizza fuori dai sandali dei bambini abbronzati e morti di stanchezza, che tornano a casa strascicando i piedi. Il mare ha assunto una scura tinta metallica. E c'è quella ragazza così vicina. Lo prende un po' in giro, e la punta dei suoi seni ha un bel colore bruno e lustro che fa salivare. Gli dice: «Se tu fossi più grande...» Christophe apprende di essere carino. È strano, è una buona notizia.

Ma l'indomani lei non gli rivolge nemmeno uno sguardo. Il peggio è che non ha osato chiederle come si chiama.

Una notte della terza settimana Julien si fa beccare dalla polizia perché, ubriaco, ha pisciato su una barca ormeggiata nel porto di Hyères. Niente di particolarmente grave, ma basta a trasformare la famiglia in un campo di rieducazione. Da quel momento i ragazzi devono restare a portata di voce e Christophe non ha più il permesso di avventurarsi dalle parti del campo di beach volley. Sdraiato a pancia in giù, deve accontentarsi di occhieggiare i giocatori da lontano, e cerca quella ragazza anonima a cui pensa di continuo. Tu non ti muovi di qui, gli dice sua madre, per questa volta avete già fatto abbastanza.

Durante il viaggio di ritorno Christophe si porta dietro un magone fenomenale. Dieci ore di autostrada, con gli scemi che sorpassano, la macchina che è un forno e le sigarette che suo padre fuma a ripetizione, un gomito fuori dal finestrino. Negli ingorghi a Orange e a Vienne ha il tempo di rendersi conto. Quest'anno non era più abbastanza piccolo e non ancora abbastanza grande. A un certo punto i Marchal parcheggiano su un sentiero per fare un picnic. Christophe si sente lontano da loro, anche da suo fratello, che comunque è già altrove. Arrivati a casa, sale subito nella sua camera senza neanche dare una mano a vuotare il baule. Saranno le loro ultime vacanze tutti insieme.

Per fortuna ad agosto Christophe passa tre settimane in un centro estivo dove fa golf, judo, vela su un Optimist e gioca a Cluedo. Soprattutto, si fa degli amici della sua età. Racconta loro la storia della ragazza a seno nudo sulla spiaggia e gli altri vanno fuori di testa e chiedono particolari. Christophe glieli dà, inventandoli se necessario. Quando vogliono sapere che effetto fa toccare il seno di una ragazza, Christophe glielo mostra, anche se non ne ha la più pallida idea, facendogli tastare il rigonfiamento carnoso fra il pollice e l'indice, una tetta è esattamente uguale, garantisce. Gli altri tendono un dito con rispetto. In effetti è morbido e cedevole. Tutti quei ragazzini privi di esperienza chiudono il pugno e si tastano seri seri. È davvero così? Terribile mistero. Christophe non insiste più di tanto. In ogni caso è l'ora della merenda. Bisogna andare a sedersi in cerchio sull'erba e mangiare un tozzo di pane spalmato di gelatina di frutta. Un po' più in basso, il lago odora di melma e i windsurf aspettano una raffica di vento che non arriva.

Per il resto, durante la giornata ride, nuota, la mensa fa schifo e il responsabile delle scuderie è un tipaccio, ma le animatrici sono piuttosto carine. Non come gli animatori, che sono degli spacconi e flirtano con tutte le ragazze, persino alcune sotto i sedici anni.

La cosa migliore è che Christophe è nelle grazie di Myriam, l'animatrice che si occupa delle lezioni di ballo al mattino e dei giochi tranquilli nel pomeriggio, attività che quindi lui sceglie sistematicamente. Verso le tre, quando il sole picchia ancora forte, si ritrova con qualche amico in uno dei piccoli capanni aperti che danno sul lago. Fra una partita di mikado e una di briscola, si chiacchiera. Christophe e Myriam sono seduti fianco a fianco e lui può avvertire la vicinanza del suo braccio, le loro epidermidi che si cercano, anche se Myriam ha diciassette anni e Christophe tredici. È bionda, con rotondità infantili, una piega sul collo e guance piene, e nei calzoncini di cotone chiaro chiappe che ti sconvolgono un po'. A volte, per ridere, gli fa il solletico, gli dà un bacio. Il giorno dopo Ferragosto, mentre la temperatura flirta con i trentatré gradi e il lago riposa giù di sotto in un'inerzia da pozzanghera, Myriam gli si siede sulle ginocchia durante una partita di Kem's. La sera prima si è presa un'enorme sbronza con altri animatori e si sente strana, ipersensibile, al tempo stesso languida e con la testa stretta in una morsa. Christophe avverte il suo peso su di sé, tondo e mobile, respira l'odore dolce della sua nuca. Quando osa passarle un braccio intorno alla vita, lei dice ehi, ehi. Ma a ogni movimento Christophe sperimenta di nuovo l'elastica morbidezza della sua carne. La canicola ha messo fuori combattimento tutti quanti, l'intera Francia, e Christophe tenta di pensare ad altro perché non gli venga duro, ma è più forte di lui, quel bisogno torturante che lei lo inghiotta, che gli si richiuda intorno come una creatura acquatica, un'alga bollente.

«Non ce la faccio più...» dice Myriam.

Ha appoggiato sul palmo della mano la testa che pesa una tonnellata e incrocia le caviglie sotto la panca di legno, poi comincia a ondeggiare sul sedere, appiccicosa e spompata, con la pelle umida. Poiché sta china, lui scorge nello spiraglio fra l'elastico dei calzoncini e la canottiera un po' di peluria bionda. Inghiotte la saliva. Con occhi beffardi, Karim Dahbane non si è perso niente del loro piccolo inciucio. Del resto, si intuisce che è tentato di sputare il rospo, di metterlo in piazza. È un tipetto nervoso con una maglietta di Fido Dido che passa il tempo a fare il pagliaccio, ce n'è sempre uno così. Christophe lo inchioda con un'occhiata. Se ci provi, sei morto. Poi Myriam si solleva e si risiede al suo fianco.

«Ho troppo caldo» dice. «Mi stai addosso.»

Christophe si accosta al bordo del tavolo, stringe le carte con entrambe le mani. Karim ridacchia. E alé. Un bel pugno alla spalla, proprio dove fa davvero male, come le ginocchiate alla coscia se prendi bene la mira. Christophe se n'è beccato qualcuno nello spogliatoio, a hockey. Seb Madani li distribuisce come nessun altro.

Durante quell'estate, è il 1988, Christophe bacia due ragazze. La prima dietro il capanno che puzza di muffa e di calzini dove i ragazzi si cambiano dopo aver fatto il bagno. Si chiama Émilie Costa. Un'intrepida dal cuore tenero. I suoi occhi azzurro pallido ricordano un po' quelli dei cani da slitta. È stata lei a prendere l'iniziativa, passandogli un bigliettino in mensa. Quando lui arriva all'appuntamento lo appiccica subito al muro e lo bacia senza chiedergli se è d'accordo. Francamente, all'inizio non è molto gradevole, quella lingua che ti fruga in bocca, senza parlare della paura di farsi scoprire, delle assi del capanno che pungono la schiena e dell'odore di pipì. I due adolescenti girano la testa in tutte le direzioni. È l'età dei baci acrobatici e delle timidezze relative. E poi, alla fine, a Christophe la cosa comincia a piacere e quella stessa sera si siedono in fondo all'autobus, e lui può palpeggiarla un po'. Ma l'indomani è già finita. Lei ha messo gli occhi su un altro e Curtis, il fratello maggiore, gli dice se tocchi ancora mia sorella ti distruggo.

La seconda la bacia alla festa di chiusura. Una ragazza alta, in calzoncini, piuttosto brutta, che viene a cercarlo mentre lui spia da lontano la bella Myriam con occhi da pesce lesso. Christophe ci sta, per vendicarsi e perché quella ragazza ha due anni più di lui. Fuori, fanno quello che devono all'ombra di un pioppo.

«Non te la cavi male, per essere un novellino.»

Perlomeno, dopo è definitivamente dalla parte giusta, quella dei precoci, dei ragazzi che piacciono e sono in anticipo. È cresciuto.

Del resto, fin dal primo allenamento della stagione successiva lo stupisce constatare che l'equipaggiamento gli sta stretto. E quando Madani va a trovarlo nello spogliatoio per rompergli le palle come al solito, come butta, pistolino?, Christophe si alza in piedi e l'altro capisce subito che la situazione è cambiata. Nonostante la sorpresa, sogghigna.

Dai, mezzasega. Ma ormai le cose sono diverse.

Quanto agli allenamenti, invece, niente di nuovo, tranne che il coach Lukic è tornato nella sua Serbia natale e ormai i giovanissimi sono allenati da Anthony Gargano, un giocatore della prima squadra che tutti i ragazzini idolatrano. È stato selezionato due volte per la nazionale e in più ha una Ducati. Ma anche lui è fissato con i passaggi. Il *flipper*, come lo chiama.

«Quando siete nella loro metà campo deve funzionare come i *bumper* di un flipper. Non dovete vedere niente, capire niente. Soprattutto, non dovete riflettere. Se riflettete, è troppo tardi.»

Una volta Gargano porta persino i suoi giocatori nel piccolo bistrot di fronte allo stadio del ghiaccio e mostra loro un vero flipper, il Diamond Lady. Con i ragazzini intorno, fa il massimo punteggio per tre volte, più l'*extraball*, e nel bar si scatena la rivoluzione.

«Visto? Il trucco è non pensare più.»

Per il resto li fa pattinare in avanti, all'indietro, slalomare fra una serie di coni, con il dischetto sempre incollato alla mazza. Mostra con il pennarello blu sulla lavagna magnetica che cosa si aspetta da loro: automatismi. A questo scopo forma linee di cinque, ognuna delle quali deve riprodurre il più velocemente possibile le combinazioni che ha ideato, prima di uscire dalla pista e far posto alla linea successiva. All'inizio è tutto piuttosto incerto e Gargano si spolmona parecchio. Poi i giocatori finiscono per introiettare gli ordini, il corpo si crea una memoria e il dischetto accelera. Ogni linea diventa come un'onda e il loro susseguirsi ha un che di implacabile, di musicale.

«Forza! Più veloci. Forza. Forza!»

Bisogna vederli, quegli gnomi con il casco, che si dimenano e ben presto si riducono a una scia di passaggi. *Clac, clac, clac*. Rete.

Christophe ha messo a punto una nuova routine per farsi i muscoli. Ogni sera dopo la scuola inforca la bici da cross e scende verso il centro di Cornécourt, poi raggiunge il quartiere periferico Suprema 2000 fino alla salita dei pompieri. A vederla, capisci meglio che cosa intenda la gente quando dice che la città sta in fondo a un catino. Per un ragazzo della sua età quella salita è quasi il Ventoux. Allora si lancia, approfitta della discesa prima del semaforo e sale finché gli reggono le gambe. All'inizio non va oltre la fermata dell'autobus e crolla sul marciapiede, senza fiato. Ma dai e dai, guadagna terreno, un metro dopo l'altro. È un'avventura deprimente, perché la salita è senza sorprese e senza pietà. Gli insegna l'aritmetica del progredire, in cui si sommano sempre e solo briciole. E quando disgraziatamente deve rinunciare a quell'esercizio per via del maltempo, ha l'impressione di perdere un po' della propria forza, di mancare un insostituibile appuntamento. Giorno dopo giorno si sottopone a quel supplizio necessario e a volte tutta la vita sembra riassumersi lì, una salita in un paese, un ragazzino sulla bici, un centimetro in più all'imbrunire. La salita resiste e lui si intestardisce. Deve tener duro. Cambiare.

Finalmente, un sabato pomeriggio, mentre è allo stadio con gli amici, la voce nasale dello speaker annuncia ancora una volta il sacrosanto minuto di velocità. Christophe decide di tentare.

«Ti fai ammazzare» si limita a commentare Marco.

Con il cuore a cento all'ora Christophe scende comunque sul ghiaccio, ben presto raggiunto dagli habitué, hockeisti, veterani, e il Gainz, soprannome che allude a *L'homme à tête de chou* di Serge Gainsbourg, inveterato fumatore di shit e ribelle delle case popolari che pattina in maglietta, uno di quegli eroi di periferia che vivono con i genitori fino a trentacinque anni e compensano i colpi della sorte a colpi di pugni sul muso.

La levigatrice ne n'è appena andata, lasciandosi dietro la solita distesa luccicante e impeccabile. Lo speaker e la sua voce da luna park fanno salire la tensione. Un addetto dispone alcuni coni arancio per delimitare la pista.

«Sta per cominciare, è il momento. Un minuto. Solo un minuto» dice la voce dagli altoparlanti.

Christophe si mette in posizione, sordo alle frecciate che si scambiano i suoi vicini più agguerriti, concentrato sullo scalpitio dell'istante.

«Ehi, ragazzo!»

Si gira verso un tipo grande e grosso in giaccone imbottito che lo ha appena interpellato.

«Lascia perdere. Farai un volo.»

Ma la prima linea già si muove, lentamente.

«Partitiiiii...» gracchia lo speaker mentre i concorrenti allungano le prime pattinate.

Si comincia con calma, spiandosi con la coda dell'occhio. Poi il plotone si sgrana a poco a poco. Alla terza curva i pattinatori di testa cominciano a darci sotto. Anche Christophe accelera, ben saldo, mentre le braccia compiono ampi movimenti da bilanciere. E a sorpresa si stacca e rimonta tutto il gruppo.

Dietro la balaustra ha cominciato a scorrere una specie di eccitazione gregaria fra gli spettatori, che si chiedono chi sia quel ragazzino, cosa cavolo ci faccia lì. Il primo giro è già finito e Christophe, che si ostina nella sua fuga, abborda quello successivo in testa. Di solito i migliori non scattano prima della fine del secondo giro, sapendo che in genere non se ne fanno più di tre. Quindi il suo sforzo appare subito per quello che è, coraggioso, impossibile, suicida.

Ma lui allunga ancora la distanza dal plotone, spingendo sulle cosce, fluido, parco nei movimenti e quasi silenzioso, fedele alla curva ideale che si è prefissato, la via più breve verso il traguardo. Alle sue spalle, un sussulto di orgoglio. L'orda si scatena.

«Forza! Più veloce!» grida l'uomo con il giaccone.

Ma Christophe sente già alle calcagna la torma degli altri pattinatori, lo spostamento d'aria sulla nuca. Conosce il ghiaccio a memoria. Potrebbe quasi chiudere gli occhi, abbandonarsi al suo slancio in curva. Li lascia avvicinare ancora per un secondo e, con stupore generale, accelera ulteriormente.

Allora parte qualche fischio, qualche incitamento. Alcuni cominciano persino a battere le mani.

«Mancano solo venti secondi» annuncia la voce piovuta dal cielo.

Da quel momento in poi tutto succede molto in fretta. Christophe conclude il secondo giro in testa. Non vede più gli spettatori. Tutte le facce si sono fuse in una lunga scia indistinta dentro la quale è murata la sua corsa. Ma gli inseguitori lo incalzano. Può quasi sentire alle calcagna il loro respiro astratto, la loro velocità ostile. Allora Guillaume Papeloux, anche lui un giocatore della prima squadra, lo sorpassa a sinistra urtandogli una spalla. Christophe vacilla, si sente mancare il terreno sotto i piedi, poi lo urta anche il Gainz, prima che altri due corpi anonimi, più forti e rapidi, gli facciano perdere definitivamente l'equilibrio. Per un istante, la velocità per lui prosegue lontano da terra, in levitazione, finché cade lungo disteso, e il mento sbatte violentemente sul ghiaccio.

Altri venti pattinatori tagliano il traguardo senza di lui, come un gregge sulla pianura.

Quando si risolleva, facendo leva su un ginocchio, riconosce subito quel sapore di rame in bocca, quasi piacevole, poi si passa due dita sotto l'occhio destro, dove avverte un pizzicore. Il sangue che è colato. La corsa è finita.

«Tutto bene?»

Papeloux è già davanti a lui, e lo aiuta a rialzarsi. Christophe annuisce e scopre i denti sorridendo. Ha un incisivo spezzato di netto, uno spacco obliquo che ricorda in modo strano la lama della ghigliottina.

7

Sulla faccia di Lison passano varie espressioni, come nuvole nel cielo.

«Così così, comunque» dice, senza sbilanciarsi, poi restituisce il cellulare alla sua capa.

«Ah, trovi?»

«Bah, non so. Non è che vada matta per questo genere di tipi.»

Hélène deve ammettere che nessuna di quelle foto di Christophe gli rende giustizia. Istantanee in famiglia e in spiaggia trovate sulla sua pagina Facebook, una vecchia immagine mezza sfocata che lo mostra in tenuta da hockey, ancora ragazzino e con un'aria un po' scema. Nulla di molto convincente.

«Al liceo era un po' "IL" tipo. Tutte le ragazze gli correvano dietro.»

«È cambiato, no?»

Peraltro, su Facebook aveva solo sedici amici. Lison si era rattristata.

«Lo rivedrà?»

Al Galway, le due donne soppesavano la questione già da un po', bevendo una pinta di Kilkenny. Sul marciapiede, clienti imbacuccati fumavano saltellando sul posto. Non c'era folla, quella sera, ed era meglio così. Hélène bevve un altro sorso di birra e zoomò sulla faccia dalle labbra diventate più sottili.

«Sarà sempre meglio del tuo Tinder.»
«Mica detto» obiettò Lison.
Hélène squadrò la sua stagista, che indossava una camicetta ricoperta di uccelli del paradiso, braccialetti di plastica rossi, arancioni e gialli a entrambi i polsi, grosse scarpe con la zeppa e una giacca con le spalline comprata in un carinissimo negozio dell'usato al Marais. Che cosa poteva capire, lei?
Comunque, Hélène era decisa. Quel tizio voleva rivederlo. Ne aveva voglia. Voleva regalarsi quel supplemento di adolescenza, fregarsene come allora. E poi, soprattutto, a eccitarla era l'inversione di forze, constatare come avrebbe reagito l'idolo dei suoi quindici anni trovandosi di fronte la donna che lei era diventata. Era tanto più necessario perché Erwann le aveva di nuovo giocato uno di quei tiri che erano la sua specialità. Proprio quel giorno era piombato nell'*open space* quasi deserto e si era avventato su di lei, sul punto di scoppiare nella sua camicia impeccabile.
«Possiamo parlare?»
Né ciao né vaffanculo. Non aveva neanche guardato Lison, che si era limitata a eseguire qualche passo di *moonwalk* per sottrarsi a quella spiacevole intromissione.
«Nel tuo ufficio?» aveva chiesto Hélène.
«Sì, di volata. Ho un appuntamento fra venti minuti.»
Una volta arrivati nella boccia di vetro, Erwann aveva chiuso la porta e aveva cominciato a camminare su e giù, respirando forte, palpandosi nervosamente la barba, mentre le suole di cuoio producevano sul parquet multistrato i loro minuscoli cigolii sintetici.
«È per il municipio, vero?»
«Sì. Ho appena sentito Schneider al telefono. Dovevamo pranzare insieme, per un'altra faccenda. Mi ha detto che non poteva. E soprattutto mi ha detto che l'altro giorno ti sei comportata come una scema.»

Hélène aveva incassato. Soprattutto, mantenere la calma, non passare per l'isterica di turno.

«Ti ascolto» aveva detto. «Preferisco sentire prima la loro versione.»

«La loro versione è che il tuo rapporto è troppo di parte e che gli hai fatto il tuo numero da prof di tedesco castrante.»

«Tutto qui?»

«Ma chi ti credi di essere?» era sbottato il ciccione balzando verso di lei. «Sono nostri clienti, cazzo. Sono loro che cacciano i soldi.»

«Schneider è un cacasotto» aveva tagliato corto Hélène, senza smontarsi. «È un incompetente e i servizi informatici del comune possono collassare da un giorno all'altro.»

«E quindi?»

«E quindi il mio lavoro è dirglielo.»

Questa volta Erwann aveva fatto due passi indietro, come spaventato dall'enormità delle parole della sua sottoposta. E alzando tragicamente una mano aveva svelato un'ampia chiazza scura sotto il braccio destro.

«Il tuo lavoro è dargli soddisfazione.»

«Fin dall'inizio ho trattato con il direttore dei servizi. Lo hanno bypassato per evitarsi grane. Non hanno la più pallida idea di quello che fanno.»

«Aspetta» l'aveva interrotta Erwann, sull'orlo di un colpo apoplettico.

Ma Hélène aveva continuato, inchiodandolo al muro come un coleottero.

«Fammi finire. Poi striscerò finché vuoi. Gli farò la danza del ventre. Darò le dimissioni, se necessario.»

Quest'ultima frase sembrava aver rasserenato Erwann che, magnanimo, le aveva permesso di concludere mentre si lasciava cadere sulla sua poltrona manageriale.

«Politi ci ha incaricati di fare una valutazione di sistema. Ci ho passato su due mesi. Ho presentato un rapporto a prova di bomba. Il loro servizio è un guazzabuglio inverosimile. Ci sono falle nella sicurezza ovunque. Gli organigrammi sono demenziali. Politi ci ha dato carta bianca per portare tutto alla luce. L'ho fatto. Ho spiattellato ogni cosa. E quando arrivo, Schneider e il suo accolito della comunicazione mi dicono che Politi non viene. Nel momento stesso in cui ho cominciato sapevo già che il mio rapporto era morto e sepolto. E in più mi hanno presa per il culo. Hanno digitato sul cellulare durante tutta la riunione. Alla fine: fantastico, la richiameremo. Non ho frequentato una cazzo di *business school* delle Top Five per essere trattata come una sguattera. Ora, se vuoi che dia le dimissioni, non c'è problema. Me lo dici e fra un quarto d'ora sono fuori.»

Mentre lei sciorinava la propria difesa, sulla faccia di Erwann, che faceva girare la poltrona sotto il culo, era fiorito un sorriso goloso.

«Chc orgoglio...»

Quelle due parole le aveva dette in tono dolce, di vaga ammirazione, quasi padronale. E Hélène si era sentita al tempo stesso lusingata e sporca.

«Senti» aveva ripreso il suo capo incrociando le mani sull'ampio stomaco. «Abbiamo un'azienda da mandare avanti. Con questo tipo di clienti il settantacinque per cento del lavoro è politico. Non fanno altro tutto il santo giorno, pararsi il culo, aprire l'ombrello. Arrivare lì per risolvere i problemi che loro passano il tempo a nascondere è come buttare una bomba a mano in un secchio di merda.»

«Lo so perfettamente.»

A poco a poco anche Hélène si era rilassata. Le piaceva molto quella specie di morbida complicità dopo la tempesta. Era più forte di lei, le era venuta voglia di fare le fusa tra le gambe di quel padrone di colpo ammansito, di compiacerlo.

«Puoi fargli un cazziatone perché sono meno intelligenti di te e se la tirano tutto il santo giorno con la scusa che hanno passato tre quarti d'ora a Sciences Po quindici anni fa. Anch'io discuto di continuo con quella gente, i capetti, i tipi messi in naftalina che vogliono trattare come uno zerbino un fornitore di servizi per dimostrare che esistono, idioti che non hanno avuto una sola idea originale dal 1981. E sai cosa?»

«Fai lo zerbino.»

«Striscio, sì. E sai perché?»

«L'azienda, la grana, la casa, la Polinesia.»

«Esatto!»

Come un misirizzi, Erwann aveva oscillato allegramente sulla poltrona, rinvigorito da quel bagno di cinismo.

«In fondo loro lo sanno che noi guadagniamo più soldi, che abbiamo un'esistenza più fica. Quei tizi ucciderebbero il padre e la madre per avere un quarto di punto in più, uno scampolo di gradino, un ufficietto tutto per sé, un bonus del cavolo. Lascia perdere. Pensa ai tuoi, di bonus. Striscia.»

E aveva accompagnato la sua conclusione con un gesto orizzontale della mano che significava tabula rasa, *pfui*, piattume totale. Hélène aveva sorriso, complice, malgrado ciò che le ispirava quella squallida dimostrazione tattica.

«Tutto questo lo so. Vendiamo consulenza e servilismo, non mi faccio nessuna illusione sul business. Ho cannato. Ecco.»

«In ogni caso, torni da loro. Devi sistemarmi la cosa. Fagli un pompino, se necessario, non me ne frega niente.»

Questa provocazione non aveva causato alla consulente il minimo fremito. Fin dalla *business school* li conosceva a memoria, lo humour goliardico, le battute da cafoni, la solidarietà fra cazzi.

«Credevo che non volessero più sentir parlare di me.»

«Chiamerò Politi. Uno dei suoi figli frequenta la stessa scuola di musica del mio, credo che suoni la tuba. Insomma, sistemeremo fra noi.»

Al che Erwann aveva consultato il suo grosso orologio di plastica, un modello indistruttibile inventato probabilmente per i marines o i cosmonauti, e si era alzato in piedi con un balzo.

«Comunque, ce ne fottiamo. Con l'accorpamento delle regioni venderemo organigrammi a tonnellate, strutture organizzative in silos, tutto quello che vogliamo. Michael e Nath fanno già proposte commerciali a getto continuo. L'Azienda sanitaria regionale dei Vosgi e quella della Mosella hanno chiamato ieri. Quei tizi sono talmente ai ferri corti che possiamo vendergli qualunque cosa. Del resto, presto dovrai occupartene tu.»

«La soluzione più semplice è proporre a tutti la stessa cosa. Fai il lavoro una volta e lo vendi a dieci.»

«Eh, sì, l'economia di scala, è questo il segreto!»

«*One size fits all.*»

«Sì, e il bello è che questo non impedisce di fatturare come se si trattasse di "su misura".»

«E per di più all'ora.»

«E nel rispetto della responsabilità sociale d'impresa.»

«Senza contare la procedura qualità.»

«Certificazione Afnor!» aveva starnutito Erwann prima di afferrarla per una spalla e riaccompagnarla alla porta.

In fondo, niente riconciliava quanto la prospettiva di facili guadagni.

«Per noi questo accorpamento delle regioni è una svolta.»

«Per gli accorpati invece...» aveva finto di commuoversi Hélène.

«Bah, a livello operativo non ho mai visto una cazzata del genere. Non farà risparmiare un centesimo a nessuno e ci metteranno dieci anni a metabolizzare il trauma. Il primo ministro è un genio.»

Per concludere si erano scambiati qualche fiorita espressione cicatrizzante, prima di separarsi abbastanza rappacificati. Erwann aveva aperto il computer cominciando a digitare. Ma proprio mentre lei varcava la porta, l'aveva trattenuta ancora per un secondo.

«A proposito...»

Hélène si era bloccata sulla soglia.

«Abbiamo assunto uno nuovo.»

«Ah, sì?»

«Una cima. Jean-Charles Parrot. École des hautes études commerciales. Forse lo conosci. Un tipo simpaticissimo. Vedrai.»

Hélène non era riuscita a saperne di più. Dal sorriso pubblicitario che sfoggiava adesso Erwann, lei aveva capito che la sua videoconferenza era appena iniziata. Aveva raggiunto in fretta l'*open space* e si era precipitata da Lison.

«Stasera beviamo qualcosa insieme, e non accetto rifiuti.»

Lison aveva risposto con un saluto militare. Intanto, si era offerta di fare del tè verde. Era diuretico e antiossidante.

Nei giorni successivi, Hélène non ebbe la possibilità di pensare a Christophe, e del resto neanche lui si fece vivo. Gli incarichi arrivavano a valanga, come previsto, e poiché le assunzioni (fra cui quella dell'inquietante fenomeno proveniente dall'École des hautes études commerciales) richiedevano un po' di tempo, Elexia stentava ad assorbire quel boom di attività.

Quindi, per rimediare, Erwann indisse una serie di riunioni per rivedere i carichi di lavoro e razionalizzare i *process*. Quanto a Hélène, ereditò dossier riguardanti l'accorpamento delle agenzie sanitarie regionali e delle direzioni regionali degli affari culturali. Roba tosta, insomma.

Perché, prima dell'avvento di quella macroregione chiamata Grand Est, che avrebbe fatto la fortuna degli studi di *consulting* in generale e di Elexia in particolare, le vecchie regioni disponevano naturalmente delle proprie strutture, che erano il risultato di anni di usanze, rabberciature varie e particolarismi locali. Soprattutto, al vertice di ognuna troneggiava un capo che non intendeva mollare la sedia. All'inizio nessuno aveva ritenuto utile sollecitare una valutazione esterna per attuare quell'accorpamento ordinato da Parigi, visto che ovviamente erano disponibili risorse interne. Ma dopo sei mesi di riunioni improduttive e colpi gobbi fra comitati direttivi, e di fronte alla minaccia di un intervento dell'autorità amministrativa, aveva finito per rendersi necessario il ricorso a terzi.

Hélène piombava dunque in piena buriana e, in ogni organismo nel quale interveniva, trovava équipe inconciliabili e una manciata di dirigenti sull'orlo di una crisi di nervi. La portata dei danni non la sorprendeva. Già cento volte aveva potuto constatare gli effetti devastanti di quelle ristrutturazioni, imposte in virtù di convinzioni nate ventiquattr'ore prima nella mente di economisti connessi via satellite o nelle viscere di *business school* di indiscusso prestigio. Quei catechismi manageriali variavano di anno in anno, in base a dove tirava il vento, ma gli effetti sul campo erano sempre gli stessi.

Così, a seconda delle stagioni, ci si convertiva al *lean management* o ci si impegnava a dissociare le funzioni di supporto, prima di ripristinarle, per favorire le strutture organiche o a silos, decompartimentare o rifondere, orizzontalizzare quelle verticali o trasformare quadrati in cerchi, decentrare, riarticolare, incrementare, privilegiare l'aspetto operativo o la creazione di valore, conformare il funzionamento degli enti alla procedura qualità, intensificare il *reporting* o instaurare una leadership collegiale.

I dipendenti, continuamente alle prese con quelle improvvise reinvenzioni, non sapendo più a che punto stessero né che cosa dovessero fare di preciso, restavano per tutta la vita degli incompetenti cronici, bullizzabili a piacere. Sicché, in quelle aziende e in quelle amministrazioni pubbliche in perpetua mutazione, chiedere un aumento diventava un'iniziativa quasi megalomane. Quanto ai sindacati, dovevano adeguarsi, sempre due treni in ritardo rispetto alle fregole di riforma, potendo contare solo su un po' di buona volontà, vaghe capacità di dar fastidio e un passato glorioso che si tenevano stretto come una medaglia in un paesaggio devastato.

Con l'accorpamento delle regioni il potere centrale aveva sognato per l'ennesima volta l'avvento di un'efficienza politica introvabile da cinquant'anni. Ma a tale scopo bisognava sconvolgere baronie antidiluviane. Il risultato era all'altezza delle aspettative. Ovunque si vedevano abitudini quasi preistoriche sbatacchiare fra loro nel calderone della necessaria uniformazione delle pratiche. Piccole comunità umane tenute insieme da alcuni obiettivi, un luogo di lavoro, una politica salariale e buoni pasto, scoprivano all'improvviso che esistevano dei loro simili con i quali bisognava trovare un accordo per amore o per forza, e si irritavano fino a odiarsi per le frizioni causate da quell'impossibile sforzo di condivisione. Una segretaria scoppiava di colpo in singhiozzi alla sua scrivania perché un capo senza volto le aveva inviato una mail intimidatoria. Un vicedirettore con le bretelle si faceva venire l'ulcera con due anni di anticipo dopo una videoconferenza non particolarmente aggressiva. Ogni dettaglio diventava occasione per una battaglia, ogni privilegio acquisito qui e ignoto là infiammava gli animi. La sia pur minima peculiarità diventava un pretesto per tentativi di tabula rasa degni delle guerre puniche.

Perché, prima di avviare l'opera di rimodellamento, era necessario redigere il crudele inventario delle specificità locali. Innocui favoritismi, libertà varie, piccole prebende, incongruenze regolamentari che producevano un giorno di vacanza qui, un compenso in natura là: non bisognava trascurare nulla. Ma tutte quelle pratiche, illecite eppure intoccabili, oltre a smussare gli angoli e facilitare la vita, avevano soprattutto la funzione di dare ai dipendenti la sensazione di essere favoriti dalla sorte. Una volta stilato l'elenco, ognuno faceva paragoni. E così s'istruiva il processo dei più privilegiati. Fra le direzioni il risentimento montava in fretta. Se ne parlava in mensa, nei corridoi. La caffetteria rigurgitava di quei mugugni scandalizzati. La passione per l'eguaglianza tipica di ogni francese trovava nell'opera di censimento dei diritti acquisiti e delle peculiarità regionali un enorme detonatore.

Di fronte al malcontento, il discorso delle gerarchie era sempre lo stesso: ci sarebbe stato da perdere e da guadagnare, ma in fin dei conti, matematicamente, e ci si fidava della mediana, tutti ne avrebbero ricavato dei vantaggi. Solo che la stizza non ha un animo matematico. Una volta che un lavoratore vedeva messo in pericolo il suo orticello, esigeva per vendetta che fossero azzerate le prerogative degli avversari. E la frenesia si scatenava con tanta più ferocia perché in quella redistribuzione delle carte si intuiva perfettamente che l'unico sistema per non essere danneggiati era sminuire l'altro il più possibile. I grandi decisori avevano scatenato loro malgrado una delle tempeste di livellamento che di tanto in tanto infiammano l'animo francese. Veniva da chiedersi se non l'avessero fatto apposta.

In quel guazzabuglio di rancori e di emergenze Hélène, che era abituata a recitare il ruolo di soccorritore, si faceva strada con facilità. Per cominciare, bastava indire una riunione con la direzione e le parti sociali e annunciare che sarebbe stato messo online un questionario volto a raccogliere il parere di tutte le istanze coinvolte. Su questa base lei avrebbe determinato le aspettative, gli ostacoli, le opportunità e i punti deboli. Tre grafici a barre e due a torta dopo, tornava a tenere il suo discorso alle forze vive dell'azienda riunite in assemblea plenaria. Lì, di fronte a una platea di individui con le braccia conserte, tutti diffidenti come gatti, si presentava brevemente, proiettava i suoi risultati, commentava i dati raccolti con il puntatore laser in pugno, parlando troppo in fretta e muovendosi di continuo come in *West Wing – Tutti gli uomini del presidente*, dispensando abilmente anglicismi, nomi propri e argomentazioni autorevoli. Spesso un ingegnere o un informatico che sapeva far di conto rilevava un errore di calcolo, un'interpretazione discutibile. Hélène li aveva introdotti apposta, per stanare il lupo. Dopo averlo individuato, si rivolgeva solo a lui, precisa, penetrante, una vera e propria lama. Tutta la sala si identificava con l'imprudente e si lasciava convincere insieme a lui.

Quel piccolo show di democrazia relativa, in realtà, serviva solo a dare la dimostrazione della sua competenza e a instaurare fra lei e l'uditorio un rapporto di fiducia. Le statistiche erano un supporto come un altro. Sarebbe andato altrettanto bene proiettare un film o creare un PowerPoint con citazioni di Gandhi e di Milton Friedman; era un puro e semplice artificio. Hélène non si faceva illusioni sulla propria pseudoscienza. Dietro l'impalcatura matematica, le teorie manageriali, i principi organizzativi (che del resto, di tanto in tanto, potevano rivelarsi di un'efficacia formidabile), quello che faceva era molto spesso imbonimento da saloon. Le aziende erano sempre e solo un nuovo Far West per i predicatori del suo stampo, e anche le pubbliche amministrazioni costituivano ottime chiese per quei sermoni rivisitati. Vi si vendevano le stesse ciarlatanerie spacciate un tempo a Tombstone o a Abilene. Era un mestiere. Offrire rimedi miracolosi, recapitare a domicilio notizie dello spirito economico del tempo e acclimatare in quei fragili ecosistemi le più recenti creature dello zoo neoliberale. Per acquisire quell'indiscutibile competenza le ci erano voluti sei anni di istruzione superiore e alcuni semestri tostissimi in studi privati, che si erano conclusi con un grave *burnout*.

Oggi continuava a svolgere lo stesso lavoro, presto e bene, ma il piacere era scomparso, la fede non ne parliamo. E molto spesso, mentre cercava di prender sonno, o guidava su una strada qualunque del dipartimento di Meurthe-et-Moselle, da sola e con la musica a palla, rifletteva sulla propria vita, sul proprio innegabile successo, e si chiedeva amaramente: ma chi me lo fa fare?

Una volta al mese Erwann organizzava una bicchierata, tanto per cementare le équipe e condividere all'interno le ultime informazioni. Era allora che ci si rendeva conto di quanto fosse cresciuta Elexia. Hélène scopriva sempre facce nuove, gente che non aveva mai visto e che le stava subito antipatica.

Un martedì, a fine giornata, mentre passava al volo nell'*open space* per recuperare i suoi buoni pasto, trovò disseminati dei volantini decorati con un unicorno che annunciavano una bevuta di quel genere per la sera del 10 novembre. Il programma era addirittura precisato in dettaglio:

- fare il punto sui risultati conseguiti alla data attuale;
- ristrutturazioni previste;
- presentazione dei futuri collaboratori;
- regalo a sorpresa.

«Il volantino l'ho ideato io» disse Lison, che era appena comparsa alle sue spalle.

«Avevo riconosciuto il tuo stile. E che cos'è la sorpresa?»

«Una bottiglia di Veuve Clicquot. Il boss voleva che si presentassero tutti.»

«Furbo.»

Girandosi verso la sua stagista, Hélène la trovò cambiata, come se fosse cresciuta. Quel giorno portava una semplicissima maglietta bianca infilata in un paio di Levi's 501 che le arrivavano poco sopra le caviglie, le Vans e un fastoso trench Burberry anni Ottanta.

«Stavi uscendo?»

«Andavo fuori a fumarmi una sigaretta.»

«Ti accompagno. E a parte questo, te la cavi?»

«Erwann mi sta monopolizzando troppo. Mi prende per la sua grafica personale. Non ho un attimo di tregua.»

La cosa dispiacque a Hélène, che dopo aver dato un'occhiata all'orologio cambiò idea: «Be', in realtà sono in ritardo. Devo andare. Ci vediamo giovedì.»

«Ma sì, sarà fantastico, organizzo tutto io.»

E per illustrare le sue parole la ragazza fece il tipico gesto da cameriera vintage, mano sollevata e polso pendulo. Hélène si affrettò a tornare a casa. La tata stava per andarsene e lei aveva ancora del lavoro da fare per il giorno dopo.

Dopo aver preparato la cena, fatto fare il bagno alle bambine e averle messe a letto, Hélène calcolò che le restavano almeno due ore di lavoro prima di aver finito. Philippe era a Bordeaux in viaggio d'affari e lei non aveva nemmeno avuto il tempo di mangiare. In casa regnava un silenzio perfetto. Lo assaporò per un momento, in piedi nella sua cucina inossidabile, godendoselo come una vacanza dopo il rush della giornata. Dalle sei del mattino non era riuscita a tirare il fiato neanche per un secondo. Era così sfinita che si sentiva come ubriaca.

Tuttavia si concesse un bicchiere, un whiskino per farsi coraggio. Fin dal primo sorso la invase un gran senso di rilassamento, e cominciò a produrre slide senza il minimo sforzo, senza quasi doverci pensare. In quell'attività pressoché automatica c'era una certa forma di ebbrezza. Pensò che più tardi si sarebbe regalata due palline di gelato alla stracciatella, con la panna. Nei periodi di superlavoro tendeva sempre a ingrassare un po'. Pazienza. Aveva pur diritto a qualche piccola coccola. E per l'appunto Christophe le aveva appena scritto su Messenger.

Non diceva granché. Da parte sua andava tutto bene.

Sperava che fosse lo stesso per lei. Si scusava di nuovo per il messaggio dell'altra volta, quello che i suoi amici avevano mandato per prenderlo in giro. Le diceva che aveva pensato a lei.

E Hélène sentì che le si inumidivano gli occhi. Fu così improvviso, talmente inaspettato, e persino un po' ridicolo, che le venne da ridere. Tutta sola alla scrivania, davanti al computer, stremata. Quell'uomo che aveva pensato a lei.

«Mamma?»

La vocina era appena piovuta dall'alto della scala. Hélène abbassò lo schermo del computer.

«Come mai ancora sveglia, micina?»

Dal suo sgabello vedeva solo le caviglie di Clara, in piedi sul primo gradino. Dopo un attimo di esitazione la bambina rispose: «Mamma, mi sono dimenticata.»

«Che cosa? Hai visto che ora è?»

«Inglese. Avevo una poesia per domani.»

«No!» gemette Hélène.

«Sì, invece. La poesia del bambino che cade lungo disteso.»

«È troppo tardi, tesoro.»

«Devo saperla per domani.»

Hélène si alzò con un sospiro, salì di sopra e prese Clara per mano.

«Claire non vi ha fatto fare i compiti?»

«Mi sono dimenticata di dirglielo.»

«Non controlla il diario?»

«No.»

Arrivata nella sua camera, Clara tirò fuori dallo zainetto, rovistando freneticamente, un quadernone con la copertina azzurra.

«Ecco» disse tendendolo a sua madre.

«Va bene. Non è troppo lunga. Non l'hai imparata?»

«Sì, ma non l'ho recitata.»

«Avresti potuto cavartela da sola.»

«Ma se mi sbaglio...»

«Su» disse Hélène spazientita. «Ti ascolto.»

«Non ha fatto i compiti?»

Sulla soglia della stanza era comparsa Mouche, in mutandine, tutta stropicciata e calda di sonno.

«Che ci fai qui, tu?»

«Verrà punita?» chiese Mouche.

«Esci dalla mia camera!» gridò sua sorella.

«Ehi! Calma.»

La piccola, con i capelli che si erano arricciati nel calore delle lenzuola, alzò le spalle prima di fare dietrofront e tornare a letto.

«Su, dai. Sbrigati.»

Clara chiuse gli occhi, con il mento appiccicato al petto, e cominciò a recitare.

«*I tripped on my shoelace...*»

«Fantastico. E poi?»

«*And I fell up.*»

«Sì, perfetto.»

Andò tutto bene per altri cinque versi. Hélène si disse che avrebbe finito presto. Pensava al messaggio di Christophe, di sotto. Aveva fretta. Ma Clara inciampò su una parola.

«*Blend in the sounds.*»

«Non *in*. *Into.*»

«Qual è la differenza?»

«La differenza è che *into* è giusto e *in* è sbagliato.»

«Non ci capisco niente.»

«Devi recitare ogni parola come sta scritta. Non tocca a te reinventare la poesia. Forza, dai.»

«*Blend into the colors.*»

«*Sounds.*»

«Cosa?»

«È *sounds*, non *colors.*»

«Ah, sì...»

Sembrò che Clara riavvolgesse nella mente una cassetta, fece un lungo sospiro e con l'aria più normale del mondo ripeté: «*Blend into the colors.*»

«Va bene. Ci pensiamo domani, non è un gran problema.»

Hélène richiuse il quaderno con uno schiocco, fece un cenno imperioso con l'indice verso il letto e il viso di Clara si afflosciò di colpo.

«Ma la poesia...»

«Domani, micina. È tardi.»

Il mento della bambina già accennava un tremolio premonitore, e i suoi occhioni cominciarono a brillare. Divisa fra l'impazienza e la pena che le ispirava quello sgomento così risibile eppure così sincero, Hélène si irritò ancora di più.

«Sbrigati» disse. «Su, a letto!»

Con un gesto sollevò le lenzuola. Ma Clara resisteva. La scuola era importante. I genitori glielo avevano detto e ripetuto. In seconda media le capitava già di piangere per una sufficienza striminzita in matematica.

«Devo recitarla domani» balbettò.

«Senti, fai come vuoi.»

E Hélène uscì dalla camera chiudendosi la porta alle spalle. Clara scoppiò in singhiozzi e si precipitò fuori. Un secondo dopo Mouche la raggiungeva in corridoio, felice dello spettacolo e di avere una scusa per alzarsi dal letto. Ma Hélène fu irremovibile.

«Non voglio più sentirvi fiatare! Andate a dormire!»

Tornata in cucina, provò un enorme senso di sfinimento. Di sopra lo psicodramma continuò per un paio di minuti, poi le grida e le corse si spensero. Hélène si concesse un altro bicchiere. Da quando aveva l'impressione di occuparsi di tutto, di essere sola di fronte alle rotture di palle? Ovviamente, visto che lei e il suo compagno guadagnavano un bel po' di soldi, potevano permettersi una tata, una domestica, di portare in lavanderia le camicie del signore e affidare il giardino a una ditta specializzata. Ma questo non cambiava la sostanza delle cose. Philippe aveva una vita superiore, palesemente più importante, e in definitiva la normale amministrazione toccava a lei. Quindi, sì, una volta all'anno lui sturava il lavandino o falciava il prato, e peraltro poi ne parlava per dieci giorni, ma quanto al resto si risparmiava gran parte delle piccole incombenze che tenevano a galla l'imbarcazione familiare. Certo, ne avevano discusso, erano persone aperte e moderne, e Philippe le aveva sempre dato ragione. Le prove dei suoi sforzi e della sua empatia non mancavano. Ma alla fine, come quella sera, lei gestiva le cose da sola. Si arrabbiava e le dispiaceva. Maltrattava le persone che amava e non poteva farci niente.

Con l'amaro in bocca aprì il computer e Facebook, poi scrisse a Christophe. Anche lei stava bene e pensava a lui. Sperava che potessero vedersi un giorno o l'altro. Non troppo in là, se possibile. Poi tornò alle sue slide, le abborracciò in fretta e furia e verso le undici salì di sopra per passare nelle camere a lasciare un bacio su ogni testa addormentata.

«Oh, Grand Est!» declamò Erwann a braccio teso, politico e togato come un senatore romano.

Gli faceva da uditorio tutto lo studio, flûte in mano, ognuno sorridendo delle pagliacciate del capo che, dal mezzanino, arringava la folla.

Bisognava vederlo per credere, con lo sguardo perso all'orizzonte, marittimo, sul punto di far esplodere il twill della camicia azzurra, sputacchiante e rosso come un irlandese, superbo. Hélène si gustò moltissimo quel momento. Nell'*open space* non capitava tanto spesso l'occasione di divertirsi.

Dopo quello slancio lirico a gloria della nuova grande regione, lui passò in rassegna le opportunità di business e gli ottimi risultati ottenuti nel corso delle passate settimane, guadagnandosi una breve acclamazione. Ringraziò anche i collaboratori, alcuni citati per nome, e Hélène ebbe diritto a un omaggio particolarmente caloroso perché era un pilastro, era indispensabile, e via dicendo. Annuì, sfoggiando l'opportuna aria di finta modestia. Al suo fianco, Lison sorbiva con una cannuccia un Gin fizz al mirtillo rosso. Hélène le chiese dove lo avesse trovato e la ragazza le rispose che era stata lei a fare la spesa.

Tornato a cose più serie, Erwann spiegò che per Elexia quell'accorpamento delle vecchie regioni rappresentava un momento piuttosto straordinario.

«Non nascondiamocelo. Gli enti locali hanno una fifa del diavolo. Tutti gli organismi regionali sono con le spalle al muro. Non hanno la minima idea di che cosa si debba fare. Il rubinetto è aperto al massimo. Sta a noi fare il necessario. E per il momento va a gonfie vele!»

Su queste parole entusiasmanti alzò il bicchiere e tutti, con gli occhi levati verso il capo, lo imitarono.

Hélène, che nel frattempo guardava dalla finestra il cielo statico e basso, pensò che novembre era decisamente un mese schifoso. Specie in quell'angolo di mondo. Ed era poco probabile che l'avvento del Grand Est apportasse qualche cambiamento ai deprimenti autunni della Lorena.

Inventare una regione: ci volevano proprio un bel coraggio e una totale incapacità di capire che cosa succedeva nella vita della gente, le rabbie fiacche, i sordi malumori che covavano nelle città e nei paesi, tutte quelle persone che, a milioni, con il naso nel piatto, borbottavano in continuazione, scontente di essere poco ascoltate, mai capite, per niente rispettate, e si sentivano minacciate dalla difficoltà di arrivare a fine mese, dalle migrazioni e dal padronato, sminuite da almeno cinquant'anni nel loro orgoglio francese e nei loro sogni di progresso. Rifilargli il Grand Est come soluzione dei problemi: che faccia tosta!

Certo, Hélène non apparteneva più a quel mondo di mugugni irriducibili in cui era cresciuta e che adesso la disgustava un po'. Ormai andava a trovare i genitori solo nelle occasioni indispensabili, Natale e il primo dell'anno, una volta d'estate, per fargli vedere le bambine e lasciargliele una settimana nell'aria buona dei Vosgi. Ma suo malgrado conservava, sotto sotto, riflessi da poveraccia, una sorta di istinto da cornuto e mazziato che le permetteva di individuare subito la stupidità degli ordini dall'alto, il fondamentale divario fra le buone intenzioni delle anime belle e il greve desiderio delle vite di medio livello. E in quel clima di diffidenza universale in cui ognuno si aggrappava al suo orticello, al suo cognome, alla sua razza, alla sua bandierina, alcuni alti papaveri avevano ritenuto di buonsenso cancellare con un tratto di penna appartenenze centenarie per far nascere un... territorio. Erwann, che a sua volta era ben consapevole di quelle aberrazioni, ne godeva con un cinismo ludico. In particolare, aveva l'abitudine, quando si rilassava un po', il che non succedeva tanto spesso, di sfornare una di quelle odi alla convivenza che aveva appena dispensato all'uditorio.

«Ora è tempo di presentarvi i nuovi arrivati» stava appunto aggiungendo.

Hélène cercò fra i presenti il volto di Parrot, che non aveva ancora avuto occasione di incrociare di persona ma che le sembrava già familiare dopo aver spulciato il suo profilo su LinkedIn. Appena trentenne, il tizio aveva lavorato in due dei più grossi studi di *consulting* nazionali, aveva ricevuto un *award* per una cosetta innovativa e fatto un passaggio lampo al ministero dell'Ambiente. A parte questo, sul suo profilo si limitava a condividere articoli stimolanti che parlavano dei successi dei suoi amici, della gestione delle risorse umane mediante l'empatia o di salvare il clima grazie alla benevolenza o alla responsabilità sociale d'impresa. Sotto gli articoli c'erano stupidi hashtag tipo

#soproud o *#letsbuildabetterworld.* Quanto ai contatti, la medesima solfa: un sacco di giovani usciti dagli stessi stampini, con lo stesso aspetto pulitino e competitivo, che si dichiaravano *founder*, *Ceo*, *senior manager* o direttore di studio, oppure *global strategist*, come probabilmente erano.

Fra Hélène e quelle persone non c'erano neanche dieci anni di differenza ma era già tutt'altro mondo, al tempo stesso ridicolo e inquietante. Aveva studiato la faccia di Parrot sulla foto del profilo. Aveva vagamente cercato un segno, un'asperità, ma era di una perfezione robotica, a parte forse qualcosa di incerto nello sguardo, meno di uno strabismo, un nonnulla. Cosa cavolo veniva a fare a Nancy un tipo come lui? Tutto ciò la lasciava scettica.

La riscosse dai suoi pensieri una magra salva di applausi. Erwann aveva appena paragonato Elexia al Barça e assicurava che non aveva nulla da invidiare agli studi più importanti, Cap Gemini, Arthur Andersen e compagnia bella. Perché ciò che distingueva Elexia era ovviamente la sua *agilità*.

«Allora, voi nuovi, alzate la mano, per piacere, così vi vediamo. E gli altri, per piacere, diano loro il benvenuto.»

Erwann presentò Ninon Carpentier e Karim Lebœuf, poi finalmente toccò a Parrot. Hélène vide alzarsi una mano un po' più in là, ma Parrot le dava le spalle e riuscì solo a constatarne la corporatura snella, i capelli folti e impeccabili, il taglio del completo attillato, ovviamente blu. Intanto Erwann ne parlava come del messia.

«Alcuni di voi hanno già sentito parlare di Jean-Charles. È stato copresidente dell'associazione studentesca all'École des hautes études commerciales di Parigi, ed era un periodo piuttosto punk, da quel che ho sentito dire. All'epoca era anche riuscito a creare una piccola start up astutissima, Alalouche.com, che offriva agli attori pubblici uno strumento per valutare in tempo reale la frequentazione del loro servizio. L'idea era sapere con un *clic* se c'era coda davanti alla prefettura o se la piscina comunale era affollata. Insomma, il progetto era questo, forse lui vi racconterà come la cosa sia andata a monte grazie alla nostra cara burocrazia francese. Tutto ciò per dire che con Jean-Charles facciamo una scommessa, quella delle idee, della creatività. Quindi sarà a capo del nostro nuovo polo "innovazione". Penso che la nostra crescita si sia basata per tanto tempo sulle esigenze dei clienti, alle quali ci siamo adattati. Ma se vogliamo avere una marcia in più dobbiamo anticipare, o addirittura creare, l'esigenza.»

Anche queste parole furono applaudite ed Erwann concluse invitando tutti a bere e a divertirsi come se non ci fosse un domani, se l'erano proprio meritato. Le flûte riempite di uno champagne che nel frattempo era diventato tiepido si levarono, ma senza autentico entusiasmo. Ognuno aveva in mente il lavoro che lo aspettava e le scadenze da rispettare. Purtroppo avrebbero dovuto attendere ancora un po' prima che il domani non ci fosse davvero.

In ogni caso, Hélène non aspettò oltre e si fece largo nella ressa per conoscere finalmente il piccolo prodigio. Si strinsero la mano, si sorrisero da farsi venire il mal di denti, anche lui era felicissimo e naturalmente aveva sentito parlare molto di lei. Non vedeva l'ora di collaborare, *bla bla bla*. Lo trovò bello, ma in modo quasi sgradevole. Dietro l'affabilità e il bel faccino intuiva un doppio fondo nettamente meno fico.

Nel frattempo Erwann, che doveva temere il primo faccia a faccia tra le due star della sua piccola azienda, arrivò al trotto, ondeggiante e prodigo di pacche amichevoli, particolarmente rosso e sghignazzando a ogni frase.

«Non sapevo che avremmo avuto un polo innovazione» disse Hélène.

«In realtà è stato deciso oggi» spiegò Erwann. E, braccia tese e gambe piegate, fece un movimento di bacino simile a quello di un surfista che prende l'onda.

«E in questo polo ci sarà tanta gente?»

«Ci stiamo pensando su.»

«E dal punto di vista organizzativo?»

«Sarà trasversale, ovvio.»

Hélène, che sfornava organigrammi a chilometri, seppe subito trarre le conclusioni da quella spiacevole notizia. Parrot si sarebbe automaticamente trovato a un livello gerarchico ambiguo, dato che il suo polo era pensato per impicciarsi di tutto e produrre orientamenti strategici che ognuno avrebbe dovuto seguire. Naturalmente avrebbe riferito solo a Erwann e avrebbe avuto a disposizione un budget, una squadra. A seconda delle negoziazioni sarebbe stato in grado di dettare legge. Livello stipendio, i parametri erano ben noti: capo di un polo + École des hautes études commerciales uguale settantamila, bonus esclusi. La nuova recluta, con la sua faccia d'angelo, glielo avrebbe messo in culo alla grande.

Così sorrise ancora di più, e brindò, augurandogli di avere successo, dal profondo del cuore.

Già il giorno dopo avrebbe preso Erwann a quattr'occhi. Questa volta non c'erano santi: se non fosse diventata associata prima dell'estate, avrebbe levato le tende.

8

Ogni anno i genitori di Hélène si prendono tre settimane ad agosto, e ne passano due in un appartamentino in affitto a La Grande-Motte. È un bilocale soffocante all'ottavo piano di uno di quegli edifici *Sixties* che creano sul litorale lunghe onde di cemento disseminate di tende da sole arancioni e marroni. L'affitto costa un occhio della testa e Mireille ripete che bisogna goderselo, visto quanto lo pagano.

Hélène ha la sua camera, minuscola e affacciata sul parcheggio, ma dotata di letti a castello, il che la fa sentire spaesata. Ovviamente usa quello di sopra e, dalla finestra quadrata, vede il cielo stellato e si gode il rumore del mare, le voci dei passanti, l'instancabile fermento delle auto, giù in basso.

Nella famiglia Poirot le vacanze sono sacre. È una faccenda al tempo stesso politica ed esistenziale. Quel periodo riscatta tutto il resto, l'anno pieno di impegni, con i suoi ritmi reiterati, in piedi alle sei e mezzo, la spesa il sabato, l'inverno di cui non si vede la fine, i superiori, i weekend brevi come uno schiocco di dita, la maratona delle giornate. E poi si pensa ai sacrifici degli avi; ci sono voluti dei morti per ottenere il diritto di voto, figurarsi che ecatombe per strappare cinque settimane di ferie retribuite.

In riva al mare, alla routine annuale subentrano altre abitudini. Ogni mattina Jean, in calzoncini e sandali, scende dal tabaccaio-giornalaio Le Grand Pavois, senza nemmeno lavarsi. Il sole delle otto gli scalda la faccia mal rasata. Compra i suoi due pacchetti di Gauloises con filtro e *Midi Libre*, che leggerà prendendosi un caffè a un tavolino fuori dal Miami, un baretto senza pretese dove si ascolta Rmc. Apre il giornale, fuma una sigaretta e beve il caffè con tutta calma. È la felicità facile. Mireille lo raggiunge un po' prima delle nove con una baguette appena sfornata nella borsa, albicocche e pesche che ha comprato al mercato, passando. Ordina anche lei un caffè. Non c'è fretta. E del resto se lo dicono contemplando l'andirivieni dei villeggianti.

Hélène invece si alza più tardi e fa colazione con una Coca e due cornetti sfogliando riviste. Verso le dieci o le undici raggiunge i genitori e vanno in spiaggia insieme. Sotto l'ombrellone srotolano le stuoie che profumano di paglia, stendono teli da mare variopinti. Ognuno fa quel che vuole. Si può leggiucchiare, nuotare o camminare con i piedi nell'acqua, fare un sonnellino, scavare buche o comprare a peso d'oro un *pan bagnat* dai venditori ambulanti che strillano sotto il cielo pulito come una piastrella di ceramica. In vacanza non ci si preoccupa più delle spese, anche se ci si arrabbia per le libertà che si prendono i negozianti locali, trattati volentieri da ladri o truffatori.

Spesso Mireille e Jean vanno in acqua tenendosi per mano. Quando l'ombelico è sotto la linea di galleggiamento si abbracciano e si scambiano baci. Appoggiata sui gomiti, Hélène li osserva da lontano, vagamente disgustata. Il sole si riflette sul cranio di suo padre e sulle spalle da nuotatrice di sua madre, quel corpo troppo muscoloso di donna tutta nervi rivelato dal bikini. Preferisce non sapere di preciso che cosa combinano, sono troppo vecchi e per Hélène l'amore è ancora una specie di miraggio che non tollera né le rughe né la calvizie, men che meno i peli sulla schiena. Quanto al sesso, non se ne parla neanche.

A fine pomeriggio, stremata dal caldo, la famiglia torna nell'appartamento, rimasto relativamente fresco perché hanno preso la precauzione di chiudere le imposte e dentro sono sempre accesi due potenti ventilatori. È l'ora delle docce e dei segni lasciati dal costume. Sul balcone, con i capelli bagnati e la pelle che tira, Hélène sfoglia *Femme Actuelle*. Suo padre fuma una sigaretta con le braccia appoggiate alla ringhiera, e per tutta la vita l'odore di tabacco scuro resterà legato a quelle profonde sensazioni delle sei di sera, quando, rilassata e raggiante, con le gambe distese e la pelle pulita, Hélène si godeva il tempo immobile e la brezza marina.

A volte sua madre accende la tivù nella stanza accanto perché le faccia compagnia mentre prepara la cena, una cosa veloce, pomodori, prosciutto crudo, patatine, formaggio, eventualmente pasta. Il rumore dei piatti che appoggia sul tavolo, il tintinnio delle posate sull'Arcopal, il *psss* della bottiglia di acqua frizzante, le voci delle persone in strada che bighellonano guardando sciabordare le barche. Cenano mentre la luce si attenua, diventa arancione e rosa e, tramontando, dà al Mediterraneo riflessi di mercurio. Quelle ore sono le più preziose, anche meglio delle sere in cui si concedono una pizza o una cena fuori a base di frutti di mare.

Così, quando Hélène annuncia che Charlotte l'ha invitata all'Île de Ré e conta di passarci l'estate dei suoi quindici anni è subito crisi.

«Non se ne parla!» reagisce con spavento Mireille, colta di sorpresa dalla notizia mentre lava i piatti.

Avvolta nel grembiule, ha una certa somiglianza con Medea, occhi pieni di lampi e labbra incredule. Hélène se ne sta sulla soglia della cucina, pronta a battere in ritirata, mentre suo padre, con i gomiti sulla tela cerata, fuma lentamente aspettando gli sviluppi. Hélène ha scelto bene il momento, un sabato dopo pranzo, un giorno di maggio. Il cielo è coperto e fra poco deve uscire per vedersi con la sua amica del cuore, a cui spera di dare una buona notizia.

«Sono abbastanza grande!» abbaia.

«Niente affatto» ribatte Mireille, che abbandona il lavandino per affrontare quel mostro sconosciuto, sua figlia.

«Mai una cavolata. Ricevo congratulazioni ogni trimestre, dalla prima media. Faccio sempre quello che mi viene detto. Ho il diritto di passare le vacanze come voglio!»

«Roba da matti» si affligge la madre, portandosi una mano sul cuore.

«Perché non vuoi più venire con noi?» azzarda il padre, che appuntisce la sigaretta sul bordo del posacenere.

Alza la testa aspettando la risposta, e il fumo gli esce dalle narici strette. Come sempre, indossa una maglietta che gli strizza il torace magro, le braccia abituate ai grossi pesi, la vita sottilissima. Ogni minimo guizzo dei muscoli è eloquente come un trasalimento del viso, e dalla sua nuca rigida si intuisce che quella situazione non piace molto neanche a lui.

«Non è questo» spiega Hélène. «Voglio solo stare con la mia amica. Avrò pur diritto a vedere qualcos'altro.»

«Non vedrai un bel niente.»

Hélène incassa senza fare una piega. È la prima scaramuccia di una guerra che durerà a lungo. Deve diffidare di se stessa, della rabbia che le pizzica il naso, della fretta di vincere. E anche delle sorprese.

«E perché non può essere la tua amica a venire con noi?» osa suo padre, prima di fare un ultimo tiro di Gauloise e spegnerla con un'insistenza significativa.

«Ma che scemenza!» si scalda Hélène, improvvisamente atterrita.

«Perché? Spiegaci» chiede sua madre, che d'istinto intuisce la breccia.

«Ma niente. Hanno una casa lì. Ci passano tutte le vacanze. Ecco. Non glielo chiederò. È una cretinata.»

«Anche tu hai sempre passato le vacanze a La Grande-Motte. La tua amica deve solo venirci anche lei.»

«Sì, perché no?»

Hélène non sa che cosa rispondere. È un terreno scivoloso. Ovviamente non è proprio il caso che la sua amica li veda: la loro intimità, quel lasciarsi andare, il padre che scoreggia a tavola o fa rumore bevendo il caffè, la madre sempre preoccupata per i lavori domestici, la loro infinita mediocrità, tutte quelle gioie modeste e le loro manie che adesso la fanno tanto vergognare.

Perché l'amicizia con Charlotte è diventata uno strumento di misura in base al quale valuta la propria esistenza. Del resto, la sua grande amica non esita mai a metterla in riga e si mostra spietata con chiunque deroghi alle norme del buongusto. Quando vanno a spasso in città, l'adolescente spara a vista. Le donne bionde con la ricrescita nera, gli uomini in calzini da tennis, quelli in shorts, il trucco esagerato, i corpi strizzati nei vestiti, le ragazze dei quartieri problematici con quella loro aria sporca e grigia, i vecchi alle fermate dell'autobus, gli ingobbiti, i claudicanti, i finti delinquentelli in tuta, le famiglie di buzzurri pieni di figli, i tizi in completo di pessimo taglio e di tessuto sintetico, chiunque si discosti dalle sue regole auree si becca quel che si merita.

Da Charlotte si hanno idee precise su come ci si comporta a tavola e come si dispongono i fiori. Si sa come apparecchiare e come vestirsi per andare a teatro. Come essere disinvolti e adeguati. Nella sua famiglia si direbbe che la felicità stessa sia il risultato di una certa arte di vivere. Hélène assimila tutto. Inghiotte, imita e torna a casa sua con un occhio al laser. Due anni prima i suoi genitori le sembravano indiscutibili e quasi trasparenti. Ora, invece, vede solo dettagli che non vanno. La madre parla a voce troppo alta, il padre trascina i piedi, hanno scoppi di rabbia fuori luogo, risate che stonano, una certa sciatteria che loro definiscono rilassarsi e che a volte le fa venire voglia di nascondersi in un buco. E quegli infernali modi di dire che la fanno sclerare: «tutti i gusti son gusti», «il mondo è bello perché è vario»; tutte quelle frasi di una filosofia rudimentale che lei odia: tolleranti per debolezza, aggressive per sottomissione, apparentemente rivendicative ma che esprimono sempre e solo una posizione subalterna, come se fossero pugni tesi, professioni di fede dal basso. E a furia di dare la caccia alle gaffe, Hélène ha finito per diventare quel piccolo pubblico accusatore, sprezzante e preoccupato, che non sa più cosa farsene dei suoi genitori. In ogni caso, se lei non osa ancora tradurre tutto ciò in parole, sua madre invece non ha nessuna remora.

«Ti vergogni di noi. Vero?»

Hélène protesta, veemente e sull'orlo delle lacrime. Loro, comunque, non capiscono mai niente.

Durante le settimane successive torna più volte all'assalto. Promette di fare la brava, di impegnarsi ancora di più a scuola, ma sono argomentazioni di scarso peso, visto che lei è già esemplare. Poco male. Proclama uno sciopero del sorriso. A tavola tiene gli occhi chini sul piatto e risponde solo a mugugni. L'umore della famiglia ne risente. Nella villetta a un solo piano regna un'atmosfera da obitorio. Mireille tira a lucido la casa come se ne andasse della sua vita e arriva persino a pulire le serrature con un cotton fioc. Jean si tiene occupato da un amico che sta ristrutturando una vecchia casa colonica dalle parti di Cheniménil. Ci va con i suoi attrezzi ogni volta che può e torna abbronzato e soddisfatto, prima di deprimersi constatando l'aria lugubre che tira in famiglia. La situazione è così grave che Mireille gli dice non adesso quando lui le dà un bacino sul collo.

Una sera, Jean Poirot si decide e va da Hélène, nella sua camera. È ancora una stanza da bambina, con poster dei New Kids on the Block sul muro, peluche sulla trapunta, la carta da parati a fiorellini, un tavolo di legno grezzo e la sedia girevole da ufficio comprata da Conforama. E uno specchio lungo nel quale a Hélène piace molto guardarsi mentre risponde a interviste immaginarie o si fa venire le lacrime agli occhi. Ma quella sera è semplicemente sdraiata sul letto, a leggere *La palude del diavolo* di George Sand. Quando suo padre si siede vicino a lei, non si prende neanche la briga di alzare gli occhi dal libro.

«Allora, ho parlato con tua madre.»

Hélène non reagisce, ma ormai le parole sulle pagine sono solo una processione di insetti illeggibili. Solleva il naso, ascolta. Soprattutto, spera.

«Non si può andare avanti così.»

Lei vede la manona appoggiata di piatto sul lenzuolo azzurro, percorsa da grosse vene simili a orbettini che si arrampicano lungo il braccio come edera. Le mani da lavoro di suo padre, che trasportano e proteggono, che fanno paura e che lei fissava quando partivano per le vacanze, appunto, strette sul volante, leggere per tenere la sigaretta e cambiare le marce.

Con la sua voce tappezzata di nicotina Jean le ricorda a mezze parole il passato di Mireille, i suoi cinque fratelli e sorelle, il padre portato via da un cancro quando lei aveva sei anni, la madre ricoverata in una casa di riposo, mai più stata bene dopo quella disgrazia, la pazzia che aleggiava nella sua famiglia, le tristezze infantili che sono le insonnie attuali.

«Non è facile per lei.»

Hélène capisce dove vuole andare a parare. Suo padre la prende dal lato dei sentimenti, un classico. Ma è troppo tardi. Lei è già entrata nell'età crudele in cui a dominare è l'ombelico, e la sofferenza altrui puramente fittizia. I magoni di sua madre non sconfiggeranno le fantasie che si è fatta. Vuole il bikini sulla spiaggia bianca e azzurra, i giri in bicicletta, la gran vita che intuisce laggiù, nella loro isola all'altro capo del paese.

«Quindi troviamo un compromesso.»

Suo padre le spiega. Passerà una settimana con loro a La Grande-Motte e poi potrà andare dalla sua amica. Vedranno per i treni, si arrangeranno. Hélène afferra il padre per il collo e gli dà un bacio. Grazie! Grazie, papà. Poi si smonta.

«Però vogliamo parlare con quelle persone. Non esiste che ti mandiamo senza sapere con chi abbiamo a che fare.»

«Ma li conoscete.»

«Li abbiamo incrociati tre volte. Vogliamo parlarci. È normale.»

Oh, cazzo, pensa Hélène. Immagina la scena, gli insiemi che si intersecano, le gaffe, la diffidenza di sua madre, e i suoi complessi. Ma chi si credono di essere? E lei, poi, con quell'orologio da duemila franchi, l'hai vista?

Già il giorno dopo, però, ne parla a Charlotte, che è felicissima e non vede dove stia il problema. Ovvio, povera scema... I suoi genitori sono fichissimi, sua madre sembra una da copertina e suo padre ha i capelli e la Mercedes.

Seguono maneggi per due settimane. Prima i Brassard invitano a pranzo i Poirot, informazione che Hélène non trasmette agli interessati. Allora le ambizioni vengono ridimensionate, e si parla di un aperitivo. Hélène, che decisamente non riesce a immaginare i suoi vecchi nella grande casa dell'amica, svicola di nuovo. Di conseguenza tocca ai Poirot invitare i Brassard. Hélène censura un'altra volta.

Alla fine le due famiglie si vedono a un tavolino fuori dal Narval, a Cornécourt. E, curiosamente, i Poirot e i Brassard non sono poi così diversi quando li si mette fianco a fianco. Le mogli indossano un abitino, gli uomini polo e jeans. Sono sorridenti, si comportano più o meno allo stesso modo. I due uomini prendono una birra piccola, Mireille un succo di pomodoro e la signora Brassard un'acqua minerale. Per indovinare che cosa li divide bisognerebbe guardare i particolari, gli orologi, le scarpe, la pelle, i denti, i gioielli, l'usura delle mani, e poi bazzecole, un gesto, un'intonazione, una rotondità qui, una rigidità o un cedimento là, il modo di muoversi, quello che più in generale viene chiamato l'atteggiamento, mille sfumature che segnalano in filigrana abitudini alimentari diverse, attività senza alcuna relazione fra loro, orari non coincidenti, usanze e destini contrapposti.

Ma per la verità il fossato tra loro è ancora attraversabile senza bagnarsi i piedi. In fin dei conti, il padre di Charlotte si chiama Jean come quello di Hélène. Sono nati tutti quanti in provincia, parlano la stessa lingua, hanno della Francia un'idea vaga ma affettuosa, dello stato una visione nobile che suscita aspettative esagerate e rimproveri commisurati. Non sono razzisti, ma. Credono nel lavoro, celebrano il Natale senza andare a messa, ma frequentano le chiese in occasione di un battesimo, di un matrimonio o di un funerale. Tutti giudicano volentieri i loro simili in base all'auto che hanno, adorano il bollito, i pâté della Lorena e bere vini di Bordeaux, che ritengono i migliori del mondo. Sia Mireille Poirot sia Nicole Brassard sono brave a preparare crostate, anche se la prima preferisce le prugne e la seconda le ciliegie. Jean Brassard e Jean Poirot guardano le partite della Coppa del mondo, il telegiornale e i documentari naturalistici di Ushuaïa. Mireille e Nicole potrebbero parlare della giornalista Christine Ockrent, che entrambe ammirano, o della trasmissione *Le Grand Échiquier*, perché Karajan le affascina e Pavarotti le incanta. Tutti concordano nell'evitare di parlare di politica.

Così, le due coppie s'intendono subito a meraviglia, tanto più che neanche l'aperitivo è un insopportabile momento di stress. Istintivamente, le donne si sono sedute fianco a fianco, gli uomini si sono messi a chiacchierare di Formula 1. Hélène e Charlotte bevono *diabolo* con la cannuccia e stentano a nascondere la gioia. Tutto ciò è di ottimo auspicio. Per il momento non si parla affatto delle controverse vacanze. Finito il primo giro, il signor Brassard dice che sarebbe un peccato fermarsi visto che sono partiti col piede giusto e gli adulti si mettono d'accordo per una bottiglia di rosé. Arrivano i bicchieri, si brinda; i Poirot, ovviamente, non vogliono essere da meno e alle nove, mentre scende la sera, si stappa un'altra bottiglia. Ormai hanno tutti la risata facile, e Nicole Brassard appoggia una mano sul polso di Mireille per dirle qualcosa all'orecchio. Il padre di Charlotte propone di organizzare una visita alla cartiera dove lavora e che tutti conoscono.

«Vedrete, è piuttosto impressionante.»

C'è da immaginarselo. In ogni caso, le fabbriche che restano vale la pena visitarle, per principio. Qui ci si ricorda ancora dei delitti perpetrati contro il tessile e la siderurgia. Un giorno chi ha svenduto quei gioielli di famiglia dovrà dare delle spiegazioni. E comunque così la pensa Jean Poirot. Il padre di Charlotte non raccoglie. Lui ha del corso delle cose la visione fatalistica degli uomini ben informati, pronti ad accettare tutto perché hanno capito tutto. Ben presto viene l'ora di separarsi, al momento dei saluti ci si promette di organizzare qualcosa, una cena, un ristorante, si vedrà. La questione delle vacanze non è mai stata affrontata. Ma è sempre presente, fra le righe.

Sulla via del ritorno, in auto, i genitori di Hélène sono di ottimo umore. Non soltanto i Brassard sono simpatici, ma sono persone semplici: non se la tirano.

«Be', hai visto l'orologio che ha lei» osserva comunque Mireille.

«Non ci ho fatto caso» ammette Jean.

«Si vede che hanno i mezzi.»

Nella conversazione torna più volte la parola «quadro». Il padre di Charlotte è un «quadro» e Hélène vorrebbe proprio sapere che cosa significa. A quanto pare non si tratta di un mestiere, né di soldi, men che meno di un titolo, tipo industriale, avvocato o ministro. Ma il termine aureola Jean

Brassard di uno strano prestigio e gli conferisce palesemente una posizione invidiabile e un po' riprovevole.

«Che cos'è un quadro?» chiede l'adolescente.

«È complicato» risponde sua madre.

Hélène lo verrà a sapere due mesi dopo, sulla strada che porta da Le Gillieux al Super U di Ars-en-Ré. Quella mattina il padre di Charlotte ha detto su, dai, vieni, andiamo a fare la spesa, e lei non se l'è sentita di rifiutare. Charlotte e sua madre andavano al mercato per conto loro e dopotutto lui aveva i suoi motivi, forse, per non lasciarla da sola nella loro casa delle vacanze.

È arrivata da una settimana e, fin dall'inizio, è un po' a disagio. Credeva di conoscere bene quelle persone da cui aveva cenato e dormito cento volte, ma dopo sole ventiquattr'ore non ha più riconosciuto l'atmosfera al tempo stesso rilassata e d'alto bordo a cui era abituata. Ogni famiglia ha le proprie cloache e, per effetto della coabitazione, quella dei Brassard esala odori inaspettati. Per esempio, quando i genitori di Charlotte si parlano, la loro conversazione è intessuta di sottintesi viperini che prima lei non aveva mai notato. E Nicole Brassard non riesce a rivolgersi alla figlia senza rimproverarla per il suo modo di comportarsi, per quello che mangia, per come si veste, per il suo portamento, sia pur in tono sempre scherzoso. Hélène aveva già notato quella tendenza denigratoria, ma la cosa assume proporzioni del tutto diverse quando si vive davvero sotto lo stesso tetto. Comincia a capire perché i gemelli preferiscano fare le vacanze per conto loro.

E poi, soprattutto, i Brassard passano il tempo a sparlare degli altri. Hanno incrociato un tizio che guidava a torso nudo e ci hanno ricamato sopra per venti minuti

Difficile, in queste condizioni, sentirsi a proprio agio. Tanto più che durante le vacanze i genitori della sua amica hanno orari fluttuanti. L'ora dei pasti varia da un giorno all'altro, vanno in spiaggia al mattino, oppure al pomeriggio, o non ci vanno affatto perché preferiscono stare tutto il giorno a oziare in terrazza, a leggere riviste e dormire all'ombra. Per cui a volte Hélène ha la sensazione di passare il tempo ad aspettare. Non ha punti di riferimento. All'ora di cena si innervosisce e vaga come uno zombi sperando in qualche indicazione. A casa sua si cena tutti i giorni alle sette, perlomeno è chiaro.

Comunque può contare sul rituale della prima colazione. Jean Brassard adora andare in paese prestissimo a comprare pane fresco e quotidiani. Quando le ragazze scendono dalla loro camera, ancora torpide e ingrugnite, la tavola è apparecchiata e già dalla scala possono sentire i deliziosi effluvi del caffè e del pane tostato. Hélène riconosce anche l'odore del padre della sua amica che le aspetta sulla terrazza, in camicia e con i capelli bagnati, quel profumo di pulizia virile con un tocco di dopobarba, così piacevole. Maniche rimboccate, vecchie scarpe da barca ai piedi, lui riempie le scodelle e chiede alle ragazze se hanno dormito bene. Poi fa la sua comparsa Nicole, perlopiù in maglietta alla marinara. Per le vacanze si è legata al polso un braccialetto di filo rosso che assorbe il sale e il sole, e il sapore delle loro lenzuola, pensa Hélène tra sé.

Tutta quella bella gente fa colazione chiacchierando distratta. Gli adulti sono immersi nei giornali, che spulciano con noncuranza, leggendo solo i titoli e le didascalie delle foto. A Nicole piacciono molto le parole crociate. In casa ci sono parecchi libri, e riviste femminili un po' dappertutto. Eppure Hélène non ha l'impressione che i suoi abitanti leggano poi tanto. Sono oggetti come gli altri, paragonabili al lino della fodera del divano, ai quadri che ornano le pareti, come ninnoli che fanno parte dell'arredamento e conferiscono un po' più di anima all'ambiente.

«Cosa contate di fare oggi, ragazze?» chiede la madre.

«La Conche» annuncia Charlotte, che decide per tutte e due.

Oppure Trousse-Chemise, o magari La Couarde. Comunque, spiaggia.

«Okay» dice Nicole. «E noi?»

Jean non ne ha idea. Farà come vuole lei, se ne frega. È esigente solo sul mangiare.

Comunque c'è una cosa che Hélène adora, i vantaggi della vita insulare. Perché lì di delinquenti non se ne vedono molti e i rapimenti sono rari. E nemmeno l'afflusso di villeggianti modifica quell'atmosfera di reciproca sorveglianza e di reclusione opulenta che caratterizza l'isola. Perciò le ragazze sono libere di andare in giro da sole, anche di sera. Si spostano in bici, vanno a fare il bagno e si vedono ogni giorno con amici che Charlotte conosce fin dall'infanzia. Fra cui Boris, un ragazzo in Lacoste bianca che Hélène trova non male, anche se è un po' basso e parla in continuazione di sé. Tornano verso le cinque, lungo i sentierini che attraversano le paludi salmastre dall'intenso profumo di zolfo. Sono stanche e sporche, con il corpo pieno di sole, le caviglie incrostate di sabbia, peluria bionda lungo la colonna vertebrale e sulla nuca. Arrivate a casa, le docce richiedono un tempo infinito. A volte capita che escano a mangiare un gelato o a cenare da qualche parte. Hélène ordina sempre la cosa meno cara del menu. Assapora il vino che Jean Brassard le versa nel bicchiere. È delizioso essere ubriaca dopo tre sorsi quando sei bruna come caramello, lontana da casa, quando ti copri il naso per non scoppiare a ridere perché il padre della tua migliore amica imita il bramito del cervo nel folto dei boschi. È così bello essersi goduta la giornata e sapere che l'indomani sarà uguale.

La sera le due adolescenti hanno il permesso di stare fuori fino a mezzanotte e vanno a fare un giro al luna park. Legano le biciclette e, con le spalle scottate, strette nei loro abiti chiari, passeggiano in espadrillas fra le giostre e le bancarelle che profumano di zucchero filato, di cialde e di mele candite. Charlotte ha sempre degli spiccioli per comprare dolciumi o pagare un giro in autoscontro. Guardano i ragazzi, hanno appuntamento con gli amici, tornano all'ultimo minuto, ridendo, credendosi sbronze perché hanno bevuto due birre, poi si precipitano su per la scala fino alla loro camera e si buttano sul letto in una sventagliata di capelli, soffocando gli scoppi di risa e senza neanche lavarsi i denti.

Ma nonostante quei piaceri e quelle ore di totale libertà resta un pizzico di intralcio, un'impressione che le dà sui nervi e che Hélène non riesce a spiegarsi, tanto più preoccupante perché i limiti della costrizione sono fantomatici, le frontiere invisibili, la regola non scritta.

Insomma, bisogna contenersi.

Ma da che cosa dipende? Certo non dal linguaggio. Il padre di Charlotte dice merda a ogni piè sospinto e segnala stronzi a ogni angolo di strada. Né dall'abbigliamento. Nicole si abbronza in topless sulla spiaggia, e tutto il guardaroba del padre è liso, pieno di macchie, a volte di buchi, e la cosa gli è del tutto indifferente. E non riguarda neanche la buona educazione, né una specie di rispetto convenzionale che i bambini debbono agli adulti. È qualcos'altro, qualcosa di più subliminale.

Per esempio, una volta Hélène si è lasciata cadere un po' troppo di peso sul divano del salotto, e ha avvertito come una folata di biasimo. Da allora vive nella preoccupazione e si sforza di comportarsi come Charlotte. Imita il suo modo di muoversi, di stare a tavola, di abbronzarsi e di ridere. Scimmiotta le sue intonazioni. Ha persino adottato il piccolo schiocco di lingua che fa l'amica quando è contrariata. Eppure i Brassard sono carini, le fanno mangiare ostriche in piena estate e assaggiare meloni così dolci che sembrano sciroppo. Hélène cerca di essere all'altezza di quelle elargizioni.

Per fortuna, dopo qualche giorno si è instaurato con il padre dell'amica un piccolo gioco di ruolo. A Jean piace molto punzecchiarla e finge di vegliare su di lei, premuroso fino al ridicolo, le chiede come sta, se vuole telefonare ai genitori, se si sente bene, se non ha troppo caldo o troppo freddo, la tratta da principessa capricciosa di cui si temono i malumori.

Hélène ridacchia, felice che ci si interessi a lei, imbarazzata e di colpo al centro della scena.

Quando Nicole annuncia che è ora di mettersi a tavola, per esempio, Jean dice: «Non so se Hélène sarà d'accordo.» La ragazzina arrossisce. Lui la prende in giro così, sempre gentilmente, senza esagerare, il che crea fra loro una specie di indefinibile complicità. Ecco, perlomeno, una nicchia in cui rifugiarsi. L'amica del cuore, la protetta, quella che si vuole far ridere.

È anche l'estate della scoperta di un potere che Hélène non sapeva di avere. Fino a quel momento era sempre passata piuttosto inosservata. E all'improvviso, nelle finestre che le rimandano il suo riflesso quando sfreccia in bicicletta, nota un grosso cambiamento. A quindici anni è alta più di un metro e settanta e le sue gambe, che un anno prima erano solo un mezzo di locomozione privo di grazia, sono diventate un'attrazione. Quando pedala, corre o passeggia, quando le accavalla al tavolino di un bar, le distende dopo aver mangiato troppo, quando si siede incrociandole sulla sabbia e conta le pieghe della pancia, quando cammina sulla spiaggia, ragazzi di venticinque anni o padri di famiglia con una bella trippa la guardano senza ritegno. Per il momento non sa esattamente cosa farsene di quel nuovo interesse che suscita; le dà il capogiro e le fa paura. Vorrebbe scomparire, ma vorrebbe anche che vedessero solo lei.

Un giorno, mentre s'infila il costume nel bagnetto al primo piano sorprende il proprio riflesso nel grande specchio della porta. Si gira di fianco, un profilo, poi l'altro, mento sulla spalla, e osserva i segni del costume, così netti da sembrare un indumento. In fondo alla schiena è quasi sorpresa di trovare quel nuovo culo che in primavera ha teso la pelle e le ha lasciato sui fianchi striature di cui non riesce a farsi una ragione. Controlla anche il seno, ma lì non c'è granché da segnalare. Quindi riprende a contemplarsi il culo con ignobile compiacimento, verifica la parte bassa della schiena. Flirta, provocante, con il proprio riflesso: è una bella cosa, e non comporta rischi. Vorrebbe tanto scattarsi una foto. Ben presto dovrà tornare a casa e tutto scomparirà, le lentiggini e le metamorfosi di luglio. Ritorno a Cornécourt e alla sua vita fra grigio chiaro e grigio scuro.

Allora pensa che un giorno anche lei dovrà guadagnare molti soldi. Così sarà bella per tutto l'anno e potrà vivere come la gente che non bada al centesimo e sa come funzionano le cose. Ma il neon sopra lo specchio denuncia una grandinata di foruncoletti sulla tempia destra. Si china sul lavabo, in punta di piedi, per schiacciarli. Poi si allontana. Tracce rosse, un puntino sanguinoso, si è rovinata la faccia. Sulla mensola di vetro ci sono alcuni articoli da toilette, fra i quali il sapone da barba del padre, di cui riconosce l'effluvio familiare. Apre il barattolo e aspira. Ha una strana sensazione. Poi avvicina alle narici la bottiglietta di Habit Rouge e ritrova l'odore del mattino, manca solo la pelle d'uomo, la sua usura, le mani coperte di vene, le braccia pelose. Si sente in balia di un turbamento difficile, nel quale la voglia si mescola al disgusto. Si spruzza un po' di profumo sul polso per rendersene conto meglio. All'improvviso si blocca. Qualcuno ha appena bussato alla porta.

«Ehi! Charlotte e sua madre sono al mercato. Io vado al Super U. Ti serve qualcosa?»

In fretta e furia passa il polso sotto l'acqua e lo strofina con il sapone. Le è salito il sangue al viso e, per effetto del panico, sente la fronte inumidirsi e i capelli diventare elettrici.

«Hélène?» chiede la grossa voce dietro la porta.

Risponde che non le serve niente. Arriva subito.

«Ne hai ancora per molto?»
«No, no.»
«Ottimo, allora vieni con me.»
Sì, certo, va bene.
È così che si ritrova nella Mercedes, con l'aria condizionata a palla che fa venire la pelle d'oca. Ed è a quel punto che rifà la famosa domanda: «Che cos'è un quadro?»
Jean ride. Diciamo che è uno che ha il compito di «inquadrare» gli altri dipendenti, i suoi sottoposti, che preferirà chiamare collaboratori. Si tratta di responsabilità, di molte riunioni e di essere all'altezza.
«E tu, che cosa conti di fare nella vita?»
«Come indirizzo al liceo?»
«No. Dopo. L'università.»
Hélène non ci ha riflettuto sul serio. L'aria condizionata è decisamente troppo alta e lei sta a braccia conserte, stringe le cosce. Il padre di Charlotte tiene gli occhi fissi sulla strada.
«Non so ancora» risponde. «Forse legge.»
«Legge porta a tutto ma non serve a niente. Chiunque fa legge.»
Lei non capisce bene che intenda dire. A casa sua le strategie si limitano a poca cosa. Se sei brava a scuola, avrai successo nella vita. Se hai buoni voti, forse avrai il privilegio di «continuare dopo la maturità». E per sua madre, notaio, avvocato, sono carriere insuperabili, che fanno guadagnare bene e suscitano quel rispetto pieno di ammirazione che la gente comune deve alle persone remunerate con onorari.
Jean Brassard spazza via tutto questo con un tono di voce che equivale a uno sventolio della mano. Bisogna scegliere l'indirizzo giusto già al liceo. Una maturità in materie letterarie? Vietato. Finisci per fare l'insegnante. Dopo, bisogna evitare a tutti i costi l'università. È il modo migliore per non combinare un cazzo e perdere tre anni di vita nella massa degli indifferenziati.

«Mia sorella insegna inglese» spiega. «Ha ottenuto al primo colpo l'abilitazione per le scuole superiori e ha uno stipendio mica male, soprattutto in rapporto al numero di ore di lezione. Però. È sotto ansiolitici da due anni. Quest'anno un ragazzino le ha dato della puttana.»

Hélène ascolta buona buona quel discorso inconfutabile. Secondo il padre della sua amica bisogna innanzitutto scegliere gli indirizzi riservati a pochi, materie opzionali che fanno la differenza, e dopo la maturità classi preparatorie, corsi di eccellenza a numero chiuso.

«Dovresti scegliere greco e russo. Così sei sicura di ritrovarti con gente che sgobba. L'emulazione è importante.»

Poi, fra gli scaffali del Super U continua a spiegarle che cosa si deve fare e non fare, mentre lei spinge il carrello e lui lo riempie. Naturalmente la conversazione devia piuttosto in fretta sui suoi anni di gioventù. A volte Hélène sente il suo braccio contro il proprio e spera che sia un contatto accidentale, anche se non le dispiace del tutto. È cresciuto a Neufchâteau. Suo padre era ingegnere civile e suo nonno linguista, professore di liceo. A casa sua con lo studio non si scherzava. Non si scherzava granché in generale, peraltro. Classe preparatoria al Poincaré, a Nancy, poi è andato a Parigi. Come in quel romanzo di Barrès che ormai non legge più nessuno. Ha fatto legge, appunto, e poi per fortuna ha potuto iscriversi a Sciences Po, ma Sciences Po a Grenoble.

Per la verità Hélène è totalmente disorientata. Poincaré, ingegnere civile, linguista, Barrès, che cos'abbia Grenoble da invidiare a Parigi: le mancano tutti quei punti di riferimento. Ciò che scopre nel supermercato affollato di villeggianti con le infradito è una lingua nuova, con la sua curiosa sintassi che gerarchizza e mette ordine, la sua grammatica da bilancino del farmacista.

Dopo aver depositato la spesa nel baule dell'auto, Jean le chiede se vuole bere qualcosa. Hanno ancora un po' di tempo. Guarda l'orologio per accertarsene. Il cinturino di cuoio marrone dà alle sue mani un che di avventuroso, di pubblicitario. Hélène sa bene che la loro complicità non è del tutto opportuna, ma non può fare a meno di apprezzare quella bolla in cui lei occupa il posto migliore. Si dirigono verso il baretto dall'altra parte della strada, che dà le spalle a una distesa di erba riarsa dove pascolano gli animali esotici di un circo che ha appena piantato le tende. Il padre di Charlotte ordina Perrier con una fettina di limone ed entrambi si perdono nella contemplazione del traffico, senza più dirsi granché.

Sono lì, sotto un ombrellone Orangina, nel vortice della calura, sotto l'implacabile maglio del mezzogiorno e nella polvere sollevata dall'andirivieni delle auto. Non è più possibile niente. Hélène non osa più guardarlo. Ha l'impressione che lui aspetti qualcosa. E la faccenda va per le lunghe. Finalmente una nuvola passa davanti al sole enorme, veloce come un respiro. L'adolescente sente il corpo rilassarsi un po' e si accorge di avere la schiena bagnata.

«Ora saranno tornate dal mercato» dice il padre di Charlotte.

«Sì.»

«Andiamo?»

È già in piedi, con le chiavi dell'auto pronte. Hélène vuota il suo bicchiere, poi si alza anche lei e mentre attraversano la strada Jean la prende per mano. Il gesto dura una manciata di secondi, e lui ha la scusa della strada, del traffico sempre intensissimo in quel punto. Arrivati dall'altra parte, del resto, la lascia subito. Ma nella testa della ragazzina tutto si confonde, impossibile da identificare.

«Stai bene?» chiede lui.

Annuisce. All'improvviso vorrebbe che fosse dicembre, vorrebbe indossare un golf e scarpe pesanti, ma il sole è proprio allo zenit, nel giorno più luminoso del mese più caldo. Fa un sorriso stentato e sale sulla grossa berlina nera.

Sulla via del ritorno ascoltano il notiziario. Michel Rocard, la patente a punti, e quei nomi che tornano di continuo e si mescolano fra loro: Serbia, Bosnia, Montenegro, tutte cose di cui non frega niente a nessuno dei due. Il padre di Charlotte cambia stazione e sceglie France Musique, che trasmette musica religiosa. Con le mani incrociate sulle ginocchia, Hélène si fissa i piedi mentre voci sepolcrali invadono l'abitacolo refrigerato dall'aria condizionata.

Il resto della vacanza si svolge fra il piacere dei bagni in mare, la ripetitività dei giorni e la crescente malinconia di ciò che sta per finire.

Ormai Hélène evita Jean, che palesemente non gradisce quel nuovo comportamento. La ragazzina è sempre in preda a uno sgradevole senso di colpa. Teme che lui la metta con le spalle al muro e parli chiaro. Le tornano in mente di continuo due parole: «Piccola tiracazzi.» Eppure non ha fatto niente. O ha accettato senza reagire. Non avendo nessuno con cui parlarne, tutto questo le gira nella testa senza sosta provocando scoppi di rabbia e rigurgiti di colpevolezza.

Per fortuna lei e Charlotte scappano non appena possibile e ogni giorno ritrovano in spiaggia il loro gruppetto. Le giornate passano così, a giocare a racchettoni, fare il bagno e ridere molto, in una sorta di ebbrezza senza capo né coda. Di tanto in tanto arriva con il suo mazzo di tarocchi Angélique, una parigina alta del sedicesimo *arrondissement*, dai capelli cortissimi, e legge loro il futuro. Molto spesso non si prendono neanche la briga di mangiare. Le sigarette hanno sostituito il cibo e Boris, il piccoletto in polo bianca, continua a cercare di rimorchiare Hélène, senza perseveranza né malizia, e Hélène lo trova riposante e lusinghiero.

Lei e Charlotte se ne stanno a discorrere per ore in disparte, sdraiate sull'asciugamano, abbronzandosi la pancia e poi la schiena. Charlotte ha appena finito *Christiane F. Noi, i ragazzi dello zoo di Berlino* e non riesce ancora a capacitarsi. Per Hélène, invece, esiste solo *Bella del Signore*. In realtà non l'ha letto sul serio, ma adora l'idea. La prof di francese gliene aveva parlato durante l'anno scolastico chiarendo subito che non era adatto alla loro età, troppo difficile, lungo, sperimentale. Era bastato questo per farglielo prendere in prestito in biblioteca. Dopo un po' l'aveva mollato, certe pagine erano proprio incomprensibili, ma sono cose così belle la passione, la crudeltà. Ormai, nella sua mente, l'amore è strettamente legato alla morte. Il che non la incoraggia a fare il grande passo.

L'ultimo venerdì delle vacanze le ragazze tornano più tardi del solito e trovano i genitori di Charlotte spaparanzati in salotto. Sul tavolino basso, una bottiglia di bianco è già vuota.

«Allora, dov'eravate finite?» chiede Nicole, con lo sguardo leggermente alla deriva, e un gran sorriso.

Ci sono anche acciughe e trigliette, pomodori ciliegini, pane a fette e burro salato. Charlotte si siede sul tappeto a gambe incrociate e comincia a prepararsi una tartina.

«Non ci siamo rese conto dell'ora» dice, prima di affondare i denti nel pane imburrato.

«Ne volete?» chiede il padre impugnando la bottiglia di Viognier.

Le due amiche si guardano, con un sorrisetto. Nicole fa finta di opporsi, ma sostanzialmente se ne frega.

A casa sua, a Épinal, nel suo ambiente, fra i suoi libri e le sue piante, la madre di Charlotte assomiglia alle donne che pubblicizzano le creme antirughe, chic e in buona salute, appena sopra i cinquanta in sfumato, bracciali rigidi d'oro ai polsi, aria da eterne liceali. Ma durante le vacanze Hélène ha visto incrinarsi la vernice. Più volte, dopo cena, Nicole ha buttato giù bicchieri di bianco a raffica ed è stato necessario aiutarla a raggiungere la camera da letto. Il giorno dopo aveva una faccia da far spavento e occhiaie fino alle ginocchia. Ma soprattutto, Hélène ha sorpreso la sua espressione quando ascolta le sparate del marito, le teorie che ha su qualunque cosa, le sue barzellette, sempre le stesse da venticinque anni. Allora le passa sul viso come un acquazzone, che lascia solo un paesaggio amaro e piatto. Da due giorni non si prende neanche la briga di andare in spiaggia. È rimasta con i suoi libri bianchi e gialli, le sue Marlboro, sdraiata sul divano a leggere e ascoltare musica.

«Cos'ha tua madre?»

«Niente, le piace starsene tranquilla.»

Né il marito né la figlia mettono bocca. Hélène ha frugato tra i libri con cui passa le giornate, storie di donne, di madri e di infelicità, solo romanzi, perlopiù francesi. Pensa che non sia poi tanto spiacevole essere così, triste e ricca sul divano, a leggere storie che ti valorizzano.

Intanto il padre insiste.

«Comunque, stasera non si cucina.»

«Magari prima ci facciamo una doccia.»

«Sì, andate a lavarvi. Intanto apriamo una bottiglia.»

Le due amiche si precipitano di sopra, Charlotte davanti, che già si spoglia in corridoio per usare il bagno per prima.

Hélène è tutta eccitata. Ha voglia di festeggiare e bere vino, anche se teme un po' la presenza del padre.

«Sbrigati, eh!» grida all'amica attraverso la porta.

Poi va in camera e si butta sul letto. Guarda il soffitto, ascolta i rumori della doccia dall'altra parte del corridoio, si gira sulla pancia, gambe piegate, respira l'odore acidulo delle lenzuola che non sono state cambiate da quando è arrivata. Sotto il letto di Charlotte intravede un borsone aperto e alcuni libri. Si alza per guardare che cosa si è portata dietro l'amica. E trova una grossa agenda ad anelli Creeks con la copertina morbida. L'angolino inferiore di ogni pagina utilizzata è stato strappato lungo la linea perforata. Hélène scorre quella curiosa efemeride e non crede ai propri occhi. All'improvviso ha un tuffo al cuore.

14 aprile: «Ieri è venuto Christophe. Lo abbiamo fatto di nuovo nel mio letto. *Gnam gnam!* Penso a lui di continuo. Abbiamo guardato *L'attimo fuggente* approfittando del fatto che la mamma non c'era. Credo che gli sia piaciuto. La cassetta comincia a essere consumata. Gli ho detto che alla sua partita avrei portato le stesse mutandine. Ha riso. Lo amo troppo. In compenso, ero in ritardissimo per il compito di matematica. Sono stanca morta e felice.»

Hélène sfoglia ancora. Le pagine sono piene di parole ampie e tonde, di punti esclamativi. Coglie una frase qui, una là. Si cerca, ma quasi non compare.

19 marzo: «Oggi posso dire di sentirmi davvero bene nella mia pelle. Non ho più voglia di essere un'altra persona. Ho meno voglia di essere sempre la migliore e mi chiedo di meno come mi trovano gli altri. Devo dire che Christophe continua a farmi complimenti. Mi sento allegra. L'unica rottura è il segreto. E la sua puttana.»

Sotto, a pennarello rosso, una strofa di *Let's Talk About Sex* delle Salt-n-Pepa, e un cuore blu dai contorni spessi.

In bagno il rumore dell'acqua è cessato e Hélène tenta di tornare in sé, ma il diario della sua amica è irresistibile. Come se fosse un sacchetto di caramelle a cui dai fondo quando ti viene un attacco di fame giurandoti che ognuna sarà l'ultima, sfoglia ancora, un'altra pagina, solo una. Le si è appena spalancato davanti un mondo, così lussureggiante nella sua atrocità da giungla, nella sua bellezza da palude, che le gira la testa. Si sente tutta strana, un po' umida, eccitata e persa. All'improvviso ridacchia. Su un'intera pagina campeggia un'unica frase: «Christophe stronzo!» A pennarello, e in tre colori, ha il merito di essere chiara.

Un po' dopo, un giorno di maggio: «Decisione definitiva: smettere di vederlo. Esprimere i miei sentimenti. Pensare a me. Avere una vita sessuale e amorosa REALIZZATA. Dire quello che penso, anche se rischia di ferire.» E sotto: «Pensare al compleanno di Hélène. Idea: il braccialetto di L'Oiseau bleu (caro) o dei cioccolatini (basico) o prenderle la videocassetta di *Rain Man* (Tom Cruise – cuore).»

Dall'altra parte del corridoio si è appena aperta la porta del bagno. Hélène si affretta a riporre l'agenda, e in ginocchio sul pavimento la infila nel borsone dove l'ha trovata.

«Tocca a te.»

Charlotte è appena entrata in camera, accompagnata da quel buon odore di bagnodoccia e di capelli puliti. Finisce di asciugarsi sulla soglia, con il petto avvolto in un lungo telo rosa, a piedi nudi e mai più innocente. Hélène la guarda con un curioso senso di ammirazione e di stizza.

«Sbrigati» dice l'amica, che si è già seduta sul letto per infilarsi le mutandine.

«Vado» dice Hélène.

«Tutto bene?»

«Sì, sì.»

Hèlène non è brava a mentire. È subito a disagio, lo sguardo sfuggente. Si affretta a uscire dalla stanza prima che un'altra domanda la metta in pericolo. Sotto la doccia lascia che l'acqua bollente le cada sui capelli incrostati di sale. Le idee le girano in testa a una velocità folle. Ce l'ha con se stessa per non aver visto niente, per essere stata così ingenua. Ce l'ha con Charlotte. Ma a dominarla è una divorante curiosità. Deve trovare il modo di leggere ancora.

«Allora, ragazze! Arrivate o finiamo la bottiglia?»

Quella sera ne vengono stappate altre tre. Ben presto il piccolo soggiorno assume un aspetto ovattato e indistinto, e i genitori di Charlotte si lasciano andare, maligni e fascinosi, accumulando gli aneddoti e i diktat. Sopra il tavolino in disordine si scambiano dei «ti ricordi» e dei «questo mi ricorda». Va detto che, grazie al vino, si sono trovati un pubblico più che acquiescente. Hélène ride troppo e si ingozza altrettanto di tartine alla pasta d'acciughe e pomodori ciliegini, di cubetti di formaggio e di pane imburrato. Charlotte non è da meno. Punzecchia suo padre, riempie i bicchieri, gratifica Hélène con alzate di sopracciglia conniventi. Quando è ormai tardissimo, Nicole decide di mettere un po' di musica. Accenna persino a un ballo, poi arriva la botta di stanchezza. Verso l'una del mattino dà lo stop e, dopo qualche protesta, le ragazze salgono a lavarsi i denti e andare a letto. Charlotte, ancora più cotta della sua amica, vorrebbe chiacchierare ancora, e soffoca qualche risata nel cuscino prima di addormentarsi come un sasso.

Nella piccola casa delle vacanze chiusa fra altre due, con i muri bianchi e le imposte azzurre, è tornata una tranquillità assoluta. Sotto la porta, Hélène vede accendersi e spegnersi la luce del corridoio. Riconosce il passo della madre, poi il respiro più forte di Jean, il suo peso che fa scricchiolare il pavimento. Infine il silenzio. Il sonno le piomba addosso due minuti dopo con la velocità di un'anestesia generale.

Ma verso le tre si sveglia con la bocca secca e l'impressione di aver dormito solo dieci minuti. Per un momento resta immobile, esitando fra l'indolenza e la voglia di fare pipì, poi scende dal letto. In piedi è ancora peggio. Il sangue pulsa sotto il cuoio capelluto, le fa male il cervello e, sulla lingua, quel sapore ripugnante di qualcosa di morto. Lì vicino, Charlotte quasi russa, da vero mammifero, grosso animale totalmente abbandonato a un enorme bisogno di riposo. Hélène si avvicina e bisbiglia: «Ehi? Dormi?»

E chinandosi di più riconosce il profumo dei capelli della sua amica misto all'alito macerato e dolciastro del sonno da alcol. E quel calore da forno che le sale al viso.

«Ehi» ripete.

Poiché Charlotte continua a non risponderle, Hélène si inginocchia e le tocca una coscia attraverso il lenzuolo.

Niente. Allora si sdraia a pancia in giù sul pavimento e cerca l'agenda sotto il letto. Può sentire il cuore battere contro il parquet. La vescica continua a torturarla e, sotto le dita che frugano, solo stoffa, polvere, schifezze impossibili da definire. Eccola, finalmente! Afferra l'agenda, si raddrizza, se la infila sotto l'elastico dei calzoncini ed esce in punta di piedi. Scende la scala senza far rumore, al tempo stesso attenta e frettolosa, e va a chiudersi nel bagno al pianterreno prendendo la precauzione di mettere il chiavistello. Allora accende le applique e, al sicuro, finalmente, si siede per leggere il diario della sua migliore amica e fare una lunga pipì.

«Tonsillite. Ho guardato *Les parapluies de Cherbourg*. Bello ma deprimente.»

«(In inchiostro rosso) Non piangere! Guardami. D'amore si muore solo al cinema.»

«Penso a Christophe. Il suo corpo fantastico mi fa impazzire.»

«La mamma mi ha chiesto di riordinare la stanza anche se avevo la febbre ed ero tutta indolenzita. Era una delle sue giornate no che mi fanno tanta tristezza. Per fortuna domani vedo Christophe. A volte ho talmente voglia che mi vengono i brividi.»

Più avanti: «Mi sto facendo scaricare, mi sa. Christophe è superdistante, passa tutto il tempo allo stadio del ghiaccio o con la sua troietta. Questa notte ho pianto, e di nuovo stamattina alzandomi. Mi sento così spompata (spompata in maiuscolo e in grassetto). Sono stufa. Hélène ha preso in prestito il mio golf Lacoste rosso. Mi prende continuamente delle cose, e non oso dirle di no.»

Hélène torna indietro. Cerca quando tutto è cominciato. A dicembre, il 7, questa pagina: «A mezzogiorno ero da sola nell'atrio della scuola, e Christophe Marchal mi guardava negli occhi. Non sapevo più dove cazzo andare. Ci siamo incontrati altre tre volte. Hélène mi dice che deliro.

Di sicuro ha ragione. Comunque, ci penserò da sola nel mio letto.»

Più avanti: «Ho asfissiato la mamma e finalmente sono riuscita a convincerla a comprarmi le Dr. Martens. Dopo tre settimane! In compenso non vuole che Hélène venga a dormire il prossimo weekend perché è già venuta il 6 dicembre. Che palle.»

Passano i minuti e Hélène ricostruisce tutta la storia, pezzo per pezzo. Christophe girava intorno alla sua amica, e lei non se n'è mai resa conto. Poi, un giorno, è riuscito ad andare a casa sua. Eppure Charlotte sapeva che lui usciva con quella schifosa punk, Charlie, ma ha accettato senza protestare. Probabilmente si sentiva lusingata. E ne aveva voglia. Hélène stessa si sente tutta strana leggendo quelle pagine in cui i fatti si squadernano espliciti. L'agenda è piena di frasi brevi che sono come detonatori. «Ha cercato di entrare, ma mi faceva male e ho detto di no», «Il suo corpo è troppo bello». La parola «sega» ripetuta dieci volte tutto intorno a una pagina, come una ghirlanda, con cuori e cazzetti in miniatura a pennarello. Coniugazioni di verbi forti inglesi, una foto di Jim Morrison, il titolo dell'album dei Suprême Ntm, *Paris sous les bombes*. «*Les dessous chics, c'est une jarretelle qui claque*» di Jane Birkin. A partire dalla fine di dicembre, una frase che ritorna spesso: «Ho voglia di scopare.» Papale papale.

A volte si accenna a un dramma, un litigio, la fine del mondo. È troppo cretino. Non capisce niente. Lui sta per mollarla. La sua puttana lo manipola. E poi le vittorie a hockey, ritagli di giornale con i risultati e le foto in bianco e nero, i consigli di *Cosmopolitan* per avere un orgasmo facendo l'amore, passi che riguardano direttamente Hélène, la migliore amica che Charlotte adora e denigra, a seconda dei momenti, con cui vorrebbe tanto parlare di tutto questo, ma ha promesso a Christophe. Allora tace, è il suo segreto, la sua grande meraviglia, il cuore vibrante dei quindici anni. Ovunque esplodono la voglia, la mancanza, lo studio che ostacola, i genitori insopportabili, dei cuori, dei *ti amo*, dei *piango*, *sono stufa marcia*, e *la sua puttana*, e l'orgoglio delle partite vinte, in lettere maiuscole e punti esclamativi. Ma soprattutto i dettagli del suo cazzo, del suo ventre, delle sue cosce, i palpeggiamenti, il sesso che non dura abbastanza, perché lui non ha mai tempo, deve sempre andare all'allenamento, o vedere quell'altra. Oppure è maldestro.

Con gli avambracci appoggiati sulle cosce, la testa ronzante, Hélène divora quella cronaca piena di colori. Stropiccia le pagine, torna indietro. La sua amica è lì, riconoscibile in ogni riga e al tempo stesso orribilmente nuova. Hélène ce l'ha con lei, e la invidia. Le sembra che, dai e dai, siano le sue mani e la sua bocca con Christophe, che quella storia dovrebbe essere la sua.

Ma un prosaico *toc toc* interrompe la magia. Qualcuno ha bussato alla porta, la ragazzina torna subito in sé e, con l'agenda stretta al petto, aspetta trattenendo il fiato.

«Tutto bene?» mormora una voce morbida oltre la porta.

Hélène si tira su i calzoncini e infila l'agenda dietro la schiena.

«Sono io» bisbiglia ancora la voce che lei non riconosce.

«Occupato» risponde.

«Hélène?» aggiunge la voce.

La voce di un uomo, bassissima.

La maniglia gira a vuoto e, dal rumore che fa la porta contro lo stipite, Hélène intuisce la spinta di una spalla. Tutto è rimasto sotto il livello di un mormorio. Ma lui è lì, con la sua forza, il suo peso, le sue possibilità di proprietario.

Hélène guarda verso la piccola finestra. Ma mica vorrà ritrovarsi a correre per strada come una scema nel cuore della notte...

La maniglia gira di nuovo, il parquet scricchiola, poi lei sente allontanarsi la sua greve presenza. Dopo un momento azzarda due passi verso il lavabo e spegne le applique. Il corridoio è immerso nel buio. Nessun rumore. Passa ancora qualche secondo, sovrabbondante e speculativo, e la ragazzina sente passare qualcosa alle sue spalle. Si preme entrambe le mani sulla bocca per trattenere un grido, si gira di colpo, con un brivido, ma dietro trova solo il buio e il silenzio. Allora pensa ai suoi genitori. Allora pensa ai suoi genitori, le sembrano lontani e di colpo si sente piccolissima. Forse crescere è proprio questo, scoprire che sei solo una bambina e che il mondo è un rischio terribile da correre. Poi passa un minuto, che ha l'ampiezza di un'ora. Immobile, Hélène si tranquillizza a poco a poco. Osa persino bere dal rubinetto, al buio, e il fresco dell'acqua le fa davvero bene.

Nella casa diventata estranea origlia ogni rumore, cerca il minimo segno di una presenza. Ma non c'è niente, solo lei e la sua fifa che comincia ad attenuarsi. A quel punto toglie il chiavistello, osa timidamente un passo in corridoio e in fin dei conti si sente stupida, che cosa s'immaginava? E con il suo trotto da topino torna in fretta di sopra, testa incassata nelle spalle, e minuscola nella notte. Apre la porta della camera, che lancia il suo diagonale cigolio traditore, poi si precipita nel letto, tirandosi subito il lenzuolo fin sopra la testa. Lì può finalmente riprendere fiato, nella sua bolla, sotto la sua tenda. Allora nella parete risuona uno scricchiolio, che sale fin nell'armatura della casa, come se la stanza intorno si stirasse per un crampo. Sobbalza, e ridacchia della propria vigliaccheria.

La porta della camera si socchiude, pian piano.

La paura le piomba addosso di nuovo, come una doccia di cemento. Ad appena due metri indovina quel corpo adulto, la sua forza e il suo sguardo. Le batte il cuore così forte che quasi lo sente. L'adolescente stringe a sé la terribile agenda, pregando e chiedendo perdono, automaticamente, e facendo tutte le promesse possibili. Alla fine la porta si richiude e resta solo una vertigine, il fiato corto, un ronzio fra le tempie. Allora piange un po' nel cuscino, di sollievo, con l'agenda sul petto.

Il giorno dopo nessuno dice niente. Hélène infila l'agenda nella borsa di Charlotte, poi fa colazione con tutta la famiglia, piuttosto rintronata. Ci sono cornetti e pane fresco, il caffè ha lo stesso sapore dei giorni precedenti. Lei, però, si è seduta all'altro capo del tavolo, lontano dal padre della sua amica.

9

Christophe aveva lavorato tanto.

Percorrendo meno di cento chilometri era riuscito a far visita a tre allevatori, due dei quali erano potenziali nuovi clienti che avevano accettato di firmare un contratto di esclusiva. Cosa tutt'altro che scontata visti gli omaggi offerti, un giubbotto CaniGood e delle ciotole di plastica. Altri due così e avrebbe raggiunto l'obiettivo qualità per quell'anno. Ma il suo problema restava sempre lo stesso, l'obiettivo quantità negli alimenti per gatti. Più quindici per cento: in sede davano davvero i numeri. Su questo tutti i rappresentanti concordavano. Quella percentuale sembrava addirittura uno stratagemma per impedirgli di ottenere il bonus che, a ben guardare, equivaleva a tre mensilità supplementari. I delegati del personale avevano riportato in comitato aziendale il malcontento delle truppe. Risultato, una nota di servizio aveva ribadito l'obiettivo, assicurando che era perfettamente raggiungibile, e aveva annunciato il lancio di una campagna pubblicitaria ad hoc per le settimane successive. Restavano due mesi per realizzare il fatturato che ci si attendeva e il direttore vendite, Serge Pelekian, era fiducioso.

«Figurati, ci fotteranno di nuovo come l'anno scorso.»

«Sì, metà di noi non ce l'aveva fatta. Ci pigliano per il culo.»

«E tu che ne pensi?»

«Be', sì» rispondeva Christophe, più che altro per cortesia.

Davanti alla macchina del caffè, nei magazzini e via sms il mugugno montava e alcuni arrivavano addirittura a prospettare blocchi, scioperi bianchi, fare un po' di casino. Quanto a Christophe, si limitava a seguire l'onda, con la mente altrove. In ogni modo, alla fine riusciva sempre a spuntarla.

CaniGood aveva sul territorio francese due fabbriche, un effettivo di circa duecento rappresentanti e una decina di centri di distribuzione. Era lì che s'incontravano gli itineranti, con le loro station-wagon bianche, il loro buonumore spontaneo, la loro pancia di uomini che mangiano troppo spesso al ristorante. Le donne erano abbastanza rare in quel settore, da CaniGood ce n'era solo una, e nessuno aveva più di cinquant'anni. S'incrociavano senza essersi dati appuntamento, passavano negli uffici a fare un salutino, caricavano i prodotti e gli omaggi promozionali di cui avevano bisogno, poi scambiavano qualche parola in un angolo, vicino all'area di carico, fumando in circolo sigarette vere o elettroniche, con una mano in tasca, l'aria rilassata e sicura di sé, in jeans e camicia, a volte in giacca e cravatta, ma solo eccezionalmente. Si approfittava di quegli incontri non pianificati per scambiarsi notizie, la famiglia, le vacanze future, per condividere buone dritte, un ristorante per camionisti di cui si consigliava maiale e lenticchie, e soprattutto per lamentarsi: delle condizioni di lavoro, dei clienti, degli obiettivi, dei dirigenti, degli azionisti che, a Miami, se ne fregavano alla grande mentre lì ti sobbarcavi come niente giri di duecentocinquanta chilometri al giorno.

Per di più, dopo l'accorpamento delle regioni la sede aveva deciso di riorganizzare i parametri operativi. Invece di coprire due dipartimenti, fra poco un rappresentante avrebbe dovuto beccarsene quattro. Dietro quelle formule identiche, riorganizzazione dei parametri, messa in comune degli effettivi, ridimensionamento dei settori di competenza, CaniGood cercava sempre e solo di ricavare margini supplementari, proprio mentre il business non cresceva più. I dipendenti se ne lamentavano all'infinito, sottovoce, mescolando nei discorsi le parole della gerarchia con le idee che cercavano di danneggiarla. Si difendevano così, con il loro linguaggio impotente e schizofrenico, senza capire che in un mercato maturo costituivano ormai l'unico margine ancora comprimibile, l'unica materia prima il cui corso poteva modificarsi al ribasso, un costo destinato all'erosione. Quindi avrebbero fatto sempre più chilometri, avrebbero sgobbato di più per soddisfare obiettivi sempre meno realistici, avrebbero visto le loro piccole prerogative scomparire a una a una in nome della giustizia e dell'eguaglianza, si sarebbero lasciati intrappolare sempre più in quel curioso meccanismo per cui ogni passo avanti si traduceva in un passo indietro, ogni novità creava rapporti sempre più arcaici, e i guadagni futuri potevano subire solo strette più drastiche.

Però, insomma, non tutto era così nero e per Christophe era stata una buona giornata. Dopo la visita ai tre allevatori aveva anche trovato il tempo di passare al Gamm Vert di Corcieux per lanciare la campagna speciale dell'ultimo trimestre. La ragazza del negozio era simpatica, gli aveva offerto un caffè e dato una mano a sistemare i cartelli pubblicitari. Alle quattro aveva fatto una puntata lampo allo studio del dottor Désirant, un veterinario di Vittel a cui aveva promesso dei biglietti per l'hockey. In fin dei conti i veterinari, essendo in grado di spacciare per terapia una qualunque crocchetta, erano ancora i suoi migliori *influencer*. Era grazie a loro che Christophe cominciava a ottenere buoni risultati con la gamma CaniHealth, un misto di vitamine, verdure e carne di pollo *best quality* che avrebbe dovuto mantenere in forma gli animali, e in particolare risolvere i loro problemi renali. In quel segmento, negli ultimi diciotto mesi si registrava un aumento del quindici per cento delle vendite, anche se i prodotti erano il venti per cento più cari. A dimostrazione che si poteva ancora sperare in un po' di nuovi profitti, a condizione di non essere troppo pignoli sugli argomentari di vendita. Un giorno, di sicuro, gli ultimi percentili sarebbero stati rosicchiati vendendo la promessa di un mondo in decrescita.

Comunque Christophe era potuto andare a Épinal, al suo primo appuntamento con Hélène, forte della sensazione di aver compiuto il proprio dovere.

Recentemente si erano scritti molto, scambiandosi soprattutto ricordi, condividendo l'immagine che un tempo avevano l'uno dell'altra. Il passato era la loro occasione. Hélène aveva giovato al suo ego. Poi si erano raccontati la loro vita attuale, all'inizio dandone un quadro piuttosto roseo, per poi permettersi confidenze più veritiere. Ammetterlo costava, alle soglie della quarantina, ma bisognava pur riconoscere che il futuro non gli apparteneva più completamente e che il tempo aveva il suo peso. Senza scendere troppo nei particolari, si erano furtivamente mostrati le ferite, le banali ecchimosi e i brutti colpi che figurano in quasi tutti i bilanci. Il lavoro, i genitori, i figli, l'amore, quel casino intimo che non funziona mai bene per nessuno. E poi, dato che Christophe non si decideva, Hélène aveva preso l'iniziativa di organizzare un incontro. Gli aveva lasciato la scelta del luogo, ma fissando alcuni paletti. Ovviamente vedersi a Nancy era escluso, e insisteva perché si incontrassero in un posto tranquillo, al riparo da sguardi indiscreti, dove non rischiassero di imbattersi in un conoscente.

Nei loro scambi di messaggi non si era parlato della situazione coniugale di Hélène, ma la sua pagina Instagram non lasciava dubbi. Numerose foto la mostravano in vacanza, in Dordogna o in Vietnam, sempre con lo stesso uomo. Un tipo piuttosto robusto, bruno, capelli ricci, non spiacevole ma con occhi beffardi. Vi si vedevano anche due bambine, di cui si poteva constatare la crescita nel corso del tempo. Altre immagini offrivano scorci di architettura, piatti gourmet, un po' di street art, grandi specchi in cornici dorate, un buon numero di amici intercambiabili e alcune fuggevoli manifestazioni di indignazione. Per dirla tutta, Christophe si era soffermato non poco su una foto di lei in costume da bagno. Sembrava che Hélène avesse belle gambe e un bel culo. Aveva cominciato a piacergli molto.

Perciò stava andando al Casque d'Or, un baretto all'ombra della basilica di Épinal, che puzzava un po' di unto ma dove una birra piccola restava sotto il limite fatidico dei due euro. Non era un posto elegantissimo, ma rispondeva alle esigenze di Hélène, e Christophe era un cliente abituale. Del resto, ritrovò con soddisfazione il ben noto ambiente, pavimento a mosaico e tavoli di formica, l'enorme macchina del caffè e le bottiglie di alcolici a testa in giù, senza dimenticare, davanti all'ampio specchio, la classica sfilza di sciroppi Monin che creavano una specie di organo di colori.

Scelse un tavolo in fondo. Era lì che in genere andava a redigere le note spese e i resoconti delle visite ai clienti. La Joss, donnone coriaceo la cui voce ogni tanto ricordava quella di Claudia Cardinale, gli lanciò il solito «Cosa le porto?» e Christophe ordinò un caffè e un bicchiere d'acqua.

Era lei a far palpitare la carcassa mezza morta di quel bar decaduto, con il suo instancabile zelo, la costante preoccupazione per l'igiene (che spiegava il lieve odore di candeggina e le incessanti passate di spugna), esercitando un'autorità indiscussa anche sulle sue pecorelle, soprattutto vecchi di cui sorvegliava le consumazioni e le assunzioni di medicine, qualche giurista che arrivava dal vicino palazzo di giustizia a farsi un bicchierino di soppiatto, venditori ambulanti il giorno di mercato, postini assetati e, ovvio, autentici ubriaconi, relitti tormentati che sapevano di potervi trovare rifugio nelle giornate sbriciolate dalla sete.

Con i gomiti sul bancone, o defilati a un tavolino, questi ultimi ordinavano bevande dai riflessi dorati, vini quasi rosa, vuotavano in fretta un paio di bicchieri, con la giacca stropicciata e la pelle lucida. Li si guardava come quelle creature commoventi e spettrali nei grandi acquari dei musei oceanografici. Di tanto in tanto uno sgabello restava libero per qualche giorno. Un cliente abituale era venuto a mancare.

Christophe frequentava il posto ormai da anni, e sempre da solo. Appena prima della nascita di Gabriel aveva scoperto quel rifugio, che in fondo aveva svolto la funzione di un ventre mentre Charlie portava avanti la gravidanza. Mille volte avrebbe voluto andarci insieme a lui. Christophe aveva tenuto duro.

Era strano, a ripensarci. Di quella ragazza si era innamorato follemente fin da subito, un amore infantile, che lo monopolizzava e lo rincretiniva. E si era sbattuto così tanto per averla. Va detto che Charlie era più grande di lui e sembrava appartenere a un mondo del tutto estraneo. Già a quindici anni non si perdeva un concerto e girava con una banda di strani outsider che comprendeva skin e punk, tutti anarcoidi con giubbotti di pelle e bomber, accomunati dal fatto di ascoltare lo stesso rock schifoso. Fumava già in seconda media e in cortile leggeva libri della collana 10/18 scritti da americani sballati. E mentre la maggior parte dei coetanei doveva combattere per ottenere il permesso di tornare a casa a mezzanotte, lei aveva già l'abitudine di girare per i locali e dormiva fuori quando le pareva.

Tra i quattordici e i venticinque anni si erano frequentati a tratti, a periodi, ma comunque tutti li consideravano una coppia. Lei abitava in una delle casette di rue du Saultle-Cerf, con nonni che non rompevano le palle e passavano il tempo a giocare ai tarocchi dai vicini. C'erano stati i pomeriggi nella sua stanza sotto i tetti, le prime scopate davvero senza freni, lo stupore di ciò che si poteva fare, il corpo altrui nuovo come una Playstation sotto l'albero di Natale, a leccarsi da capo a piedi, il sudore, gli umori, le lenzuola zuppe da torcere, tienimi, mordimi, non mi lasciare. Poi, dopo due ore di pazzia ininterrotta si ritrovavano sorpresi, in un bagno di sudore e con gli occhi fissi sul soffitto, lei che fumava una sigaretta e lui che chiedeva «Tutto bene?». Certo che andava tutto bene, e ricominciavano finché non sentivano aprirsi la porta al pianterreno, giusto il tempo di rivestirsi, appiccicosi e salati, e accendere la tivù con aria innocente. Non siete neanche usciti con questo bel tempo, diceva la nonna, volete la merenda? Sì, morivano di fame, e in cucina si rimpinzavano di merendine industriali scambiandosi sguardi pieni di scintille.

Tutto considerato, probabilmente passavano più tempo a complicarsi la vita che a scopare. Lui aveva gli allenamenti, lei gli amici che non voleva presentargli, tutti tizi maggiorenni che guidavano macchine scassate e la portavano a concerti in buchi sperduti dei Vosgi o della Haute-Saône, a strane feste nei capannoni o sotto un ponte. Le aveva persino trovato dell'ecstasy nella tasca dei jeans. Una volta, durante uno stage di hockey a Praga, Christophe era andato a puttane con altri giocatori e ovviamente Charlie l'aveva saputo. Per rappresaglia gli aveva dato una testata e non gli aveva più rivolto la parola per due mesi.

Ma a distinguere Charlie a quell'epoca erano soprattutto i magoni, la noia, il malumore sempre in agguato. C'era, in quella ragazza, qualcosa di oscuro che divorava tutta la luce intorno.

«Che si fa?»

«Non so. Tu cosa vuoi fare?»

«Niente.»

E poi, dopo dieci minuti di silenzio e di sospiri, mentre lei fingeva di riordinare la sua camera, gli chiedeva di togliersi dai piedi. Lui prendeva lo scooter e tornava a casa immusonito, sapendo benissimo cosa sarebbe successo dopo. Lei avrebbe chiamato la sua grande amica del bistrot, Natacha, per combinare chissà che con gli altri figli di puttana, il Keuss, Karim, il piccolo Thierry, quei tizi disoccupati e perennemente strafatti che dispensavano tutto il santo giorno la loro squallida saggezza da perdenti che non sanno di esserlo. Christophe se li immaginava in una Renault 5 sul ciglio di una strada dipartimentale, a fumare canne, ilari nella promiscuità del loro acquario. Forse addirittura pomiciavano, o peggio.

All'epoca Christophe aveva anche una storia con la piccola Charlotte Brassard, così carina e perbenino, in confronto. Lei lo venerava, e la sua totale disponibilità compensava le volte che Charlie lo snobbava. A posteriori si diceva di aver vissuto una strana gioventù, che assomigliava ai paesaggi visti dal treno, quei panorami travolti dalla velocità di cui non resta impresso niente. In ogni caso, il primo posto spettava all'hockey.

Dopo la maturità, che aveva comunque passato al primo colpo, Charlie se n'era andata a Digione, dove viveva suo padre, a fare sociologia. Christophe aveva ripetuto l'anno e si erano rivisti solo per caso, spesso durante le vacanze, quando lei tornava da quelle parti per andare a trovare i nonni. Allora si fermavano sul marciapiede, o fra gli scaffali del Monoprix, in grande imbarazzo. Come va? Alla grande. Che fai?

Incontri che, ogni volta, lasciavano Christophe in uno stato di indefinibile disagio. Ciò che in lei restava dell'adolescente di un tempo lo irritava, i suoi occhi come ciottoli in fondo al fiume, la pelle perfetta, di un pallore quasi giallo, quel suo lato incoerente e malizioso, i seni piccoli sotto la maglietta, in genere senza reggiseno. Ma ciò che era cambiato lo feriva ancora di più, i tacchi alti invece delle Converse, i gioielli, l'affabilità cortese che aveva spianato quella ruga tremenda fra le sopracciglia, la sua aria da donna, cioè da adulta più o meno riconciliata con lo stato delle cose. Ogni volta veniva a sapere un po' di più sul suo percorso. Aveva continuato gli studi, si era bloccata, aveva lavorato qua e là, poi aveva ricominciato in una scuola di grafica, come tanti. Quando si separavano, Christophe doveva mettercela tutta per non voltarsi a guardarle il culo.

E poi, un bel giorno, era tornata ad abitare a Cornécourt per stare vicina alla nonna, che non ringiovaniva di certo. Allora le cose erano andate nel modo più semplice possibile. Non avevano ancora trent'anni, carriere appena avviate, pochi soldi, ognuno con il proprio stipendio e il proprio appartamento, una vita che sembrava libera. Erano andati al ristorante e al cinema, avevano fatto l'amore e trovato nella presenza dell'altro un possibile conforto, che non aveva bisogno di parole, in cui i momenti si susseguivano senza intoppi. Bastava un veloce colpo di telefono a fine giornata per decidere di passare la serata insieme, oppure no. Spesso la serata consisteva nel mangiare lasagne o un'insalata mista davanti alla tivù. Guardavano *Csi* e *Incredibili viaggi in treno*. Quando l'auto di Charlie era in panne, era lui a darle uno strappo. D'inverno facevano giri in ciaspole sui Vosgi, mangiavano *tofaille* in ristoranti di montagna da cui si usciva rossi e mezzi ubriachi. La terrazza di Charlie si affacciava sulla Mosella e ci invitavano gli amici, quando finiva la bella stagione mangiavano crostate di prugne, d'inverno giocavano a *Crash Bandicoot* su una vecchia console che Christophe aveva recuperato a casa di suo padre. Charlie lo ascoltava raccontare le sue giornate di lavoro al garage Renault vicino al parco delle esposizioni, poi le sue grane con il personale dell'Hotel Campanile, dove aveva svolto brevemente le funzioni di manager. Lo aveva sostenuto quando aveva preso in gestione la brasserie che si trovava nella galleria Saint-Joseph, e che ovviamente era andata in malora, niente durava molto a lungo in quel tunnel di fallimenti. In ogni caso i negozi del centro sembravano tutti avvolti in una specie di nebbia di calore. Ci si aspettava di vederli scomparire da un momento all'altro, lasciando un buco, una vetrina vuota, mentre i clienti si affollavano verso le insegne che proliferavano in periferia, con i loro prodotti di merda e i loro parcheggi sconfinati. In quel periodo Christophe era passato da un lavoro all'altro, quasi uno all'anno, finché non ne aveva avuto abbastanza. Allora aveva approfittato dell'indennità di disoccupazione per riflettere, per concedersi il tempo di immaginare il futuro.

Anche se il sussidio gli permetteva di prendersela comoda, ben presto avevano avuto problemi di soldi e Charlie aveva risolto affittando un trilocale a Cornécourt, dove avevano traslocato a maggio. La sera della festa d'inaugurazione dell'appartamento si era rifiutata di bere alcolici e tutti avevano capito. Marco aveva abbracciato Christophe per congratularsi. Stava quasi per piangere, il cretino. La felicità era passata in punta di piedi. Per rendersene conto avrebbe dovuto riguardare le foto.

Più o meno in quel momento Christophe si era trovato il lavoro da CaniGood e quindi aveva cominciato a frequentare il Casque d'Or. Quel posto era diventato la sua oasi di pace. Non beveva, ma vi trascorreva ore protette a osservare i destini approdati lì. Ognuno era felice di ritrovare il suo sgabello, un bancone su cui appoggiare i gomiti, un orecchio in cui riversare facili commenti sul tempo o sul volo Rio-Parigi che era precipitato nell'oceano. Christophe si godeva le voci rauche o gracili, il rumore dei dadi e l'umorismo discutibile, i silenzi che creavano come un *ralenti* in giornate troppo brevi, ammirava quella specie di museo dei dispiaceri, in fondo così tranquillo.

Altrove lo incalzavano perché fosse un uomo, ben presto un padre, perché fosse puntuale e raggiungesse gli obiettivi. Tutto il santo giorno si sentiva come un attrezzo, una cosa da far funzionare. E a quel giogo non poteva né dare un nome né sottrarsi. Ma una cosa era certa: era il contrario della gioventù. Perlomeno al bistrot non c'erano tabelle di marcia. Lo lasciavano in pace.

Però, quando vide entrare Hélène in un allegro scampanellio della porta, a Christophe venne comunque un dubbio. Forse non era esattamente il genere di posto adatto a una donna come lei. E la nube che le passò sul volto non servì di certo a rassicurarlo.

«Può andare?» chiese mentre lei gli si sedeva di fronte.

«Sì, sì, benissimo.»

E lo gratificò con un sorriso che spazzò via la sua preoccupazione.

«L'hai trovato facilmente?»

«Sì. Un po' la zona la conosco, sai?»

Anche lui sorrise, senza sapere bene che cosa aggiungere. La Joss si era già presentata, mani sui fianchi e aria divertita.

«Allora, cosa prendiamo?»

«Una Coca Zero» rispose Hélène sollevando educatamente un sopracciglio.

La Joss ripeté l'ordinazione ad alta voce e tornò al bancone. Nel bistrot faceva un bel calduccio e Hélène sembrava a suo agio. Dietro di lei una coppia beveva cioccolata calda. Al bancone l'avvocata Cécile Clément si faceva un bianco dopo un'udienza particolarmente faticosa che stava raccontando per filo e per segno a due habitué. Il primo, che veniva chiamato Nénesse, viveva lì vicino ed era una presenza fissa. Grigiastro e profumato di colonia, sfoggiava un look da dopoguerra, brillantina e pantaloni ampi. L'altro, più giovane e con le maniche rimboccate, tirava molto su col naso e rincarava in tono veemente. Il tribunale, sapeva bene com'era. Gli sbirri, tutti stronzi. I giudici, tutti corrotti. Nénesse si limitava ad ascoltare e a bere a sorsetti millimetrici il suo bicchiere di Anjou.

Tutto ciò creava in fin dei conti uno sfondo comodo. I silenzi passavano per curiosità. Hélène fece qualche commento positivo. Per lei quel posto era abbastanza esotico.

«Non ho molto tempo» disse però, senza smettere di sorridere.

Non era del tutto vero. La babysitter doveva badare alle bambine e Philippe passava la notte a Strasburgo. Ma guardando l'orologio si riservava un'eventuale via di fuga.

Tuttavia non si trovava così male in quel baretto. Erano le sei e mezzo, ben presto avrebbero potuto prendere un aperitivo senza vergognarsi. E Christophe la guardava con evidente piacere. Quando le chiese se voleva bere qualcos'altro, accettò volentieri, e lui ordinò due Chouffe. Il ricco sapore della birra si sposava bene con il tono dell'ambiente, e fin dal primo sorso Hélène si sentì leggera. La porta si apriva con regolarità su nuovi clienti e alle sue spalle le conversazioni creavano un rumore di fondo caldo e protettivo. Girandosi, osservò qualche faccia. C'erano un rappresentante con un'aria da orco e il naso paonazzo, un dirigente del tribunale con la faccia lustra la cui fisionomia ricordava un po' quella di un cefalopode, due cancelliere che potevano sembrare sorelle, e un uomo solo, lungo e curvo come un Giacometti, ben noto a chiunque in quella città, dove esercitava la professione di insegnante di disegno. Partecipava a tutte le mostre degli artisti locali e a giugno organizzava curiosi concerti per viola nei ruderi dell'antica fortezza. Era un artista, insomma, che viveva con sua madre e passava tutte le vacanze al Casque d'Or. Hélène si sentiva come in un dipinto fiammingo. Tornando a Christophe, si accorse che non aveva smesso di guardarla.

«Allora?»

«Niente.»

Ma si sentì bella ed era una risposta sufficiente.

«E Charlotte?»

«Cosa, Charlotte?»

«L'hai più rivista?»

«Mai» rispose Christophe.

Gli confessò che all'epoca era stata al corrente delle loro

scopatine segrete. E dicendolo avvertì che lo attirava dall'altra parte, quella delle confidenze e della pelle. Il Casque d'Or diventava la loro isola. Cominciava la robinsonata.

«Lei però avrebbe dovuto tenere la bocca chiusa» disse Christophe.

«Non me ne ha mai parlato, la stronza! Ma ho trovato il suo diario.»

Christophe scoppiò a ridere e bevve un altro sorso di birra.

«E che diceva?»

«Un sacco di cose. Era piuttosto dettagliato, in realtà.»

«Davvero?»

Lei confermò con un'alzata di sopracciglia piena di sottintesi che rese felice Christophe. E in quel sorriso Hélène rivide l'adolescente di un tempo, così carino e conteso.

«All'epoca ero supergelosa.»

«Ah, sì?»

«Sì, Charlotte raccontava tutto. Mi faceva invidia.»

«Tutto cosa?»

«Che godeva come un riccio!»

Accompagnò questa rivelazione con una smorfia vagamente orgasmica e Christophe, lusingato, finse volentieri un certo imbarazzo.

«Io invece non scopavo per niente. Ero ultrarepressa, all'epoca.»

«Non è quello che ricordo io» ribatté Christophe.

Ora toccò a Hélène assumere una posa. Ovviamente si ricordava di quella serata dopo la maturità, allo stadio La Colombière.

«Ehi! Oh!»

Hélène e Christophe si voltarono all'unisono verso la padrona, che aveva appena lanciato un urlo nella loro direzione e faceva un cenno schioccando le dita, con il cordless in mano.

«Ti vuole tua moglie.»

«Mia moglie?» disse Christophe.

Cercò il cellulare nella borsa e constatò che Charlie gli aveva lasciato vari messaggi.

«Mi spiace. È la madre di mio figlio.»

«Problemi?» chiese Hélène.

«Non so.»

Si alzò per prendere il ricevitore che gli tendeva la padrona e tutti, nel bar, poterono vedere la sua faccia sempre più stravolta mentre ascoltava la voce all'altro capo della linea. Quando restituì il telefono alla padrona gli tremava un po' la mano.

«Devo andare. Mi spiace.»

La sua fisionomia era totalmente cambiata. Adesso era pallidissimo, esitante, e al momento di prendere la borsa rovesciò un bicchiere che si ruppe sul pavimento. Quindici paia d'occhi erano fissi su di lui. Cominciò a frugarsi nelle tasche sperando di trovare il portafoglio. Allora Hélène lo afferrò per il polso.

«Lascia. Ci penso io.»

«Mi spiace» ripeté Christophe.

«Ma no, non è niente.»

E lui uscì dal bar senza una parola, senza un sorriso, con la borsa e la giacca fra le braccia.

Per fare i cinque chilometri fino a casa di suo padre impiegò più di venti minuti. Era l'ora sbagliata, l'uscita dagli uffici. Ogni giorno gli stessi ingorghi bloccavano le stesse vie. Suonò il clacson dieci volte e rischiò la vita in una curva per guadagnare tre secondi. Non avrebbe saputo dire che cosa lo mettesse più sotto pressione, se la situazione o i rimproveri che gli avrebbe rivolto Charlie.

Arrivando riconobbe ovviamente la sua silhouette nella Golf ferma davanti alla casa. Anche da lontano si intuiva che la sua ex era arrabbiata. Parcheggiò la station-wagon accanto a lei, sentì schioccare una portiera. Poi la raggiunse nel freddo pungente della sera. Dalle loro bocche usciva un po' di vapore. Anche il vento sembrava irritato.

«Allora?» disse Charlie.

«Non capisco, dovrebbero essere qui. L'ho detto a Gabriel stamattina accompagnandolo a scuola. E avevo lasciato un biglietto a mio padre.»

«Ho suonato per dieci minuti. L'ho chiamato venti volte al cellulare. Non risponde. Non ho neanche capito il messaggio sulla sua segreteria.»

Charlie teneva le braccia conserte strette al petto e rabbrividiva.

«Devono aver fatto un giro nel bosco» disse Christophe.

«A novembre? Di sera? Che scemenza.»

«Di sicuro non sono lontani.»

«Ti ho detto mille volte di non lasciarlo con tuo padre.»

Christophe rimase un momento in silenzio, mortificato. Sopra di loro il cielo era vuoto e a illuminarlo restava solo la fioca luce di cortesia della 308. Avevano paura.

«Bene» disse Charlie.

«Aspetta, arrivo subito, andiamo con la mia macchina.»

Corse in casa e tornò immediatamente con una torcia. Poi salirono sulla station-wagon e partirono. Al bambino e a suo padre piaceva molto passeggiare in un angolo di bosco lì vicino. Lo raggiunsero in meno di dieci minuti e Christophe si fermò sullo slargo di ghiaietto che serviva da parcheggio ai cacciatori. Aveva sperato di trovarci il furgoncino di suo padre. Non c'era.

«Devono essere andati a piedi.»

«Ma cosa ci farebbero qui a quest'ora?»

«Spargono mais, per la selvaggina.»

«Sempre la caccia...» borbottò Charlie.

«Al piccolo piace da morire.»

«Lo so. Anche di questo abbiamo già parlato.»

Christophe la precedette e si inoltrarono fra gli alberi sullo stretto sentiero che il vecchio e il nipotino avevano l'abitudine di percorrere. Il nonno insegnava a Gabriel i nomi dei funghi, le specie e gli uccelli, gli insegnava a riconoscere le orme che lasciavano gli animali, tutte cose di cui Christophe non aveva la minima idea. Fin dall'apertura della stagione partecipavano tutti e due a stanare la selvaggina. Un tempo Gérard Marchal era stato membro dell'Associazione cacciatori, ma la sua situazione finanziaria non gli permetteva più di pagare la quota. I commercianti, com'è noto, avevano pensioni da miseria. E poi gli investimenti immobiliari che avrebbero dovuto garantirgli una vecchiaia serena gli avevano dato un bel po' di delusioni.

Aveva investito il grosso dei suoi risparmi in uno stabile ai margini di Cornécourt, sulla strada di Chantraine, tra la piscina e il Leclerc. Era in una bella posizione, ex uffici convertiti in appartamenti arredati, due bilocali e un trilocale. Aveva scelto gli affittuari con la massima cura, giovani coppie solvibili e promettenti. Purtroppo i cattivi pagatori erano quasi impossibili da individuare e due dei tre appartamenti erano rimasti occupati per tre anni senza che lui vedesse l'ombra di un affitto, mentre l'imposta sugli immobili e le spese condominiali arrivavano puntualmente. Aveva tentato di tutto per rimediare a quel disastro, raccomandate, ufficiale giudiziario, segnalazione alla polizia, stalking telefonico. Aveva persino fatto rimuovere le imposte, ricorrendo a nomadi che non avevano paura di niente. Senza risultato. Alla fine era stato costretto ad appiccare un principio d'incendio, i pompieri erano arrivati in fretta, ma l'assicurazione aveva scovato nel contratto delle clausole che andavano a suo sfavore. Risultato, aveva perso qualcosa come duecentomila franchi, mentre lo stabile avrebbe dovuto fornirgli una piccola rendita.

Poi si erano verificati altri inconvenienti dello stesso genere, uno dopo l'altro, per non parlare della successione quando a Sylvie era venuto il cancro. Dopo una vita di sacrifici si ritrovava a dover lesinare sulla marca del detersivo al supermercato, o a contare i litri di gasolio per l'inverno.

In ogni caso quelle disavventure avevano finito per guastargli l'umore e ormai non si aspettava più niente dal suo paese. Politici, poliziotti, magistrati o assicuratori, per lui erano tutti della stessa risma. Idem la previdenza sociale, la cassa pensioni o lo stato, che favorivano i nullafacenti e i cittadini di fresca data, anche se erano capaci solo di incendiare auto, violentare ragazzine o malmenare gli autisti dei bus. E ogni giorno rinfocolavano il suo risentimento i dibattiti televisivi, dove trovavano conferma le sue intuizioni e il progressivo affermarsi delle sue idee. Tutto ciò dava forma a una vita povera di piaceri, dal tanfo acido, che tirava per le lunghe ma alla quale comunque teneva.

Perché c'era il bambino. Insieme si divertivano. Andavano nei boschi e giocavano a Mille Miglia.

«Forse potremmo tentare di chiamarli» disse Charlie. «Non caviamo un ragno dal buco, così.»

Lei e Christophe camminavano già da un po' senza fiatare, attenti agli scricchiolii sotto i piedi, lo sguardo fisso sul fascio di luce che apriva loro la strada. Charlie gridò il nome del figlio, che riecheggiò fra gli alberi. Christophe anche. Poi chiamò suo padre: «Papà!»

Le due sillabe risuonarono miseramente, come se lui stesse ridiventando un bambino e chiedesse aiuto. Intorno, la foresta sembrava sempre più grande, abitata e scura. Bisognava concentrarsi sul fascio di luce. Quando volle chiamare di nuovo, Christophe sentì che la voce gli si strozzava in gola. La spalla di Charlie premette contro la sua.

«Ma dove sono?...»

«Non possono essere lontani. Andrà tutto bene.»

«Dovremmo rivolgerci alla polizia.»

Però proseguirono tentando di chiamare a intervalli regolari, nonostante l'ostinato silenzio della foresta. Man mano che si inoltravano l'odore nero della terra si intensificava, e sentivano di più il fruscio delle foglie bagnate per terra, il rumore sordo delle gocce che dai rami gli cadevano sulla schiena. Di tanto in tanto il freddo alla nuca sembrava uno sguardo. Charlie si rannicchiò contro di lui, e Christophe le mise un braccio intorno alle spalle. Entrambi pensavano a Gabriel. Immaginavano il suo corpo così piccolo nell'intrico scuro della vegetazione, le sue lacrime nel buio, senza nessuno accanto. Immaginavano la sua paura travolgente che diventava la loro paura. Christophe la strinse forte.

«Hai sentito?»

Si bloccarono, all'erta, cercando un segno nell'oscurità. Sembrava una voce alle loro spalle. Ma forse era solo il vento che giocava brutti scherzi. Quando si prestava attenzione, il silenzio si scomponeva in un'infinità di piccoli fruscii, di mormorii ingannevoli. Christophe spazzò l'area tutto intorno con la torcia. Ma fu Charlie la prima a veder apparire il nonno e il bambino. Con la destra Gérard stringeva una minuscola torcia tascabile e con la sinistra la mano del piccolo. Dal braccio gli penzolava un secchio.

«Ma dov'eravate finiti?»

Si precipitarono. Alla paura già subentrava la rabbia.

«Cosa?» ribatté il vecchio vuotando il resto del mais ai piedi di un albero.

«Vi abbiamo cercati dappertutto. Hai visto che ora è? Che cavolo ci facevate nel bosco di sera? Per di più ti avevo detto che veniva a prenderlo sua madre.»

Lui lo lasciò sfogare senza dire niente, poi alzò le spalle e batté qualche colpetto sul fondo del secchio per accertarsi che fosse vuoto. Charlie, invece, si era inginocchiata e stringeva Gabriel fra le braccia.

«Stai bene, orsacchiotto?»

Il bambino, che a sua volta aveva abbracciato la madre, le diede un bacio in fronte, come se la benedicesse.

«Sì. Bene.»

«Sei sicuro?»

«Ma sì, tutto a posto» ribatté il nonno irritato.

Eppure, sulla faccia del bambino si vedevano le tracce che avevano lasciato le lacrime. Tirava su col naso, ma comunque sorrideva. Andava tutto bene.

«Forza, mica vogliamo restare qui cent'anni.»

Il vecchio capeggiava il piccolo corteo, che si mise in cammino verso il parcheggio di ghiaietto. Ultimo della fila, Christophe si domandò che cosa sarebbe successo se le pile della torcia tascabile si fossero esaurite... Meglio non pensarci. Alla fine, arrivarono a destinazione e lui chiese a suo padre dove fosse il furgoncino.

«È a casa» rispose il vecchio.

«No. Non è né da noi né qui. Che ne hai fatto?»

La bocca del padre ebbe un tremito. Poi, non trovando niente da rispondere, si girò verso il bambino: «È stanco morto. Potremmo tornare a casa, no?»

In effetti Gabriel aveva la faccia tirata e batteva i denti. Christophe sospirò e salirono tutti sulla station-wagon. Sulla via del ritorno nessuno disse una parola, ma tutti sapevano che cos'era accaduto. Il bambino finì per addormentarsi, con la testa ciondoloni e la bocca aperta. Allora, non riuscendo più a trattenersi, Charlie si protese verso il sedile del passeggero e formulò la domanda che le bruciava: «Vi siete persi?»

Aveva pronunciato quelle tre parole nel tono più calmo possibile, quasi in un sospiro, ma sotto si avvertiva tutta la rabbia, tutta la paura accumulata.

«Cosa?» chiese il nonno girando verso di lei l'orecchio buono.

«Vi siete persi? Vero?»

Questa volta non era riuscita a reprimere una punta di aggressività.

«Ma no. Davamo da mangiare alla selvaggina.»

Quella bugia strappò un sospiro di esasperazione a Charlie, che si rannicchiò tutta accigliata sul sedile posteriore.

«Comunque, non sarà ancora per molto.»
«Che significa?» chiese il vecchio.
«Zitto» intervenne Christophe. «Svegli il bambino.»
Viaggiava rispettando scrupolosamente il codice della strada, poco impaziente di arrivare. Alla fine, ci sarebbe stato ciò che cercava di evitare da mesi: un chiarimento. Allora si ricordò di Hélène al Casque d'Or, poco prima. E quel pensiero lo lasciò sconvolto.

Dopo aver sistemato sul sedile posteriore il bambino, sempre addormentato, Charlie si mise al volante e Christophe credette di essersela cavata. Ma il finestrino dalla parte del conducente si abbassò, con un moto lento e felpato, e a lui non restò che avvicinarsi.
«Ti avverto» disse Charlie. «Basta. Parlo sul serio. Non costringermi a farti togliere la custodia.»
«Non esagerare.»
«Non esagero affatto. Tuo padre è malato. Non voglio più che stia da solo con il bambino.»
«Lo so.»
Con gli avambracci sul tettuccio della Golf, a testa bassa, Christophe aspettava il seguito. Sentiva sulle spalle tutto il peso della notte.
«Avete visto uno specialista, perlomeno?»
«Certo. Siamo stati da un neurologo.»
«Quando?»
«Due o tre settimane fa. Aspettiamo ancora il responso.»
«Comunque sappiamo che cos'ha. E che andiamo via gliel'hai detto?»
«Non ancora. Ho paura che per lui sia un altro colpo.»
Allora Charlie si sporse: «Diglielo. Altrimenti glielo dico io. D'accordo?»
Christophe promise con un cenno del capo, poi Charlie tirò su il finestrino e a lui non restò che guardarli partire, madre e figlio nell'auto nera. Quella donna che aveva co-

nosciuto a scuola, con cui aveva fatto l'amore e dei debiti, con cui si era scontrato e da cui si era separato. E ora questo. Il bambino se ne andava. Ne fu davvero consapevole per la prima volta. Come avrebbe fatto con quel buco al centro della sua vita?

10

La prima volta che Christophe vede Charlie, lui è all'ultimo anno della scuola dell'obbligo e lei si prende un ceffone.

È appena arrivata al Louis Armand di Cornécourt, ad anno scolastico già cominciato, dopo essere stata espulsa da una scuola privata del centro, e fin dal principio non fa assolutamente mistero di ritenersi al di sopra della mischia. Lo si intuisce dalla sua andatura, dal modo in cui squadra quelli che non contano, dai tizi che frequenta e dal fatto che entra quasi sempre in classe con le mani in tasca.

Nei piccoli istituti di provincia le distrazioni sono rare e lei diventa subito l'attrazione numero uno. Poiché è nata all'inizio dell'anno ed è ripetente, è una ragazza alta di quasi sedici anni, occhi grigi, aria spavalda, frangia, Converse anche d'inverno e un bomber nero con la fodera arancione. Ben presto le voci corrono. Si dice che si sia fatta espellere dopo essere stata sorpresa nel cesso con un sorvegliante, o perché vendeva hashish, o perché avrebbe insultato un prof. Si dice anche che sia venuta alle mani con uno che le aveva tirato la coda di cavallo e che lui, cadendo, si sia rotto il coccige. Termine minaccioso che, a pronunciarlo, aureola la ragazza di un alone eroico e inquietante.

In classe si siede sempre in fondo, spesso da sola, stravaccata sulla sedia, o addirittura dorme con la testa sulle braccia incrociate. A vederla così, ragazzina, femmina, mascolina, pericolosa e pallida, ci si fa delle domande. Preoccupa persino gli insegnanti, che sembra sperino in un rapido trasferimento verso un'altra scuola più adatta al suo caso. Marco si è accorto presto della curiosità di Christophe per quella creatura mai vista e ha la sua idea in proposito.

«È una stronza» decreta. «Se la tira.»

La prima volta che Christophe vede Charlie coincide probabilmente con il primo giorno che lei passa al Louis Armand. Difficile dirlo. La memoria è capricciosa, la leggenda ci mette poco a prevalere. Comunque, lei affronta il signor Juncosa, un sorvegliante di una quarantina d'anni che porta un blazer bordeaux, occhiali dalle lenti torbide, mocassini con un piccolo stemma metallico di lato, e ha l'incarico di tener d'occhio gli studenti da tempi immemorabili. Macchie d'inchiostro sulla schiena dicono chiaramente come lo trattano i ragazzi quando gira fra i banchi.

Christophe lo vede fare la predica a Charlie in cortile, e anche se non lo sente immagina perfettamente la voce sdegnosa, il vocabolario elaborato, perché il signor Juncosa usa volentieri parole come «barlume» o «accolito». E all'improvviso Charlie aggrotta la fronte, si tappa il naso e dice qualcosa che lascia stupefatto il sorvegliante. Poi parte lo schiaffo, di ordinaria brutalità, dopodiché l'uomo si allontana a grandi falcate, frugandosi nelle tasche, dove non c'è niente che gli sia di aiuto. In seguito avrà sempre la mania dei Tic Tac.

Charlie è così, è problematica. Attira casini a tempo pieno e li provoca se tardano troppo a piombarle addosso. Si direbbe che cerchi ovunque muri contro cui farsi del male. Christophe non ha ancora quindici anni e quando la guarda gli si scatenano nel petto movimenti tettonici sui quali non ha il minimo controllo. Spesso ha l'impressione di essere inadeguato per tenere a bada tutto questo. Agli allenamenti non riesce più a concentrarsi. Pensa a Charlie in continuazione. Lei è presente come una musica di sottofondo, anche quando Christophe ha la testa altrove. A casa, la sera, ha le paturnie, si rifiuta di mettersi a tavola, non fa più i compiti, e rimane col culo sul divano, davanti alla tivù, con l'aria di uno che ha preso il Lexotan. Durante la cena, sua madre gli chiede: non hai fame? Christophe non si degna nemmeno di risponderle. Lui e suo fratello Julien fanno il paio nel genere adolescente con il muso, mai contento.

«Bell'ambientino» osserva Sylvie mentre Gérard finisce la minestra con degli *slurp* disgustosi.

Un giorno di novembre, dopo un'ora di matematica particolarmente soporifera, Christophe va ad appostarsi a una delle finestre del terzo piano in attesa della lezione di tedesco e, con la fronte appoggiata al vetro, si abbandona a pensieri pieni di amarezza e autocommiserazione osservando il formicaio degli altri studenti giù in basso. C'è anche Greg, decisamente meno abbattuto, benché neppure a lui piaccia quell'interminabile pomeriggio che deve concludersi con due ore di storia e geografia. Christophe sospira. All'improvviso riconosce Charlie, che sta attraversando il cortile. Cazzo, persino da lassù sembra alta. La segue con lo sguardo, passo marziale e veloce, gambe come compassi, coda di cavallo che ballonzola, zainetto Gotcha in spalla. Non resiste.

«Dai, vieni, andiamo» dice.

«Cosa?»

«Vieni, ti dico.»

E Greg si precipita giù dalla scala dietro l'amico, senza farsi pregare. A differenza di Marco, che come prima lingua straniera fa inglese, e quindi non c'è, Greg non rompe e non è geloso. Per di più, siccome i suoi genitori gestiscono un bistrot e lui rubacchia dalla cassa, ha sempre un sacco di soldi in tasca. Quindi è lui a sborsarli poco dopo, quando si tratta di comprare due biglietti per seguire Charlie, che è appena salita su un bus della linea 11.

Christophe l'ha individuata subito, è seduta in fondo,

accanto al finestrino, cuffie sulle orecchie, intenta a guardar sfilare il paesaggio. Si chiede dove mai potrà scendere. E se lo chiede anche Greg: «Fin dove andiamo?» domanda, appeso a un sostegno e ondeggiando mollemente a seconda delle fermate e delle ripartenze.

«Non lo so.»

«E cosa vuoi fare? Chiederle di uscire?»

«Chiudi il becco...»

Il bus prosegue il suo lento itinerario nelle vie pedonali, attraversa il ponte coperto, si inoltra ancora di più verso Saint-Laurent e, svuotandosi, svela a poco a poco la loro presenza indelicata e voyeuristica. Alla fine, Charlie si alza e il suo sguardo li sfiora senza vederli. Appoggiata al sostegno verticale aspetta che il bus si fermi con un sospiro. Finalmente le porte si aprono e lei salta giù piantando lì i due babbei, che non osano seguirla e si limitano a guardarla entrare in un caffè all'angolo, Les Mousquetaires. Scendono alla fermata successiva e tornano indietro verso il caffè. Arrivato davanti, Christophe esita. Nessuno dei due ha l'età legale per entrare in un bar. Per fortuna Greg non si fa quel genere di scrupoli. Accende una sigaretta e spinge la porta, come se fosse di casa. Christophe è costretto a seguirlo.

«Buongiorno!» esclama il padrone.

Dentro, i clienti sono pochissimi e non rischiava certo di non vederli. È un tizio di mezza età e, con quel golf con lo scollo a V e la camicia a righe, assomiglia al manichino di un negozio di abbigliamento. Greg ordina un caffè e un bicchiere d'acqua, Christophe pure. Attraverso il passavivande alle spalle del padrone si vede una sala giochi fumosa in cui vanno e vengono clienti armati di stecche da biliardo, nello schiocco delle palle e nello scintillio elettrico dei flipper. I due ragazzi bevono, incerti. Poi Greg scende dallo sgabello.

«Vieni, andiamo a vedere» dice.

«Dove?» si preoccupa Christophe, che è già in difficoltà a simulare i sedici anni regolamentari.

Senza aspettarlo, Greg gira intorno al bancone e, con un'impassibilità da dromedario, oltrepassa le porte western che immettono nella sala giochi. Christophe sorride al padrone, deglutisce. Poi si alza anche lui.

«Ehi, giovanotto...»

Lui si blocca, immaginando subito il peggio, la polizia, i genitori, lo scandalo. Ma il barista si limita a indicare il portamonete dimenticato sul bancone, che il ragazzo recupera con una risatina contrita.

«Grazie.»

Certo, il padrone li identifica alla prima occhiata i clienti che non dovrebbero essere lì, ma poiché il locale si trova esattamente a metà strada fra due licei, uno pubblico e uno privato, ne vede passare in continuazione, di tizi così, che fanno finta e si danno un tono. Ogni tanto chiede un documento d'identità, giusto per dire, ma mica ci passa le giornate, e comunque una scrematura troppo scrupolosa nuocerebbe agli affari. Da quelle parti non si può contare sugli ubriaconi per alimentare il fatturato. Bisogna accontentarsi dei ragazzi di passaggio, bicchieri di Monaco o caffettini, due flipper e molte sigarette, chiacchiere, flirt, chiome lunghe, elastici per capelli e montgomery. Da vent'anni contempla quella fauna con una flemma adamantina, gli stessi adolescenti che di generazione in generazione limonano di soppiatto, ripassano, litigano o fanno cazzate. Una consumazione per resistere lì tre ore e rifare il mondo in meglio. Ma dal suo posto di osservazione il mondo, per l'appunto, non cambia. Ha sempre diciassette anni e l'esame di maturità alle porte. Allora il proprietario di Les Mousquetaires accende la tivù e un sigaretto, è solo il secondo della giornata.

Quanto a Christophe, ha appena scoperto la Las Vegas in miniatura della sala accanto, ovvero tre biliardi, un bersaglio da freccette elettronico che scintilla e scampanella, e due flipper Gottlieb non meno rumorosi. Lì dentro gravitano disinvolti una manciata di liceali e alcuni adulti, stecca da biliardo in mano, sigaretta in bocca e voci curiosamente attutite dal feltro verde che tappezza le pareti. Sui tavoli, bicchieri rossi o gialli contendono lo spazio a gessetti azzurri e giganteschi posacenere Johnnie Walker.

Christophe raggiunge Greg che, con mano esperta, ha sistemato a triangolo le bilie bicolori di un biliardo per una partita a palla 8 e si accinge a spaccare. Col primo colpo ne infila una rossa nella buca di mezzo. Seguono altre due prima che tocchi a Christophe. Ma Greg gli fa un cenno. È appena comparsa Charlie, in compagnia di una biondina bella come una bambola, con capelli lunghissimi, un giubbotto di pelle nera e le mani nascoste nelle maniche. Le due ragazze passano senza degnare nessuno di uno sguardo, quasi al rallentatore. Allora nella memoria di Christophe si imprime tutto, la luce, Charlie di profilo, la sua frangia, la linea perfetta del suo viso, la sua indifferenza, le stelle che lanciano i flipper alle sue spalle e l'allegro *din din* dei bersagli in cui si conficcano brutalmente le freccette.

«Hai mica una sigaretta?» dice.

«Fumi?» si stupisce Greg.

Da quel momento, sì.

Le due amiche oltrepassano le porte western e si fermano al bar. La biondina chiede al padrone, che è suo padre, due *diabolo* e le ragazze si mettono a chiacchierare svogliatamente, con un'aria ultravissuta, badando bene a non toccare i loro bicchieri. Charlie è così carina, se ne frega così tanto, Christophe sarebbe pronto a buttarsi dal terzo piano per attirare la sua attenzione. Nel frattempo aspira la sigaretta, meglio di niente.

«Allora, giochi?» chiede Greg.

«Sì.»

Ma Christophe non gioca. Si è spostato per guardarla meglio attraverso il passavivande. Che distanza c'è fra loro? Forse tre metri, il mondo intero. In quel momento i loro occhi s'incontrano. Nello sguardo della ragazza passa un lampo di malizia. Potrebbe essere un sorriso, eppure non ha mosso neanche un muscolo del volto. Christophe arrossisce all'istante. È così poco, un bagliore nell'occhio. Però lo catturerà per vent'anni e anche più.

Quel momento nella sala da biliardo produrrà sull'esistenza del ragazzo vari effetti più o meno positivi. Innanzitutto, lo studio diventa assolutamente secondario. Già non era molto zelante.

Poi comincia a coltivare un'interiorità, cioè un luogo nel quale macerano pensieri segreti e qualche fissazione di cui non parla con nessuno, nemmeno con Greg e Marco. All'inizio Charlie occupa tutto lo spazio, soprattutto la sera, quando è a letto con le cuffie.

Infine l'hockey diventa una necessità totale, luogo di spurghi, sfoghi e grandi progetti. Fino ad allora gli piaceva soprattutto la pattinata, la velocità, vedere gli amici, sfuggire alla vita familiare. Ma adesso che Charlie è importante, cambia tutto. Christophe ha bisogno di brillare, e dato che non può contare troppo sui risultati scolastici (peraltro lei se ne fotterebbe alla grande), né sul saper suonare la chitarra, lo sport s'impone come il piedistallo più ovvio. Christophe decide di diventare un atleta di alto livello. Punta alla nazionale, e un giorno, forse, ad andare a giocare all'estero, in Germania o in Canada.

Tutta la famiglia s'imbarca con lui nel sogno di essere un campione. Insieme a suo fratello ha sistemato delle cassette da frutta in fondo al garage. È lì che perfeziona i tiri quando non ha l'allenamento allo stadio di Poissompré. Spesso i dischetti colpiscono il muro e lasciano un segno sui pannelli isolanti. Ogni tanto suo padre scende a constatare i danni infilando un indice, costernato, in quelle stupefacenti ferite.

«Gesù! Pazzesco. Finirai per buttare giù la casa.»
Ma lo lascia giocare.

Un giorno a Julien viene l'idea di incastrare dei coperchi nelle finestrelle. Christophe si allena e, sempre più spesso, fa risuonare i dischi d'acciaio inossidabile. Il corpo ha una memoria e bisogna farvi penetrare il programma del dischetto, bisogna che il concatenarsi dei movimenti diventi inconscio, intuitivo, che tracci una linea infallibile dallo sguardo fin nella rete. E durante quelle ore di ripetizioni Christophe si racconta all'infinito le stesse, tragiche storie di rimonte impossibili e di reti in extremis. Nella sua testa, folle sconosciute balzano in piedi a gridare il suo nome.

A volte, a Sylvie capita di scendere in vestaglia per guardare i figli, il grande fra le cassette da frutta e il minore che spara gran colpi. I suoi due ragazzi... Soffia sulla tisana, fuma una sigaretta e torna al piano di sopra, non senza avergli raccomandato di stare attenti, che non finiscano ancora al pronto soccorso.

Sul ghiaccio, invece, le cose non sono così facili.

«Alza il naso! Guardati intorno. Guarda!» urla il coach.

Seduto sui talloni, Gargano spiega ai giocatori riuniti in cerchio. Con un dito traccia figure sul ghiaccio. Devono capire, le finte, le combinazioni, l'occhio.

Di tanto in tanto Christophe crede di cogliere qualcosa della trama segreta del gioco e, per un minuto, tutto sembra diventare evidente. Subentrano gli automatismi, per un attimo ogni spostamento sembra andare da sé e lui potrebbe quasi giocare a occhi chiusi, d'istinto. Ma resta una sensazione fuggevole, uno stato di grazia che si dissolve quasi subito, come una parola che hai sulla punta della lingua e che scompare prima di essere pronunciata.

Durante l'inverno 1989-1990 alcuni genitori approfittano di un weekend per organizzare un piccolo torneo a Morzine. Christophe e Marco partono, ma Greg, che si è lussato una spalla, resta a casa. L'evento vedrà affrontarsi sei squadre, fra cui lo Chamonix e il Grenoble, che sono un osso duro. Papà Müller, eletto sindaco da poco, si è incaricato di noleggiare i veicoli per trasportare i giocatori, fra i quali suo figlio Lionel. Per sé ha scelto una monovolume Mercedes. Invece il padre di Christophe si ritrova al volante di una Fiat Ulysse molto meno sexy.

Per raggiungere Morzine ci vogliono sei ore e all'arrivo la Mercedes ha distanziato la monovolume italiana di venticinque minuti, il che si traduce ovviamente in una certa ostilità fra gli occupanti delle due auto. Per di più bisogna giocare subito con la squadra locale e i ragazzi, che hanno passato il viaggio ad ascoltare i Red Hot e i No One Is Innocent rimpinzandosi di caramelle, sono sul punto di vomitare. Scendono sul ghiaccio in uno stato pressoché confusionale, irritati, imbronciati, quasi battendo i denti, mentre le famiglie del posto li fischiano per divertirsi. Già al riscaldamento papà Müller e Gérard Marchal hanno capito che i giochi sono fatti, e le sette reti incassate nel primo tempo uccidono ben presto ogni speranza.

Nello spogliatoio Gérard Marchal si sforza di galvanizzare le truppe, ma il suo discorso di serie B è un buco nell'acqua. I giocatori hanno un unico desiderio, chiudere il più in fretta possibile. Quando Christophe si alza per andare a pisciare, Madani lascia apposta la mazza sul suo percorso. E Christophe gliela spezza con un secco colpo di pattino.

«Che vi prende?» urla Gérard Marchal.

«Brutto figlio di puttana...» sibila Madani.

La partita continua in un'atmosfera che più schifosa non si può, per concludersi su un sedici a tre. Una batosta.

Per il resto della giornata i giocatori sono liberi e ne approfittano per gironzolare intorno alla pista, guardando le altre partite con occhio distratto, fumando sigarette di nascosto dagli adulti e incavolandosi per quisquilie, tanto che rischiano più volte di venire alle mani.

Per cena il sindaco di Cornécourt ha concordato con il direttore dell'albergo un menu fisso, carote grattugiate, spaghetti e arrosto di maiale, e per finire mousse al cioccolato. A tavola l'aggressività della mattina non è affatto scomparsa. La si sente fluttuare nell'aria come vapori di benzina, e di fronte a quello sfoggio di idiozia prepuberale Gérard Marchal e il sindaco di Cornécourt decidono di non lasciarsi deprimere. Il primo ordina una bottiglia di Borgogna che viene vuotata in un batter d'occhio, sicché il suo commensale le offre una sorellina. Ben presto sono entrambi di ottimo umore, maschi festaioli, ubriachi quanto basta, più o meno d'accordo su tutto, lo sport che forma i giovani, la sinistra e la destra che fanno il paio, del resto papà Müller non ha etichetta. Lo precisa di nuovo a scanso di equivoci, il che non significa non avere convinzioni. Peraltro, fra i suoi collaboratori avrebbe proprio bisogno di persone come Gérard Marchal, gente di buonsenso e conosciuta in zona. Il padre di Christophe apprezza la sollecitazione e fa tintinnare il bicchiere contro quello del suo nuovo amico. Poi tutti e due, faccia carolingia e occhio ringalluzzito, contemplano la tavolata a cui si abbuffano svogliatamente dieci ragazzini distrutti dalla stanchezza, promettenti come un piatto di tapioca.

«Li mandiamo a letto, eh...»

«Offro il digestivo» osa Gérard Marchal.

«Con piacere!»

Christophe condivide una camera doppia con Marco, che si addormenta come un sasso, senza neanche lavarsi i denti. Lui resta un momento in bagno a guardarsi allo specchio. È una nuova abitudine. Nella sua stanza passa un bel po' di tempo a studiarsi minuziosamente. Grazie allo sport è riuscito a farsi un corpo come si deve, torace e collo ben disegnati, cosce quasi da adulto. In compenso lo entusiasmano meno i foruncoli che gli sono spuntati sulla mascella e sulle pinne del naso, e che schiaccia senza troppa convinzione. Mani sul lavabo, si osserva con indulgenza. Pensa a Charlie. A quanto hanno fatto pena sul ghiaccio, prima. Al suo vecchio e a papà Müller. Al grosso Marco nella camera. Tutto ciò, all'improvviso, lo deprime da morire.

Sotto la doccia l'acqua gli scroscia bollente sulla testa e sulle spalle e lui comincia a smanacciarsi piuttosto meccanicamente con la destra, tanto per concludere la giornata con qualcosa di un po' più divertente. Il cazzo, come al solito, gli si rizza molto in fretta, con le vene gonfie, le palle che si ritraggono, e Christophe chiude gli occhi per evocare immagini efficaci. Tutto quel tempo che passa ad annusare il sesso, a cercarlo dal giornalaio, sulle riviste, *Lui* o *Vsd*, un paio di tette, preferibilmente grosse, chiappe, meglio ancora se col tanga, e nel reparto film porno della videoteca dove lui e Marco frugano ridacchiando, facendo tutti e due versi squallidi e mostrandosi le copertine gocciolanti, quelle immagini frontali, l'intimidazione di quei cazzi extraterrestri, neri o rosa, uno più spaventoso dell'altro, tutta quell'esibizione disgustosa e magnetica, e ciò nonostante la voglia, l'animaletto dentro di sé che ne vuole ancora. Con gli amici guarda le cassette che il padre di Greg nasconde nel comodino. Una volta Greg ha persino tirato fuori il cazzo, gli altri due hanno protestato, ma che ti prende, sei fuori di testa? Però, be', nell'intimità si sfogano, mammiferi sfrenati, sognando donne a frammenti, sempre arrapati, in preda a quelle urgenze che li rincretiniscono e si concludono sempre allo stesso modo, svuotati in un colpo solo, di fronte alla miseria del fazzoletto di carta, una volta che la voglia è passata e resta solo la vergogna della rivista socchiusa e delle dita bagnate. E poi, due ore dopo, si ricomincia daccapo.

In compenso, Christophe non oserebbe mai pensare a Charlie quando si tocca. In lui sesso e sentimenti non si sono ancora incontrati. L'amore è un bromuro e Charlie rimane troppo in alto, ridotta alla perfezione, un inarrivabile sogno da vetrata di chiesa.

Quindi sotto la doccia l'adolescente s'inventa una donna puzzle... Diciamo una vicina, della porta accanto, in vestaglia di seta con un drago sulla schiena come sulle copertine delle videocassette René Chateau, più vecchia, facciamo, e con tette enormi, rossa, o piuttosto bruna; Christophe esita, ma vede bene l'incavo dei seni nella scollatura, il suo petto, com'è avvolgente e morbida, quasi ci siamo, accelera il movimento quando all'improvviso qualcuno bussa alla porta.

Chiude il rubinetto e si asciuga alla meglio mentre bussano ancora. Quando apre, si trova faccia a faccia con Madani, Müller figlio e Michael Santander, tutti e tre con gli occhi rossi e in mutande sulla soglia della sua stanza.

«Che volete?»

Madani l'ha già spinto all'interno e i tre visitatori si affollano nel disimpegno, mentre Santander si chiude la porta alle spalle.

«Non me ne frega un cazzo di tuo padre» sputa Madani afferrandolo per la nuca.

Christophe non sa cosa rispondere a questa uscita perlomeno enigmatica. Gli intrusi sono palesemente strafatti, e tutti più grandi di lui. Quindi non reagisce, aggrappandosi come può all'asciugamano che ha intorno alla vita. Madani stringe la presa.

«Hai capito?»

Dietro, i suoi due accoliti sembrano soprattutto infastiditi dalla luce al neon. Hanno la bocca impastata e distolgono istintivamente gli occhi, con un'aria svagata e offesa.

«Forse adesso possiamo andarcene» azzarda Santander.

«Chiudi il becco!» abbaia Madani.

E con un gesto strappa via l'asciugamano che protegge Christophe. Quest'ultimo si ritrova completamente nudo, con le mani a coprire il sesso, alla loro mercé. Madani tenta una ginocchiata maldestra, poi afferra Christophe per la gola e lo appiccica al muro. Per l'urto, un quadretto appeso alla parete si stacca e si frantuma a terra. Ora la moquette è disseminata di schegge di vetro. Christophe guarda il paesaggio di montagna che giace ai suoi piedi, il suo cielo angusto e le vette scoscese, quella rassicurante bruttura in cui si distingue la minuscola sagoma di un camoscio che contempla l'orizzonte. Sente la stretta di Madani chiudersi brutalmente sulla sua trachea.

«Mollami subito» s'innervosisce, afferrando il polso dell'aggressore.

Madani gli assesta una leggera testata. Ma lui e i suoi amici non sanno bene che cosa fare nella trappola del disimpegno con quell'illuminazione troppo cruda. La loro spedizione punitiva si sta impantanando. Christophe è sempre nudo, indifeso, così ridicolo, sull'orlo delle lacrime.

«Bene...» azzarda Müller figlio. «Credo che ha capito...»

Madani alza una mano e molla un ceffone a Christophe, sulla tempia. La sferzata si è abbattuta con una violenza così inattesa che i due gregari sobbalzano.

«Basta, adesso» dicono.

Ma Madani è deciso. Questa volta gli farà male. Da troppo tempo il suo risentimento gira in tondo, come in una boccia di vetro. Con la mano libera cerca di afferrargli le palle mentre Christophe, intontito, con gli occhi umidi, si sottrae come può.

«Basta» geme anche lui.

Madani non la pianta. Nei suoi occhi aleggia uno strano desiderio. E sono uno spettacolo davvero penoso quel corpo nudo che sussulta e quella mano che vorrebbe afferrargli il cazzo. Christophe sente arrivare la paura. Cerca con gli occhi gli altri due, che sembrano impotenti quanto lui. Non fanno più cagnara. Sta per succedere qualcosa di definitivo.

«Ehi, cos'è questo casino?»

Marco è appena comparso nel disimpegno, in pigiama e ancora mezzo addormentato.

«Togliti dai piedi, tu» sibila Madani.

Marco tira su col naso. Oltre un metro e ottanta di forza in una canottiera dei Red Bulls. Squadra Madani, guarda i suoi accoliti. E gettando indietro la testa attacca a sbraitare: «Aaaaaaaah!»

«Zitto, idiota!» esclama Madani, di colpo in preda al panico.

Ma Lionel Müller ha già aperto la porta e coraggiosamente se la batte, seguito a ruota da Santander.

«AAAAAAAAH!» ripete Marco, bocca spalancata, collo teso, simile a un corno da caccia.

Nelle camere vicine si sentono delle voci, proteste.

«Che succede?» grida qualcuno da qualche parte.

«Hai una bella fortuna» fa Madani dando un colpetto in fronte a Christophe prima di tagliare la corda anche lui.

I due amici restano soli nel disimpegno mentre in lontananza si sentono corse e risate, poi spiegazioni fra un adulto contrariato e giovani che minimizzano. Christophe raccoglie l'asciugamano per coprirsi e Marco chiude a chiave la porta.

«Tutto a posto?»

«Sì.»

Poi la confusione cessa a poco a poco e i due ragazzi vanno a dormire senza dirsi una parola, in quella stanza che è come una scatola.

«Per fortuna che c'eri tu...» bisbiglia Christophe.

«Non è niente.»

Ben presto tutto tace, a parte il fruscio delle lenzuola, il respiro dell'altro così vicino. Christophe ascolta lo strano silenzio che è sceso fra loro e che assomiglia a un'attesa. Alla paura subentra un senso di gratitudine vasto e dolce che culla come la stanchezza.

«Ehi...»

«Cosa?»

«Stai bene?»

«Sì» risponde Marco.

Ora dev'essere tardissimo. Ormai le voci sono solo mormorii, un fruscio nel velluto dell'insonnia.

«Ho avuto una fifa blu.»

«Lo so. Dormi.»

E Christophe tende una mano nel vuoto, fra i due letti.

«Ehi» ripete.

Il materasso geme sotto il peso del suo amico. La mano di Marco trova la sua. E restano per un momento così, solidali nell'albergo muto.

Il giorno dopo la squadra di Épinal perderà contro il Saint-Gervais e l'Orléans. Poi, la domenica, con il Megève, prima di farcela per un pelo con il Grenoble. Durante il viaggio di ritorno Christophe fingerà di dormire. Marco, invece, conserverà per sempre in un cassetto una bustina di fiammiferi con il logo dell'Hotel Alpina di Morzine.

11

Erano in macchina da neanche dieci minuti quando Gabriel si mise a piangere, sul sedile posteriore.

«Che ti succede, orsacchiotto?»

Nello specchietto Christophe vide la solita faccia dei grandi dolori, le guance inondate di lacrime, il moccio, la smorfia della boccuccia, gli occhiali appannati.

«Eh? Che ti succede?»

Al semaforo si girò verso il bambino, che continuava a piangere come se fosse la fine del mondo.

«Dimmi, micino.»

Poi aprì il cassetto del cruscotto, prese un pacchetto di fazzoletti e lo passò a suo figlio.

«Tieni. Asciugati, tesoro, smetti di piangere.»

Il bambino si soffiò il naso rumorosamente, si asciugò le lacrime. Adesso aveva la faccia tutta rossa e congestionata. Il padre gli pulì gli occhiali e glieli restituì.

«Va meglio?»

Gabriel fece sì con la testa, ma la bocca aveva assunto la forma di un otto orizzontale che annunciava altri pianti. Scattò il verde e il tizio dietro Christophe fece lampeggiare i fari. Era il rush delle otto. Gabriel ebbe un singulto, e nuovi singhiozzi scossero la sua piccola silhouette sul seggiolino.

«Calmati, orsacchiotto. Spiegami...»

Christophe controllò l'ora. Da casa a scuola non erano più di cinque chilometri, ma ogni mattina era lo stesso casino, ingorghi a non finire e in ogni auto gli stessi genitori frettolosi, le stesse donne fresche ma con gli occhi appesantiti dalla stanchezza, i bambini impacchettati sul sedile posteriore nei loro parka, gli stessi profili di impiegati che ascoltavano il notiziario alla radio, con lo sguardo perso o un dito nel naso, tutti sprofondati in quella prostrazione dei giorni feriali, ognuno nella propria bolla, prigioniero delle stesse transumanze dai quartieri di villette alle scuole, dagli stabili residenziali agli stabili di uffici, bestiame che nella ressa nutriva il suo interminabile sogno di successo e di svaghi.

Christophe e Gabriel non facevano eccezione a quelle esistenze rotatorie. Erano le otto e sette minuti e occupavano il loro posto in quel flusso di vite utili. Fra poco sarebbero stati in ritardo e l'ingranaggio, in un modo o nell'altro, glielo avrebbe rimproverato. Perciò Christophe si spazientì.

«È per il nonno? Perché non possiamo dirgli niente?»

Gabriel fece no con la testa, smarrito, continuando a piagnucolare; decisamente, nessuno capiva il suo dramma.

«Allora cosa?»

«È... è...»

Le parole rimasero intrappolate in gola, troppo grosse. Per fortuna stavano arrivando alla meta. Christophe parcheggiò sul marciapiede, a due passi dalla scuola, mise le quattro frecce, poi si girò verso il bambino, passando un braccio dietro il poggiatesta.

«Devi dirmelo, altrimenti non posso fare niente.»

«È per Kylian.»

«Che altro è successo?»

«Mi picchia sempre.»

«Devi dirlo alla maestra, micino.»

«Gliel'ho già detto!» esclamò lui, arrabbiato, e le lacrime raddoppiarono, bagnandogli le guance e scendendo giù fino al collo. Di nuovo non si riusciva più a vedergli gli occhi dietro le lenti.

«Be', devi anche imparare a difenderti.»

«Non posso» disse Gabriel. «Altrimenti mi puniscono.»

«Ma sì che puoi. Ascoltami. Uno ha il diritto di difendersi.»

Il bambino non ci sentiva. Era troppo immerso nel suo grande dolore, la vita impossibile, un muro davanti. Cominciò a piangere ancora più forte. La lancetta dei secondi continuava a correre e Christophe non vedeva che cosa avrebbe potuto fare più di così. Aveva già preso appuntamento due volte con la maestra, e lei gli aveva promesso di stare attenta durante l'intervallo e di spiegare a Kylian che non doveva molestare i compagni. Ma non c'era verso, quel piccolo cretino continuava a tormentare suo figlio.

«Orsacchiotto, non è possibile che ti rompa le scatole senza motivo.»

«Sì invece!» sbottò Gabriel.

Christophe si toccò automaticamente la piccola cicatrice sotto l'occhio destro. Faceva caldo nell'abitacolo, sempre più caldo, e i finestrini avevano cominciato ad appannarsi. Socchiuse il suo e sospirò.

Ecco. Facevi dei figli, si beccavano il morbillo e cadevano dalla bici, avevano le ginocchia al mercurocromo e recitavano favole, e poi quel corpo da sumo in miniatura a cui avevi fatto il bagnetto nel lavabo era scomparso, l'innocenza era passata così in fretta, e non te l'eri neanche goduta tanto. Per fortuna restavano qualche foto, quell'aria sorpresa dall'altra parte del tempo, e un baby monitor in fondo a un cassetto che non riuscivi a deciderti a buttare via. Giorni senza di lui, giorni con lui, l'amore a corrente alternata. Ma il peggio doveva ancora venire.

Perché succedeva questo: un piccolo bruto, che supponevi avesse scusanti socioeconomiche e genitori con la mano pesante, se la prendeva con tuo figlio. La violenza era appena entrata nella sua vita e ti chiedevi come comportarti. Dopotutto, era quello il gioco. Anche lui doveva imparare a difendersi. Insomma, era l'inizio di una lunga guerra. Cercavi soluzioni, insegnargli l'arte di tirare calci e prendere appuntamento con la maestra, per poi arrivare a quel punto: avere semplicemente voglia di spaccare la faccia a un bambino di cui non sapevi niente, se non che era in seconda elementare e portava sneakers rosse.

In quel momento una Clio suonò il clacson passando accanto alla station-wagon che sporgeva sulla carreggiata e Christophe si decise.

«Dai, andiamo.»

«Andiamo dove?»

«Vado a parlare con il tuo compagno.»

La notizia fece spuntare un sorriso sulle labbra di Gabriel, che scese dall'auto e prese per mano suo padre. Arrivati davanti alla scuola, cercò il suo aguzzino fra i bambini che correvano in cortile e indicò un tizietto con un piumino e un berretto col pon-pon. Però portava sneakers blu.

«Sei sicuro che sia lui?» chiese Christophe.

«Sì.»

«Bene. Vai, micino, io sono qui.»

Gabriel varcò i cancelli della scuola, zaino sulle spalle, mentre una sorvegliante intirizzita, con un cardigan troppo lungo, rivolgeva sorrisi gentili ai genitori che lasciavano lì la prole.

Subito il bambino che Gabriel aveva additato si precipitò su di lui e cominciò a saltellargli intorno e a parlargli freneticamente. Gabriel si affrettava verso il portico, come una tartaruga sotto il suo enorme zaino. Si girò a guardare il padre. La bocca aveva cominciato di nuovo a deformarsi. L'altro gli stava addosso. Gli batteva sulla spalla. Poi gli diede uno schiaffo sulla testa. Era solo un colpetto, quasi affettuoso, ma a Christophe ribollì il sangue nelle vene. Si avventò sull'aggressore.

«Signore!» gridò la donna col cardigan.

Troppo tardi. Il padre già attraversava il cortile diretto al portico. Alcuni bambini si voltarono al suo passaggio, chiedendosi chi mai potesse essere quell'uomo che quasi correva. A terra, i colori di vecchi schemi del gioco della campana continuavano a impallidire.

«Ehi!»

Christophe afferrò il bambino per un braccio e lo scrollò senza tanti complimenti.

«La pianti o no?»

«Ma è lui che mi dà fastidio...» azzardò il bambino.

«Non ho intenzione di starti a sentire» tagliò corto il padre.

Il bambino con le sneakers blu non reagì, occhi persi nel vuoto, preoccupato soprattutto per quelle spiegazioni che non gli era permesso dare. In un attimo Christophe sentì sciogliersi la rabbia. Si era fatto un'idea completamente diversa dell'aguzzino di suo figlio. Era solo un bambino con la pelle chiara e i capelli biondi. Sul naso, commoventi lentiggini disinnescavano l'odio.

«Voglio che non tocchi più Gabriel» disse Christophe. «Se lo fai ancora, andrò dai tuoi genitori. Hai capito?»

Il bambino tentò ancora di spiegarsi, ma già accorreva la sorvegliante insieme alla maestra di Gabriel. Christophe mollò Kylian, che peraltro non sembrava tanto scosso da quella sfuriata. Gabriel aveva raggiunto i suoi compagni e non prestava più la minima attenzione alla faccenda.

«Vai a giocare, Kylian» disse la maestra interponendosi fra i due, sorridente ma decisa.

E il bambino si allontanò senza indugio, con un'andatura danzante, cercando un altro gruppo a cui aggregarsi. In realtà, doveva essere più basso di Gabriel di due o tre centimetri.

«Lei non può entrare così.»

Era una donna esile, indossava un giubbotto imbottito e un paio di Kickers. Il sorriso e gli occhi scintillavano con freddezza.

«Stamattina Gabriel ha pianto di nuovo» spiegò Christophe. «Non ce la fa più.»

«Sì, ma lei non può entrare nella scuola. Ai genitori è vietato.»

«L'altro bambino lo molesta. È la decima volta che glielo dico.»

«È molto presente, sì...» rispose la giovane donna senza smettere di sorridere pacatamente.

«Mi prende per il culo?»

In quel momento suonò la campanella e tutti i piccoli scomparvero in un batter d'occhio. Sotto il portico restò solo la classe della maestra di Gabriel. Lei ascoltava Christophe con pazienza. Certo, capiva che cosa intendeva dire. In ogni caso, ormai era abituata ai genitori degli scolari e conosceva a menadito le loro manie e le loro esigenze, le ambizioni premature che nutrivano per i loro pargoli, quel modo che avevano da alcuni anni di trattarti come una domestica, a volte arrivando persino a spiegarti come fare il tuo mestiere. Li frequentava da così tanto tempo che i loro modi padronali e intrusivi non la impressionavano più. Sapeva che a regnare, in fondo in fondo, era un'enorme preoccupazione.

«Ne parleremo con Kylian» concluse quando Christophe ebbe vuotato il sacco.

«E i suoi genitori?»

«Sono informati.»

«E se ne fregano?»

«Non è così semplice.»

«Ma insomma, succede sotto i suoi occhi!» sbottò Christophe a corto di argomenti.

La maestra si chinò verso di lui in modo da poter parlare sottovoce, e gli spiegò la situazione. Quel bambino che lui aveva appena strattonato non intendeva fare niente di male. Certo, aveva problemi di comportamento, ma non si poteva rimproverarglielo veramente. Christophe non aveva mai sentito parlare dei cosiddetti disturbi dello spettro autistico? In realtà, il fatto che Kylian stesse addosso a Gabriel in continuazione era piuttosto un segno di affetto. Solo, non sapeva bene quando smetterla.

«Per lui è complicato capire che a Gabriel non fa piacere.»

La campanella suonò per la seconda volta, un suono frastagliato e metallico che si sposava bene con il freddo mattutino di novembre, con l'acciaio del cielo e con quella specie di fragilità che aveva invaso Christophe.

«Devo andare» disse la maestra sbattendo precipitosamente le palpebre.

«Certo.»

Si salutarono, e Christophe fece un cenno a Gabriel. Poi si avviò verso l'auto, che continuava a intralciare il traffico. Fra due mesi il bambino si sarebbe trasferito e lui non avrebbe dovuto portarlo a scuola mai più.

Dopo aver lasciato la macchina nel parcheggio dell'Hotel Kyriad di Ludres, Christophe raggiunse la camera 321 salendo i gradini a due a due. Hélène lo aspettava. Gli aprì la porta e lui la baciò sulle labbra, poi entrò nella stanza, guardandosi intorno come se avesse paura che mancasse qualcosa.

«Tutto bene?» chiese Hélène.

«Sì, sì. Tutto bene.»

Ma lei percepì subito che qualcosa non andava.

Dopo il loro primo appuntamento al Casque d'Or, Hélène e Christophe si erano visti un'altra volta, poi Hélène aveva proposto di prendere una camera su Airbnb, era semplice e pratico, e poiché era chiaro che ne avevano voglia, tanto valeva non girarci intorno ulteriormente. Risultato, si erano ritrovati in una stanza a Charmes, un paesino a metà strada fra Nancy ed Épinal, a casa di una coppia di settantenni che possedevano una graziosa fattoria in riva alla Mosella e non avevano visto di buon occhio la loro permanenza di appena due ore.

«Non rimanete?» aveva chiesto la vecchia signora mentre tagliavano la corda.

«Siamo un po' di fretta» aveva spiegato Hélène.

«Ah, bah, bella roba...»

Per di più, la camera che avevano affittato, piuttosto carina in fotografia, si era rivelata in realtà gelida come un mattatoio, con un isolamento che lasciava molto a desiderare e una stufetta elettrica poco più efficiente di un tostapane che non poteva certo risolvere il problema. Perciò si erano limitati a sedersi sul letto, sotto la luce livida di un velux la cui veneziana non si chiudeva più, altro elemento che non invitava molto a spogliarsi.

«Di certo non lo facciamo qui» aveva detto Hélène. «È una vera schifezza. Troverò un posticino bello caldo.»

Christophe aveva alzato gli occhi verso il velux, poi era tornato a quella donna accanto a lui. Il suo viso ormai abituale. Era nella sua vita.

«Comunque sono contento che ci vediamo» aveva detto.

«Sì, anch'io.»

Avevano scambiato qualche parola con una serietà un po' ridicola. Non era tanto facile rivivere quelle cose a quarant'anni, la novità, i primi approcci, i progressi in punta di piedi. Si riscoprivano principianti, non più tanto disinvolti alla loro età, e in fin dei conti non era poi così spiacevole.

«Credi che ci riusciremo?»

Hélène era semisdraiata, appoggiata sui gomiti, e lui si era chinato a baciarla. Quella sensazione serica e rapida. Ben presto era diventato impossibile sapere chi baciasse chi. Con gli occhi chiusi, si erano regolati così, a tentoni, baci morbidi e lenti, d'inventario. Poi Christophe aveva cercato la sua mano. Lei aveva insinuato le dita tra i folti capelli della sua nuca e aveva sentito le sue braccia che le si chiudevano intorno. Fra loro qualcosa aveva ceduto, un sospiro di soddisfazione che saliva mentre Hélène si stringeva contro il suo ventre. Si erano cercati con il naso, le guance e la fronte. Si erano dimenticati di pensare.

«Tutto bene?» aveva chiesto Christophe riprendendo fiato.

«Benissimo.»

E quella sera, al pc, Hélène non aveva potuto fare a meno di attribuire cinque stelle alla spaventosa stanzetta di Charmes.

Tre giorni dopo si rivedevano in albergo. Lì Christophe aveva voluto fare le cose per bene. Sul letto le aveva tirato su la gonna, sfilato i collant, scostato la stoffa delle mutandine, intimo Eres comprato apposta, e poi, dopo averla fatta sdraiare, si era impegnato a leccarla a lungo. Era bello. Lui perlomeno sapeva che cosa fosse un clitoride e Hélène si era distesa sulla schiena per godere al massimo, malgrado la leggera preoccupazione per i peli. Con Philippe non si faceva problemi, ma dopo anni di monogamia quel pensiero le aveva un po' guastato il piacere. Perché sembrava che andasse di moda il pube liscio. Nei film porno, quella roba americana con tette stratosferiche, le donne sfoggiavano quasi tutte un sesso da bambina. Ne aveva accennato a Lison, e lei, quel giorno in leggings e camicia di jeans sotto un chiodo nero, era stata categorica: che andassero tutti affanculo. Accompagnando il gesto alla parola, si era aperta la camicia per farle vedere. In effetti le sue ascelle erano al naturale. In conclusione, non sembrava che Christophe si fosse formalizzato. Si era impegnato, andando a fondo. Dopo un po' Hélène aveva preferito tagliare corto: «Dai, vieni.»

«Cosa?»

«Ho voglia. Vieni.»

Gli aveva slacciato i pantaloni, la camicia, gli aveva baciato il ventre, mani frettolose, bocca stupita di non trovare nulla di ciò che aveva immaginato. Ovviamente il liceale non c'era più. Restava un corpo di uomo, il suo odore, la sua carne spessa, di nuovo i peli. E quella specie di delusione l'aveva commossa. Lui era suo.

«Mettiti un preservativo. Vieni.»

Purtroppo Christophe non era per niente in grado di scoparla. Lì per lì Hélène aveva provato la fifa così banale di non essere più desiderata. In quei momenti, non c'erano santi, ti tornavano istintivamente le peggiori idee, i riflessi più stupidi e più radicati. Lo sguardo degli uomini come metro di valutazione. Ma ben presto aveva constatato che nemmeno Christophe era tanto sicuro di sé.

Gli aveva ripetuto vieni, e si erano infilati sotto le lenzuola, al caldo, baciandosi ancora, nella penombra e quasi coperti fino al mento. Lui aveva sentito la sua pelle contro il cazzo, il seno contro di sé. Hélène aveva chiappe più forti di quanto avesse creduto e le aveva afferrate a piene mani, poi l'aveva morsa sul collo, la sua carne sotto gli incisivi. Alla fine era passato all'orecchio. Il fruscio della stoffa, i sospiri, i respiri, i rumori umidi dei baci, gli ansiti che aumentavano, mentre Hélène gli si strofinava contro la coscia, cercava un posto contro di lui, tutto questo aveva finito per fare effetto. Lei lo aveva persino aiutato a infilare il preservativo e la cosa, alla fine, dopo tanti anni, era accaduta. Anche se non era stato un fuoco d'artificio.

Hélène aveva sentito il suo peso, il suo odore già familiare, cosce aperte e gambe piegate, percorrendolo con le mani, le sue braccia tese, le spalle enormi, la schiena, le natiche incredibilmente morbide, mentre lui le dava colpi di reni. Quando le aveva chiesto se andava bene, aveva risposto di sì con un cenno del capo. Guardami, e lei aveva obbedito. Poi Christophe era rotolato di fianco, dopo aver goduto troppo in fretta e senza sentire granché.

Ecco. Si era fatta Christophe Marchal. L'idea le era piaciuta così tanto che aveva ridacchiato.

«Che ti succede?» aveva chiesto Christophe, anche lui preoccupato, togliendosi il preservativo per annodarlo.

«Niente, è buffo.»
«Be', grazie...»
«Ma no, stupido.»
Quando lui si era diretto verso il bagno, nudo, con il preservativo in mano, Hélène ne aveva osservato con piacere i movimenti, il culo tornito, la schiena e le cosce enormi. Chissà come sarebbe andata poi, ma l'idea di poter godere di tutto ciò l'aveva rallegrata.
Da allora si erano rivisti due volte, sempre in quel Kyriad che aveva il vantaggio di essere facilmente accessibile e si trovava a dieci minuti da Nancy, in uno di quei luoghi che esistono solo in funzione degli automobilisti, chiuso fra una bretella autostradale e un'area residenziale a venire.
«È incredibile, costruire posti del genere» aveva osservato Hélène.
Christophe aveva risposto che era così dappertutto. Lui passava la vita in strada e non vedeva la differenza.
Comunque, la volta successiva Hélène si era procurata due candele profumate, mezza bottiglia di Mumm e un foulard per creare una luce soffusa. Avevano scopato di nuovo, già in modo meno maldestro, con sguardi e pazienze, delicatezze significative, tanto da cominciare a chiedersi se non ci fosse qualcos'altro oltre al sesso puro e semplice.
«È stato meglio, no?»
«Sì, molto meglio.»
Christophe non aveva voluto approfondire quel debriefing. E solo allora lei aveva notato la piccola cicatrice sotto l'occhio destro.
«Che cos'è? Non me n'ero mai accorta.»
«Non è niente.»
«Fa male se schiaccio?»
Con la punta della lingua stretta fra i denti, Hélène aveva premuto abbastanza forte.
«No. A volte sento qualcosa. Ma lì no.»
«Quando sta per piovere?»

«No. È strano. Come se sentissi che non sento più niente. In realtà è insensibile.»
«Come te la sei fatta?»
«Non mi ricordo.»
Allora lei aveva baciato la piccola cicatrice, poi il naso, la bocca, il torace. Gliel'avrebbe volentieri succhiato un po', ma dopo aver guardato l'orologio aveva detto: «Bene, ho giusto il tempo di fumarmi una sigaretta.»
Un secondo dopo era accovacciata in un angolo della stanza, intenta a frugare nella borsa. Seduto sul letto, Christophe le aveva chiesto quanto era alta.
«Ah, questo ti preoccupa. Un metro e settantasei.»
«Sei più alta di me.»
«Sì, lo so.»
Poi aveva fumato alla finestra, con addosso la camicia di Christophe, e lui aveva pensato che avrebbe respirato il suo odore per tutto il giorno.
«Quando ci rivediamo?»
«Presto» aveva promesso Hélène guardando le auto nel parcheggio, i negozi sparpagliati tutto intorno come dadi su un tavolo da gioco.
Era buffo tornare in quel genere di posti. Ogni weekend ci andavano le famiglie per fare progetti, comprare un tavolo da ping-pong o la carta da parati, per poi mangiare bistecca e patatine o abbuffarsi in un ristorante cinese *all you can eat*. Hélène aveva conosciuto quegli svaghi, le compere che cancellavano le settimane tutte uguali, il balsamo dei piccoli acquisti inutili. Anche lei aveva vagato per ore con i suoi genitori in quegli arcipelaghi di calcestruzzo, fra capannoni e parcheggi, riempiendo carrelli e portando a casa una pianta o un cuscino, una cavolatina qualsiasi che sembrava rendere più sopportabile la vita. Ora, quando le capitava di attraversare una zona di quel tipo, la invadeva una specie di disgusto. Voleva mettere subito la maggiore distanza possibile fra sé e quelle insegne universali. Ma quel giorno, in-

vece, contemplando la rotonda che dava accesso a un negozio di casalinghi, a un centro fitness e a una rivendita di biancheria da letto, aveva provato un gran senso di tenerezza. In fondo era tutto facile, la bellezza si manifestava in qualunque luogo. E poi si era detta che, comunque, quattro salti fra le lenzuola facevano bene. E quell'espressione che era così poco da lei l'aveva fatta ridere tra sé.

Ecco, Christophe e Hélène erano diventati amanti. Si vedevano, facendosi del bene marginalmente, vivevano la loro storia clandestina che non doveva compromettere il resto. Per qualche settimana erano riusciti a mantenere la frontiera tra la vita normale e le ore segrete. E poi, un giovedì mattina, Gabriel aveva pianto andando a scuola perché si faceva rompere le scatole da un compagno di classe, e la diga aveva ceduto.

«Non prendertela» disse Hélène, mentre Christophe restava piantato in mezzo alla stanza, incapace di guardarla, mani in tasca e testa bassa.

Aveva notato, in lui, quella tendenza al malumore. Quando qualcosa lo tormentava, cominciava a rimuginare il problema come una bestia da soma, con la medesima ostinazione sorda, quella sorta di stupidità senza rimedio. Allora sembrava così lontano, diventava quasi un altro.

«È mio figlio» disse.

Hélène gli fece sputare il rospo, e quando ebbe vuotato il sacco gli strappò un bacio.

«Si risolverà.»

«Sì, lo so.»

Christophe le fece un sorriso stentato e si baciarono di nuovo. Ma lei poteva ancora percepire il rifiuto della sua bocca, la distanza che restava fra loro. Lo strinse a sé, un gesto al tempo stesso dolce e comico, e imitò la sua espressione seria, la contrarietà immusonita del suo volto. Vedendo quella specie di riflesso Christophe alzò gli occhi al cielo, ma dentro di lui qualcosa si stava già sciogliendo. Allora Hélène fece una faccia innocente, da personaggio Disney, occhi sgranati e sfavillanti, e gli passò le dita sul cazzo, seguendone la forma attraverso la stoffa dei jeans. Ora Christophe la fissava con un che di commovente nello sguardo, in cui si mescolavano tristezza e forse gratitudine. Un altro bacio, intenso questa volta, e lei lo sentì cedere contro di sé mentre il suo sesso si gonfiava. Gli slacciò i jeans, si accovacciò bruscamente e inghiottì il suo cazzo con l'appetito di quei giorni dopo una festa, quando ti viene voglia di cibi pesanti, che scacciano il malessere. Lo succhiò così, con la testa vuota, inebriandosi del suo cazzo mentre lui la guardava fare, afferrandole i capelli, toccandole la nuca, le guance, e poi le labbra gonfie. Lei gli aveva afferrato le cosce con un gesto di appropriazione, gli strinse le natiche, lo affondò in bocca fino a sentire in gola il pizzicore appiccicoso e soave, il sale pungente delle gocce che lo imperlavano. Con un gesto, Christophe la fece alzare in piedi. Si baciarono ancora, lingue senza ritegno, sapore del sesso in entrambe le bocche, cercandosi con il ventre. Ora avevano voglia di sporcarsi, di attirarsi rimproveri. L'angoscia di poco prima si scioglieva a tutta velocità. Si ritrovarono sul letto, lui scivolò subito dentro di lei, muovendosi appena, sentendosi larghissimo nella strettoia della sua fica, perché lei lo tratteneva e lo voleva fortissimamente. Hélène lo rinchiuse fra le braccia, gli strinse le cosce sui propri fianchi.

«Merda, il preservativo.»

«Chissenefrega. Guardami.»

Continuarono a scopare fissandosi, poi Christophe si appoggiò sugli avambracci, dando colpi di reni più saldi, ripetuti, la cui forza scompariva in lei senza quasi turbarla. Hélène lo teneva per le spalle, e incassava, a bocca semiaperta. Quando chiuse gli occhi, la richiamò all'ordine.

«Guardami. Resta con me.»

Per la prima volta si scambiarono parole fatte di metallo,

quelle parole incandescenti che ci si bisbiglia all'orecchio al chiuso, di notte, nel buio, lontano dalle polizie e dal progresso, insulti che valgono tutti i complimenti possibili, parole vergognose che creano legami speciali e complicità ostili al mondo intero. E a poco a poco scivolarono in uno di quei coiti estremi. A Christophe il sudore scendeva dalla fronte goccia a goccia e Hélène apriva la bocca, sporgeva la lingua. Diceva mordimi, più forte, ancora. Lui diceva mi senti, tienimi, stringilo. Sentivano le loro unghie nella carne, dolori e impazienze che intimavano altre posizioni, odori di marea e di salnitro, profumi dolciastri di cosmetici che si scioglievano, punte acide che in altri momenti li avrebbero disgustati, e sotto la lingua dei peli, del liscio, delle pieghe, l'inferno della materia, versatile e inimmaginabile, l'altro come se stessi, spalancato, liquido, rivoltante, commestibile, tutto riassunto nello spazio chiuso delle gambe e delle braccia. Mio Dio, il tuo culo, le tue mani, il tuo cazzo. Ci furono ovviamente pause e commenti, lo stupore di ritrovarsi lì, ansimanti sulla riva, per ricominciare quasi subito, riprendere in uno sciabordio meccanico. All'improvviso un languore da palude, i poli intercambiabili, i ruoli invertiti, il bisogno al centro, nel cerchio caldo che bagna, lei che si girava, lui che ricadeva a braccia spalancate, aspettando che lei si accovacciasse, e di continuo la sorpresa di percepire un mondo che cede in ogni suo aspetto. La civiltà, per fortuna, rifluiva. Dopo un po', Christophe ammise di non poterne più e rimase supino.

«Non sei neanche venuto» osservò Hélène, appoggiata su un gomito a gambe aperte, senza neanche prendersi la briga di tirare su il lenzuolo.

«Non volevo che finisse.»

«Avremmo potuto ricominciare dopo» disse lei, contemplando il cazzo di Christophe che già si ammosciava.

Lui fece una smorfia dubbiosa e Hélène lo baciò su una spalla. Christophe guardò l'orologio.

«Devo andare.»

«Mi secca lasciarti andare via così.»
«Ci rivediamo.»
«Quando?»
Il sudore sulla pelle aveva cominciato ad asciugarsi. Già non faceva più così caldo e Hélène saltò giù dal letto per cercare le sigarette. Christophe, di nuovo cupo, cominciò a raccogliere i vestiti sparpagliati a terra. Mentre rialzava gli occhi, lo sorprese il gesto di Hélène che si accendeva la sigaretta.
«Sei sicura di voler fumare in camera?»
La domanda produsse il suo spiacevole schiocco disciplinare. Per un secondo Hélène rimase attonita, con la sigaretta in bocca, l'accendino in mano, e decisamente raffreddata. Mentre lui entrava in bagno lo trattenne: «Senti. Mica cominceremo a parlare così.»
«Che vuoi dire?»
«A parlarci come se potessimo permetterci qualunque cosa. Come una coppia. Come due cretini.»
Sembrava che Christophe non capisse bene dove lei voleva andare a parare, e non capire dava alla sua faccia un aspetto aggressivo, quasi brutto, in realtà. Comunque fece lo sforzo di trattenere un sospiro.
«Anch'io ho le mie rotture di palle» aggiunse Hélène. «Non è facile per nessuno. Ma non voglio che questo mandi in vacca anche noi.»
L'ultima frase gli diede un brivido. Era la prima volta che diceva noi.

12

Su consiglio della coordinatrice di classe, al penultimo anno di liceo Hélène ha scelto l'indirizzo scientifico, anche se preferisce lettere e storia.

«Una del tuo livello fa lo scientifico» aveva tagliato corto la professoressa Simon l'anno precedente, al momento di chiudere le procedure di orientamento.

Così, Hélène si è ritrovata con tutti i borghesi del liceo, i figli di quelli che sanno come vanno le cose e hanno previsto da lunga data che su quei banchi i loro pargoli si sarebbero preparati agli studi universitari giusti, magari Medicina, o Legge, al limite.

Charlotte ha scelto lo stesso indirizzo, ovviamente, anche se suo padre ha dovuto battagliare per convincere il preside, secondo il quale sarebbe stata più adatta a scienze umane e sociali.

Charlotte è cambiata. È ingrassata, seno e fianchi sono spuntati all'improvviso e sua madre la sorveglia di continuo, convinta che mangiucchi di nascosto e si alzi di notte per saccheggiare il frigo. Nella grande casa di rue des Murmures il clima è diverso. I fratelli maggiori, che già non erano molto presenti, ormai vivono a Parigi e all'Aia, il padre lavora non-stop e Charlotte ha cominciato a soffrire di una misteriosa malattia. Ogni volta che ha il ciclo è la fine del mondo. In principio Hélène ha pensato che l'amica la mettesse giù dura per attirare l'attenzione, ma ogni mese si ripete lo stesso incubo. Pallida come un cadavere, Charlotte si contorce sul letto e piange nel cuscino. Le fa male il seno. È qualcosa che comincia nella pancia e s'irradia nelle reni, e lei ha l'impressione di avere due grosse olive al posto delle ovaie. Perde molto sangue e a volte il dolore la fa persino vomitare. Nessuno sa che cosa fare. Sua madre le prepara infusi e borse d'acqua calda. I medici sono sorpresi, ma in fondo non ci credono, soprattutto il ginecologo, che le prescrive del paracetamolo e le consiglia di fare più attività fisica. In ogni caso, non ne morirà di sicuro.

Quella specie di intontimento del ventre che la trasforma in una creatura di porcellana ha creato parecchia distanza fra le due ragazze. Certo, Hélène è dispiaciuta per l'amica, ma è anche un bel peso vederla sdraiata lì per ore e ore, con una faccia d'oltretomba, e dover aspettare che le passi.

Comunque, dopo la faccenda del diario Hélène non è stata più capace di parlarle a cuore aperto. E poi ha cominciato a frequentare altre ragazze, Laurence Lefur, Magalie Conraud, Sonia Hadid, e se Charlotte ha ancora un posto privilegiato, non è più così centrale nella sua vita. La loro amicizia è diventata meno pressante; ha assunto il carattere di un obbligo, come se al legame elettivo si fosse sostituita la schiavitù dei ricordi e dei momenti condivisi. In ogni caso, Hélène si chiede se l'amica continui a vedere Christophe, se abbiano ancora quelle ore clandestine solo per loro due. A volte, quando se ne sta da sola a letto, si ricorda delle parole del diario, quelle in rosso, e dei punti esclamativi. Tutto ciò avviluppa Christophe Marchal in un'aura speciale, di mistero e di sesso, come se fosse diventato una specie di piccolo idolo portatile, associato ai piaceri silenziosi e agli appuntamenti segreti. Hélène immagina cose, s'immagina al posto di Charlotte. E quando poi lo vede in cortile, o lo incrocia in mensa, non può fare a meno di essere turbata, con le guance rosse, da vera stupida. Per di più, dato che l'anno precedente lui è stato bocciato alla maturità, Hélène suppone che sia grezzo, sempliciotto, limitato alle potenzialità fisiche. Sminuirlo, stranamente, la fa felice.

Il bello è che la sua tipa scema, la punk altezzosa con quel nome inglese, non è più lì a ostacolare le cose. Se n'è andata in chissà quale università ed è molto meglio così. A volte Charlotte e Hélène vedono passare Christophe nel cortile per fumatori. Ora è spesso da solo. I suoi amici hanno lasciato il liceo, si sono sparpagliati a Nancy, Metz o Strasburgo, dove frequentano bienni di indirizzo tecnologico o corsi professionali. Lui è rimasto lì, con il suo bel faccino, il giubbotto di jeans foderato di pelo e le Vans. Fa venire un po' voglia di coccolarlo. Le ragazze non ne parlano. Christophe è il loro duplice segreto.

Un giorno, Hélène si ritrova per caso in autobus con lui, sul 5, quello che va dal centro fino a Cornécourt costeggiando la Mosella. Quando Christophe si gira verso di lei, l'adolescente si fa piccola piccola. Non ha nessuna voglia di entrare in contatto. Perché la realtà non le interessa più di tanto. Quello che piace a Hélène è questo: guardare, raccontarsi delle storie. A un certo punto lui finisce per riconoscerla e le scocca un sorriso di cortesia. A lei viene una tremenda vampata di calore. È una cosa totalmente ridicola. Il sabato successivo ne parla a sua madre.

«Non vale più la pena di portarmi al liceo.»

«Ah, no?»

Come sempre a quell'ora, tra la fine del pranzo e l'inizio del tg dell'una, Mireille lustra la cucina.

«In realtà preferisco prendere l'autobus.»

«È una novità...»

Mireille non si formalizza. Si asciuga le mani in un canovaccio e lo stende sul radiatore, piega con cura il grembiule.

«Bene, ti darò i soldi per il biglietto.»

Quando riflette, Mireille ha la mania di sbattere le palpebre a tutta velocità, sembra che lampeggi. Con le braccia conserte sotto il seno magro, osserva per un momento la sua unica figlia, la squadra stile mercante di cavalli, è il suo modo di amare, pratico, utilitaristico. Ora è alta, quella ragazzina, non particolarmente bella; insomma, diciamo che è ancora un po' sgualcita dall'età ingrata, e poi ha un aspetto strano da quando si è tagliata i capelli dopo le famose vacanze da ricchi all'Île de Ré, ma ha due gambette fantastiche e sopra sfoggia ormai un culo superlativo che esibisce o nasconde, a seconda dei giorni. In ogni caso, a scuola continua a fare scintille e per Mireille quella è l'unica cosa che conta. La coordinatrice di classe gliel'ha detto alla fine del primo anno del triennio: «Può andare lontano, bisogna incoraggiarla.»

«Mi posso fidare?» chiede Mireille.

Hélène alza gli occhi al cielo. È il mantra di sua madre, la fiducia. Cosa crede? Che le risponderà no, ho in mente solo una cosa: prendere l'autobus per farmi mettere incinta da un tizio con il salario minimo e mandare in vacca la mia vita.

«Ma sì, mamma...»

«Gesù» geme Mireille.

Però è solo scena, perché in fondo non va tutto così male in quella famiglia. Lei e Jean a volte ne parlano, la sera tardi, nel loro letto. Quando la figlia ha annunciato che voleva fare l'indirizzo scientifico, all'inizio hanno pensato di opporsi. In fin dei conti, Hélène aveva i voti migliori nelle materie letterarie e la vedevano intraprendere piuttosto una carriera di insegnante, o di notaio, o di avvocato, se era davvero all'altezza. Ma una maturità scientifica con due lingue straniere e latino, che senso ha? Si preoccupano per quelle vie maestre che non sanno di preciso dove portino. Solo due membri della famiglia hanno fatto il liceo, e in realtà sono donne. Una cugina è diventata maestra, l'altra lavora al ministero dell'Energia e dell'Ambiente. Carriere facili da capire, persone di cui non è arduo immaginare i compiti e le giornate. Ma quei termini, matematica superiore, matematica specialistica, e poi le *business school* o i politecnici, a loro non dicono niente. Sono preoccupati, quei luoghi gli sembrano trappole.

«Sei sicura che è questo che vuoi fare?»

Quindi, per prudenza, hanno sciorinato tutta la sfilza degli argomenti dissuasivi. Il livello si sarebbe rivelato troppo alto. L'avrebbero fatta a pezzi, sarebbe stata punita per le sue pretese, tanto valeva scegliere qualcosa alla sua portata. E che dire delle altre studentesse, le figlie dei ricchi: si sarebbe trovata bene in quella giungla?

«Non vogliamo scoraggiarti. Ma devi sapere che cosa ti aspetta.»

E poi la gioventù è fatta per spassarsela, per divertirsi. Voleva infilarsi in un tunnel spaventoso di quel genere, anni passati a sgobbare, vita sacrificata, e per che cosa, alla fine, per i soldi? A casa Poirot si sa da un pezzo che i soldi non fanno la felicità.

Hélène li ha odiati per il loro scetticismo da poveracci, per la loro filosofia da eterni fregati che trasforma la mediocrità in virtù, il servilismo in saggezza, l'ambizione in arroganza. Lei, invece, vuole tutto!

Dopo qualche giorno di traccheggiamenti, il padre di Hélène finisce per schierarsi dalla sua parte. Ha un carattere più fiducioso, come peraltro gli rimprovera sua moglie. E poi i padri, con le figlie...

Ma fin dall'inizio dell'anno scolastico Hélène ha fatto scintille. Tutto sembra facile a quella ragazzina che prende diciotto su venti sia in matematica sia in tedesco.

«È strano, a pensarci» dice Jean.

Ma questa sua facilità li preoccupa. Sono presi nella tenaglia tipica dei genitori che incoraggiano i figli mentre avvertono chiaramente che ogni passo compiuto li lascia un po' più indietro. Sulla banchina della stazione vedono il treno rimpicciolire in lontananza, e acquistare velocità. A volte, è più forte di lei, Mireille ha voglia di dire stop a quella spaventosa accelerazione. Quando Hélène sfoggia la sua scienza, li corregge sulla pronuncia di una parola (*proPRio* e non *propio*, *puRtroppo* e non *pultroppo*, per non dire dell'inglese: la ragazzina li prende decisamente per il culo se si azzardano a pronunciare *Dirty Dancing* o *Star Wars*), quando li zittisce, fa l'interessante citando Jean-Paul Sartre a tavola o legge Virginia Woolf in salotto, sua madre si arrabbia. Chi ti credi di essere? Sei convinta che le persone davvero intelligenti disprezzano i loro genitori? Hélène assicura che non c'entra niente. Solo, le piace la verità, la precisione, istruirsi, e ha tutto il diritto di esprimersi. Ma la sua difesa fa acqua. Ogni volta che sputa in faccia ai genitori la propria superiorità, la parte inferiore del suo volto ha qualcosa di odioso, con il mento risentito, la bocca sprezzante. Questi episodi si concludono spesso con le lacrime, la porta della camera sbattuta. Tradire è uno sporco lavoro.

Non importa. I genitori di Hélène sono orgogliosi e non va tutto così male. E Mireille non trova parole abbastanza belle per dire agli altri che perla, che miracolo, che promessa sia sua figlia. In ufficio alzano tutti gli occhi al cielo alle sue spalle quando comincia una frase con «Mia figlia». Il dottor Bienvenue, uno dei notai associati, le ha detto: «Una volta o l'altra dovrà presentarcela, la sua piccola meraviglia...» Mireille si è sentita le guance in fiamme. Pensa che un giorno Hélène apparterrà a quel mondo. Quello del comando e del sapere, delle persone che danno ordini in tono evasivo e camminano con un fascicolo sotto il braccio, ridono per cose incomprensibili e si comportano con gli altri come adulti con dei bambini. E questo la disgusta e la rallegra.

Anche Jeannot, pur avendo meno occasioni nel negozio di carta da parati dove lavora, canta le lodi di sua figlia, tanto più che il figlio del cognato non è molto portato per gli studi. Ma bisogna vederlo a tavola, come la guarda quando lei fa la brillante, vedere i suoi occhi da animale soggiogato. Da dove verrà quella creatura? E le parole che usa, le idee che le passano per la testa, la sua continua insoddisfazione, il suo entusiasmo intransigente, quel desiderio di esplorare, di segnare le distanze, quello slancio che a volte sfiora l'insulto? Dove va a prenderli?

Allora, quando alla figlia servono soldi per una gita scolastica o per comprare libri Mireille e Jean non protestano. Li scuciono. Fanno quello che devono. È il loro terribile mestiere di genitori, dare alla ragazzina gli strumenti per scappare via.

Ma quella fuga progressiva non è priva di inconvenienti.

La decisione di prendere l'autobus, per esempio. Perché la fermata è a circa un chilometro da casa, tragitto che Hélène deve percorrere con lo zaino in spalla, al buio e al freddo già dal mese di ottobre, e con un borsone supplementare il giovedì, quando ha educazione fisica. A lei, che sogna di camminare nella vita con le mani in tasca, non sembra il massimo. Ogni volta che vede arrivare nel cortile del liceo le ragazze privilegiate che hanno la fortuna di vivere in centro, che dormono un'ora in più prima di andare a scuola e non devono mai sciropparsi la ressa dei mezzi pubblici, che viaggiano leggere perché all'ora di pranzo ripasseranno da casa, tutte in tiro con i loro borsoni chic, Hélène si chiede se non ha fatto una cazzata rinunciando allo strappo che le dava suo padre.

Tanto più che in realtà Christophe si è fatto regalare uno scooter e non prende mai l'autobus.

Allora, per passare il tempo durante le ore di viaggio e di attesa sotto la pensilina, Hélène legge. Ancora parecchi classici, Balzac, Zola e Flaubert. Ma, sempre più, a sedurla sono gli americani, Dorothy Parker, *Martin Eden* e *Amatissima*, poi *Il profumo*, che divora in tre giorni, al punto da trascurare un compito a casa di matematica. Risultato: si becca dodici su venti e le vengono le lacrime agli occhi. Charlotte è verde, ha studiato come una pazza e ha preso lo stesso voto. Hélène promette a se stessa che non succederà più.

Una mattina di novembre arriva a scuola, come sempre, un po' prima delle otto e intuisce subito che sta accadendo qualcosa di insolito. In cortile gli studenti formano capannelli sovreccitati e si accalcano intorno al giornale. Hélène getta un'occhiata inquieta a quel fermento, con le mani infilate nelle maniche della giacca Oxbow. Tutto ciò le pare sospetto, tanto più che non si sente molto a suo agio perché quel giorno indossa un paio di jeans troppo corti da cui spuntano calzini fantasia. Per quanto lei abbia protestato, sua madre non ha sentito ragioni.

«Gli altri sono da lavare. Cresci troppo in fretta. Non riusciamo più a starti dietro!»

Perciò raggiunge Charlotte nel loro solito angolino, sotto la campanella e vicino al posacenere rosso.

«Che gli prende a tutti quanti?»

«Non hai visto?»

«Cosa?»

Anche Charlotte è in uno stato fuori dell'ordinario. Sembra che abbia vinto al lotto. Tira fuori dalla tasca la prima pagina di *La Liberté de l'Est*, che ha accuratamente piegato in quattro.

Al centro, la fotografia di Christophe Marchal, con i capelli bagnati, un sorriso grande come l'America, e il suo nome nel titolo.

«Ieri sera era al telegiornale. Pazzesco.»

Così Hélène scopre che nell'ultima partita ha segnato quattro volte contro il Caen. Certo, sa come tutti che gioca in prima squadra da quando ha sedici anni, il che è già una specie di prodezza. Ma fino a quel momento non si era fatto notare, se non per le vessazioni da parte dei compagni, forse. Durante la sua prima trasferta è rimasto legato con il nastro adesivo al cesso dell'autobus per trecento chilometri e all'arrivo c'è voluto un cutter per liberarlo. Ma Christophe non se l'è presa e alla fine ha trovato il suo posto in squadra. Del resto, la stagione 1991-1992 si è chiusa su buoni risultati, con l'Épinal ammesso ai playoff, cosa che non succedeva da anni, e quarto nel campionato della prima divisione semiprofessionisti.

È ancora lontano dai vertici, ma per la prima volta i pianeti sembrano allinearsi per quella piccola squadra diligente e solida. O almeno così dice l'articolo di *La Liberté de l'Est* che Hélène divora quel mattino. Lo zoccolo duro dei "Lupi" si è ormai costituito da quattro anni. Sono nati degli automatismi. In passato ci sono state sconfitte abissali, ma questa stagione sembra che finalmente tutto quagli. L'articolo ricorda in particolare la svolta dell'amichevole con il Megève, durante la quale l'Épinal ha subito fino al terzo tempo, ma non ha mollato, continuando a impegnarsi, a fare un gioco collettivo, ben organizzato, e ha vinto in extremis nove a otto.

Il giornalista accenna anche alla sorte di Jan Pavlík, l'attaccante ceco che è entrato in squadra nel 1990. Il poveretto ha avuto solo il tempo di giocare tre partite prima che gli fosse diagnosticato un cancro ai testicoli. Il sabato successivo al suo ricovero, nello spogliatoio regnava un silenzio tombale. Sembrava persino che alcuni giocatori avessero pianto, e non necessariamente i più giovani. Quella sera il coach Villeneuve non aveva detto granché. Non era mica un film. Un compagno forse sarebbe morto, era giovane, e padre di un bambino di quattro anni, all'improvviso il gioco sembrava ben poca cosa. Nessuno aveva più voglia di fare battute, e neanche di vincere. Il coach aveva detto solo *Forza ragazzi*. Nel rumore del nastro adesivo srotolato, di chi tirava su col naso e delle mazze che raschiavano il pavimento, aveva preso forma qualcosa.

Oggi Pavlík è di nuovo sul ghiaccio. Segna a ogni partita, senza spacconate, senza perdere la testa, assiduo agli allenamenti, coscienzioso e modesto, non molto loquace ma sempre col sorriso sulle labbra. È diventato un modello che fa vergognare gli scansafatiche e i dilettanti interessati solo alle birre del dopopartita. Grazie a lui la squadra amatoriale si è professionalizzata.

Peraltro, Pavlík è riuscito a convincere la direzione del club a importare due suoi ex compatrioti, Zlatko Kovar e Bruno Pelc, che prima della guerra giocavano a Zagabria. Hanno dovuto attraversare Ungheria, Austria e Germania su una Fiat Panda stracarica, ma alla fine sono stati trattenuti alla frontiera francese. Il presidente del club è stato costretto a tornare da Juan-les-Pins fra il 14 luglio e il 15 agosto, abbandonando moglie e figli, per tirarli fuori da quella situazione. Quando ha visto i due spaventapasseri, che non si lavavano da cinque giorni, ha pensato merda, ci siamo fatti fregare. La faccenda è diventata ben presto di dominio pubblico. Perlomeno era qualcosa da raccontare.

I tre cechi hanno festeggiato la loro rimpatriata prendendosi una sbronza durata tre giorni e tre notti e conclusasi con un balletto acquatico completamente nudi in una fontana di place de la Chipotte. Poi sono cominciati gli allenamenti, quelli di base, la terribile ripulita di fine estate per tornare in forma, e il coach ha percepito subito che stava succedendo qualcosa. Nella prima amichevole con il Dijon la linea dei cechi si è dimostrata devastante. A Épinal non si era mai visto niente del genere. Un gioco di una fluidità così perfetta, di una tale velocità. Al Dijon sono rimasti solo gli occhi per piangere. «È nata una squadra» ha titolato il giornale della domenica.

Da quel momento tutto è filato alla perfezione. Allo stadio di Poissompré i tifosi sono più entusiasti che mai, e quelli che avevano disertato le panchine della pista di ghiaccio dopo qualche stagione di mediocre intensità sono tornati. La stampa s'interessa. Gli sponsor affluiscono. Le tribune vip sono piene. E sabato sera Christophe Marchal ha segnato quattro delle cinque reti della vittoria contro il Caen. In fondo è ciò che tutti aspettavano, che un figlio della regione si distinguesse, che fosse giovane, bello e bravo. Che si potesse finalmente suggellare la leggenda. Ci sono così pochi motivi per stare allegri in quei luoghi che non hanno né il mare né la torre Eiffel, dove Dio è morto come dappertutto, e dove le serate si concludono alle otto nei giorni feriali e nei fossi durante il weekend.

Così, quando Christophe arriva a scuola quel lunedì mattina, l'effetto "visto alla tivù" funziona al massimo. Tutti i maschi vogliono diventare suoi amici, tutte le ragazze lo trovano ancora più carino. Vogliono toccarlo e ascoltarlo. Lui si limita a dire «eh eh» e si gratta la testa. Non gli si chiede di più. Finalmente suona la campanella e Christophe si avvia verso l'edificio B con alle calcagna buona parte degli adolescenti del dipartimento. Mentre cammina, il suo sguardo incrocia quello di Charlotte e il sorriso della star mostra una lieve esitazione. Charlotte fa un tiro di sigaretta, sdegnosa come una diva decaduta.

«Che deficiente» dice Hélène.

Charlotte non si prende nemmeno la briga di reagire. Da quel momento le due ragazze andranno a vedere tutte le partite allo stadio di Poissompré.

Fino a Natale i giocatori dell'Épinal vincono la maggior parte degli incontri, senza punteggi mirabolanti, ma basta e avanza. Ora i loro punti di forza e di debolezza sono noti. Certo, passato l'effetto sorpresa, lo splendido gioco dei cechi non è più così irresistibile, ma i tre praticano un hockey al tempo stesso tecnico e rude su cui il coach può contare. A supporto, i veterani portano la loro esperienza. In particolare Papeloux, Giovaninetti e il capitano, Anthony Gargano, che dopo una breve esperienza a Mannheim è tornato a concludere la carriera a Épinal. Ha le ginocchia in uno stato pietoso, la schiena lo fa soffrire, ma con le infiltrazioni e tre sedute di kinesiterapia alla settimana si risolve. E poi, nello spogliatoio apprezzano tutti il suo humour glaciale, la sua gentilezza sottotraccia. Sa tenere in riga meglio del coach gli sbruffoni, Madani, Petit, il portiere russo Dimitriov, che nessuno riesce a capire bene ma che adora mugugnare in cirillico. Sa anche galvanizzare le truppe quando la stanchezza si fa sentire o bisogna rimontare una rete a sorpresa.

In questa compagine Christophe ha il ruolo più bello, quello di cesellatore. Non è chiaro che cosa abbia innescato la metamorfosi, ma da stupidotto promettente, avido di prodezze individuali, è diventato un tizio sicuro, il cui gioco ellittico, la cui purezza di esecuzione a volte mettono a tacere lo stadio, come dei puntini di sospensione.

Purtroppo, ed è questo il dramma, la squadra sta già invecchiando. Può darsi senz'altro che la stagione si concluda con il passaggio alla divisione élite, ma anche che la formazione eccezionale a cui si deve tale performance si dimostri subito incapace di mantenere il livello raggiunto.

Per tutti questi motivi la stagione 1992-1993 è quella che non bisogna cannare, la stagione della gloria e dell'ultima occasione. È un peso che zavorra ogni incontro. Quando si spera, tutto assume facilmente un aspetto tragico. Al momento della tregua invernale, l'Épinal è terzo dietro il Megève e lo Strasbourg.

Le partite disputate durante le feste hanno sempre un sapore particolare. Nel bel mezzo dell'inverno sembra che gli abitanti del posto vadano a cercare a Poissompré un po' del calore che gli manca. Sono in vacanza, rilassati. Hanno bevuto vino caldo al mercatino di Natale e già a fine pomeriggio li si vede salire in processione verso lo stadio, lungo le vie, imbacuccati nei piumini, nelle sciarpe, con un berretto in testa, mentre i bambini corrono davanti e a volte scatenano sommarie battaglie a palle di neve. All'arrivo, le ghirlande bianche lampeggiano su tutta la facciata, e i bimbi possono sognare ai piedi dell'enorme abete ornato di palle bianche e oro, i colori del club. Quando Tino Rossi intona *Petit Papa Noël* dagli altoparlanti, fuori sono quasi in mille a riprendere in coro la canzone, congelati e con il naso rosso, battendo i piedi per rincuorarsi.

La prima partita si gioca il 20 dicembre, l'Épinal incontra lo Strasbourg in casa. Si potrebbe stilare l'elenco dei motivi di risentimento e dei cadaveri accumulati fra quelle due città nel corso di vari decenni di derby. Vi si troverebbero colpi bassi, infortuni e anche l'idiozia dei tifosi. O l'abitudine che ha lo Strasbourg di pescare tra le file dell'Épinal a fine stagione. Senza contare gli sforzi profusi dalla stampa locale per mantenere in vita questa risibile rivalità. In ogni caso, le due squadre non si incontrano mai impunemente.

Quella sera, Hélène e Charlotte sono riuscite a procurarsi al Monoprix una bottiglietta di rum che si scolano lungo il tragitto. All'arrivo trovano qualche compagno del liceo che fa girare una bottiglia di punch alla prugna. Le due amiche si tengono sottobraccio, con la pelle che scintilla sotto la luce delle decorazioni natalizie. A un certo punto Charlotte si eclissa dietro la pista con Fabrice Scandella e quando tornano lei ha gli occhi rossi e la bocca impastata.

«Che avete fatto?»

«Un bel niente.»

«Hai fumato?»

«Ehi, piantala, non sei mica mia madre.»

Hélène, invece, rifiuta quando le passano la bottiglia di punch. Non le piace farsi notare se ci sono adulti nei dintorni. Pensa ai suoi genitori. È una bella rottura essere così disciplinata, preoccupata per il domani, una *Sunday girl*, insomma. Vorrebbe tanto fregarsene come Charlotte, o come quella zoccola di Caroline Lambert, che gira con degli studenti di Nancy e va in discoteca tutti i weekend. Hélène, invece, si attiene agli scrupoli, il che peraltro non impedisce ai suoi genitori di romperle le palle in continuazione.

«Dai, non fare il muso» dice Charlotte.

Ha preso sottobraccio l'amica e le infila il faccino nel collo.

«Non faccio il muso» ribatte Hélène.

«Allora è una buona imitazione...»

Charlotte le strizza l'occhio, già raggiunge di nuovo gli altri. Il gruppetto si anima sempre di più. Quello scemo di Scandella si è messo a cantare *On est les champions*, e ora incita la gente a ripetere con lui: «Strasbourg! Strasbourg! Vaffan... cul!» Il pubblico si accoda, da bravo, soprattutto i bambini, troppo felici di dire parolacce in presenza dei genitori.

Quando finalmente lo stadio apre le porte, la folla si precipita come in una mischia di rugby e due pompieri in servizio devono intervenire per riportare alla ragione qualche esagitato. Hélène e Charlotte sono riuscite a sgusciare per essere fra i primi e, con i biglietti in tasca, corrono sulle gradinate per accaparrarsi i posti migliori. La folla si ammassa, gli spalti si riempiono, poi comincia l'attesa, gasatissima, sembra che tutta la città sia lì, riunita, a tenersi d'occhio.

Dopo una buona mezz'ora di scalpitii, finalmente i giocatori scendono sul ghiaccio al suono di *We Will Rock You*, nell'incrociarsi dei fasci di luce e nel pulsare dei faretti. Il pubblico si alza in piedi mentre la voce nasale degli altoparlanti sciorina i nomi dei giocatori. Ognuno ha diritto alla sua dose di applausi e di grida. I bassi rimbombano nel petto. Quando tocca a Christophe Marchal, Hélène e la sua amica perdono completamente la testa.

«Siete matte» dice Xavier Cuny, il figlio del gastroenterologo, che ha già la macchina ed è famoso perché si mangia le caccole durante le lezioni.

«Chiudi il becco» ribatte Charlotte, in estasi.

«Sì, chiudi il becco!» ripete Hélène.

Xavier Cuny mostra il dito medio, ma già tocca ai giocatori dello Strasbourg fare la loro comparsa tra gli sberleffi. Vola anche qualche insulto, stronzi, crucchi, figli di puttana, il solito fuoco di sbarramento. Finalmente viene dato il fischio d'inizio. E allora tutto precipita.

Al terzo minuto il canadese Martial Maxwell segna contro l'Épinal con un tiro perfetto. Punti sul vivo, i Lupi tentano di rimontare velocemente, ma un contropiede organizzato dai fratelli Schwartz frutta allo Strasbourg la seconda rete, seguita da una terza, segnata questa volta da Karim Ghazi, un ex dell'Épinal, e per di più di Saut-le-Cerf. Da paura. I compagni di Gargano sembrano completamente suonati. Sulle gradinate, all'esultanza di poco prima è subentrato un greve torpore postprandiale e le prime interruzioni suonano come una liberazione. Allora sono in centinaia ad alzarsi come un sol uomo per andare a cercare un po' di conforto al bar.

«Non mi sento bene» dice Charlotte.

«Cosa?»

«Sto per vomitare.»

In effetti è livida, i capelli appiccicati alla fronte umida, lo sguardo completamente alla deriva.

«Vieni» dice Hélène prendendola per mano.

E si fa strada nella ressa fino ai bagni, dove si chiudono tutte e due in un cubicolo. Charlotte cade in ginocchio, e con le mani aggrappate al bordo del water vomita tutto quello che ha bevuto, mentre Hélène le trattiene i capelli. Poi, vuotato lo stomaco, si accascia sul pavimento, con la schiena appoggiata alla parete di compensato, e comincia a battere i denti.

«Andrà tutto bene» promette Hélène stringendola a sé.

E la bacia in fronte, le strofina le spalle e le braccia. Charlotte piagnucola e un po' di saliva le cola sulle labbra, che hanno assunto uno strano colore, un rosa intestinale.

«Mi fa male...» geme.

«Hai mal di pancia?»

Ma Charlotte non risponde. In lontananza, Hélène sente il clamore soffocato del pubblico, centinaia di piedi che battono ritmicamente. La partita è ricominciata ma le due ragazze restano lì per un po' senza muoversi, come un uovo caduto a terra. Charlotte addirittura si assopisce per un istante sulla spalla dell'amica, che non si sente poi così giù, in quel calore condiviso, nonostante l'odore di ammoniaca, il freddo sotto le chiappe, l'impressione di sporco e le porte degli altri cubicoli che sbattono.

Charlotte riprende colore a poco a poco.

«Stai bene?»

«Sì... Mi dispiace.»

«Non è niente.»

«Grazie» mormora Charlotte.

Si guardano come piccole innamorate, felici di quel recupero di amicizia. E se non durerà, che importa?

Nel terzo tempo l'Épinal sta perdendo cinque a uno e i tifosi si scatenano, pur consapevoli che ormai i giochi sono quasi fatti, tanto più che lo Strasbourg si difende con le unghie e con i denti.

«Stanno in quattro in porta, che cavolata!» esplode Scandella.

La linea di Christophe scende sul ghiaccio al posto di quella dei cechi e i tifosi hanno appena il tempo di scandire il suo nome quando lui spara una cannonata verso la rete, colpendo in pieno la maschera del portiere avversario. Fra il pubblico, spaventato dal rumore troppo preciso del dischetto, che è risuonato come su un osso, passa un brivido. Dopo una breve interruzione il portiere torna fra i pali, la partita riprende, Papeloux recupera, passa, Christophe a Gargano: rete!

Appena un minuto dopo segna anche Christophe, un tiro teso a centocinquanta chilometri all'ora. Cinque a tre.

Lo stadio va in tilt, pieno come un uovo, greve della vita delirante e irriflessiva dei sabati sera. Ma un'altra linea ha già sostituito quella di Christophe. I giocatori dello Strasbourg, momentaneamente disorientati, difettano di precisione e si fanno rubare di nuovo il dischetto. Allora il tempo prende una piega problematica e il coach dell'Épinal chiede un'interruzione. I suoi giocatori gli si affollano intorno e guardano gli schemi che lui traccia con un pennarello verde sulla lavagnetta. Poi dice qualche parola a Christophe, che fa no con la testa. Segue un breve alterco fra i due, sotto gli occhi di tutti gli spettatori, e alla fine, con un gesto piuttosto teatrale, Christophe getta i guanti sul ghiaccio e si dirige verso gli spogliatoi.

«Cosa fa?» chiede Hélène, stupefatta.

«Che cretino!» azzarda Scandella.

La folla è sbigottita. Tutto sembrava così possibile. Ma la magia è infranta e prevale la stanchezza. I tifosi scoprono di aver gridato troppo, i giocatori di essere vecchi, forse, e di aver dato tutto. La partita riprende, ma tutti quanti sanno che è finita.

Su *La Liberté de l'Est* del giorno dopo lo scandalo è debitamente messo in evidenza. Si rimproverano a Christophe la sua mancanza di maturità, il suo egoismo, il suo comportamento da star. Al bar ci si domanda chi si crede di essere. Un bamboccio, taglia corto il presidente del club, ma con un sorriso e forse addirittura con un po' di orgoglio. In ogni caso, Christophe non si scuserà e all'incontro di ritorno, vinto dodici a sette dall'Épinal, segnerà tre reti. È così che nascerà la leggenda di quella stagione quasi perfetta, con i suoi tre cechi robusti, il giovane primo attore a volte odioso ma pieno di talento, il capitano un po' attaccato alla bottiglia ma su cui si può contare, una squadra a due dita dal declino eppure al vertice della sua arte, che doveva cogliere quell'unica occasione.

Alla fine i Lupi sono ammessi ai playoff, dopo essersi classificati terzi del loro girone. E si mostrano sempre altrettanto sgobboni, in vena, tutto sommato di medio livello, ma temuti. Ai quarti di finale battono il Caen, poi il Lyon in semifinale. Ogni volta gli ci vogliono tre partite per venirne a capo. In città cominciano tutti a crederci. La stampa ci va a nozze e alcuni giocatori si vedono persino chiedere l'autografo per strada. Poi arriva la finale contro il Tours. In quell'occasione l'Épinal gioca una partita memorabile, vivace all'attacco, sempre audace, e particolarmente robusto in difesa. Christophe offre invece la prestazione più mediocre della stagione. Peraltro, viene alle mani con un giocatore avversario e finisce la partita sulla panca delle penalità. Lì assiste alla disfatta della sua squadra. L'occasione è svanita.

Al termine della sua epopea, l'Épinal accede quindi alla divisione élite ma perde i suoi due pilastri, Gargano e Papeloux, che si ritirano, mentre i cechi si disperdono per la Francia, ingaggiati dallo Chamonix, dal Gap e dal Reims. Il sogno si conclude su questa nota amara e prevedibile. A fine giugno, tuttavia, per celebrare quel mezzo successo il club organizza una bicchierata dove si affolla il bel mondo dei dintorni, notabili vari e rappresentanti della Camera del commercio e dell'industria, sponsor e ovviamente giocatori, accompagnati da famiglia e amici, senza dimenticare i soliti scrocconi e qualche tifoso accuratamente selezionato.

In quanto ragazze piuttosto carine, Hélène e Charlotte riescono a intrufolarsi senza troppe difficoltà e si scolano qualche bicchiere ascoltando discorsi insipidi e ringraziamenti di rito. Comunque, una volta assolti gli obblighi protocollari, il presidente del club arriva al sodo.

«Bene, ora parliamo del futuro!»

Le ragazze hanno occhi solo per Christophe, che hanno individuato vicino al buffet, impegnato a saccheggiarlo clandestinamente insieme ad altri due giocatori.

«L'anno prossimo i Lupi giocheranno nella massima serie. Io e il coach Villeneuve siamo già a buon punto con il reclutamento. E devo dire che è molto promettente. Per il momento non sono in grado di anticiparvi granché, ma, insomma, abbiamo delle piste in Québec e nella Repubblica ceca. E altre idee, specie dalle parti del Valenciennes. E poi, soprattutto, conserviamo i nostri giovani. E in particolare la rivelazione di questa stagione. È qui? Christophe Marchal. Dov'è? Eppure l'ho visto poco fa.»

Gli ospiti si scambiano sguardi interrogativi e cercano con gli occhi la star. Ma il numero 20 si è volatilizzato. Alla fine Papeloux si offre di andare a cercarlo. Charlotte lo segue all'istante.

«Torno subito» dichiara.

«Figurati... Come se non ti conoscessi» ribatte Hélène, scettica.

«Torno subito, ti dico.»

Hélène guarda la sua grande amica sgusciare via e scomparire verso i bagni. Il discorso del presidente continua per un paio di minuti con promesse di grandi vittorie, qualche ulteriore omaggio e un brindisi alla salute del club. Hélène alza il bicchiere come tutti quanti, vagamente disgustata. Non è la prima volta che Charlotte le gioca quel tiro. Esce un momento a fumarsi una sigaretta: lo scooter dell'amica non c'è già più.

Mentre torna a casa, Hélène ha il magone. Cinque chilometri a piedi danno il tempo di riflettere. Fra un mese avrà diciassette anni e sua madre continua a ripeterle che sta vivendo i suoi anni migliori. Bella prospettiva. Per quel che ne sa lei, avere la sua età significa soprattutto rompersi le palle per tre quarti del tempo senza avere diritto a quasi niente. E anche quando i genitori la lasciano uscire, deve comunque stare attenta, tenere d'occhio l'orologio, e non di rado sua madre le controlla l'alito al ritorno da una serata con gli amici, sicché il piacere è sempre guastato dalla fifa, dalle precauzioni da prendere. Per una disgraziata sigaretta si è già beccata una sospensione della libera uscita per due settimane.

Ed è tutto così, frutto di trattative, arbitrario, da smussare. A quanto pare è per il suo bene. Ma Hélène non ci crede più. Sotto quella legge del guinzaglio intuisce qualcos'altro. Come se sua madre avesse paura di ciò che lei sta diventando, un animale, una donna, forse una rivale. Però Hélène non piange. Non fa questo regalo a chi la ostacola. Si limita a sbattere le porte e si chiude in camera, dove morde il freno. Si dice taglierò la corda, vedrete, un giorno avrò tutti i diritti.

Per questo sgobba, per questo è la prima della classe in tutte le materie. Infatti ha un piano: avere i voti migliori per filarsela il più lontano possibile.

A scuola, mentre gli altri crollano sotto il peso dello studio, per Hélène è una passeggiata.

«Cazzo, un compito a casa di matematica, un tema, e tutta la Prima guerra mondiale da ripassare» geme Charlotte. «Vogliono proprio farci crepare.»

«Se vuoi, ti passo l'esercizio di matematica.»

«Sì, ma il tema?»

«Non posso scriverlo al tuo posto.»

«Sei sicura?»

Sulla pagella il prof di matematica ha annotato: Hélène è una macchina. Ed è vero. È metodica, veloce, organizzata, con una memoria incredibile. Il suo unico problema, in fondo, è l'impazienza. Le capita di trovare mediocri gli insegnanti, totalmente cretini i suoi genitori. A volte, a lezione, sospira così forte che il professore, impegnato a scrivere cognomi o equazioni alla lavagna, si gira: «Qualche problema, signorina Poirot?»

«Nessuno, professore.»

«Non andiamo abbastanza in fretta per lei?»

«No, tutto bene.»

«Al mondo non esiste solo lei, sa.»

«Così pare...»
«Mi dia il diario.»
Al consiglio di classe del secondo trimestre, peraltro, è stato segnalato questo comportamento, che ha rischiato di costarle il giudizio di ottimo. La signora Collard, prof di francese, ha fatto tutto il possibile per rovinarle il profilo. Le ha rimproverato la sua arroganza e ha ritenuto che lei e la sua amica fossero dannose per il gruppo e persino «sovversive». Termine che ha mandato al settimo cielo le due ragazze: se lo sono ripetuto per giorni. L'hanno saputo dalla coordinatrice di classe, che ha convocato Hélène. La signora Clair è una donnina tonda, piena di capelli, che a volte porta la cravatta e quasi sempre un inenarrabile blazer con i bottoni di metallo. Insegna matematica alle classi dell'indirizzo scientifico; a scuola, il fatto di aver ottenuto l'*agrégation*, che abilita anche all'insegnamento universitario, e l'onorificenza delle *Palmes académiques* le conferisce un notevole prestigio che legittima certe eccentricità, come suonare la sega ad arco in classe o costringere gli studenti indisciplinati a salire in piedi sul banco con le mani sopra la testa. In ogni caso, ha in simpatia Hélène.
«Sa, anch'io vengo da un ambiente modesto.»
Hélène storce il naso. Odia quando gli adulti la guardano come se lei fosse la loro gioventù.
«Per i concorsi di ammissione alle scuole di eccellenza le serve un profilo solido. La signora Collard è matta da legare. Un'isterica. Vedrò che non faccia troppi danni. Ma lei deve assolutamente smettere di tenere questo comportamento in classe.»
Hélène alza gli occhi al cielo.
«Ecco, appunto. Questo comportamento.»
La signora Clair la riceve più volte, in uno squallido ufficietto dove ammuffisce l'archivio, lontano dal tumulto del mondo, quasi un sottoscala, una stanza dove tutto è marrone e giallo. Verso le dieci del mattino, quando dalla finestra

entra un raggio di sole primaverile, si può veder levitare come cipria dorata mezzo secolo di polvere. Ogni volta la signora Clair chiude la porta, cosa poco rassicurante, si siede e poi si confida.

«Anch'io riuscivo incredibilmente bene. Al concorso generale per gli studenti dei licei mi sono classificata seconda.»

Quarant'anni dopo rimastica questo e altri quasi successi, un tentativo di ammissione all'École polytechnique, e una comparsa lampo al gioco televisivo *Des chiffres et des lettres*, poi passa ad altre frustrazioni, alle difficoltà con la burocrazia, alla crescente insipienza degli studenti, ai piedi che le fanno male. Comunque, Hélène ha un promettente futuro che lei si rifiuta di veder rovinato. Insiste, inoltre, perché anche la ragazza tenti la sorte al concorso generale. L'adolescente non ne vede lo scopo.

«Sarà un bene per il suo profilo» insiste la signora Clair, quasi supplicando.

Certo, sa perfettamente che Hélène si annoia, che gli adulti le sembrano inadeguati e che la vita le va stretta. E i bottoni di metallo in fondo alle maniche tintinnano nel raggio dorato, quasi roseo, di quella mattina di aprile.

«Ha ragione» dice. «Qui è tutto troppo piccolo. Lei può fare di meglio.»

Ed ecco che si commuove, con uno sguardo da cocker. Hélène le promette di comportarsi meglio e nell'intimità della sua camera da adolescente prosegue nei suoi sforzi scolastici, ogni giorno, si applica ancora più seriamente, tanto più che l'amica le dà sui nervi, che i genitori le rompono le scatole, che i ragazzi le sembrano sempre più una perdita di tempo. Hélène sprofonda in questa consolazione dello sforzo. In genere comincia da ciò che va imparato a memoria, la storia, le lingue straniere, le lezioni lunghe, ma le cose le si imprimono in testa non appena le sente e incamera senza difficoltà le date e le definizioni, il lessico e la grammatica tedesca. Poi continua con le materie scientifiche. Oltre ai problemi e agli esercizi che devono sciropparsi tutti quanti, la signora Clair le riserva qualche chicca che sarà in programma solo l'anno successivo. Integrali, derivate, geometria vettoriale.

«Soprattutto, non si lasci affascinare dalle loro chiacchiere di informatica. La matematica, la si fa qui dentro» dice picchiettandosi la fronte con l'indice.

Tutto questo procura a Hélène un piacere quasi fisico. La possibilità di determinare un po' di verità in un mondo così malfatto non è solo un conforto. È un godimento. Quando, al termine di un'equazione, calcolando una derivata o tracciando una curva sul foglio millimetrato con la punta della matita, trova finalmente ciò che s'impone come un risultato incontrovertibile, l'adolescente gioisce. Quella temporanea solidità della matematica diventa il suo rifugio.

A volte la madre la sorprende a notte fonda, china sotto la luce della lampada da scrivania, con i capelli raccolti in una severa coda di cavallo. Va a sedersi sul letto, vicino a lei, e la guarda.

«Cosa vuoi?» chiede Hélène.

«Niente.»

Mireille è in balia di sentimenti contraddittori, di ammirazione e di preoccupazione, sentimenti di madre, stupita nel vedere che la sua bimba è diventata quella spilungona con un culo da donna e reazioni da ragazzina, una chioma da Maddalena e le unghie rosicchiate, che poltrisce a letto e vuole iscriversi a una scuola di eccellenza, che cita degli scrittori e non è capace di mettere la sua biancheria nel cesto della roba sporca, che pronuncia parole mai sentite e annusa la maglietta per controllare se potrà indossarla anche quel giorno, che a volte mangia ancora gli spaghetti con le mani, distrattamente, e si stira come un gatto alla fine del pasto dopo aver ripulito il piatto col pane, una ragazzina che vuole i tacchi alti e la pillola. La guarda, intrappolata in quel garbuglio di aspettative e paura.

Lei e Jeannot sanno, infatti, di non poter più fare granché per lei. Fingono, ma non sono più in grado di scegliere al posto suo. Sono ridotti a questo: concedere fiducia, incrociare le dita, sperare di averla allevata come si deve, e che sia sufficiente.

L'adolescenza è un omicidio premeditato da lunga data, e il cadavere della loro famiglia così com'è stata giace ormai sul ciglio della strada. Adesso bisogna inventarsi dei ruoli, ammettere distanze nuove, venire a patti con le mostruosità e le scalciate. Il cadavere è ancora caldo. Sussulta. Ma ciò che esisteva, l'infanzia e le sue tenerezze esplicite, il regno indiscusso degli adulti con la bambina al centro, il bozzolo e l'ovatta, le vacanze a La Grande-Motte e le domeniche fra loro, tutto ciò è appena morto. Non ci si tornerà più.

Allora Mireille guarda sua figlia. La invidia, ce l'ha con lei, vorrebbe toccarla. L'amore che ha dentro le fa male. Pensa piccola scema, cuoricino mio, spilungona, tesoro, chi ti credi di essere, non andare via. È così orgogliosa. Fa così fatica a mollarla. Le si inumidiscono gli occhi, ci mancava solo quello. Bisognerebbe ripercorrere il tempo all'incontrario, risalire il filo. Quando Hélène aveva dieci anni, sei o tre. O anche prima. Quel corpo esitante sulle gambette, piccolo robot con il moccio al naso, la voce che ripete ogni parola, il pugnetto grassoccio che tiene il cucchiaio e batte sul ripiano del seggiolone, quel sorriso con due incisivi, il naso arricciato, quell'altra forma di egocentrismo.

«Studi?»

«Sì.»

«Bene.»

L'anno continua così, al tempo stesso facile e doloroso. Hélène ovviamente passa l'esame di francese a occhi chiusi. Allo scritto ha scelto il commento di un testo palloso di Julien Gracq che le vale un diciassette su venti. All'orale le tocca *Invito al viaggio* di Baudelaire e l'esaminatrice, stupita, le chiede: «Che cosa vuole fare dopo?»

«La classe preparatoria all'École des hautes études commerciales.»

«Ah... Le do comunque diciotto.»

Anche Charlotte non se la cava male, dodici su venti allo scritto, diciassette all'orale. L'anno scolastico è finito. Era ora. A maggio Hélène ha bigiato per la prima volta. La salvano i suoi voti, ma nell'ufficio del consulente pedagogico le viene spiegato che la vita non funziona così. A braccia conserte, Hélène ascolta distrattamente masticando il suo chewing-gum. Il consulente le porge il cestino della carta straccia perché lo sputi. In ogni caso lui conosce quel tipo di profilo, gli intelligentoni che sono già proiettati nel futuro e vengono a scuola con un piglio da consumatori, prendono quello che vogliono e dicono merda a tutto. Fra cinque o sei anni Hélène probabilmente guadagnerà più di lui. Il che non aiuta a trovare argomenti per farle la predica.

Quest'anno la sua amica non l'ha invitata a passare le vacanze all'Île de Ré, e va bene così. Comunque, i loro rapporti sono un po' tesi da quando Charlotte l'ha piantata in asso per filarsela di soppiatto con Christophe. E poi Hélène si è trovata un lavoretto in un centro estivo per piccoli musicisti. Al mattino i bambini devono esercitarsi con il loro strumento e nel pomeriggio hanno diritto alle solite attività: pony, arrampicata, tiro con l'arco, bagno nel lago di Serre-Ponçon. A quanto pare sono tutti prodigi in miniatura, figli di ricchi un filo strambi ma molto simpatici.

Intanto si prepara per i festeggiamenti del dopo maturità. La sua amica ha sentito di una festa organizzata da gente dell'ultimo anno dalle parti dello stadio La Colombière, sulle colline di Épinal, e le due ragazze hanno proprio deciso di spassarsela. Quando Hélène gliene parla, i genitori fingono di darle il permesso, ma sanno che in caso di rifiuto ci andrebbe di nascosto. Non possono mica legarla al letto.

«Stai attenta.»

«Sì.»

«Prudenza.»

Hélène alza gli occhi al cielo.

Il gran giorno, Charlotte arriva con mezz'ora di ritardo, aria smunta, spalle cadenti, sembra un osso di seppia.

«Che cos'hai?» chiede Hélène afferrando il suo casco.

Ma sa già la risposta.

«Ho male dappertutto. Sembra che mi piantino degli aghi nella pancia. Francamente sono stata lì lì per non venire.»

«Hai preso qualcosa?»

«L'ibuprofene.»

«È meglio se non bevi troppo.»

«Credo che non resterò, soprattutto.»

Dietro le imposte socchiuse Mireille non si è persa un particolare. Jean la raggiunge, la bacia sui capelli e le stringe un braccio. Sotto i loro occhi lo scooter parte con difficoltà lasciandosi dietro il tipico lamento troppo acuto. I genitori guardano il trabiccolo che si allontana, i due caschi, i lunghi capelli svolazzanti, le spalle strette. All'improvviso Mireille si sente vecchissima. Suo marito le dice che andrà tutto bene e lei si irrita. Certo che andrà tutto bene. È anche peggio.

Le ragazze attraversano Cornécourt, che a quell'ora è più o meno deserta. Non è così tardi, ma già la luce declinante arrotonda gli angoli, racchiude le vie con colori morbidi e dorati. È una di quelle anonime sere feriali in cui tutti restano a casa, godendosi la veranda, guardando il tg regionale e i risultati del lotto. Quando a un semaforo scatta il verde, riparte un'unica auto. Giovani idioti in moto hanno cominciato la loro ronda delle belle giornate e in lontananza, sulla superstrada, si sente il rombo dei motori da settecentocinquanta centimetri cubi, satelliti catastrofici che orbitano senza fine intorno alle piccole città. Quanto alle ragazze, tracciano il loro bolso itinerario. Sul sellino posteriore dello scooter Hélène fuma una sigaretta. Ha il cuore così leggero, l'anno scolastico è alle spalle e prima della partenza per il centro estivo si annuncia una settimana di ozio totale. Si limiterà a leggere e ad aspettare, a toccarsi quando le va, forse si concederà qualche giro in bici, andrà in città a vedere che cosa combina Charlotte. Insieme faranno passare il tempo piacevolmente a un tavolino fuori dal bar Commerce, forse si spingeranno fino allo skatepark, tanto per parlare si lamenteranno del fatto che quella città di merda offre così poche occasioni di vita. Ma Hélène ne è certa: il futuro è spalancato, proprio davanti a lei. E quella sera il suo petto è gonfio di un'alba che non finisce mai.

Mezz'ora dopo la realtà è molto meno radiosa.

«Non ce la faccio più, me ne vado» dice Charlotte, piegata in due.

Hélène è seccata. Sono appena arrivate e ci hanno messo dieci minuti a individuare il posto dove deve tenersi la famosa festa, uno squallido campo da calcio circondato da residui di bosco che, all'altro capo, regala una vista abbastanza libera sui quartieri meno invidiabili della città. Per il momento c'è solo una quindicina di liceali impegnati a bere birra mentre provano ad accendere un falò. A parte Nirina, quella ragazza alta che fa inglese con lei, e qualche faccia più o meno familiare, Hélène non conosce nessuno.

«Io resto» dice però.

Charlotte la fissa per un momento, delusa. La fronte pallida ha cominciato a imperlarsi di minuscole goccioline. Tenta di raddrizzarsi e sospira.

«Se vedi Christophe...» esordisce.

Hélène cerca di rimanere impassibile. Quel misero segreto fra loro, da così tanto tempo. Ma Charlotte ci ripensa.

«No, lascia perdere.»

Si limita a sollevare il sellino dello scooter e a prendere dal bauletto la piccola confezione di birre.

«Tieni.»

«Grazie.»

Ancora un momento, a fissarsi, a non dirsi niente.

«Bene.»

«Sì.»

«Ciao.»

«Ciao.»

Hélène guarda andare via la sua amica, sballottata sul sentierino sconnesso, mezza piegata in due per il dolore. Poi raggiunge Nirina, con la confezione di birre sottobraccio.

Due ore e cinque birre dopo l'ubriachezza ha il sopravvento e Hélène comincia a vagare da un gruppetto all'altro con una lattina in mano, un po' ammosciata, felpa sulle spalle e piedi nudi nelle sneakers. È felice, si sente libera e gode di quella parentesi ideale, quando l'anno scolastico è finito e ancora esiste il momento sospeso, l'isola temporanea delle estati inoffensive, giorni di pura vacanza, senza figli, senza preoccupazioni né rughe, a malapena un lavoretto, se così lo si può definire, due mesi di abbondanza che credi torneranno sempre. Nel velluto del cielo su in alto vede scintillare le costellazioni solo per lei. Con la testa rovesciata all'indietro, bocca aperta e denti scoperti, sente che potrebbe divorare l'universo. Lo stomaco reggerebbe, di sicuro.

Verso le undici arriva Christophe con i suoi amici in motorino, la solita banda di sbruffoni che fanno troppo rumore e si credono i re del mondo. Da lontano, Hélène li osserva ridere intorno al fuoco che alla fine ha preso fra due pannelli di truciolato, un po' sprezzante, ma sotto sotto con un'altra voglia, tenace. Le fiamme ridisegnano a grandi tratti in bianco e nero la faccia di Christophe, che diventa come un *son et lumière* in miniatura, con le risate, il rumore dei motori che vanno e vengono a seconda di chi parte e chi arriva, la rotazione delle ombre che si cercano e ondeggiano. Lei finisce la sua birra, poi si decide e piomba su Christophe.

«Ciao.»

Lui si volta, sorpreso, mentre intorno gli amici ridacchiano, ma Hélène se ne frega.

«Posso parlarti?»

«Di che?»

«Di una cosa.»

Il ragazzo si gira verso gli amici, che si sentono autorizzati a fare gli scemi ancora più del solito.

«E questa chi è?»

«Vuole un po' di roba?»

Tuttavia Christophe cede, e si allontanano lasciando spegnere alle loro spalle frizzi e lazzi. Hélène trema un po', eppure non fa così freddo. A un certo punto il dorso della sua mano sfiora la pelle del ragazzo e quella sensazione le sale fino al cuore.

«Dove cavolo stiamo andando?»

Hélène si blocca, un po' inebetita, si gira verso di lui.

«Volevo dirti...»

Ora sono al limitare degli alberi, lontano dagli altri, ridotti a due ombre senza dettagli né volto. Nel petto, un battito forte. Deglutisce.

«Charlotte è dovuta andare via» dice.

«Cosa?»

«Charlotte. Non stava bene.»

«Ah.»

Bisognerebbe fare qualcosa. L'occasione è passata così in fretta. Lui è lì, talmente vero. Non le resta che osare.

«Aveva mal di pancia.»

«Okay.»

Ancora due secondi, poi il ragazzo fa già un passo di lato. Allora Hélène lo afferra per un braccio e lo bacia a caso, trovando solo il suo mento. Senza una parola, lui si divincola e lei resta lì da sola con il suo stupido gesto. Christophe ha già raggiunto gli amici intorno al fuoco che danza nella notte ideale, scontornando sagome che Hélène non dimenticherà più. Sente le loro risate e il crepitio della legna che brucia. Domani avrà diciassette anni. Il meglio della vita.

13

Ognuno dei due conduceva la sua esistenza strapiena di impegni, con i paraocchi e la sensazione episodica dell'a che serve. E con quella novità che ormai stava al centro: la loro storia.

Per Christophe c'erano le lunghe giornate in auto sulle strade, l'interminabile giro dei clienti, la caccia a nuovi contratti e le riunioni del cavolo con il reparto vendite, e poi, alle otto di sera, gli allenamenti allo stadio del ghiaccio.

Quando Gabriel era affidato a lui, si allenava solo il martedì e il giovedì. Si era messo d'accordo con Marco, che passava a prendere il bambino a scuola e lo teneva con sé finché Christophe non andava a recuperarlo, spesso addormentato, verso le dieci. I due chiacchieravano per cinque minuti, in cucina, e Marco gli faceva il resoconto, i compiti e l'hamburger con il purè. Christophe se ne andava con il bambino in braccio, salutava Marco e deponeva il figlio sul sedile posteriore della station-wagon, avvolto in un plaid, il più morbido che era riuscito a trovare. Arrivati a casa, lo portava nella sua cameretta, lo spogliava cercando di non svegliarlo, e gli tirava su la coperta fino al mento. Gli diceva all'orecchio ti voglio bene, respirando il buon odore dei suoi capelli. Restava lì in piedi per un attimo e guardava la lucina da notte con il simbolo dei pirati, la collezione di figurine di *Star Wars*, il carro armato con il cannone rotto, la carta da parati su cui Gabriel aveva disegnato vascelli con le matite colorate.

Charlie si sarebbe trasferita a gennaio e Christophe non aveva ancora detto niente a suo padre. Da qualche tempo sembrava che il declino delle sue facoltà si fosse interrotto, però era riuscito a perdere ancora una volta la tessera del bancomat e a lasciare il gas acceso per tre ore sotto una pentola, la settimana precedente. E poi continuava ad avere quelle tremende esplosioni di rabbia che lo rendevano irriconoscibile e atterrivano il bambino, dopodiché si profondeva in scuse e tornava alla sua tivù.

Insomma, per Christophe il ritmo era sostenuto, il sonno difficile, il corpo sempre più incapace di reggere lo sforzo. Da quell'insieme di difficoltà ricavava strane impressioni, come se tutto il trucco colasse, e la faccia delle cose apparisse all'improvviso così com'era, nuda, spaventosa. Quegli sprazzi di lucidità funzionavano come grandi colpi di sonda che affondavano nella memoria, e facevano scaturire frammenti, spesso durante viaggi in pullman insieme alla squadra di hockey mentre, con la fronte appoggiata al finestrino, si lasciava trasportare dalla strada e dal paesaggio.

Si rivedeva da piccolo nel cortile della scuola, la lavagna con il cancellino rotondo, il complemento oggetto e il grande ippocastano. Si ricordava del programma per bambini di Jacky e Corbier, dell'Orinoco e del profumo di clementine, e poi la console Atari con suo fratello, e la bici da cross, e i Natali che erano meglio di un armistizio.

Per tanto tempo ti bevevi ogni bugia, seguivi l'onda senza puntare i piedi. Poi, a partire dalle medie, la vita accelerava di colpo. Dovevi portare una cartella di dieci chili, essere fico e guardare le ragazze, ascoltare all'infinito professori sempre più pallosi per anni ogni volta più brevi. C'erano stati l'hockey, e le illusioni che comportava, Julien all'improvviso così diverso, tutta la commedia della loro vita familiare scombinatissima e comunque piena d'amore. I giri al luna park con Marco e Greg, l'ottovolante chiamato Tokaido Express e il profumo delle cialde, la mano di Charlie in una via del centro un mercoledì pomeriggio.

E poi la frase che aveva diviso la vita in due: la mamma è morta.

Allora tutto aveva accelerato ancora di più, fino a quella formidabile gara di resistenza: l'età adulta, con la sua stanchezza dilagante che non ammetti mai, uno sforzo dopo l'altro e, dietro, quello successivo, perché ci sono il lavoro, i figli e già un po' la morte, discreta, ma che fa capolino, lo senti, quando ti rendi conto che ti ci vogliono due giorni per recuperare una faccia decente, il sonno è diventato una nebbia leggera che la minima preoccupazione basta a disperdere, e domani sarà già finita. Così Christophe aveva capito: quella vita non era stata davvero sua. Si era limitato a imboccarla, come un ponte, a infilarla, come un paio di scarpe, e a quarant'anni gli aveva lasciato semplicemente una sfilza di ricordi confusi. In fondo, era capace solo di mettere a disposizione la sua forza per un progetto che non lo riguardava. Attraverso di lui il mondo si era perpetuato senza chiedergli che cosa ne pensasse. A guardare tutto ciò da una certa distanza c'era da spararsi.

Per fortuna ogni tanto l'Épinal vinceva, e al ritorno si cantava in pullman bevendo vodka fino a stramazzare.

Neanche Hélène stava con le mani in mano. La schiarita prevista da Erwann si era verificata, Elexia collezionava clienti e si annunciava una crescita mirabolante per la fine dell'anno contabile. Quindi da settimane lavoravano tutti sotto pressione e c'erano state due crisi di pianto in pieno *open space*. Alcuni avevano persino minacciato di organizzare un sindacato, ma lo si bisbigliava con la massima discrezione alla macchina del caffè o via messaggio, senza che nessuno ci credesse davvero. Quanto a Jean-Charles Parrot, ideava soluzioni a capo del suo polo innovazione, cosa per cui nessuno lo avrebbe criticato. Grazie a lui, Elexia avrebbe offerto ben presto corsi di aggiornamento per un management inclusivo, consulenze sulla transizione, moduli di design comportamentale, valutazioni dei sistemi cognitivi, strumenti di previsione ambientale e collaborativa. Erwann non stava più nella pelle, e i due passavano un sacco di tempo nell'ufficio al mezzanino, a rifare il mondo con un sacco di sventolii di mani e di anglicismi visionari. Del resto, era previsto che Erwann annunciasse delle novità durante la festa di Natale, che sarebbe stata più indiavolata che mai – prospettiva piuttosto inquietante sapendo che, dopo quella dell'anno precedente, nella toilette delle signore si era trovato del vomito fin sul soffitto.

Ma a irritare maggiormente Hélène era la constatazione che Lison si stava lasciando intrappolare nel meccanismo. In particolare, quel cretino di Parrot le aveva affidato un compito di *benchmarking*, tanto per vedere che cosa si faceva nelle altre regioni per assistere gli organismi chiamati a fondersi.

«Sarai in grado?» le aveva chiesto Hélène.

«Oh, darò un'occhiata qua e là, vedremo. In genere non è molto complicato: cominci dicendo cose tipo – Lison aveva fatto il gesto delle virgolette – "tenuto conto della nuova posta in gioco", e poi continui con parole tipo creativi, duttili, bla bla bla...»

«Sì, be', detto questo non hai detto niente.»

«Troverò due o tre esempi, un po' di Rhône-Alpes, un po' di Aquitaine... Comunque, l'essenziale è scegliere la buona terna.»

«Cioè?»

«Le tre B, le tre V, le tre I, chissenefrega, ma ci vuole una terna, altrimenti i tizi vanno nel panico.»

«E che cosa hai in mente?» aveva indagato Hélène, divertita, osservando la sua stagista che quel giorno portava sneakers con la zeppa, jeans "boyfriend" e un impressionante cappotto cammello *oversize*.

«Vedrei bene le tre C. Collettivo, coinvolto e...»
«Complesso?»
«Troppo facile.»
«Creativo?»
«Troppo usato.»
«Cooperativo?»
«Penserei piuttosto a "Catastrofico".»
«Funziona anche questo» aveva ammesso Hélène. «Il mio preferito resta comunque "Coglione".»
«Per illustrarlo metterò una slide con la faccia di Parrot.»
Nonostante tutto, per Hélène e Lison il piccolo appuntamento del giovedì al Galway era diventato sacro. Philippe lo sapeva e tornava a casa presto apposta per badare alle bambine. Lì, davanti a una pinta, le due donne facevano discorsi allegri, velenosi e approfonditi. Ovviamente si parlava molto dell'idillio di Hélène. Una volta consumato il passaggio all'atto, un po' orgogliosa, e comunque molto soddisfatta di sé, Hélène aveva detto: «È andata.»
«No! Dai, racconta!»
Hélène si era schermita, e ben presto aveva vuotato il sacco.

Per loro l'Hotel Kyriad era diventato come un'isola. Si vedevano lì una o due volte alla settimana, incontri brevi, di pomeriggio o in mattinata, che non li appagavano e ne imponevano altri.
In genere Christophe arrivava per primo. Hélène riconosceva la sua station-wagon e per un'inspiegabile superstizione parcheggiava a una certa distanza. Ormai il personale della reception era abituato a vederli transitare. Tutto era diventato familiare e automatico. Hélène saliva la scala e bussava piano alla porta. Lui le apriva, scalzo, la prendeva per mano, la trascinava subito dentro. Ancora in piedi e con gli occhi chiusi, si baciavano. All'inizio Christophe non faceva le cose come piacevano a lei, ma a poco a poco

si erano regolati l'uno sull'altra, avevano trovato la loro modalità, a furia di tentativi e improvvisazione e, certo, a costo di qualche insuccesso. Anche Hélène aveva imparato modi nuovi. Per esempio, a differenza di Philippe, Christophe non era uno di quelli che adorano starsene sdraiati sulla schiena. E non era neanche molto portato per i preliminari. La afferrava, le slacciava i pantaloni o le sollevava la gonna, le tirava giù le mutandine e scopavano così, senza nemmeno spogliarsi. I vestiti se li toglievano dopo, in corso d'opera, quando rifiatavano e bevevano un po' d'acqua dalla bottiglia. E poi ricominciavano, leccandosi, curiosi, succhiandosi rudemente, con Christophe che evitava di venire per durare di più e Hélène aggrappata alle sue spalle, alle sue braccia, che imprimeva il ritmo impugnandogli le cosce a piene mani.

Nei primissimi tempi ci teneva ad attenuare la luce per proteggersi. Era da così tanto che non si mostrava completamente nuda a un altro uomo. Ovvio che le venisse in mente ogni sorta di domande sgradevoli. Gli piaceranno la forma dei miei peli, la mia pancia? Le gravidanze hanno cambiato qualcosa? Sarò abbastanza stretta, abbastanza magra, abbastanza liscia, abbastanza giovane? Le era venuta voglia di chiederglielo per farsi rassicurare, ma non aveva osato. E a volte, guardandolo dirigersi in bagno dopo l'amore, muoversi con quella banale sicurezza di chi è abituato agli spogliatoi, si era detta merda, sono sicura che lui non si preoccupa, che non si è mai chiesto se è scopabile o meno. Quel pensiero l'aveva fatta arrabbiare. Aveva desiderato ferirlo, pizzicargli fra le dita un po' di grasso della pancia, tirargli uno dei peli che gli crescevano sulla schiena, dirgli guardati, sei inquartato, sei pesante, cambi, la tua pelle è meno elastica, e i capelli, guarda che disastro, invecchi anche tu, allora perché io mi preoccupo e tu no?

Quindi si vedevano, la mattina o il pomeriggio, facevano l'amore cercando di prendersela comoda nonostante il cronometro invisibile e il mondo impaziente dietro la porta. Carponi, di traverso sul letto, o fronte contro fronte, pance appiccicate, in un bagno di sudore e con gli occhi cupi, si davano l'uno all'altra. Christophe, invece, non si era fatto tante domande. Quella ragazza, come l'hockey, veniva da prima, da quegli anni che avevano valore e che lui rincorreva, e in fondo, come al solito, l'iniziativa non era stata sua. E ora, ecco. Poteva contare su quelle due ore speciali al termine della strada, sul bozzolo della loro camera, su quella donna che si interessava a lui, e che trovava sempre più bella, perché la familiarità funzionava come il più efficace dei cosmetici.

E poi gli piaceva andare in albergo, di cui lei pagava sempre il conto. Apprezzava la semplicità degli spazi, l'attenzione all'ergonomia ovunque, la distanza minima fra il letto e la doccia, gli asciugamani impeccabili, il pavimento neutro e il televisore appeso al muro, i bicchieri avvolti nella plastica, il ticchettio preciso dell'infisso quando la porta si chiudeva pesantemente su di loro, la password del wi-fi scritta su un cartoncino accanto al bollitore, tutto quel comfort limitato ma sempre uguale. Ai suoi occhi le camere intercambiabili non erano affatto anonime. Anzi, vi ritrovava un territorio amico, uno spazio marginale nel quale potevano scopare a sazietà, gridare se ne avevano voglia e asciugarsi nelle lenzuola, parlare di sé liberamente. Tutto sommato, forse era proprio di questo che avevano più bisogno, di un confessionale. Christophe si lamentava di non avere abbastanza tempo per gli allenamenti e di suo padre che andava via di testa. Hélène del lavoro e del suo uomo che, forse perché sospettava qualcosa, era anche meno presente del solito.

Comunque, quando Philippe si degnava di esserci, nel weekend per esempio, le cose non andavano molto meglio. Si restava a letto fino a tardi, si tirava per le lunghe in bagno, le bambine non volevano uscire, non volevano mangiare, e rimanevano incollate per ore ai cartoni animati. E poi lei aveva sempre un lavoro da terminare, lui anche. Alla fine, le giornate si concludevano senza che si fossero visti sul serio. Qualche volta, a tavola, Hélène sentiva su di sé lo sguardo pesante di Philippe e con un astioso cenno del mento gli chiedeva che cavolo c'è? Lui non aveva niente da dire. Al momento di andare a letto, Mouche voleva ogni volta una storia in più. Clara stentava a addormentarsi. Di sicuro era colpa dell'inverno, della stanchezza, le vacanze avrebbero giovato.

Tuttavia, a Hélène capitava di guardare le bambine e di chiedersi: che cosa sto combinando? Allora aveva l'impressione di assistere al compiersi di un delitto. Poi apriva WhatsApp, trovava un messaggio di Christophe e tutto ridiventava secondario.

Però, come ogni anno, si avvicinava Natale e divenne necessario programmare le vacanze. Hélène fu la prima a mettere le carte in tavola.

«Quest'anno non posso prendermi più di una settimana.»

«Come mai?»

Philippe era sul divano, in accappatoio, con il computer sulle ginocchia, i capelli ancora umidi per la doccia. Le bambine, invece, erano sedute sul tappeto di fronte alla stufa, la grande impegnata a giocare sul tablet mentre la piccola aspettava invano il suo turno.

«Lavoriamo come pazzi.»

«Anch'io.»

«Te l'ho già detto. Con Parrot nei dintorni non posso staccare. Tutto qui, è così e basta.»

«E quali giorni pensavi di chiedere?»

«Dal 17 al 26.»

«Allora non andiamo via?»

«Ma sì, possiamo.»

«Non vedo come. In più, mi ritroverò da solo a casa per una settimana senza sapere cosa cazzo fare.»

«Ti occuperai delle tue figlie.»
Philippe le lanciò un'occhiataccia.
«Va bene» disse lei in tono conciliante. «Possiamo affittare qualcosa nei Vosgi da un sabato all'altro. Facciamo il Natale lì. Ci eviterà lunghi viaggi.»
Sentendo quella proposta, le bambine avevano drizzato le orecchie e adesso attendevano il verdetto.
«Ci sono piste di merda» ribatté Philippe.
Allora Clara e Mouche assediarono il padre, che si arrese, non senza qualche commento sgradevole. Che belle vacanze ci aspettano, pensò Hélène. Poi uscì dalla stanza e si chiuse in bagno. Dove scrisse a Christophe: *Ci vediamo domani?*
Apparvero subito i puntini di sospensione che annunciavano una risposta.
Mi manchi.
Lei sorrise, con il cuore di colpo leggero.
Quando?, aggiunse Christophe.
Alle undici.
Non vedo l'ora.
Ho fretta.
Ho voglia.
Il tuo cazzo..., scrisse Hélène per provocarlo.
Subito ricomparvero i puntini di sospensione e lei sorrise ancora di più. Funzionava sempre.
Il tuo culo, scrisse lui.
Le tue mani.
Il tuo seno.
Le tue spalle.
Le tue gambe.
Hélène esitò un momento, riflettendo; poi, astuta, calò una carta a sorpresa.
Il tuo grosso cervello (con un cuore).
Altri puntini di sospensione.
Se è per dire cazzate, rispose Christophe.

Hélène ridacchiò e scrisse in fretta qualche parola pericolosa, che cancellò subito, in preda alla fifa, come se lui avesse potuto vederle.

Così, nella deriva generale, quei veloci incontri in hotel erano diventati la loro unica zattera. Vi si aggrappavano e, intanto, imparavano a conoscersi. Hélène scopriva che lui era dolce, pusillanime, propenso a darle sempre ragione, ma al tempo stesso costruito intorno a un nocciolo profondo, una specie di buco nero insondabile. Era una cosa che la stupiva, quello strano mistero piazzato nell'intimità più segreta di un tizio apparentemente banale.

Da parte sua, Christophe ammirava i vantaggi di cui godeva Hélène, i luoghi che aveva visto, le tre lingue che parlava, la sua eloquenza e le sue opinioni su quasi tutto: non lo convincevano particolarmente, ma il fatto stesso che esistessero bastava a lasciarlo sbalordito. E anche la sua aggressività nei confronti degli uomini, che per contrasto donava ancora più significato alla delicatezza di cui dava prova con lui. Che una donna con quella classe, quel livello di stipendio, mani così belle, bracciali rigidi d'oro ai polsi e un orologio da cinquemila euro potesse interessarsi a lui in quel modo lo toccava profondamente. Strofinandosi contro la sua pelle aveva l'impressione che lei stingesse, che gli lasciasse addosso un po' del suo valore. Averla nel suo letto, anche solo per un'ora, anche solo per cinque minuti, era già come far parte di quell'universo privilegiato. Rimpiangeva solo di dover tenere per sé quelle incursioni nel gran mondo, perché aveva tentato, certo, di confidarsi con Marco, ma la sua reazione gli aveva dato una bella calmata.

«Ah, certo, chissà come succhia bene una spilungona così.»

Non era più tornato sull'argomento.

E poi, lei era una di quelle donne San Bernardo che non

possono fare a meno di salvare la gente intorno a sé. Quando vedeva qualcosa che non andava, in un messaggio, in una risposta troppo brusca, quando Christophe, nuovamente catturato dalla lancetta dei secondi, ridiventava di colpo un estraneo ottuso e con la luna storta, lo disinnescava con una parola, lo riacciuffava al lazo prima che piombasse in uno dei suoi soliti attacchi di musoneria. Gli dava consigli che lui non seguiva, voleva trasformarlo per il suo bene.

E guardandolo divincolarsi si diceva sì, i tipi come lui non hanno tregua, sottomessi al lavoro, spersi nelle loro famiglie rappezzate, senza neanche abbastanza soldi per togliersi qualche sfizio, diventati lo zimbello di tutti, con la loro passione per il calcio, le grosse auto e i grossi culi. Dopo aver relativamente regnato per secoli, all'improvviso quei poveracci sembravano molto a disagio in un mondo che un tempo credevano fatto su misura per loro. Che fossero tanti non contava. Si sentivano messi con le spalle al muro, passati di moda, sostanzialmente inadeguati, insultati dalla contemporaneità. Uomini allevati come uomini, rozzi e un po' fuori di testa, dei sopravvissuti, in fondo.

Quando lui le raccontava le sue serate con gli amici, a sbronzarsi e giochicchiare con le pistole a pallini, oppure le sue partite di hockey a quarant'anni, Hélène non poteva fare a meno di pensare a quei poveracci che si travestivano per rifare la battaglia di Waterloo nel weekend, o a quei bambinoni appassionati di paintball.

Sì, ogni tanto Christophe le faceva pena, e allora provava un tremendo disagio, una vergogna spietata. Che cosa cavolo ci azzeccava con un tizio del genere? Ma lui le ispirava anche una tenerezza quasi intollerabile. Forse le ricordava suo padre, banalmente.

Allora si difendeva: «Quanto siete pallosi, voi uomini. Si finisce sempre per fare l'infermiera.»

«Di che parli? Mica ti ho chiesto niente» ribatteva Christophe, subito sulla difensiva.

Ma Hélène lo ascoltava, e con lei Christophe osava mettere le carte in tavola, in poche frasi, il suo piccolo fardello di frustrazioni e di impossibilità, inframmezzato da brevi risate di petto, che roba la vita: fai il cretino e nel giro di poco sei bell'e che morto, quasi sempre ridicolo, l'avventura, figurati.

Le aveva raccontato, per esempio, che una volta su due suo padre chiamava Julien il nipotino.

«Perché Julien?»

«Julien è mio fratello.»

«Hai un fratello?»

Parlava anche di quel famoso amico che si era fatto intortare da una badante e stava passando direttamente da celibe incallito a capofamiglia. Il matrimonio era previsto in primavera.

«Sarebbe divertente se venissi» aveva detto Christophe.

«Al matrimonio?»

«Sì.»

«Sei fuori come un balcone, caro mio.»

Ma comunque gli aveva dato un bacio.

Hélène, invece, non era così loquace. Probabilmente bastava Lison a raccogliere le sue confidenze, anche se preferiva farle delle domande. Quella generazione non smetteva di sorprenderla. Forse perché i suoi rappresentanti erano cresciuti con internet e i social. Forse perché annunciavano la fine del mondo. O affrettavano drasticamente la sua cacciata da un territorio che aveva creduto ormai conquistato: la gioventù. In ogni caso, quel mix sorprendente di pudicizia e sfrenatezza, di impegno e menefreghismo, di sconforto e illusione totale lasciava sbigottiti.

Una volta, le due donne si erano ritrovate a parlare della contraddizione senza uscita con cui di tanto in tanto dovevano confrontarsi nell'intimità, quando il grande progetto di emancipazione femminile cozzava contro quella strana aspirazione a svilirsi.

«Ma è ovvio!» aveva esclamato Lison, istintivamente dialettica. «Non c'entra niente.»

«Sì, non so.»

«Ma no, dai!»

Stavano finendo la seconda pinta di Ipa e la stagista, superato il tasso alcolico regolamentare, si arrogava con disinvoltura le funzioni di management.

«A me, per esempio, piace una cifra farmi sputare addosso.»

Hélène aveva sgranato gli occhi ed era scoppiata a ridere, per poi incitare la ragazza a spiegarsi. Che storia era quella?

«Non so perché, ma mi fa impazzire. Una volta ne parlavo con un amico, Robin. È gay, ingegnere responsabile del controllo qualità da qualche parte, origini irlandesi, hai presente il tipo?, il classico bel ragazzo, superfico, dovresti vedere casa sua, è magnifica, piante verdi dappertutto, non so come fa, a me schiattano subito, ma è anche una puttana fatta e finita, quei tizi sono davvero senza limiti nel sesso, ti raccontano delle cose, e tu pensi ma stiamo scherzando? Quindi, lo sputo, lui lo approva in pieno, ovvio. Ma c'era la nostra amica Laura. Mi ha fatto il culo. Non hai rispetto per te stessa, uno ti sputa addosso, che cavolata. È andata avanti per dieci minuti, non ne potevo più. Ho chiuso con un *eye roll*. Che ci vuoi fare? Comunque, nel sesso non lascio il controllo a nessuno.»

Poi Hélène aveva condiviso l'aneddoto con Christophe, che era rimasto piuttosto affascinato dall'idea.

«Dovremmo provare.»

«Sì, ti sputo addosso io.»

Lui aveva detto *gnam gnam*. Non andava tutto così male, in fin dei conti. La complicità aumentava, i loro limiti diventavano più permeabili, ogni tanto da una frase emergevano dichiarazioni arrischiate.

Una sera, Hélène ricevette una chiamata di Christophe mentre stava guidando. Rispose subito, immaginando una catastrofe, visto che di solito si limitavano a messaggiarsi su WhatsApp.

«Ciao.»

«Tutto bene?»

«Ho un problemino. Un incidente con l'auto.»

«Com'è successo?»

«Non so di preciso. Forse mi sono addormentato al volante. Comunque sono andato a sbattere. Sono a un paio di chilometri da Saint-Dié.»

«Hai avuto un colpo di sonno.»

«Sì, probabile. In questo momento sono proprio stanco morto.»

La sera prima, l'allenamento era durato fino alle undici, e al lavoro la fine dell'anno si rivelava sempre tesissima. Così, l'itinerario del giorno lo aveva portato a Saint-Dizier, poi a Commercy, poi in una zona industriale nei dintorni di Metz, prima di ridiscendere verso Lunéville, Baccarat e finalmente Saint-Dié.

«Finirai per ammazzarti.»

«Sì... Be', non è per questo che ti chiamo. Fra poco dovrei recuperare Gabriel a scuola. Non ho nessuno. Marco lavora, Greg anche. Mio padre, non è neanche il caso di pensarci.»

«E allora?»

«Mi chiedevo se non potevi andare tu...»

Hélène si lasciò cullare per un momento dall'andirivieni dei tergicristalli sul parabrezza. Era imbottigliata negli ingorghi delle sei di sera e poteva vedere il semaforo passare dal rosso al verde e poi dal verde al rosso senza avanzare di un metro. Era bloccata.

«Non sono mica tua moglie, sai.»

Seguì un silenzio pesante. Lei cominciò a cercare nella borsa le sigarette, che ovviamente non c'erano. Poi picchiettò nervosa sul volante.

«Capisco» disse Christophe. «Vedrò di cavarmela.»
Chiuse la telefonata e Hélène si ritrovò da sola in auto. Cadeva la pioggia, lenta come la neve, e davanti a lei gli occhi rossi degli altri veicoli creavano un lungo movimento serpentino. Si portò un indice alla bocca, strappò un pezzettino di pelle con un colpo di incisivi. Eccheccazzo.

«Pronto?»

«Sì, be'. Posso andare a prenderlo. Ma non prima di un'ora buona.»

«Oh, cazzo, grazie! Chiamo la scuola. Mi salvi la vita.»

«Che ne faccio del bambino?»

«Lo porti a bere una Coca da qualche parte. Io cerco di sbrigarmi. Sto aspettando il carro attrezzi. Il garage mi presta una macchina. Il tempo di rientrare. Non ci vorrà molto.»

«Bene...»

«Grazie» disse Christophe.

«Sì, certo» rispose Hélène in un tono che voleva sembrare secco.

Ma erano contenti tutti e due.

Era un bambino con i capelli chiari, la faccia tonda, le unghie listate di nero e il moccio al naso, normale per la stagione. Un bambino banalissimo, tranne forse per quelle lenti che davano ai suoi occhi un che di sovradimensionato, come se fossero sempre sgranati.

«Sono un'amica del tuo papà» gli disse davanti alla scuola.

«Okay» rispose il bambino, senza scomporsi più di tanto.

Visto che non chiedeva particolari, gli spiegò anche che suo padre aveva avuto un problema con la macchina e che sarebbe arrivato presto. Lei si chiamava Hélène. Non doveva preoccuparsi.

«Non mi preoccupo.»

E in effetti la prese per mano e la seguì, con il cappuccio in testa, sicché lei non vide più niente della sua faccia mentre le camminava accanto. Si sentiva un po' intimidita, e non riuscì a dirgli altro. Arrivati nel bar gli chiese: «Vuoi una Coca?»

Lui ci pensò su un momento.

«Magari una Fanta.»

Hélène aveva scelto il primo bar a caso, un posto senza pretese, un locale lungo e stretto con la toilette in fondo. Il bambino le si era seduto di fronte senza nemmeno togliersi il cappotto. Aveva subito incollato gli occhi a uno schermo televisivo che trasmetteva calcio.

«Ti piace il calcio?»

«Abbastanza.»

Il padrone portò la famosa Fanta e un tè. Hélène controllò l'ora, poi guardò il bambino.

«Che classe fai?»

Concentrato sulle immagini, lui non rispose. Aveva appoggiato entrambe le mani sul tavolo, con le dita incrociate, e quella postura, la sua espressione seria, gli davano un'aria sorprendentemente adulta. Hélène sorrise.

«Hai dei compiti da fare?»

«No.»

«Puoi guardarmi quando ti parlo?»

Lui girò la testa e si sforzò di sorridere. Poi bevve un po' della sua Fanta.

«Ti chiami Gabriel, vero?»

«Sì.»

«Anch'io ho due figlie.»

«Ah, sì?»

Non sembrava molto interessato. Hélène si disse che i suoi tentativi non sarebbero venuti a capo di niente. Forse era meglio così. Perciò prese il cellulare e cominciò a rispondere alle mail in attesa. Ormai ce n'erano quattrocentosettantasei ancora da aprire, e un buon numero probabilmente non sarebbe mai stato aperto.

Quando alla fine Christophe arrivò, il baretto era più o meno l'unico punto luminoso in quella via poco frequentata. Si fermò per un momento sul marciapiede, a guardarli. Hélène e suo figlio come in vetrina, tutti soli nel caffè con i muri decorati di piatti e gagliardetti. E pensò che lui e Hélène stavano facendo una bella cazzata.

14

A ventisei anni Hélène vive in un bel bilocale nell'undicesimo *arrondissement* di Parigi. Guadagna centoquarantacinquemila franchi lordi al mese, che per la sua età non è male, però potrebbe essere meglio. Avrebbe solo dovuto superare i concorsi di ammissione ad altri tipi di scuole.

Perché Wkc, lo studio che l'ha assunta, vende materia grigia, eccellenza, ostentazione. Quindi un consulente uscito dall'École des hautes études commerciales può fatturare fino a seimila franchi al giorno. Il suo stipendio è calcolato in proporzione. Idem per uno uscito dall'École polytechnique, o dall'École Centrale di ingegneria, o dall'École nationale des ponts et chaussées, o per i pochi fortunati che hanno potuto fare un Mba a Wharton, a Harvard, o hanno frequentato la London School of Economics. Poi si scende rapidamente di livello. Si trova gente che esce dalle *business school* parigine o si è laureata all'École supérieure d'électricité e a Sciences Po. Un gradino molto al di sotto, quelli che hanno frequentato *business school* di provincia. Infine i profili cosiddetti "atipici". Capita, per esempio, che Wkc assuma un dottorando in Sociologia delle organizzazioni, oppure un antropologo che ha studiato il mondo dell'impresa o lo spirito del capitalismo, cavolate del genere. Valgono meno di chi è uscito dalle scuole d'eccellenza, ma si ritiene che cervelloni di questo tipo portino un po' di ossigeno in un'azienda con quattromilanovecentosei dipendenti e un fatturato annuo, sul territorio francese, di tre miliardi.

Da quando è entrata alla Wkc, a volte Hélène ha l'impressione che l'intero pianeta sia nelle mani di quegli omini in completo blu che vanno in ogni azienda, nei grandi gruppi e nelle pubbliche amministrazioni a dimostrare a colpi di diagnosi irrevocabili l'inadeguatezza delle persone e dei numeri, a spiegare ai dipendenti che cosa fanno e come dovrebbero farlo meglio, ad affiancare i reparti Risorse umane sempre arretrati e a illuminare decisori invariabilmente condannati a guadagnare in efficienza, forzati della produzione, schiavi del risultato operativo.

Hélène, invece, ha frequentato l'École supérieure de commerce di Lione. Non la più mediocre, sarebbe potuta finire peggio, a Nancy o a Strasburgo per esempio, mentre quella figurava comunque nella *top ten*. Ma se non avesse abbandonato il tedesco nella classe preparatoria, probabilmente avrebbe ottenuto risultati migliori ai concorsi di ammissione, con la possibilità di entrare in una scuola più prestigiosa che avrebbe cambiato il profilo della sua carriera.

Solo che, be', fino a quel momento aveva sempre riposato sugli allori. Prima della classe al liceo, relativamente senza problemi nella classe preparatoria grazie alla matematica, e poi molti bagordi dopo la maturità. Eppure, quando erano andate a vedere dei monolocali, al momento di iscriversi alla classe preparatoria del liceo Poincaré, sua madre l'aveva avvertita: «Fai quello che vuoi, adesso sei grande. Ma se ti bocciano, torni a casa e non se ne parla più.»

E Hélène aveva fatto davvero quello che voleva, felice di lasciarsi alle spalle Cornécourt, i genitori, Charlotte, alla quale non aveva più granché da dire. L'ultimo anno di liceo, Charlotte era passata all'indirizzo scienze umane e sociali, ritenuto più generalista e meno esigente sulla matematica, e le due ragazze si erano quasi completamente perse di vista. Hélène sapeva che la sua ex amica aveva avuto dei ragazzi, delle difficoltà scolastiche, la patente e una piccola Clio blu. Lei invece era rimasta molto a casa, per mancanza di soldi, per noia e per un certo disgusto. Nella sua cameretta da adolescente aveva morso il freno leggendo tanto, in particolare Edith Wharton, di cui si era innamorata. Si era detta che un giorno anche lei avrebbe scoperto il "bel mondo", avrebbe viaggiato e sarebbe stata una donna libera. Allora l'espressione "carriera internazionale" le accendeva nella testa i fuochi d'artificio. Durante tutto quel periodo, sua madre le aveva spesso rimproverato di restare chiusa in camera, di non fare sport, di diventare cupa e malevola. Ma, fuori, quasi tutto la feriva. La mancanza di mezzi, di spazio, di aperture, le persone che si conoscevano tutte e s'impicciavano della tua vita, la provincia che lei aveva preso in antipatia: un odio per le sottoprefetture e per le strade dipartimentali che non sarebbe più venuto meno.

Hélène aveva passato la maturità con il massimo dei voti e Charlotte per il rotto della cuffia. Si erano incrociate un'ultima volta la sera della pubblicazione dei risultati, al Papagayo, un localaccio in centro che cambiava nome ogni anno in seguito a una rissa o alla scomparsa del proprietario, spesso fuggito con la cassa. Ma avevano scambiato a malapena tre parole. Ormai la loro amicizia era solo un sentimento zombi, un fuoco mal spento. Dal mezzanino, fumando sigarette, Hélène aveva guardato la sua ex amica pavoneggiarsi sulla pista. Si era detta: per me tutta questa merda è finita.

In ogni caso, la classe preparatoria non le aveva creato particolari problemi e all'uscita dalla *business school* Hélène aveva subito trovato lavoro, cominciando con uno stage all'Olympus, e poco dopo essere stata assunta aveva avuto la fortuna di vedersi selezionata in un programma di scouting di giovani collaboratori ad alto potenziale. Solo lì aveva scoperto la competizione, quella vera.

Così, per quattro mesi aveva avuto diritto a una formazione costosa e ultraselettiva in uno stabile di Levallois-Perret insieme a una decina di altri fortunati. In quella specie di incubatrice, la multinazionale si sforzava di far crescere il *top gun* dei giovani laureati che era riuscita ad attrarre. Per il gigante giapponese il reclutamento dei talenti era ovviamente una fondamentale posta in gioco strategica.

E se nella classe preparatoria come alla *business school* di Lione l'atmosfera era rimasta sostanzialmente quella del liceo, in fin dei conti poco competitiva, questa volta per Hélène erano stati dolori. Durante la prima lezione ogni partecipante si era presentato e non c'era voluto molto per dedurre dai concorsi superati e dagli indirizzi di studi seguiti il valore sul mercato di ciascuno di loro. Hélène si era ritrovata a essere la sfavorita del gruppo e in seguito aveva potuto rendersi conto che la si ascoltava meno degli altri e che i formatori stessi sembravano guardarla con un pizzico di commiserazione. Il venerdì alcuni partecipanti si vestivano casual e ne approfittavano per indossare la felpa della loro università americana o del campus dell'École des hautes études commerciales di Jouy-en-Josas. Più volte si era sentita una merda. Però non aveva pianto e non era crollata. Non era da lei.

Quanto al contenuto della formazione, era piuttosto semplice. All'azienda stava a cuore innanzitutto identificare i punti di forza e le lacune di quelle nuove élite, per colmarle. Si trattava anche di insegnargli a comportarsi da veri manager, non muovete troppo le mani quando parlate, impostate la voce, evitate frasi alla forma negativa, insomma tutta quella tragica psicologia fatta di luoghi comuni e manipolazione sommaria che sostituisce la scienza nei santuari in cui si prendono le decisioni.

Ma lo studio era incentrato sostanzialmente su casi concreti: risorse umane, gestione di crisi, comunicazione, management delle équipe, redditività. Quest'ultimo campo era ovviamente il più critico. Nella fattispecie, le esercitazioni consistevano nel gestire un gran numero di dati nel minor tempo possibile al fine di produrre le decisioni migliori. In questo giochetto Hélène stracciava tutti, e a farle mangiare la polvere era solo un tizio alto e già calvo proveniente dall'École polytechnique. Il quale, stile giovane liberale di un metro e novanta, rapace e dalla parlantina sputacchiante, in meno di mezz'ora era in grado di tirar fuori da trenta pagine di dati un margine operativo lordo arrotondato al secondo decimale. Roba da togliere il fiato. Tutti quegli anni a credersi un prodigio per scoprire, alla fine, dentro un'aula con le pareti bianche e in un manipolo di superlaureati con tutte le carte in regola, di non essersi mai trovata di fronte dei veri avversari.

Poi aveva lavorato nella sede europea dell'Olympus ad Amburgo, una città incredibilmente benestante e altrettanto plebea, che faceva sentire tutto il peso delle sue navi e dei suoi container alla foce dell'Elba, con i suoi ciccioni rosei e indaffarati, la sua avidità, gli innumerevoli turisti che formicolavano nel porto in un folklore marittimo odoroso di birra e patatine fritte. Si era fatta le ossa, usando un tedesco sommario e un po' di *globish* per guidare la sua piccola équipe specializzata in strumentazione medica, in particolare endoscopi, di cui l'Olympus era leader mondiale.

Dopo due anni di quella solfa, stufa del tran-tran e stanca di dare ordini, aveva deciso di sostenere dei colloqui in grandi studi di *consulting*. Gliel'aveva vivamente consigliato un'ex compagna di corso, che lavorava da Ernst & Young.

«Vedrai, è interessante da morire. È sempre diverso. E poi, be', non stiamo a raccontarci tante storie. Si fa un po' finta.»

«Finta in che senso?»

E la ragazza le aveva spiegato come funzionava. Dietro la facciata del vendere efficienza, performance, in realtà gli studi promettevano risparmi. E quei risparmi li fatturavano a caro prezzo.

Era stata ricevuta da Deloitte, da Kpmg, da un piccolo studio legale che cercava di diversificare, ma alla fine era stata Wkc ad assumerla. Ogni volta la procedura di reclutamento si era svolta nello stesso modo. Alcuni casi concreti, poi il colloquio conoscitivo. Per i casi era facile, sempre più o meno la stessa cosa. Un imprenditore qualsiasi che vendeva finestre, stampi per cialde o spazzoloni. In funzione della sua situazione in un certo territorio, del costo delle materie prime, della manodopera, a seconda della concorrenza e di altri elementi del genere, bisognava fare un veloce calcolo mentale per aiutarlo a quantificare il suo mercato. Hélène conosceva a memoria quella routine e le risposte. Era opportuno, soprattutto, non manifestare troppa originalità. A quello stadio la riflessione personale non era considerata un *asset*. Nel colloquio conoscitivo il candidato doveva dimostrarsi vivace, pertinente, piuttosto simpatico ma rigoroso, avere valori ma senza esagerare, dare l'impressione di essere affidabile, leale, competitivo, sgobbone, esprimersi con una certa franchezza ma senza superare i limiti. Grosso modo, il cardine era il pragmatismo, l'ideologia non aveva ragion d'essere, a meno che non si consideri il pragmatismo un'ideologia, ma pensarla così era rischioso. Di fronte a una piccola commissione di esaminatori che erano come il riflesso del suo futuro, Hélène aveva manovrato bene la sua imbarcazione. Ora aveva esperienza e, contrariamente agli esordi, i mezzi per comprarsi un paio di jeans Zadig & Voltaire, un top Vanessa Bruno e scarpe di Sergio Rossi. Niente a che vedere con il tailleur Zara degli inizi.

Due settimane dopo si trasferiva a Parigi e cominciava a lavorare per il primo cliente.

Gli esordi sono difficili. Il suo lavoro consiste nel prendere treni e presentarsi in università che cercano di migliorare la propria organizzazione. Perché nei ministeri, dove del resto ci si imbatte negli stessi omini in blu che popolano i grandi studi di *consulting* di New York, di Oslo o del quartiere della Défense a Parigi, le parole chiave sono diventate razionalità, performance, valutazione. Tutti, infatti, sono stanchi della dispersione di energie, dello spreco generalizzato. Il contribuente si aspetta di vedere i conti, il cittadino un ritorno sugli investimenti, l'elettore il suo bilancio consolidato. I soldi per la collettività ora bisogna spenderli con saggezza calcolabile, in modo scientifico, destinarli là dove produrranno gli effetti migliori, che poi saranno debitamente misurati. Le lezioni anglosassoni sono state ben assimilate. Si affermano sempre di più, nelle scuole, nei palazzi istituzionali, poi scendono a rivoli nelle direzioni, in ogni ufficio, nelle agende e, per finire, nelle teste, nelle arterie: ed ecco un cuore che adesso batte a un ritmo soddisfacente, un galoppo ripetitivo, riproducibile ed efficiente. Ormai fai parte del *process*.

A pensarci, è straordinario osservare quale percorso segua la regola, fino a radicarsi in un essere umano. Ogni volta incontra resistenze, perché le cattive abitudini sono dure a morire. Ma a poco a poco s'impone, a seconda della sua spinta categorica. E non sono serviti cannoni, fucili, per attuare questa gigantesca mutazione. È bastata l'evidenza delle cifre, perché nulla è perentorio quanto un obiettivo, nessuno ti torce il braccio meglio di un indicatore. Il numero è un padrone che non può essere contraddetto, a meno di non voler passare per matti. O peggio, per retrogradi.

Tuttavia, per condurre in porto una simile rivoluzione e indirizzare gli sforzi nella giusta direzione, le persone che guidano questa grande impresa di razionalizzazione hanno bisogno di tutto un esercito di consiglieri ed esperti che si guadagnano la vita riducendo i costi, fanno commercio della propria scienza del funzionamento adeguato e vendono a peso d'oro il proprio sapere in materia di misurazione, interpretazione e cambiamento. Identificare, classificare, priorizzare, valutare: con l'aiuto di qualche verbo della prima coniugazione dettano il nuovo ordine scientifico, regno perfetto della performance destinato a durare per sempre perché non è più relativo, né politico, né storico, ma si afferma come la nuda realtà, diventata materia infinitamente calcolabile.

Quindi Hélène lavora nella *business unit* servizio pubblico di Wkc, il cui compito è facilitare la trasposizione a Bordeaux, a Tolosa o in Piccardia degli indispensabili cambiamenti che si impongono su scala mondiale. Eccola servita, lei che sognava viaggi e bella vita. Prende treni regionali, dorme in un hotel Ibis vicino alla stazione e, all'arrivo, incontra sempre lo stesso uomo in giacca e cravatta che le rivolge uno sguardo duplice. Da una parte Hélène è giovane ed è una donna, il che lo spingerebbe a trattarla come una semplice pedina, ma al tempo stesso arriva da Parigi e guadagna più di lui, il che mette sempre in soggezione.

L'uomo, che in genere è un furbetto cinquantenne a cui piacciono i lunghi pranzi e i mocassini perché gli evitano di doversi piegare per annodare le stringhe, si adegua come può a questi dati contraddittori, mostrandosi moderatamente galante e relativamente perentorio.

«Ciò che voglio è fare meglio senza incrementare l'organico» spiega, lisciandosi la cravatta.

Lo dicono tutti, Hélène ci è abituata. Nessuno pronuncia mai l'espressione massa salariale, è un'oscenità.

Quando la presenta ad altri uomini meno importanti in una piacevole sala riunioni che alcune assistenti si sono premurate di rifornire di dolcetti, tè e caffè, a volte azzarda: «Signori, devo presentarvi una bella ragazza.»

Interviene subito un sindacalista: «Quanto ci costerà?»

In quegli ambienti le donne sono piuttosto rare ma altrettanto dure, soprattutto quella con una collana di bachelite arancione e orecchini a clip assortiti, che in veste di capa del dipartimento di lingue straniere applicate dichiara con una bella voce rauca da fumatrice: «Non ho niente contro di lei, ma voglio che sappia che non siamo affatto d'accordo con questa nuova moda degli studi di consulenza privati.»

«Capisco» risponde Hélène.

A volte noleggia un'auto e attraversa metà del paese per passare tre settimane in una città dove scorre un fiume, una città con le sue vie Raymond-Poincaré, Georges-Clemenceau e Charles-de-Gaulle. Vi ritrova il paesaggio dell'infanzia, tre grandi licei e un ufficio delle imposte dall'architettura *Seventies*, caffè che si chiamano Marigny o Bar des Sports, aiuole fiorite, panchine verdi, periferie di una bruttezza ragionata, una bocciofila, una Camera di commercio, giovani ai tavolini fuori dai bar, vecchi ovunque.

Lì, fa il suo lavoro.

Alla diffidenza degli uni e degli altri contrappone la sua calma sorridente, le sue capacità, il suo fiuto quasi infallibile, perché Hélène sa individuare molto rapidamente, nel guazzabuglio di informazioni che le vengono fornite, dove il sistema s'inceppa, le ridondanze, dove i soldi vanno persi e le strutture fanno attrito. Lei che non è mai stata una secchiona si lascia coinvolgere e diventa una di quelle persone a cui, come si dice, piace *andare a fondo*. Ben presto non c'è più niente che la rallegri quanto risolvere un problema che coniuga un principio di legge, una norma amministrativa e una voce di bilancio.

Fino al giorno in cui, a Orléans, le cose grippano.

Due mesi dopo, al momento del colloquio di valutazione, fa il punto con Marc Hammoudi, il suo manager.

«Ascolta, per quanto riguarda le competenze, il lavoro di consulenza, macinare dati, niente da dire. Te la cavi bene, da bravo soldatino. Ma non ci hai saputo fare con il cliente.»

«Un momento, non capisco. Ce l'ho messa tutta su questo caso.»

«Un cliente va gestito. Sono stato costretto ad andarci due volte per dargli una bella scrollata. Tu credi ancora che gli vendiamo organizzazione, processi. Devi ficcarti in testa un paio di cose. Primo, la tempistica. È questo che gli vendiamo, ore di cervello. Se cominci a fornirgli cervello gratis, siamo fritti. Quindi, chissenefrega delle sue richieste. Gli dai quello che gli abbiamo venduto, punto. Secondo, lo spettacolo.»

«Non è il mio genere.»

«Invece sì. È il genere di tutti noi. Abbiamo un mercato mondiale da mille miliardi e nessun prodotto, cosa credi che vendiamo?»

«In che senso?»

«Il cliente caccia i soldi, ma alla fine non ha in mano niente di tangibile. Non si ritrova con una nuova Ferrari in garage. Quello che vendiamo sono neuroni, è questo il nostro business. Il problema è che la materia grigia mica la tocchi. Non gli vendi i tuoi grafici a torta e a barre, le tue raccomandazioni o una strategia, gli vendi intelligenza. Paga perché tu sei più *smart* di lui. Devi giustificare il tuo plusvalore. Fare lo show. Devi tenerlo in pugno. E al tempo stesso quella gente ha le sue piccole manie, le sue piccole fisime. Se non li ascolti, va tutto in vacca.»

A partire da questo breve colloquio, che le vale il voto B e un bonus relativamente di merda, Hélène è in preda a un'ammirazione per il suo superiore gerarchico che per certi versi assomiglia alla sindrome di Stoccolma. Eppure Marc Hammoudi non ha la stoffa del guru, né una particolare voglia di convincere. La sua libido sta altrove. È un ambizioso senza fronzoli. In lui il desiderio di far carriera non è accompagnato da nessuna finzione. Non ha quell'assillo borghese delle apparenze che spinge a trasformare l'amore per i soldi in appetito per l'arte, i begli oggetti, i cavalli, o la gastronomia. A eccitarlo è la posizione apicale. Il suo desiderio è quasi a nudo, rustico, sempre ostacolato, peraltro, ma ravvivato, appunto, dagli ostacoli.

Quando lo paragona agli altri dipendenti di Wkc, Hélène si rende perfettamente conto che non è dello stesso stampo. Dai e dai, e semplificando, è riuscita a identificare tre categorie di consulenti: i bravi soldatini, gli zeloti, i turisti. Lei stessa tende a far parte della prima categoria, quelli che a scuola hanno sempre studiato, che hanno voluto un lavoro ben retribuito, con dei vantaggi e un pizzico di prestigio, promozioni regolari, una carriera invidiabile, una vita familiare realizzata. Sono persone che apprezzano il lavoro di qualità, i dossier costruiti in modo solido, che godono a parlare agli interlocutori con cognizione di causa, che trovano interessante visitare mondi diversi e sono fiere di adattarsi a contesti vari dando ogni volta il meglio di sé. Ritengono che il loro lavoro vada nella giusta direzione, che definiranno la direzione del progresso, dell'adeguamento a un mondo in continuo mutamento. Gli zeloti, invece, si riconoscono per una specie di fanatismo, di convinzione categorica. Per bocca loro parla dalla mattina alla sera il management, impattano e priorizzano persino in famiglia, anche di domenica, e rifilano ai figli la stessa saggezza che rifilano ai clienti, con frasi stracotte del tipo «Il mio lavoro è aiutarti a porti le domande giuste» o «L'informazione è potere». Non distinguono più il mondo del lavoro da quello reale. Sono prigionieri del gergo. Hanno la performance nell'anima. Li si individua da quella specie di sguardo estatico, da quella convinzione profonda che dà loro l'aria partecipe di chi sa che le cose vanno prese sul serio, ma senza timore. All'inizio Hélène credeva che se la tirassero; invece, semplicemente, ci credono. La cosa più sorprendente è che l'intelligenza non c'entra nulla, perché del mucchio fanno parte sia dei semideficienti sia gente brillantissima. Li si vede passare a grandi falcate da *open space* a sale riunioni, da *conference call* a *kickoff*, con la fede radicata in corpo e il completo ingualcibile. Finiranno milionari, e durante il weekend indosseranno polo Ralph Lauren o mocassini con le nappine. Non si può far niente per loro se non guardarli affermarsi. Infine, ci sono i turisti. Probabilmente all'origine di questi profili si potrebbe identificare un'incertezza, un tentennamento quando si è trattato di decidere il proprio indirizzo, genitori che spingono in una direzione inopportuna, una *business school* scelta per debolezza, per conformismo o per darci un taglio, vagabondaggi fino a improbabili dottorati senza sbocchi. In ogni caso, sembrano trovarsi lì per caso, e spiegano in gran parte l'alto turnover che caratterizza la professione. Il lessico dell'azienda gli rimane estraneo. Non hanno né il gusto della soddisfazione del cliente né uno speciale appetito per i bonus eccezionali. Non si sentono particolarmente legittimati a consigliare gente che da decenni fa bene il suo mestiere e vagano come anime in pena nei vasti spazi trasparenti della Wkc, incapaci di godersi l'atrio e il giardino giapponese. Non aspirano ai piani alti, dove incrociano le navi ammiraglie dell'azienda, e a volte danno spettacolo dopo aver bevuto troppo durante un weekend di *team building* fra le gole del Verdon.

Quanto a Marc Hammoudi, è a suo modo un barbaro. Incamera soldi come un tempo altri radevano al suolo i villaggi. E se tratta i clienti con i guanti e di tanto in tanto può addirittura dimostrarsi servile, lo fa da stratega, da esperto del camuffamento. Per il resto, non ha illusioni e sfoggia un'intelligenza al laser che disorienta Hélène nella sua adesione ai valori dell'azienda.

Per esempio ogni settimana, in genere il giovedì, il presidente di Wkc Consulting manda ai collaboratori una mail, con un testo a metà strada fra il resoconto dell'attività e il discorso dal pulpito: tutti i destinatari la leggono religiosamente, e se ogni tanto alcuni si permettono qualche riserva, lo fanno sempre a voce e *in camera caritatis*. Del resto, quelle mail sono di solito ben congegnate, con elementi sull'attualità del business, prospettive, spunti di riflessione, citazioni ispiratrici, e un'insistenza tutta particolare sui valori.

Perché il presidente è convinto che Wkc sia un'azienda etica. A distinguerla nell'ambiente, a costituirne la forza e l'attrattiva, sono i suoi valori. Filosofia che aveva espresso, in particolare, in una mail del mese di giugno 2001 incentrata su quattro punti: eccellenza, coraggio, *together*, *for better*. Un *must* concluso da questa frase, che pur essendo di sua invenzione era virgolettata: «La nostra probità si esercita nel nostro lavoro, nei rapporti con i colleghi e con i clienti, all'interno e all'esterno, ma anche nel contesto delle nostre amicizie e della nostra famiglia. Lo spirito Wkc deve accompagnarci ovunque, in modo concertato e libero.»

Ma Marc non legge questa letteratura *corporate*.

Un giorno Hélène gli ha chiesto che cosa pensasse del modello evolutivo che Wkc voleva adottare, con i suoi due assi, quello del cambiamento e quello della continuità, a definire il percorso della trasformazione, e lui ha semplicemente risposto: «Non me ne frega un cazzo.»

Il che non gli impedisce, peraltro, di produrre a manetta lo stesso genere di pappardelle e di grafici.

Hélène ammira quella forza travolgente, ne cerca la scia, la imita, si rassicura al suo contatto. Quanto a Hammoudi, non sembra neanche vederla. Traccia il suo solco, con i suoi paraocchi e la sua carota, possente e formidabile, senza collo, spalle enormi, pelle quasi grigia, occhi gialli e capelli ricci in fase di declino. Della sua vita privata, Hélène non sa nulla. Si veste nella media, di blu e di grigio, cravatta tinta unita su camicia tinta unita, di marca ma non su misura, mocassini morbidi, niente gemelli, un Omega passepartout al polso. È semplice e pulito. A volte assomiglia così poco a una persona da diventare rassicurante come un computer.

E una sera Hélène prova una presentazione destinata a degli alti papaveri del ministero dell'Università insieme a Marc e a un tizio che conosce poco, Pierre-Antoine, il quale si distingue per il papillon, che porta di tanto in tanto, e per una gentilezza surreale. I due le fanno le domande in un ufficio vuoto. Lei risponde pronta, un po' scolastica ma a prova di bomba quando si entra nel merito del caso. Il tritacarne dura un'oretta, poi il suo manager guarda l'orologio.

«Basta così. Va bene. Martedì vengo dal cliente con te.»

«A Pau?»

Marc sta già riponendo il computer. Pierre-Antoine si eclissa con un timido buonasera. Restano loro due, Hélène seduta e Marc in piedi.

«Sì, prendiamo il Tgv, noleggiamo una macchina sul posto. La mia assistente ti manderà tutto via mail.»

Hélène passa un weekend di angoscia, chiedendosi che cosa mai abbia voluto dirle, se si tratta di un favore o di una punizione. Il martedì successivo, sul Tgv, Marc non aggiunge altro. Si limita a smaltire le sue mail, si toglie le scarpe, sgobba sui suoi dossier sottolineando con la matita rossa e blu, si sposta all'ingresso della carrozza per fare telefonate, lasciandosi dietro un lieve odore di piedi e vetiver. Viaggiano in prima, ovvio, tutti i collaboratori di Wkc ne hanno diritto, ma nonostante questa cornice propizia al lavoro nomade Hélène è pressocché incapace di concentrarsi. Il tragitto prende quasi tutta la giornata e il capo le rivolge a malapena tre parole.

Arrivati all'università di Pau, Marc esordisce rassicurando il cliente. In Wkc sono abituati, sanno che cosa fare, andrà tutto bene. Costa caro, certo, ma sono comunque i prezzi di mercato. Poi il rettore li affida a una specie di intendente, che li accompagna nell'ufficio predisposto per loro, una stanza dignitosa, pulita, con una finestra che si affaccia su un corso d'acqua. Hanno preparato persino un thermos.

«Non va bene» sbotta Marc.

«In che senso?»

«Troppo piccola, niente luce. Siamo troppo lontani dalle persone che lavorano qui, ci trovi qualcos'altro.»

«Ma abbiamo solo questa.»
«Trovi qualcos'altro.»
Ci vogliono più di due ore, e l'aiuto del bidello, di due segretarie nonché, curiosamente, di un elettricista, per scovare un posto che vada bene a Marc. Portano loro i documenti promessi, che i consulenti cominciano subito a spulciare anche se hanno già ricevuto quasi tutto via mail. Dopo tre ore di lavoro Hélène si assenta un momento per fumarsi una sigaretta, ma il suo capo rimane lì, in calzini sulla moquette, fronte appoggiata a una mano e occhi fissi sullo schermo del computer.

Quella sera, Marc e Hélène cenano da soli in un ristorantino accanto al loro albergo. Lei ha preso una tartare e lui un calzone con insalata verde. Se ne ficca in bocca una grossa foglia insieme a ogni pezzo di pizza, tagliandola con un gesto pesante, che parte dalla spalla. Hanno ordinato una bottiglia d'acqua e una caraffa di Madiran. Poiché in trasferta lui beve solo acqua, Hélène si dedica al vino e ben presto sente sciogliersi, sotto la sua carezza, le tensioni degli ultimi giorni. Si permette addirittura qualche domanda e Marc risponde con garbo, la voce arrochita dal cibo, parlando velocemente. Poi arriva il momento in cui, cedendo alla propria eccessiva allegria, Hélène azzarda una frase complice.

«Sono contenta di poter lavorare con persone come lei.»

Marc alza gli occhi gialli, con la palpebra a mezz'asta, e la fissa per un momento, come se volesse accertarsi che non lo stia prendendo per i fondelli.

Hélène si sente le guance in fiamme.

«In ogni caso non siamo mica in un'azienda qualsiasi, voglio dire. Io non sono particolarmente *corporate*, però, be', ha un certo appeal.»

«Ma che vai dicendo? Siamo considerati i buzzurri del settore. Va' a vedere da Deloitte, nei piccoli studi privati che fanno *merge* di alta gamma. Persino da Mercer ci prendono per dei cretini.»

Hélène resta a bocca aperta, poi si ricompone.
«E allora perché?»
«Perché cosa?»
«Perché lei è qui? Potrebbe essere ovunque.»
Di recente le hanno raccontato di come Marc si fosse fatto notare in un caso di riorganizzazione, risolvendolo quasi d'istinto; aveva esaminato rapidamente i dati come uno chef annuserebbe una zuppa di pesce e individuato in cinque secondi dove stava il punto dolente: ecco, questo settore del reparto acquisti. Lì avete qualcuno che non fa il suo lavoro nel modo giusto. Il cliente era rimasto basito. Sembrava al tempo stesso assurdo e magico. In realtà Marc aveva ragione.
«Il vantaggio, in Wkc, è che non cercano di essere sciccosi. Se ne fregano del tuo cognome, della tua famiglia. Persino degli studi, al limite. Tu hai fatto la *business school* di Lione, voglio dire, quindi sai cosa significa.»
Hélène incassa, e lui, soddisfatto del colpetto messo a segno, si passa la lingua sui denti per eliminare una foglia d'insalata.
«Sto dicendo cazzate. Quello che conta è che non mi rompono le scatole, e che non mi rifiuteranno una posizione di associato perché ho i capelli ricci.»

I giorni successivi, Hélène ha modo di osservare più da vicino i suoi metodi, come gestisce il cliente, sempre attento, pronto ad accontentare i suoi ghiribizzi, maltrattandolo anche, cosa che sembra procurare al cliente stesso un grande sollievo.
«Devi capire. Il cliente è sempre preoccupato perché ha un'esigenza e non sa se verrà soddisfatta. Ha paura di fare le scelte sbagliate. Ha paura di essere derubato. Il cliente è uno che vive nella paura e si cerca una guida che lo rassicuri.»
Queste cose Hélène non poteva impararle a scuola o dai manuali. Le scopre, leggermente sbalordita, a Pau, nel loro

ufficio pieno di una bella luce ottobrina, in compagnia dell'aroma subliminale dei calzini e della costosa acqua di Colonia di Marc. A stupirla di più è il mix di perspicacia e scaltrezza, se non addirittura cinismo. Marc è perfettamente in grado di pronunciare frasi tipo: «Il nostro lavoro consiste comunque nel riordinare stanze vuote», oppure: «Un consulente è un tizio che ti chiede in prestito l'orologio per dirti che ora è e poi se la svigna con l'orologio.» Ma dietro quella specie di haiku mercantili lei nota anche il suo colpo d'occhio, il suo talento nel "macinare dati", frugando come un maiale da tartufi, con il grosso grugno abile e penetrante che rovista fra le colonne e le tabelle, negli organigrammi e nei conti di esercizio, determinato come un vomere, sollevando la sporcizia dei numeri, mettendosi comodo, con il corpo trasformato in una pompa, in una proboscide, felicemente spaparanzato in quel santuario dove si sciorinano i panni sporchi, dove l'istituzione svela i suoi segreti e mette a nudo l'intimità dei suoi organi profondi.

In quel truogolo matematico Marc Hammoudi scova pepite, separa l'oro dal fango, e miracolosamente, in un guizzo estasiato, trova. Non gli piacciono molto i colloqui. Gli uomini sono tutti bugiardi e vanesi, le donne in preda al panico e superficiali. Secondo lui si tratta soprattutto di diplomazia, di far credere che hai ascoltato, che hai tenuto conto: di manovre dilatorie, insomma. E poi i resoconti parola per parola lo disgustano, i sondaggi lo lasciano indifferente, il qualitativo è a suo parere un modo per mettersi in pace la coscienza, e il suo lavoro, lo sa bene, non ha niente a che fare con la morale. Quei maneggi li lascia ad altri. Non ha più l'età per dedicarsi alla commiserazione. La sua scienza dei meccanismi fa a meno degli attori. Lascia la psicologia agli approssimativi. Lui si attiene alla solidità dei fatti.

Dopo due giorni di questo regime, Hélène deve ammettere che le ha efficacemente sbrogliato la matassa, e anche se non si sente affatto in grado di adottare il suo stile, non considera già più il lavoro nello stesso modo. Il giovedì sera cenano come al solito, faccia a faccia e nella medesima brasserie. Lui sembra soddisfatto, siede al suo posto vivace e sorridente, ma non precisa se a rallegrarlo sia la prospettiva di tornare a Parigi o i progressi fatti dalla sua allieva.

«Prendiamo un aperitivo. E del vino.»

Poi controlla il BlackBerry.

«Domani mattina abbiamo il treno non prima delle dieci. Possiamo prendercela comoda.»

Decidono per i *tournedos* alla Rossini e una bottiglia di Châteauneuf-du-Pape, presumibilmente meno pesante dei vini del Sud-Ovest. La conversazione verte soprattutto sul lavoro, sui colleghi. Marc si mostra al tempo stesso paternalistico e meschino. Ha una lingua tagliente. Ai suoi occhi non si salva quasi nessuno. Fancazzisti, leccaculo, incapaci, figli di papà, imbranati, deficienti, sociologi: piovono gli insulti. Hélène ridacchia e rincara. All'improvviso, in quella parentesi creata dal vino e dalla connivenza, lo trova bellissimo. Seguono il caffè, l'ammazzacaffè, e poi, infilandosi l'impermeabile, Marc decide che sarebbe una vera scemenza andare a dormire così presto. Ora Hélène non è più tanto sicura. D'istinto, diffida di quel tipo di uomini, i robusti che ti avviluppano e ti stupiscono, nauseanti e sexy, gli arrivati che hanno la pancetta e sanno. Le torna in mente la parola "quadro".

«Preferisco andare a dormire» dichiara.

«Non dire cazzate. Ci beviamo il bicchiere della staffa. Non ci farà male.»

A rassicurarla è il fatto che lui sembra distante, tutto ripiegato su se stesso, un po' come un paguro bernardo munito di carta oro. Paga il conto e lascia una mancia che gli vale subito i favori del giovane cameriere. Alla fine Hélène acconsente, perché in fondo lui non chiede il suo parere, ed ecco che percorrono le vie quasi deserte di quella cittadina che di giovedì sera non è esattamente il massimo. L'aria è fresca e asciutta, Hélène si lascia guidare. Il capo non dice una parola, ma dal suo respiro corto, dall'andatura incerta, si capisce che è già brillo. Poco dopo arrivano davanti al Wilson, un classico locale notturno con la sua massiccia porta di legno munita di spioncino. Il buttafuori li introduce in un lungo corridoio dove già risuonano gli echi attutiti della musica, poi entrano in un ampio spazio dotato di un bar interminabile e di una pista da ballo a due livelli sulla quale si dimenano alcuni clienti determinati, non così pochi in fin dei conti, a meno che a dare questa impressione ingannevole non siano gli specchi e il palpitare anemico delle luci.

Mentre Marc si dirige verso il bar, Hélène strizza gli occhi, come se farlo potesse aiutarla a sopportare il volume terrificante. È da un bel po' che non va in un locale. Ritrova con un piacere colpevole quel senso di potenza, i bassi che rimbombano nel petto e persino nelle tempie, essere una ragazza in quella borsa dei desideri dalle quotazioni basse. Senza contare la sua superiorità parigina, perché il Wilson è un locale di provincia, quindi meno all'avanguardia, e ormai Hélène ha i soldi, le dritte giuste, e a ogni stagione, senza neanche pensarci, adotta le nuove tendenze che nascono sulle rive della Senna per poi declinarsi altrove con un certo ritardo. O comunque è così che se la racconta.

Ma questo sguardo aristocratico serve anche a rassicurarla, perché le ventenni coi piccoli top chiari, sulla pista da ballo, la mettono già di malumore. E lo stesso fanno i ragazzi, d'altronde, così giovani nelle loro polo da rugbisti. Scambia con Marc qualche parola inudibile, annuisce e sente il caldo inzupparle la schiena. Nel momento in cui si accende una sigaretta, nota uno strano tizio, baffi e felpa, che ancheggia in modo piuttosto ripugnante contemplando il proprio riflesso in uno specchio. Anche Marc l'ha visto. Quell'apparizione ispira loro uno sguardo complice, di derisione della provincia. Poi si siedono su un divanetto lasciato libero da due coppie che se ne sono appena andate.

«Pazzesco, quanta gente c'è.»

«Cosa?»

«Dicevo che c'è tanta gente.»

«Ah, sì.»

Una cameriera fasciata in una maglietta del Johnnie Walker porta rapidamente una bottiglia di whisky, un secchiello di ghiaccio, due bicchieri e Coca-Cola.

«Che cos'è?» urla Hélène, a cui sembra che sia comunque troppa roba.

«Niente. È per me.»

Senza che si capisca bene se Marc intenda dire che offre lui o che quella bottiglia è solo per lui. Comunque versa e le passa un bicchiere.

«Coca?»

Hélène gli legge le labbra e fa cenno di no, poi aggiunge due cubetti di ghiaccio usando una pinza di metallo. Quante volte si è già trovata nella stessa situazione, con la testa che comincia a girare, l'entusiasmo che incombe, quegli slanci che non sono esattamente da lei? Un tempo, quando usciva molto, era abbonata ai black-out, quei momenti di pura gioia che sfociano nell'amnesia e nel doposbronza suicida. All'alba le capitava di svegliarsi in un appartamento sconosciuto, sentendosi sporca e a pezzi. Allora doveva ricostruire il suo itinerario a partire da qualche flash disponibile. Più tardi mandava messaggi alle amiche per riempire i vuoti di memoria. Non ho fatto troppe cazzate, vero? A che ora siamo tornati? Arrivavano le risposte, con il loro quantitativo di sollievo o di rivelazioni che bisognava seppellire sotto la promessa di non ricascarci mai più. Così, Hélène aveva un certo numero di scheletri nell'armadio, ragazzi approfittatori, l'immagine di un po' di coca sul coperchio di un water, vomito secco fra i capelli, domeniche orribili sotto la trapunta, la vergogna e la voglia di crepare, perché ti dici che non esiste spugna per cancellare tutto ciò. Perché, soprattutto, ti chiedi chi sia quell'altra persona che salta fuori ogniqualvolta ti ubriachi. E se fosse il tuo vero io?

Il suo capo, invece, seduto comodamente, gambe accavallate, braccio disteso sullo schienale del divanetto, bicchiere sulla pancia, occhieggia beato il movimento dei corpi a portata di mano. Si è tolto la giacca e la sua postura lascia intravvedere, fra il nero dei calzini e l'orlo dei pantaloni, un'ampia striscia di pelle pallida. Hélène rabbrividisce. Riappoggia il bicchiere. Guarda l'orologio, l'una del mattino, è già domani. Il fumo le pizzica gli occhi. Sente i bassi nelle tempie. Marc si china verso di lei. Hélène vede le sue labbra, la fronte umida, il bianco dei denti, esagerato dalla luce nera. Indicandosi l'orecchio gli fa capire che non sente. Allora lui solleva il culo e si avvicina. Ora il suo braccio è dietro le spalle di Hélène e, nonostante il fumo, lei riconosce il suo odore, vetiver, e sotto qualcosa di dolce, quasi zuccheroso. Le parla all'orecchio.

«Vuoi ballare?»

Hélène ha una reazione di rifiuto. E lui sorride.

«No. Sono stanca, credo.»

Il volto di Marc si allontana. Lei contempla la sua faccia impassibile, un po' piatta, e sempre quel tremendo bianco dei denti. Marc si alza e si sistema i pantaloni.

«Sei sicura?»

«Sì, sì» risponde Hélène.

Allora lui raggiunge la pista e comincia a ballare da solo, per se stesso, suole dei mocassini che scivolano senza spostarsi, braccia alzate e occhi chiusi. La pelle brilla sotto i faretti colorati. Hélène beve un altro sorso di whisky guardando il suo capo muoversi con assoluta gravità, godendo del proprio gesto profondo, solitario, integrale.

La musica s'interrompe, e dal mormorio di soddisfazione che passa sulla pista Hélène capisce che gli habitué stanno per avere il loro momento. I più giovani, soprattutto, si scambiano sorrisi e si preparano, alcuni appoggiandosi una mano sulla spalla. Dopo l'introduzione, la voce del cantante scandisce il suo solenne programma, ripreso a gola spiegata da quei ragazzini con le facce tragiche.

Terre brûlée au vent
Des landes de pierres.

Quella canzone Hélène la conosce, e come lei tutta la Francia. In ogni villaggio, in ogni paesino, ai matrimoni e ai balli, su Radio Nostalgie e a Capodanno torna sempre, con la sua fitta iniziale, la tessitura roca, il crescendo senza sforzo, e all'improvviso la scansione, *tam tatam tatatatatam*. Di colpo venti ballerini si mettono in moto, riprendendo il tamburo della canzone con il martellamento dei piedi giunti, il mento sollevato, parodistici e marziali, e lei vede Marc scomparire, inghiottito dalla ressa di pistoni. Restano solo quegli indistruttibili corpi di vent'anni, gli stessi che Hélène vedeva quando studiava, feste a ogni piè sospinto, organizzate ogni settimana dall'associazione studentesca, che si concludevano puntualmente con *Les lacs du Connemara*, per imitare la tradizione dell'École des hautes études commerciales.

Tutto torna a galla di colpo. Il monolocale a Écully, nell'hinterland di Lione, le serate *open bar* e il weekend di inserimento organizzato in un campeggio poco lontano da Montpellier, con quelli dell'École polytechnique che costringono le matricole a bere, e Blanche Goetz che piange in slip e reggiseno nella sua tenda, non si saprà mai perché. Un complesso alberghiero che si tiene buona la futura clientela e li invita a un weekend di sci a Val Thorens. Per fortuna Hélène, essendo nata nei Vosgi, non aveva un'aria troppo imbranata sulle piste rosse.

Di nuovo *Connemara* quando, appena arrivata a Parigi, si vedeva quasi ogni sera con Julien, Léandre e Clémence.

Erano tutti agli esordi, Léandre e Julien condividevano un appartamento, Clémence abitava da una zia. Avrebbero condotto ancora per un po' quella vita da studenti fuori corso, uscendo molto e andando a letto gli uni con gli altri senza particolari conseguenze. In ogni caso, avevano altre gatte da pelare. Perché, per quanto ne ridessero, la scoperta del cosiddetto "mondo del lavoro" non era priva di delusioni. Da studenti si erano immaginati imprenditori, manager: l'economia come spazio di conquista. Nei fatti si trattava soprattutto di compilare tabelle, assistere a riunioni, strisciare di fronte ai superiori e ai clienti, vendere aria fritta e subire i colleghi. Quando si vedevano, non affrontavano la questione, preferendo credere che quell'impantanarsi delle cose facesse parte di un altro tipo di nonnismo studentesco, temporaneo. A casa di Léandre e Julien bevevano Cahors da 14 gradi, comprato per pochi soldi al Monoprix all'angolo, che tingeva di viola la lingua. Poi ballavano sulle canzoni dei Jamiroquai e di Britney, dei Daft Punk e di Sardou fino a quando non arrivava un vicino a protestare. Allora lo invitavano a unirsi alla festa e a volte lui chiamava la polizia, che però si dimostrava comprensiva: da quel tipo di giovani non c'era niente da temere.

Hélène continuava a frequentare i suoi compagni di corso, con cui chiacchierava grazie a *thread* ad hoc su Messenger. Si passavano buone dritte di lavoro e si dicevano un bel po' di cazzate. Organizzavano ancora weekend, barbecue in campagna o *pool party*. I bei vecchi tempi non erano poi tanto vecchi. E così avevano anche fatto una crociera nelle Cicladi. Vedere l'alba sul mar Egeo dopo una notte in bianco, sdraiati sul ponte e con la pelle bruna, Sardou in sottofondo. Il massimo.

Nell'estate del 2001, Clémence e Léandre si erano sposati nella Drôme, vicino a una vecchia fattoria ristrutturata di proprietà dei genitori di lei. Gli sposi erano arrivati in chiesa in Rolls e alcuni uomini indossavano il tight, quando non un'uniforme militare. Il cavaliere di Hélène era un tizio dell'École supérieure des sciences économiques et commerciales che lavorava con Léandre nel settore *retail* della Bnp. Era stato in quell'occasione che lei aveva conosciuto un tipo robusto, carino, in completo chiaro e cravatta di maglina di seta, con un certo lato *british* molto consapevole che alla ragazza era proprio piaciuto. Si chiamava Philippe Chevalier e avevano ballato sotto il tendone di tela chiara, rock e lenti. A notte fonda, uno spiritoso aveva messo la famosa canzone di Sardou e tutti i compari si erano ritrovati sulla pista, a gridare e saltare come un tempo. Erano ancora così giovani, così tagliati per il successo, talmente in sintonia con il loro tempo. Hélène e Philippe si erano promessi di richiamarsi, ma né lui né lei si erano presi la briga di fare il primo passo. La corrente li aveva di nuovo trascinati con sé, finché non si erano incrociati di recente, e per caso, in un ristorante giapponese. Lui l'aveva guardata con quella sua aria strana, golosa e beffarda. Da allora si vedevano e avevano scopato qualche volta. Quel tizio era al tempo stesso un sollievo e un'angoscia. Non doveva farselo scappare.

Al Wilson finalmente la musica tace e i ballerini, dopo le solite proteste, lasciano la pista trascinando i piedi. Allora Hélène scopre Marc che, con un altro bicchiere in mano, continua a dimenarsi, commovente nella sua solitudine. E in quell'atmosfera da *cave*, con lo sfumato del tabacco e il silenzio di colpo terribile che è subentrato al baccano della festa, le fa pensare a un uomo che sta annegando.

15

Gérard Marchal non era malato.

Ogni tanto perdeva colpi, ma i medici e suo figlio parlavano a vanvera: non era malato.

A settantatré anni, ovvio, non era più capace di recitare su due piedi le favole di La Fontaine. Per quanto. A vedere l'ignoranza dei giovani d'oggi. Ai suoi tempi la gente non era sepolta da titoli di studio eppure sapeva leggere, scrivere e far di conto come si deve. L'ortografia, come tutto il resto, era in via di estinzione. E la sua licenza elementare valeva quanto le loro maturità vendute a prezzo di saldo.

No, Gérard non era malato. Un po' stanco, tutto qui.

Quella mattina di dicembre in particolare, mentre beveva il caffè in cucina si sentiva tremendamente stanco. Aveva lavorato così tanto, per tutta la vita. Una certa stanchezza era normale. E poi anche suo padre aveva poca memoria. Perdeva le cose, e non era mai stato capace di ricordare i compleanni dei figli. Ripensandoci, Gérard sorrise. Erano altri tempi. Allora gli uomini nemmeno se ne preoccupavano. Gli era ancora tutto così presente. La faccia di suo padre, i baffi e gli occhi chiari. E sua madre. Gli passò per la testa la parola *mamma* e l'emozione lo colse di sorpresa. Gli capitava sempre più spesso. Se la memoria cedeva, il ricordo era più saldo che mai. Rivedeva il cortile della scuola del quartiere Champbeauvert e i compagni, Bino, Hubert Lebon, quello spilungone di Monce e Robert Spinerni, un autentico fascio di nervi. Una volta che doveva sistemare i banchi della chiesa era rimasto incastrato dentro, non si era mai capito come avesse fatto.

Il vecchio si alzò in piedi per andare a mettere la tazza nella lavastoviglie e il gatto ne approfittò per strofinarsi furtivamente contro le sue gambe. Lui gli concesse qualche pesante carezza sul collo prima di dare un'occhiata dalla finestra. Fuori, l'erba era ricoperta da un sottile strato di galaverna e gli alberi sempre uguali tracciavano lo stesso confine di un tempo, lungo la strada. Rivedeva Christophe pattinare sul laghetto gelato. A quel pensiero sorrise, con la faccia esposta alla pallida luce del mattino. Dentro di lui le immagini borbottavano come il fuoco di una stufa.

Salì al piano di sopra, con le pantofole che a ogni gradino emettevano un fruscio secco, poi si lavò, stando bene attento, mentre si radeva, a non lasciare peli sotto il naso o all'angolo della mascella, come a volte gli succedeva. Nello specchio non si riconosceva più. I capelli diventati così radi, quell'aria da canarino, e quella strana magrezza, lui che era sempre stato piuttosto in carne e persino un po' grassottello verso la cinquantina. Allora Sylvie lo metteva a dieta, e Gérard si incavolava. Doveva limitarsi a mangiare fagioli secchi o fagiolini, neanche una patata o un pezzo di carne nel piatto. Adesso Christophe si preoccupava per il suo appetito. Probabilmente salti dei pasti, altrimenti non si spiega. Forse lo aveva addirittura costretto a salire sulla bilancia per controllare. Quanto potevano rompergli le scatole, in fin dei conti.

In camera da letto il vecchio esitò un momento davanti al guardaroba spalancato. Conteneva abiti che non indossava quasi mai, i più belli naturalmente, la vecchia abitudine dei vestiti della domenica, per le grandi occasioni. Ma non c'erano più occasioni, a parte la caccia, e quando veniva il bambino.

Che, appunto, non veniva più.

Si vestì come ogni giorno, jeans, maglietta e lo spesso maglione con la zip di cui rimboccò le maniche. Prima di tornare giù passò per la camera di Gabriel. Era ancora intatta. Sua madre l'aveva portato via due giorni prima. Gérard non aveva detto niente, ma da allora ci aveva rimuginato sopra all'infinito. Quel giorno il bambino l'aveva abbracciato forte, con la testa contro la sua pancia. Lui aveva passato la sua vecchia mano fra i capelli sottilissimi. Da allora era come una bomba a orologeria.

Al pianterreno infilò gli scarponi, la giacca, e si calò sulle orecchie un berretto di lana tricolore. Il gatto seguiva ogni suo movimento, accompagnandolo da una stanza all'altra. Poi andò in garage, dove osservò per un momento le grosse carabine incatenate alla rastrelliera. Erano una semiautomatica Browning e la sua famosa Sauer 404, una meraviglia di equilibrio e robustezza che aveva comprato per un tozzo di pane a un'asta. Per un certo periodo aveva avuto fino a sette armi di vari calibri, per la caccia all'anatra quanto per la selvaggina di grossa taglia. Poi, a poco a poco, aveva dovuto rivendere tutto. Suo figlio gli aveva trovato gli acquirenti su internet. Ma lui ci teneva a conservare in casa almeno una carabina.

Perché una cosa era certa. Nella vita non bisognava subire.

Da piccolo, lo ricordava bene, i bambini del quartiere di Bellevue venivano sempre a tampinarli. Un bel giorno, Hubert Lebon ne aveva beccato uno e gli aveva dato una ripassata con un'asse di legno. Non ne avevano sentito parlare mai più.

All'epoca, Gérard e i suoi amici giravano tutti con una biglia d'acciaio avvolta in un quadratino di cuoio cucito in fondo a una lunga striscia di canapa. Facevano roteare quell'aggeggio sopra la testa a ogni piè sospinto, sotto i palazzi dove vivevano le loro numerose famiglie del dopoguerra, minacciandosi per ridere ma pronti comunque a usarlo contro chi fosse venuto a cercare rogne. Spesso Gérard aveva immaginato che danni avrebbe potuto causare quella specie di fionda artigianale. Di sicuro era possibile uccidere qualcuno.

Allora si accorse che il gatto l'aveva seguito fino al garage e lo afferrò per la collottola per chiuderlo in casa. Neanche lui era più di primo pelo. Era meglio che restasse al caldo. Dopodiché Gérard lasciò lì le carabine e uscì. L'aria del mattino pizzicava il naso e annunciava una splendida giornata invernale, lustra come una monetina nuova. Durante la notte il termometro era sceso a meno sette e il paesaggio era tutto scricchiolante e indolenzito dal freddo.

Arrivando al furgoncino constatò un nuovo bozzo sulla portiera scorrevole. Lo sfiorò con la punta delle dita per accertarsi che fosse reale. Il metallo era gelido, e il danno indiscutibile. Da qualche tempo scopriva regolarmente nuove ammaccature sul suo veicolo, tutte inspiegabili. Aveva già dovuto far cambiare un paraurti, e un cerchione deformato. Qualcuno ce l'aveva con lui, non c'era altra spiegazione. Eppure, se andava al Leclerc stava molto attento a lasciare il furgone un po' in disparte, anche se poi era costretto a camminare, perché nei parcheggi la gente se ne sbatteva, tutti guidatori del cavolo e cretini. Di solito, quando scopriva un danno di quel tipo si arrabbiava di brutto e meditava a lungo rappresaglie e misure politiche radicali. Perché bisognava proprio ammettere che la maggior parte dei guai veniva dall'incuria generale, i francesi erano diventati incivili al massimo, pericolosi a furia di pigrizia e di egoismo. Gli sarebbe piaciuto che qualcuno rimettesse ordine in quel casino. Già da troppo tempo si lasciava correre. Ormai c'era da aspettarsi la guerra civile. Ne aveva avuto il presentimento prima di tutti gli altri, e i suoi affittuari senza un soldo in tasca erano stati segni premonitori. Ma questa volta il metallo abbottato gli fece solo tirare su col naso e si mise al volante senza più pensarci. Pensieri ben più gravi richiedevano la sua presenza altrove.

Nel breve tratto di strada dipartimentale che portava al centro di Cornécourt, non incrociò anima viva. A un certo punto, dei fili dell'alta tensione attraversavano lo spazio. Altrimenti era una sfilza impassibile di case a un solo piano, una caserma, qualche rotonda, il negozio di articoli per la pesca che non aveva ancora aperto i battenti. Un sabato mattina tranquillo, quasi morto.

Però, a pensarci, gli avvenimenti si erano susseguiti a una velocità folle. A meno che certi fatti non si fossero dissolti nella nebbia. A volte, a Gérard capitava di perdere giorni interi, come si perdono gli spiccioli o le chiavi. Christophe alludeva a una discussione che c'era stata fra loro, e lui ovviamente faceva finta di capire, ma in realtà non ne aveva la minima idea. A volte trovava in tasca o nel portafoglio scontrini con cifre esorbitanti che non gli dicevano niente. Centocinquanta euro da Bricorama per vernice e lampadine. Che vernice, che lampadine? Oppure riceveva per posta un pigiama di flanella che non aveva mai ordinato. Apriva un armadio al piano di sopra per riporre dei rotoli di carta igienica e lo trovava già pieno. Il suo mondo era così, disseminato di buchi, settimane irte di sorprese e di domande senza risposta. Doveva continuamente improvvisare e inventarsi spiegazioni. Perché sapeva bene che si aspettava solo un suo passo falso per mandarlo in ospedale o, peggio, a crepare in uno di quegli istituti per vecchi che puzzano di candeggina dove oggigiorno si concludono le vite. Doveva diffidare delle persone che conosceva e degli altri, stare all'erta e sgottare senza tregua quell'imbarcazione che faceva acqua da tutte le parti.

Tranne che con il bambino.

Lui non lo giudicava. Ogni tanto diceva povero nonno,

perché gli avevano spiegato che il nonno non stava bene, ma altrimenti continuava a guardarlo come prima. Non metteva in dubbio la sua parola. Quando lo prendeva per mano percepiva la sua fiducia, e il vecchio avrebbe preferito farsi investire da un treno piuttosto che mollarla. Insieme facevano giri nel bosco. Il nonno andava a prenderlo a scuola e gli dava il suo cornetto, più una di quelle schifezze di caramelle che frizzano. Non erano il massimo per i denti, ma il bambino era contento, e questo era l'essenziale. Guardavano anche molta tivù, cartoni animati strani come usavano adesso, con conigli scemi e supereroi in pigiama. Spesso il vecchio finiva per addormentarsi, ed erano i suoi riposini migliori.

Essere nonno era stata una cosa naturale. Mentre con i suoi figli c'era voluto del tempo. Ricordava, in clinica, quando era arrivato Julien, il primo, quel corpicino grassoccio e rossastro, con una faccia da batrace, si vedeva che aveva passato mesi in acqua, e anche se era suo figlio, sangue del suo sangue, Gérard aveva avvertito qualcosa di poco spontaneo, un'inquietudine, un senso di obbligo e quasi di repulsione. Ovviamente il legame a poco a poco si era rafforzato, quantomeno fino all'adolescenza, quando, ancora una volta, era tornato uno spettatore vagamente disgustato delle trasformazioni in atto. Il minimo che si potesse dire era che non aveva affatto apprezzato come fosse diventato il suo primogenito, il suo modo di parlare e di muoversi, da delinquentello, uno di quegli arabi del quartiere della Vierge con cui bighellonava, la sua andatura sbracata, pantaloni della tuta e giubbotto di jeans, un'aria sempre scettica e gli occhi rossi. Sylvie diceva che gli sarebbe passata. C'era voluto un po', e alla fine non si erano mai riconciliati del tutto. Poi, un bel giorno, Julien aveva fatto la valigia e si era preso un monolocale in città, quando ancora frequentava il biennio di studi tecnici post-maturità, senza chiedere soldi né niente. Tornerà con la coda fra le gambe, aveva pensato Gérard. Invece non aveva più rimesso piede a casa.

Con Christophe era diverso. Da bambino non aveva mai creato troppi problemi. E poi l'hockey lo aveva instradato. Se solo non ci fosse stata quella ragazza per la quale aveva una fissa e che più di vent'anni dopo gli portava quella grande disgrazia.

Quando era nato Gabriel, Gérard conduceva una vita da vecchio in buona salute nella sua grande casa vuota, avendo come unici svaghi la caccia, l'orto, l'abbonamento a *Marianne*, manie sempre più frugali, e una sorta di dolore per il fatto di essere ancora lì. E poi l'impressione che gli altri lo fissassero, troppo chiassosi, sempre pronti a contraddire, diventati quasi una specie estranea. La nascita di quel bambino aveva spalancato la finestra. Bastava guardarlo gattonare o spalmarsi il purè fin sui capelli per rendersi conto che ne valeva la pena. Che la gioia era ancora possibile.

Ben presto Gérard arrivò nel centro di Cornécourt e, alla rotonda fra il municipio e l'ex casa parrocchiale, ripiombò nella confusione. Non sapendo più con esattezza che cosa ci facesse lì, girò a vuoto due volte prima di dirigersi verso la nuova zona residenziale che era stata costruita a fianco della fabbrica, poco dopo i campi da tennis.

Le malelingue l'avevano soprannominata *turkishland*, benché non si sapesse di preciso se il nome fosse dovuto all'origine di certi residenti o alla nazionalità di quelli che l'avevano tirata su. In ogni caso, la lottizzazione si era estesa come un attacco di orticaria, partendo dal niente e ricoprendo ben presto ettari di terreno urbanizzato. Vi si trovavano decine di villette, in genere modeste e a un solo piano, a volte significativamente megalomani, con una torretta e statue all'antica sul prato, tutte allineate lungo vie dai nomi eterogenei. In primavera, case avviluppate di glicini e sepolte dai rododendri scendevano in lizza per improbabili concorsi di composizione floreale, sempre vinti dalle stesse persone. Nella bella stagione, piscine smontabili procuravano inconvenienti e gioie. La sera, l'odore dei barbecue saliva a solleticare le narici di divinità indifferenti e in ogni garage c'erano un tagliaerba e un tavolo da ping-pong.

Ma la cosa più condivisa restava quella sorda smania delle delimitazioni.

Perché lì come altrove la libertà la si concepiva solo recintata: quindi, saracinesche obbligatorie da castello medievale, siepi di tuia, cancelli di metallo, filari di bambù e staccionate amorosamente verniciate con il flatting. Ogni proprietà, definendo il suo perimetro, organizzava un fuori e un dentro, spazi la cui frontiera non era mai del tutto ermetica però legittimava l'assunto che esistesse un regno, il regno di *casa propria*. Dove potevi finalmente fare quello che volevi, padrone del vapore e secondo i tuoi gusti, che potevano essere rustici o moderni, sobri o barocchi, ma sui quali nessuno aveva niente da ridire. Ogni casa, insomma, si viveva come un relativo principato, un feudo con le sue leggi e le sue ambasciate, perché non si disdegnava di scambiare qualche parola con il vicino, in punta di piedi, al di sopra della recinzione, offrendo di tanto in tanto un po' d'insalata appena colta o prestando un seghetto alternativo che andava inderogabilmente restituito. Spesso ci si lamentava del rumore, degli altri che non sapevano comportarsi, dei loro bambini che urlavano tutto il santo giorno, di un cane che si era introdotto con chissà quale sotterfugio a fare la cacca in giardino, ma almeno si aveva la propria nicchia e la sensazione di vivere senza un signore da servire né barbari da temere. In fondo, ciò che si ordiva in quei quartieri replicati e individualistici, fra piante di pomodori e una cantina piena zeppa, era sempre e solo l'ennesimo tentativo di trovare la felicità.

Comunque, quella mattina il quartiere era assolutamente deserto, a malapena turbato dallo scorrere del canale che, sotto il ventre pallido del cielo bassissimo, estendeva inutilmente i suoi chilometri di bagliori bruni e neri. Il gelo della notte aveva incollato i tergicristalli a ogni parabrezza e i praticelli imbiancati sembravano prigionieri di un sonno da fiaba. Tristi aiuole accerchiate dall'asfalto creavano isolette promettenti, in quella desolazione. Più tardi, qualcuno avrebbe forse portato a spasso il cane o fatto compere, ma per il momento nessuno osava ancora avventurarsi sui marciapiedi, e a contraddire quell'esperienza di morte anticipata c'erano solo le luci alle finestre e le decorazioni luminose.

Transitando per la seconda volta davanti a una casa inghirlandata come un albero di Natale, Gérard Marchal si rese conto che stava girando in tondo. Non che fosse così importante. Non era atteso da nessuna parte. Procedeva a passo d'uomo, scrutando le facciate una dopo l'altra, a volte fermandosi un secondo prima di ripartire. Alla fine arrivò al civico giusto, in una via precisa. Aprì il portafoglio e verificò sul post-it che si era scritto. Era proprio quello, il 22. Parcheggiò di fronte, sul lato dispari, e aspettò.

Il cuore gli batteva calmo e regolare.

La sua rabbia non conosceva impazienza.

Il bambino se n'era andato. Lui non avrebbe mai più avuto fretta.

Poi, poco dopo le dieci, scese dall'auto per attraversare la strada. Di sfuggita, annusò l'aria fredda in cui aleggiavano un piacevole odore di fuoco di legna e quello, più vicino, opaco, dell'asfalto. Aprì il cancello del numero 22 di rue Jean-Monnet, che emise un lungo cigolio obliquo. Subito, dentro il garage della villetta si scatenò un cane, e Gérard si affrettò a salire la rampa di gradini che portava all'ingresso. Suonò e attese. L'animale non demordeva, e ogni volta che le si scagliava contro, la porta del garage produceva un gran rumore di lamiera, quasi offensivo nel silenzio, a cui seguiva immediatamente il ticchettio frenetico delle unghie che graffiavano il metallo. Quel casino gli stava dando sui nervi e il vecchio rimpianse di non essersi portato una carabina. Immaginò di sparare un paio di confetti di grosso calibro e quel pensiero fu così soddisfacente che non riuscì a trattenere un risolino. Intanto nessuno si decideva ad aprirgli. Suonò di nuovo. Il campanello sciorinò ancora una volta le sue note distanziate dentro la villetta, mentre il cane continuava ad abbaiare. Girandosi per dare un'occhiata ai dintorni, a Gérard parve di vedere una tendina che si muoveva dall'altra parte della via, ma forse era solo un'impressione. Poco dopo si sentì una voce maschile proveniente dal garage, ordini e minacce. Ci fu qualche colpo sordo, il cane lanciò un gemito, e infine il silenzio.

Allora la porta del garage si sollevò mostrando il padrone di casa, in shorts e infradito, con una pesante felpa gialla sulle spalle. Doveva essere alto a malapena un metro e sessanta, con occhiali senza montatura, capelli biondo cenere, sottilissimi, un po' stile Laurent Fignon ma con qualcosa di più scialbo, di quasi diafano nell'aspetto, che curiosamente faceva pensare a cose sgradevoli come una ragnatela o la pellicina del latte. Quell'ectoplasma, che teneva a bada con difficoltà un grosso pastore di Brie, fece un altro passo avanti prima di chiedere in tono sgarbato: «Che c'è?»

«Vorrei vedere il bambino» rispose Gérard.

«Cosa?»

«Suo figlio, idiota» aggiunse il vecchio.

L'altro ebbe un istante di esitazione, sopracciglia aggrottate.

«Lei chi è? Cosa vuole?»

Gérard gli puntò contro un dito minaccioso, con la bocca all'ingiù, deformata dalla stizza.

«Se fossi in lei, non mi darei tante arie.»

Per un momento l'uomo rimase sbalordito, aggrappato al cane come a una boa.

«È matto?» disse. «Che cos'è questa storia?»

Gérard scosse la testa, amaro, irritato. Lui sapeva perché era lì.

«Su, adesso se ne vada» riprese l'uomo. «O chiamo la polizia.»

«Sarà troppo tardi» ribatté Gérard.

«Lascio libero il cane, la avverto.»

«Non me ne frega un cazzo del suo cane. E comunque, lei qui non c'entra niente.»

Decisamente le cose diventavano sempre meno comprensibili, e più della presenza di un intruso a preoccupare l'uomo con i capelli biondi era ormai quella sensazione di stranezza, di follia galoppante. In strada passò una folata gelida, che spazzò il vuoto, e il pastore di Brie fece per sottrarsi alla presa del padrone, ricevendo una botta sul muso. Lanciò un gemito, con le orecchie basse, poi appoggiò il culo sul cemento in attesa di un'occasione migliore per disobbedire. Allora nel garage comparve un bambino. A piedi nudi e in pigiama. Era Kylian.

«Torna dentro!» ordinò subito suo padre, scacciandolo con un gesto della mano.

Ma il bambino, pallido e sorpreso, rimase lì, a contemplare il nonno del suo compagno che lo fissava senza dire una parola.

«Torna dentro, santo Dio!»

L'uomo biondo sentiva che la situazione gli stava sfuggendo di mano. Afferrò il figlio. Subito il cane tirò nell'altra direzione e cominciò ad abbaiare.

«Allora sei tu, piccolo fetente» disse Gérard.

Aveva pronunciato questa frase in tono piatto, con una certa freddezza, ma vi si percepivano altre sfumature, di dispiacere, di rabbia. Di disperazione, forse. Da parte sua, il bambino resisteva alla mano del padre, accennando un sorriso. Era biondissimo, con occhi dolci e un po' smarriti. Una gamba dei pantaloni del pigiama era tirata su fin sotto il ginocchio. La sua carne, anche a distanza, sembrava delicatissima.

«È colpa tua» aggiunse Gérard.

«Ma insomma! Cosa sta dicendo?»

Non toccava a Gérard giustificarsi. Cercò con gli occhi la via più breve per raggiungere il garage e, con le mani rigide, aperte, cominciò a scendere la rampa di gradini. Quello stronzetto aveva fatto del male a Gabriel. E Gabriel se n'era andato. Si atteneva a questa concatenazione logica, la più semplice, che aveva il merito di definire delle cause e indicare un responsabile della sciagura che gli era appena piombata addosso. Quell'idea circolare gli girava in testa da giorni. Non riusciva a liberarsene. Spiegava tutto, brillava nella notte quando cercava di addormentarsi, trascinava nel suo vortice il resto dei pensieri.

Quel bambino era tutto ciò che gli restava.

Uno strano suono chiocciante lo riscosse dal suo rimuginio e Gérard tornò in sé, come da un sogno, bloccandosi di colpo. Là in fondo Kylian tremava di freddo, per il cemento sotto i piedi nudi, e aveva cominciato a battere i denti. Gérard sentì gonfiarsi alle sue spalle un rombo grave e si voltò proprio mentre in mezzo alla strada si fermava una Range Rover. Da cui scese il sindaco di Cornécourt.

«E allora, cosa sono queste storie? Che ti prende?»

Il vecchio ci mise qualche secondo per riconoscere il compagno di un tempo; non appena ci riuscì, il suo atteggiamento cambiò completamente, e rivolse un piccolo cenno amichevole a papà Müller. Poi, gettandosi un'occhiata alle spalle, constatò che Kylian, suo padre e il cane erano scomparsi. Restavano solo il vuoto del garage, scaffalature metalliche piene di barattoli di vetro, un pulitore Kärcher, uno slittino e, a terra, un grosso osso di pelle di bufalo mezzo divorato.

«Allora?» chiese papà Müller.

«Allora cosa?»

«Mi ha chiamato un vicino. A quanto pare, pianti di nuovo grane.»

«Di nuovo?»

Gérard si chiese che cosa intendesse dire. Ma non si soffermò su questa domanda. Sempre più, i discorsi che gli rivolgevano gli altri avevano l'aria di una trappola, e preferiva fare orecchie da mercante. Se era solo per sentirsi spiegare ancora una volta che perdeva colpi.

In ogni caso era da un bel po' che non vedeva quel vecchiaccio di papà Müller. Da anni, forse. Ma ricordava tutto, i barbecue con i genitori dell'hockey, i tornei, le tombole, le campagne elettorali, quando lui faceva lo scrutatore al seggio e quel nome tornava quasi su ogni scheda: Paul Müller. L'amicizia di quell'uomo lo aveva lusingato. Aveva comprato da lui la sua Bmw di seconda mano e avevano bevuto insieme. E ora eccolo lì, il sindaco di Cornécourt, nel cuore di un ultimo inverno. Ancora una volta Gérard provò quello strano senso di confusione. All'improvviso non aveva più la minima idea di che cosa ci facesse in quel posto. Giù in fondo alla strada, comparve un'auto della polizia. Non si era presa la briga di accendere il lampeggiante e li raggiunse a una velocità fin troppo moderata.

«Adesso sistemiamo tutto» disse papà Müller con una smorfia astuta.

E fece un gesto rassicurante indicando l'auto della polizia. Ma Gérard non era preoccupato, tutto preso dal piacere di quell'incontro, dalla sensazione di conforto che gli provocavano quella faccia familiare, quella voce dal marcato accento dell'Alta Francia e quel sorriso che portava con sé tanti bei ricordi.

16

Di solito Christophe non ricorda mai che cosa ha sognato, ma quando Charlie lo sveglia, quella mattina, ha il tempo di sentire sfilacciarsi nella testa le immagini di una piscina, in un baluginio soffocante e azzurro. Apre gli occhi e subito non resta altro che un'impressione spiacevole, un battito accelerato nel petto.

«Ci siamo» dice lei.

È seduta vicino a lui, sul letto, calmissima. Nella camera, una piccola lampada da notte lascia che gli oggetti prendano forma in una sorta di lontananza tranquilla. Christophe si raddrizza e beve un sorso d'acqua, mentre le palpebre sbattono veloci su uno sguardo ancora intorpidito dal sonno.

«Che ore sono?»

«Le cinque» risponde Charlie.

Nella penombra, si sorridono. Christophe scosta la trapunta e rabbrividisce un po'. È in piedi in un attimo.

«Va bene, c'è tutto il tempo» dice.

Ma già si affretta verso l'armadio, dove sta la borsa preparata da giorni con le cose indispensabili, camicia da notte, biancheria, trousse da toilette, qualcosa da leggere per ingannare la lunga attesa che li aspetta.

«Non dimenticare il caricatore del cellulare.»

«Avverto mia madre.»

«Aspetta, lo faremo dopo.»

Nell'appartamentino, la mobilitazione programmata da tempo procede senza intoppi. A partire da quel momento tutto è importante. Christophe si infila nella doccia, si veste bevendo il caffè e getta un'ultima occhiata alla check-list attaccata al frigo con una calamita. Charlie, invece, resta seduta in cucina, con la borsa accanto ai piedi, raggomitolata sulla sua pancia enorme. Quando guarda quella pancia, a volte Christophe ha l'impressione di contemplare un oggetto autonomo, un uovo perfetto che già vive la propria vita, loro malgrado. Lui e Charlie hanno cominciato a gravitarci intorno, e ben presto l'ha fatto il mondo intero. La giovane donna sembra inquieta, nonostante la grande calma sottomarina che la circonda. È strano trovarsi lì, così vicini al traguardo, mentre il cielo ha cominciato a diventare azzurro. I vicini dormono ancora, il palazzo riposa nel silenzio dell'alba, e dalla finestra si vedono i lampioni, le facciate, la Mosella che scorre giù in basso.

«Tutto a posto?» chiede Christophe.

«Sì.»

Come sempre, fa quello che ci si aspetta da lui. È dolce, non va nel panico, controlla le tasche, il cellulare, le chiavi della macchina, le carte d'identità di tutti e due, afferra la borsa.

«Dai, andiamo.»

Al semaforo, le prende la mano e la trattiene per un momento nella sua. Non deve aver paura. Andrà tutto bene. Charlie non ha paura. La città si apre sotto la lama dell'alba rosa, arancione e azzurra. È l'ora solenne del salto nell'ignoto. La felicità è comunque una cosa strana.

All'accettazione, una donna dalle palpebre violette registra il loro arrivo con un'indifferenza da robot, poi dice di aspettare in sala d'attesa, li chiameranno. A partire da quel momento, la presa in carico di Charlie si svolge in un clima fiacco e asettico leggermente irritante. Le sue contrazioni hanno quasi un che di incongruo nello spazio bianco della camera piena di strumenti medici. A intervalli regolari passa un'infermiera, con le trecce e un badge sul petto con scritto: CORALIE. Mastica un chewing-gum e porta calze contenitive e Crocs. Ogni volta che le si chiede quando verrà fatta l'epidurale risponde presto. Charlie non ci mette neanche dieci minuti ad augurarle di morire. Perché il dolore si fa già sentire, con i suoi picchi e le sue ondate che scavano nelle reni e spezzano la schiena. Di tanto in tanto Christophe la vede impallidire e la faccia le diventa di colpo smunta, mentre lei rotola sul letto in preda al dramma della sua pancia.

«Chiamala!»

Christophe obbedisce. Allora Coralie ricompare, mastica, controlla il polso della partoriente, offre un po' di paracetamolo. Dopo qualche andirivieni altrettanto inutile si decide a portarle uno di quei palloni per la ginnastica pre-parto.

«Provi con questo, le farà bene.»

Charlie è esterrefatta. Guarda Coralie uscire tranquillamente, la porta che si chiude al rallentatore sulla sua uniforme azzurra.

«Mi prende per il culo.»

Per il momento non osa ancora incavolarsi con l'infermiera, e concentra il risentimento su Christophe, che incassa placido.

«Forse ti allevia un po'» azzarda incautamente.

Lo sguardo della sua compagna non lascia dubbi su che cosa stia pensando davvero. Bisognerà trovare in fretta una soluzione e qualcosa che sia più scientifico di quel cazzo di pallone.

Dieci minuti dopo Charlie si torce sul serio, a denti stretti, straziata.

«Va' a chiamare qualcuno!»

«L'anestesista sarà qui fra poco.»

Con una violenta pedata Charlie scaglia una delle sneakers all'altro capo della stanza.

«Datti una mossa, cazzo! Sto male!»

Christophe fila via ventre a terra e trova Coralie nella stanza delle infermiere, dove sta bevendo il caffè con alcune colleghe. Palesemente non sono molto felici di vederlo piombare lì nel bel mezzo della loro conversazione.

«È per la mia compagna, non ce la fa più...»

«Il dottore sta per arrivare.»

«Non vuole darle qualcosa?»

«Bisogna avere pazienza.»

«Sì, ma lei sta male.»

Coralie si alza con un sospiro e lo segue fino alla camera. Christophe sente alle sue spalle le Crocs che cigolano sul pavimento plastificato. Vorrebbe allungare il passo ma non osa, per paura di indisporre ulteriormente la terribile infermiera che detiene i poteri del sollievo.

«Allora, che succede qui?»

Charlie è inginocchiata a terra, in posizione di preghiera, culo sollevato e braccia tese. Quando alza gli occhi si capisce subito che non è da escludere che possa scagliarsi su Coralie.

«Voglio l'anestesia» sibila.

«L'anestesista non è ancora arrivato» ribatte l'infermiera, imperturbabile.

Di donne così, gonfie da scoppiare, Coralie ne vede passare tutti i giorni, quelle che gemono, quelle a cui va tutto liscio, e anche complicazioni, quando la corrida continua per ore e a volte si conclude in dramma, una testolina livida, il cordone ombelicale arrotolato, la vita bruta, così come viene, e poi certe prime volte che lacerano il ventre, donne rodate da cinque gravidanze, tutta un'industria del figliare, senza fronzoli, pura routine. Non si scompone più. L'abitudine ha preso il sopravvento e la professionalità erige un muro. Senza contare l'esempio dei medici, che molto spesso vanno fieri della propria freddezza e considerano quelle pazienti ipertrofiche con lo sguardo olimpico di chi può vantare sette anni di studi universitari. E viste da lassù, bisogna ammetterlo, sembrano un po' delle bestiole, tutte quelle partorienti, e non invogliano certo alla sollecitudine.

«Lo trovi» ripete Charlie, a denti stretti e pronta a mordere.

«Penso che sia il caso di andare a cercarlo» rincara Christophe, che a sua volta comincia a non sentirsi più tanto bene.

«Bisognerà avere un po' di pazienza» ripete l'infermiera senza venir meno al suo placido distacco.

«Oh, cazzo...»

Una contrazione ha appena attanagliato Charlie, che si torce di nuovo e finisce supina, a braccia tese e pugni chiusi. Poi il dolore si attenua. Le sue mani si aprono mentre due lacrime le colano sulle tempie.

«Dille di andare a cercare quel cazzo di dottore o mi arrabbio sul serio.»

Christophe, con un sorriso stentato sulle labbra, trascina fuori l'infermiera.

«Credo che debba fare quello che ha detto lei, subito.»

«Non ci siete mica solo voi, in questo ospedale.»

Christophe ha cominciato a sudare. Guarda fuori dalla finestra e inspira a fondo.

«Sono le auto del personale, quelle nel parcheggio?»

Coralie getta un'occhiata incuriosita e annuisce.

«Se lei non fa qualcosa, dovrò spaccare i parabrezza.»

«Che cosa? È matto?»

«Trovi qualcuno. In fretta. Oppure scendo e sfascio tutto a sprangate.»

Per quanto l'infermiera sia abituata, accusa il colpo.

«Torno subito» dice e si allontana, svelta e furibonda.

«Grazie» bisbiglia Christophe.

Si passa il dorso della mano sulla fronte e fa un lungo

sospiro prima di tornare da Charlie. Sa che scenderà nel parcheggio, se necessario.

Cinque minuti dopo si fa vivo un tizio alto con un taglio di capelli militare e, al dito, un anello con sigillo. Sotto il sopracciglio aggrottato dal rimprovero, l'occhio scintilla malizioso.

«Allora, che cos'è questo casino? È lei il vandalo?»

Christophe sorride di nuovo, con in faccia una gentile espressione di resa.

«Non siamo mica nel Far West, qui.»

«Lei è l'anestesista?»

«Lei è il padre?»

«Credevo che non fosse ancora arrivato.»

L'uomo gli tende la mano, stentando a nascondere il divertimento per quelle minacce di spedizione punitiva.

Dal suo letto, Charlie non si è persa niente della scena.

«Se sono di troppo, ditemelo.»

Da quel momento le cose procedono con una certa fluidità. Charlie viene trasferita in sala travaglio, dove riceve l'iniezione di epidurale e si innamora subito dell'anestesista, con quell'aria da nostalgico monarchico. Allora può cominciare la vera attesa. Di tanto in tanto un'infermiera che non è più Coralie viene a controllare la dilatazione. Infila le dita guantate nella vagina di Charlie che, nel frattempo, fissa il soffitto. Ogni volta l'infermiera sembra delusa. Bisogna sopportare pazientemente. Passano le ore, traboccanti di una strana stanchezza che è al tempo stesso greve e irritante. Seduto accanto alla sua compagna, Christophe cerca di distrarla. Le prende la mano, le dice che lui è lì. A lei non importa niente. Episodicamente Charlie pensa che avrebbe fatto meglio a non ficcarsi in un casino del genere. Ma in altri momenti guarda Christophe con occhi pieni di affetto, poi si assopisce, e lui ne approfitta per giocare a Tetris sul cellulare e mandare messaggi agli amici. Quando suo padre viene a sapere che cosa sta succedendo risponde telegrafico: «Arrivo.»

Venti minuti dopo, Gérard Marchal annuncia di trovarsi da qualche parte in quell'ospedale labirintico e inganna l'impossibilità di fare alcunché infilando monete in un distributore di bevande. Christophe non è riuscito a dissuaderlo. Meglio così. Quella presenza, anche lontana, lo rassicura.

Dopo aver rimandato più volte, si decide anche ad avvertire Julien, allegando al messaggio una foto di lui e Charlie. Sono quasi dieci anni che non ha notizie di suo fratello. L'ultima volta che si sono visti, Julien era arrivato da Montpellier per il funerale della madre.

Era stato proprio con la nascita di Christophe che lei aveva lasciato l'impiego all'autoscuola in centro per occuparsi dei figli. Molto tempo dopo, quando il secondogenito era entrato al liceo, aveva voluto riprendere a lavorare, ma nel frattempo il mercato del lavoro era cambiato. Nel 1975 bastava essere energici e determinati. Nel 1990 ti sbattevano in faccia le parole *competenze* e *flessibilità*. Non era più il caso di fare la difficile.

Ma Sylvie non era disposta a piegare la schiena. Aveva vissuto troppo a lungo da semiborghese, era decisamente una rompiscatole. Grazie al successo del negozio, lei e Gérard erano diventati delle personalità locali, gente che partecipava alle bicchierate in municipio il 14 luglio, che dava una mano per la sala delle feste e per l'hockey. A casa organizzavano piccoli aperitivi ai quali erano invitati altri commercianti agiati, un assessore all'istruzione, una coppia di farmacisti loro vicini di casa. Lo champagne abbondava, e quando Sylvie pescava un pistacchio le tintinnava l'oro al polso. Non erano esattamente ricchi, ma a forza di lavorare avevano potuto permettersi una Mercedes, un televisore in ogni stanza o quasi, e la ristrutturazione della mansarda. Ogni tanto Gérard prendeva in considerazione l'idea di comprarsi un piccolo chalet in montagna, per i weekend.

Quindi a che pro accettare un lavoro pagato una miseria, che forse li avrebbe fatti passare a uno scaglione fiscale più alto? Ed era così che aveva rinunciato alla carriera.

«Comunque, essere utile mi fa schifo» tagliava corto, aspirando la sua Winston.

Per la verità Christophe non sapeva come avesse passato il tempo, in tutti quegli anni. Doveva aver fatto un po' di giardinaggio, guardato le telenovelas pomeridiane. Era anche abbastanza impegnata con i suoi genitori, che di certo non ringiovanivano. Probabilmente mancava qualcosa a quella vita da casalinga, divisa fra la veranda dove curava le sue piante e il salone del parrucchiere, che aveva il vantaggio di tenerla occupata un'ora alla settimana. Non si lamentava, ma forse le sarebbe piaciuto vedere più gente o imparare a suonare uno strumento. Dopotutto ricordava spesso quel test del QI fatto da adolescente, secondo il quale faceva parte del percentile più intelligente della popolazione, cosa che aveva il dono di esasperare Gérard. Forse aveva anche voluto tagliare la corda, ma era rimasta lì in mancanza di mezzi propri, di una pensione sufficiente, di risparmi suoi. Sylvie dipendeva da un marito, e anche se lui non approfittava della situazione, era lì. Per tanto tempo la sua era stata una vita in surplace.

E poi, un bel giorno, mentre spingeva il carrello nel reparto prodotti freschi dell'Intermarché di Cornécourt, Sylvie era crollata a terra. In ospedale, il medico era andato a parlare con Christophe e suo padre in corridoio. Avevano trovato una specie di chiazza, come una piccola placca di lichene grigiastro sul torace di Sylvie, a destra, alcuni centimetri sotto l'ascella. Probabilmente ce l'aveva già da settimane. Non ne aveva parlato con nessuno e Gérard non se n'era accorto.

«È un melanoma. Faremo delle radiografie.»

«È grave?»

«Vedremo.»

Quando Gérard aveva chiesto a sua moglie perché non

avesse detto niente, lei si era limitata a rispondere che non era il caso di farne un dramma. Le radiografie avevano dimostrato il contrario. Si distinguevano chiaramente delle aree pallide, come bolle chiare che baluginavano nel polmone e si estendevano in minuscoli canaletti nella gabbia toracica. L'oncologo, che sapeva leggere quelle specie di ramificazioni superficiali, aveva assunto una faccia di circostanza. Del resto, Christophe lo aveva sorpreso in una fitta conversazione con degli interni, in corridoio, dove ognuno avanzava la propria ipotesi e consigliava i rimedi più efficaci. Ma il professor Truchy aveva tagliato corto. Di cancri ne aveva visti una sfilza, soprattutto da quando la famosa nube di Černobyl' si era fermata, dicevano, alla frontiera. Secondo lui, era inutile martirizzare quella povera donna. Benzodiazepine, antiemetici, alprazolam, era tutto quello che si poteva fare. Christophe aveva sentito un gran vuoto nel petto. Quindi era finita, di già, senza preavviso. Per qualche secondo era ridiventato bambino. Mamma. All'improvviso aveva avuto la sensazione di conoscerla così poco. E poi era stato necessario fare buon viso, con in fondo quel pensiero fisso: che lei lo avesse fatto apposta, per fuggire. Un'altra delle sue uscite sarcastiche, in un certo senso.

Ben presto, per effetto dei farmaci, Sylvie era sprofondata in una specie di condizione ovattata e curiosamente gioviale, perlomeno quando era cosciente. Il padre stava con lei al mattino, Christophe andava a fine giornata. Comunque, perlopiù lei dormiva. Avevano dovuto nutrirla attraverso un tubo perché non riusciva più a deglutire, il che non le aveva impedito di perdere molto peso in un tempo record. Era il fenomeno più incredibile, cosa poteva succedere a un corpo in preda alla malattia, la pelle come pergamena, tesa fino a spaccarsi, sul profilo del naso, alle giunture, il ventre gonfio nonostante fosse vuoto, e quelle tinte insolite che la screziavano, il blu scuro e vizzo delle occhiaie, gli arcobaleni che spuntavano sulle braccia anche senza prendere colpi, il viola elettrico delle vene, e già quell'atroce festa dei gialli e dei verdi che, in superficie, scacciavano i bei colori della salute. E sotto il mento, o alla piega dell'ascella, festoni spessi che ricordavano la pelle di un tacchino.

Quella stagione la squadra vegetava a metà classifica e, a venticinque anni, Christophe non si faceva più illusioni sulla propria carriera sportiva. Il massimo livello e la carriera da professionista restavano per sempre fuori portata. Ma lui continuava ad amare il gioco, le sensazioni del sabato sera, le trasferte con i compagni e lo status speciale che gli conferiva ancora la condizione di giocatore. Adesso era lui a rompere le palle ai novellini, diciassettenni vacillanti che volavano via come niente quando qualcuno li urtava.

Una volta, durante una trasferta a Villard-de-Lans, i giocatori erano sgattaiolati fuori dall'albergo di soppiatto per andare in un locale. Avevano seguito il guardrail lungo la strada, venti tizi in fila indiana, in piena notte, come i nanetti di Biancaneve. All'arrivo avevano trovato un Macumba qualsiasi, dove avevano potuto bere e ballare, e Christophe era persino riuscito ad accalappiare una cameriera, una bella bruna con l'ombelico in vista, un seno notevole e anellini alle narici e alle orecchie. Verso le cinque avevano fatto le loro cose nel magazzino degli alcolici, e quando Christophe era uscito gli altri balordi che lo aspettavano nel parcheggio lo avevano applaudito. Dopodiché erano tutti rientrati com'erano usciti, maschi intontiti dall'alcol e dalla fatica, in fila indiana. All'arrivo, il coach li aspettava nell'atrio e gli aveva somministrato il cazziatone del secolo. Alle otto avevano dovuto mettersi in divisa per correre intorno allo stadio adiacente all'albergo. La maggior parte dei ragazzi aveva vomitato, e il Villard aveva vinto sette a due, ma Christophe era tornato a casa soddisfatto.

Quella squadra lo proteggeva dalle scelte difficili, lo teneva al riparo dalle rinunce legate all'età. E dopo aver passato due ore al capezzale di sua madre, il bisogno di scendere sul ghiaccio diventava quasi insopportabile. Lì si svuotava la testa e pattinava fino allo stremo. Dopo l'allenamento, seduto nudo nello spogliatoio, si guardava allo specchio, cazzo pendulo fra le grosse cosce, spalle doloranti e massicce, capelli intrisi di sudore, pancia sollevata dal fiatone, e tutti i muscoli ben disegnati, dal collo all'ombelico e fino al poplite. Allora constatava quella vitalità così visibile, che gli traspariva dalla pelle, rossa sulle guance, ardente in tutto il corpo. Ogni giorno si sfiniva per due ore, e l'indomani, svegliandosi, la forza era sempre lì, ripristinata, apparentemente inesauribile. Rifiutava di credere al corpo di sua madre, che non osava neanche più toccare. L'hockey lo teneva lontano dalla sua vecchiaia, il gioco confutava la morte. A volte si svegliava piangendo e non si riaddormentava più fino al mattino.

Nel giro di tre settimane il declino aveva accelerato. Sylvie aveva cominciato a rimanere sveglia solo due ore al giorno, poi aveva proprio smesso di aprire sia la bocca che gli occhi. Alla fine, sollevava due dita per indicare che sentiva, ma comunque non aveva più la minima idea di chi le stesse parlando. Una sera Christophe le aveva dato un ultimo bacio in fronte. La sua pelle quasi fredda, di un'umidità da gasteropodo, esalava un odore chimico. Poche ore dopo era morta. Lì per lì era prevalso il sollievo.

Quando era andato a prendere suo fratello alla stazione, il giorno prima del funerale, Julien aveva subito messo le cose in chiaro: «Lasciami in albergo. Me la cavo da solo.»

«Papà ha fatto il *baeckeoffe*. Ti abbiamo preparato la tua camera di sopra.»

«Ho mangiato in treno.»

Nonostante tutto, Julien aveva ceduto. Arrivando, aveva contemplato la grande casa che si ergeva nel buio, ancora piena di quella presenza che si sarebbe attenuata, la loro madre.

«Sembra Versailles» aveva detto, vedendo che tre finestre erano illuminate.

«Ha persino messo il riscaldamento di sopra.»

«Ma va'?»

All'interno i due fratelli erano stati accolti dal buon odore del *baeckeoffe* che aveva invaso il pianterreno, un odore di pazienza, di dedizione, che era come una prova.

Julien aveva lasciato cadere il borsone in corridoio ma si era tenuto la giacca, poi i due ragazzi si erano diretti verso la cucina dove li aspettava il padre, seduto al suo posto, con gli occhiali da lettura sul naso, concentrato su uno schema di sudoku. Indossava il grembiule da cucina e la tavola era stata apparecchiata con cura. Per l'occasione aveva persino tirato fuori il servizio in ceramica di Lunéville. Il neon sopra il lavello diffondeva una luce efficace e cruda.

Vedendo il suo primogenito, Gérard aveva esclamato «Ah!», poi si era alzato con un'ombra di goffaggine. Christophe aveva potuto constatare i suoi sforzi in fatto di abbigliamento. Per una volta non portava i soliti calzoni della tuta che gli spenzolavano dal culo e facevano le borse alle ginocchia. Però non si era spinto fino a mettersi le scarpe, e le ciabatte gli davano un'aria disarmante. L'ultima volta che Julien l'aveva visto, quasi otto anni prima, suo padre era ancora un uomo alle prese con la vita, il lavoro, mille preoccupazioni dovute a ciò che gli permetteva di guadagnarsi da vivere, ai suoi dipendenti. Era prigioniero delle contrarietà. Lo vedevi nei muscoli, nelle spalle, nei lineamenti del volto, lo vedevi nell'occhio quando all'improvviso diventavi un ulteriore problema da risolvere. Ma adesso, in pensione e ormai vedovo, quasi solo e destinato a morire, Gérard si era completamente lasciato andare. Era quasi un altro uomo, in ciabatte e grembiule, che aveva apparecchiato la tavola e accettava di cenare dopo le sette di sera. Lui e il primogenito si erano scambiati un bacio a vuoto, poi il padre aveva proposto di bere qualcosa. Julien aveva obiettato che era già tardi.

«Dai. Mica abbiamo il fuoco al culo.»

Alla fine, il figlio maggiore aveva appeso la giacca allo schienale della sedia e si era seduto a tavola. Avevano brindato levando in alto le birre.

«Alla mamma.»

«A noi.»

Sulla tovaglia bianca le bottiglie lasciavano un cerchio ben delineato. Era una tovaglia spessa, come le si faceva una volta, materiale indistruttibile, abilità artigianali invidiabili e in grado di sopravvivere alle generazioni. Era stata usata molto, quella tovaglia, di domenica e a Natale, per il cosciotto pasquale, per occasioni e feste. Aveva visto uomini bere vini che reggono l'invecchiamento e sbafare carni al sugo, uomini con le loro zampacce, le loro litigate parlando di politica, risate da orchi, culo incollato alla sedia mentre mogli parche e zelanti facevano la spola tra la sala da pranzo e la cucina, riunendosi alla fine per lavare i piatti e allora chiacchierare a volontà, in segreto, risata facile e critiche spietate, mentre i loro uomini, stravaccati, con la cinta slacciata e impegnati a scolarsi bicchierini di acquavite locale, azzardavano una parola definitiva schiacciando il mozzicone dentro una tazzina da caffè.

Su quella tovaglia erano passate mani di bambini, dita umide di saliva che raccoglievano briciole di pane fra la grappa alla pera e il dessert. Erano sfilate pietanze di famiglie prospere e semplici, stufati, *choucroute*, *bœuf bourguignon*, e tante buone bottiglie. Intorno, corpi si erano avvizziti, mariti erano morti di vecchiaia, mogli di dolore, e viceversa. La tovaglia avrebbe potuto raccontare tutto. La stoffa racchiudeva nella sua trama il segreto complessivo di una famiglia, che risaliva lontano nel tempo. C'era persino stato un cugino a cui piacevano i ragazzi e che, una volta, aveva portato il suo "amico". Toccava in sorte a tutti, era una faccenda banale. Eredità avevano distrutto i legami tra fratelli, crisi si erano susseguite per niente, erano state versate lacrime e un po' di sangue, si erano persi soldi e ci si era rifatti una vita, era passato il tempo ma la tovaglia era rimasta bianca. Un padre e i suoi due figli ci mangiavano sopra. Bevvero un Pinot nero alsaziano che li rasserenò e, nel calore temporaneo della vigilia di un funerale, si ritrovarono.

«Saresti potuto venire prima» disse Gérard dopo aver messo i piatti nella lavastoviglie.

Julien, che aveva bevuto un po' troppo, si limitò a una reazione vaga, dondolando la testa da una parte all'altra. Era una concessione che bastava e avanzava, e il padre non sfruttò ulteriormente il proprio vantaggio.

Vedendoli lì, quasi riconciliati, Christophe non riusciva più a ricordare i motivi dei loro vecchi litigi. Eppure ce n'erano state tante, di scenate. Erano persino venuti alle mani. In realtà si erano sempre picchiati, solo che Gérard rifilava ceffoni a suo figlio fin da quando era piccolo, comportamento ammesso, persino pedagogico, ma il giorno in cui Julien era stato in grado di ribellarsi la cosa aveva assunto subito le proporzioni di un minifatto di cronaca. Aveva appiccicato suo padre al muro e gli aveva detto la prossima volta ti ammazzo. Ora la madre non c'era più, anche se avessero voluto azzuffarsi non avrebbero saputo come fare. Quei rapporti erano appena scomparsi insieme a lei.

Poi i tre uomini avevano sorseggiato dei fondi di acquavite di prugna e di lampone ricordando i bei vecchi tempi, così alla fine il padre aveva tirato fuori dall'armadio gli album di fotografie. Erano una decina, cominciavano con i bisnonni e finivano negli anni Novanta. Le foto dei *Seventies* erano invecchiate male. I colori sembravano spegnersi dolorosamente, virando verso verdi mucillaginosi, bianchi opalescenti, marroni sporchi. Comunque, li avevano divertiti le audacie decorative dell'epoca, gli inverosimili motivi che ornavano sia le pareti sia gli abiti femminili. Poi era sfilata la loro vita, Julien neonato, il parco, un mucchietto di sabbia, il suo faccino con un passamontagna, l'arrivo di Christophe in tenuta da sci davanti a un pupazzo di neve. A sembrare strani, soprattutto, erano i genitori sullo sfondo, ciò che la pellicola aveva catturato loro malgrado, la gioventù, l'affetto e i sorrisi, cose che poi avevano dimenticato nel grande ammollo delle domeniche tetre e delle discussioni. Eppure li si vedeva bene, a trenta e poi a quarant'anni, in campeggio e sulla spiaggia, con un passeggino, un bambino tenuto per mano, così freschi, immortalati per sempre.

«Guardate» diceva il padre appoggiando il dito su una faccia. «Ecco, allora tua madre aveva ancora i capelli lunghi.»

«Non me lo ricordavo più, questo piumino Chevignon.»

«Sì, avevo asfissiato la mamma per settimane. Tu non hai mai saputo quanto l'ha pagato, peraltro.»

«Ah, sì?» aveva detto il padre.

E per un istante il vecchio rapporto di forza si era ravvivato, il padre ingannato, la madre complice, i piccoli segreti contro il potere, gli intrallazzi alle spalle del padrone.

«Be', credo che basti» aveva detto Julien.

E si era alzato, con la faccia scura, lasciando un bicchiere pieno sul tavolo.

«La tua camera è pronta.»

«Grazie. Buonanotte.»

«Buonanotte, ragazzo mio.»

Il giorno dopo c'era tanta gente al funerale. Sylvie Marchal aveva sempre vissuto a Cornécourt, e questo creava ovviamente dei legami. Gérard aveva impersonato il ruolo del vedovo con una certa soddisfazione. Gli era sempre piaciuto moltissimo vedersi dare importanza, e non ci aveva rinunciato, nemmeno in quella triste occasione. Era il suo vizio, l'amore per le onorificenze, le gratificazioni. Del resto, si era presentato pure il sindaco e i due avevano parlato per un momento. Si erano ritrovati fianco a fianco anche al tradizionale rinfresco organizzato al Narval.

«Si è regolato i baffi, quel cretino» aveva commentato Julien, che dall'altro capo del tavolo osservava suo padre, tutto sorrisi, premuroso e con un atteggiamento da campagna elettorale.

«Tu ti sei lucidato le scarpe» aveva ribattuto Christophe.

Il primogenito aveva sorriso, non così scontento di essere lì, in fin dei conti. Aveva chiesto a Christophe notizie dell'hockey. E poi niente. Christophe si era immaginato che Julien avrebbe voluto saperne di più sulla madre, sulle ultime settimane in ospedale. Ma quei discorsi erano rimasti chiusi dentro. Alla fine Julien era ripartito la sera stessa, in treno.

«Sei sicuro che non vuoi rimanere un po'?» aveva detto il padre.

«No, devo andare. Domani lavoro.»

Si erano salutati davanti al bar, il figlio non aveva tolto le mani dalle tasche e poi se l'era filata con il suo silenzio e i suoi risentimenti. Allora Christophe aveva capito di non avere più una madre.

Per la stanchezza, Charlie si è assopita. Quando riapre gli occhi, sorprende Christophe a fare un selfie.

«È per mio fratello.»

«Ah. Mi stupirebbe che rispondesse.»

«Non so neanche se questo sia ancora il suo numero.»

«E tuo padre?»

«Gironzola qui in ospedale, da qualche parte. Sarebbe capace di farci una piazzata perché le cose non vanno abbastanza in fretta.»

Charlie sorride un po', con la faccia rovesciata all'indietro, un'aria da santa in estasi.

«Scalpita.»

«Sì. A volte mi chiedo se non aspetti questo bambino anche più di noi.»

Passano le ore, sempre più lunghe, ma almeno Charlie non soffre più. Ogni volta che l'anestesista si affaccia per sapere se va tutto bene, la giovane donna gli rivolge uno sguardo amorevole e Christophe sospira.

«Senti, non posso fare a meno di trovargli un certo non so che.»

«Sono gli analgesici.»

Anche l'infermiera va regolarmente a controllare sul monitor come procede il travaglio. Rimane sorridente e si rivolge ai due con una voce stridula, quella destinata ai vecchietti o a chi sa poco la lingua, ma nonostante la sua encomiabile giovialità si percepisce che le cose non stanno andando esattamente come dovrebbero.

Verso mezzogiorno il monitor comincia a suonare.

«Che cos'è?»

I futuri genitori si bloccano per un istante, in preda al panico. L'apparecchio sul quale si possono seguire i parametri vitali della madre e del bambino continua a emettere il suo *bip* ultraesasperante. Christophe esce e torna due minuti dopo con una terza infermiera, che controlla il piccolo schermo nero su cui corrono sinusoidi verdi.

«Non è niente. Un po' di affaticamento. A che punto è la dilatazione?»

Si infila un guanto di lattice e controlla sotto il lenzuolo. Charlie fa una smorfia.

«Non ci siamo ancora.»

«E quindi? Che si fa?»

«Per il momento niente. Passerà il medico.»

La coppia rimane sola, tenendo d'occhio il ritmo cardiaco del bimbo. L'allarme parte, poi si interrompe. Charlie, allo stremo delle forze, comincia a piangere.

«Non ci riuscirò. Sono stanca morta.»

«Ma sì.»

«Si vede proprio che non tocca a te.»

Versa di nuovo qualche lacrima, e se le asciuga in fretta con il dorso della mano. Si sorridono.

Dopo settimane di addestramento con l'ostetrica, dopo aver letto i libri del cazzo per diventare un bravo papà, una brava mamma, e saper gestire il signor Bebè, si ritrovano lì, nella bruta attesa. Di tanto in tanto Charlie, che soffre di aerofagia, molla un lungo peto inodore che non diverte nessuno. Christophe, nella sua misurata impotenza, si sforza di non guardare troppo spesso l'orologio.

Poco dopo passa anche la ginecologa ed effettua una verifica sommaria. Nuovo sondaggio manuale. La situazione non migliora, massimo quattro centimetri, intanto l'apparecchio suona un'altra volta. Negli occhi cerchiati di Christophe e di Charlie, la stessa supplica. Sotto il suo grosso chignon, la ginecologa si mostra rassicurante.

«Tutto a posto. Abbiamo solo un problemino con le contrazioni. E questo comincia ad affaticare un po' il cuore del bebè. Bisognerebbe che non durasse troppo.»

«Altrimenti?»

«Andrà bene» dice la donna in bianco.

«Voglio tornare a casa» ribatte Charlie, e di nuovo le scorrono le lacrime sul volto grigio di stanchezza.

Lo sguardo della ginecologa la passa in rassegna come uno scanner, in un senso e poi nell'altro.

«Si rilassi» dice prima di scomparire. «Non c'è nessun rischio.»

Altre due ore di quel regime, lo stress, l'incertezza e la stanchezza, poi Charlie si strappa i sensori dalla pancia e finalmente le suonerie cessano.

«Non puoi farlo...»

Ma già la giovane donna tenta di scendere dal letto. Appoggia un piede sul pavimento, e Christophe la afferra al volo, appena prima che crolli a terra.

«Con l'anestesia le gambe non ti reggono, non serve a niente.»

«Voglio tornare a casa!»

Ma dopo tre parole la sua aggressività è solo un singulto.

Christophe la fa sdraiare e va a cercare aiuto, di nuovo. Questa volta non trova nessuno. Il corridoio è vuoto. Porte aperte su stanze abbandonate. Se ne resta lì, ansimante, spossato, con il suo dovere impossibile. Anche lui ha una gran voglia di tagliare la corda. Si siede un momento appoggiando la schiena contro il muro e riprende fiato. Deve resistere. Comincia un periodo della vita di cui non ha nessuna idea. Fare del proprio meglio non basta già più.

Passano altre tre ore, in quello stordimento ovattato, con la camera diventata una zattera alla deriva dove delirano due superstiti sull'orlo dell'odio. Per fortuna Charlie finisce per sprofondare in un sonno frammentario e Christophe ne approfitta per mandare messaggi agli amici. Greg e Marco rispondono a raffica, brevi incoraggiamenti, frasette piene di applausi e punti esclamativi. Poi ricompare la ginecologa e fa una scenata perché si sono permessi di staccare il monitoraggio. Viene chiamata alla riscossa un'infermiera per riposizionare le cinghie e i due sensori. Charlie mugugna. Lo schermo si rianima, cifre rosse e spesse, di nuovo la suoneria.

«Non va bene» dice la ginecologa, china sullo schermo. «Il ritmo cardiaco del bambino è troppo lento. Da quanto siete qui?»

«Dieci ore.»

«Non è poi così tanto.»

Negli occhi di Charlie, Christophe vede passare la jihad. La ginecologa continua impavida con lo stesso tono: «Dobbiamo intervenire.»

«Cioè?» chiede Christophe.

«Cesareo.»

Anche se l'idea di farsi tagliuzzare non le sorride, Charlie respira. L'uscita dal tunnel, finalmente.

Dopo un'altra iniezione di epidurale la trasportano in sala parto. Christophe è rimasto accanto a lei, mentre dall'altra parte del campo operatorio la ginecologa, un'infermiera e l'ostetrica si danno da fare, in mascherina, camice e cuffietta azzurra.

«Fa sport?» chiede la ginecologa.

«Un po'. Perché?»

«Ha una fascia addominale supersviluppata, non riesco a tirarlo fuori.»

«Ha già tagliato?» chiede Christophe, che si raddrizza per controllare.

«Non si muova» ordina la ginecologa dietro la mascherina.

Christophe suda freddo. Gli passano per la testa immagini terrificanti. Lì vicino sono in bella mostra le viscere della sua compagna.

«Aspetti!» grida Charlie, che all'improvviso sente un orribile strattone all'altezza del ventre.

Troppo tardi. Due mani sollevano una forma grassoccia, insanguinata, in cui si indovinano vagamente nella massiccia sfera del cranio i lineamenti impenetrabili di una faccia. L'apparizione dura solo un secondo. Il minuscolo corpicino è già scomparso, poi arrivano i pianti, disperati, strabilianti, di una novità inimmaginabile.

Da quel momento in poi tutto procede a gran velocità. Il bambino infagottato viene consegnato alla madre, che ha appena il tempo di baciarlo, di sentire sul petto la pelle calda del bebè. Già deve trasferirsi per farsi ricucire. E un'ostetrica porta via il neonato pregando Christophe di seguirla.

«Come lo chiamerete?»

Christophe la accompagna in camice fino a una stanza vicina.

«Gabriel» risponde.

«Ah, sì, ne abbiamo parecchi di questi tempi.»

L'indelicatezza dell'ostetrica scivola via sullo sbalordimento del padre. Poi quella sconosciuta, di cui dimenticherà il volto ma non i gesti, comincia a pulire il bambino, prima di affidarlo alla sorveglianza di Christophe, il tempo di andare a prendere della bambagia. Così lui si ritrova da solo con quella cosa, suo figlio, che ha freddo e piange a pieni polmoni con tutta la sua boccuccia rosea e vuota. Il padre cerca aiuto con gli occhi intorno a sé, poi si china sul piccolo che, sdraiato sul fasciatoio, comincia ad avere un bel colorito. Appoggia gli avambracci da una parte e dall'altra di quel corpicino, si avvicina, bacia la testa fragile, il torace e le braccia morbide. Gli bisbiglia all'orecchio un paio di parole e il bambino smette di piangere.

«Non aver paura. Sono qui.»

Il bebè non ha aperto gli occhi e si aggrappa a quel nonnulla di familiare, il timbro di quella voce. Christophe gli sfiora la fronte con le labbra, aspira l'odore dolce dei prodotti igienici nell'impercettibile peluria.

«Ah, be', facciamo conoscenza!» esclama l'ostetrica, di ritorno con la bambagia in mano.

In quattro e quattr'otto avvolge un pannolino intorno alla vita del bebè, gli infila un body, poi il pigiamino, gli mette in testa un berretto di cotone chiaro, poi tende quel pacchetto impeccabilmente confezionato al padre, che si chiede come farà a non romperlo in mille pezzi.

«Ma no, vedrà, è robusto.»

Eccoli, ora, in un'altra stanza, neutra come quelle precedenti, dove l'infermiera fissa un sensore all'indice del neonato.

«Che cos'è?»

«Niente. Solo per accertarsi che il cuore batta come si deve. Adesso vi lascio.»

«Sta scherzando?»

Christophe, con il neonato in braccio, lancia sguardi

atterriti a quella donna massiccia che invece sa come ci si prende cura di un bambino.

«Andrà tutto bene» dice lei, incongruente e convinta. «Vedrà. Prenderà subito la mano.»

Poi gli indica una sedia e Christophe si siede piano, con cautela, come se tenesse in braccio una bolla di sapone. L'ostetrica gli rivolge la tipica smorfia di chi crede di rassicurarti, bocca a becco d'anatra e occhi chiusi, liscio come l'olio, vedrà.

Christophe si ritrova di nuovo da solo con il bebè. Lo guarda, impegnato a dormire come un forsennato, con quel respiro tenue che è tutto ciò che ha. Come può sopravvivere una creatura simile? Poi il bambino si sveglia e sembra cercare qualcosa con i suoi occhi inabili e sinceri.

«Sono qui» dice Christophe sottovoce.

Un battito di palpebre.

«Sono qui.»

Passa un dito sul naso del bambino che, per riflesso, chiude gli occhi.

Bussano alla porta. Sulla soglia appare Gérard Marchal, con le braccia cariche, un ampio sorriso sotto i baffi che ingrigiscono.

«Tutto bene?»

Christophe annuisce.

«E la mamma?»

«Si stanno occupando di lei. Ha avuto un cesareo.»

«Ahi.»

Il nonno entra nella stanza. Cerca dove appoggiare i fiori, i cioccolatini, l'enorme orso di peluche color caffellatte. Con le braccia di nuovo libere, si avvicina a passettini.

«Posso prenderlo?»

Christophe esita, poi si alza per tendergli il bambino.

«Come si chiama?»

«Gabriel.»

«Ma è un nome da femmina.»

Il vecchio prende in braccio il bebè.
«Ha già un bel faccino da Marchal» dice chinandosi fino a baciare il berrettino di cotone bianco.
Christophe non se la sente di contraddirlo.
«Dormi, cipollino» riprende il nonno. «Dormi. Hai tutto il tempo, va'.»

17

Per la festa di Natale Erwann si era rivolto al miglior catering della città e il buffet rifletteva già da solo le ambizioni e i successi di Elexia. Vassoi vegetariani con verdure di stagione, più di quindici tipi di formaggi, ostriche e frutta esotica, e un sacco di antipastini stravaganti accanto a pile di pacchetti regalo vuoti, bottiglie di Borgogna e secchielli di ghiaccio irti di birre locali.

Quanto a Hélène e Lison, apprezzavano soprattutto il Ruinart. Erwann si era vantato di averne ordinate venti casse. Regali per i clienti. Deducibili dalle tasse.

«Andrà per le lunghe?» chiese Lison.

«Abbastanza» rispose Hélène.

Ogni festa di Natale cominciava più o meno allo stesso modo. Nell'*open space* trasformato in *dance floor* si alternavano commenti seriosi sull'attività dell'azienda e discorsi più leggeri. Qua e là un istrione scatenava facili risate. Collaboratrici che erano riuscite a sistemare i figli già sfoderavano le zanne, decise a divertirsi al massimo. Più tardi sarebbero state costrette a chiamare un taxi e l'indomani avrebbero rimpianto gli eccessi della sera precedente, senza che questo impedisse loro di rifarlo appena possibile. Invece alcuni uomini con la faccia lunga parlavano del futuro delle auto ibride o della politica monetaria della Bce, incapaci per il momento di rinunciare alla loro aria competente, mentre i consulenti junior guizzavano allegramente tra la folla, sornioni e scherzosi come comunicandi, con in petto la voglia di prendersi una bella sbronza e, se possibile, scopare. Tutti erano su di giri, tesi e diffidenti.

Perché ogni volta andava così. Nel bel mezzo dell'inverno, appena prima delle vacanze di fine anno, c'era quel tradizionale appuntamento in cui l'alcol scorreva a fiumi e la pressione si allentava di colpo. Ne derivavano confidenze infelici, coiti vergognosi e, di tanto in tanto, una gaffe di fronte ai superiori che poteva mandare a monte parecchi trimestri di sforzi. Quelli di buonsenso, del resto, prevedevano i cedimenti e si ripromettevano di andarsene presto. Ma in ogni caso alla fine la vernice si scrostava. Considerando da quanti mesi lavoravano tutti senza rifiatare, con l'occhio alle *deadline*, presi fra i clienti e i loro manager, divisi fra gli obiettivi da raggiungere e i bisogni da soddisfare, non potevano sperare di mantenere a lungo quello stoico distacco.

«E che fine ha fatto Erwann?»

Lison, che quella sera indossava un cardigan di angora su una maglietta dei Ramones, si sollevò in punta di piedi per vedere meglio, ma inutilmente.

«Dosa gli effetti speciali.»

«Non è un buon segno.»

«No...»

Poco dopo le otto, la stagista collegò un paio di casse al suo cellulare e lanciò una playlist di sette ore intitolata *Turning shit into gold*, che di fatto modificò notevolmente l'atmosfera. Con il contributo del tasso alcolico in ogni organismo, in palese aumento, le persone si mescolarono con più audacia, cominciarono a ballare e a parlare più forte, all'improvviso contorsioniste e smanaccione. Sembrava che, per una volta, anche Parrot avesse archiviato l'aria da primo della classe. Ghignava, sicché il suo volto aveva assunto un aspetto giovanile, e a dirla tutta abbastanza sexy. Hélène ne approfittò per abbordarlo.

«Allora?» disse.

Subito vide passargli in faccia la diffidenza, come un colpo di pettine, e del suo ampio sorriso rimase solo una piega ironica all'angolo delle labbra.

«Allora cosa?»

«Non so» disse Hélène, civettuola. «Non ci parliamo mai. Mi chiedevo se eri felice. Giusto per sapere come te la passavi.»

Ninon Carpentier e Karim Lebœuf, due consulenti junior noti per stare perennemente appiccicati a Parrot nella speranza di ottenere chissà quale gratificazione, si scambiarono uno sguardo in tralice e si nascosero dietro i propri bicchieri.

«Ma sì, dai. Per il momento abbiamo fatto cose interessanti.»

«Ho sentito parlare della tua idea. Un'offerta premium per i grossi clienti.»

«Sì.»

«Bello. Cosa gli offri? PowerPoint placcati in oro?»

Parrot si costrinse a sorridere, ma dietro la facciata Hélène poteva quasi sentir girare le rotelline, tendersi le molle.

«Voglio semplicemente che siamo pronti per il secondo semestre 2017. Tutto qui.»

«Le elezioni?» fece Hélène, circospetta, sollevando un sopracciglio.

Parrot confermò la sua intuizione con un lieve cenno del mento.

«E tu su chi scommetti?»

«Su una sorpresa.»

«Tipo?»

«Vedremo» ribatté Parrot. «In ogni caso lo stato non può far altro che tagliare sul personale e concentrarsi su ciò che è di sua stretta competenza. Lo stato sociale di papà è finito. È troppo pesante, troppo lento.»

«Soprattutto troppo caro» tagliò corto Hélène, piuttosto irritata da quella valanga di luoghi comuni.

«Sì. È una questione di risorse, ovvio. So che dappertutto si lavora sui nuovi equilibri. È lì che si può fare qualcosa di buono.»

«Sono stati i tuoi amici degli studi di *consulting* a raccontartelo?»

Parrot arricciò fuggevolmente il naso. Stentava sempre di più a nascondere la contrarietà e i suoi due accoliti convennero che era ora di ripiegare sul buffet. Poiché il frastuono nell'*open space* non facilitava la conversazione, Parrot si avvicinò all'orecchio della collega.

«Sono certo che si profilano opportunità pazzesche. I ministeri diffidano sempre più dei loro dipendenti. La nuova generazione che lavora ai piani alti non ci crede più. Ogni volta che avranno bisogno di gestire una crisi, di implementare una riforma, quando gli serviranno degli esperti, preferiranno ricorrere a piccole équipe.»

«L'era della *task force*» riassunse Hélène fissando negli occhi Parrot, con l'aria di flirtare un pochino.

Poi accostò il bicchiere alle labbra, ironica eppure seria.

«Forse dovremmo lavorare insieme» fece Parrot.

«Innoveremmo talmente tanto...» Dopo un istante di riflessione, Hélène riprese: «Ma come ci regoleremo in provincia?»

«Appunto, è lì che c'è il massimo del business. Le comunicazioni fra Parigi e i territori non funzionano più. Le grandi regioni devono inventarsi tutto. I dipartimenti mettono il muso perché si beccano gli obiettivi da realizzare ma senza i relativi finanziamenti. Le amministrazioni territoriali boccheggiano. Le rivalità, la contrazione delle risorse, l'inerzia, i problemi strutturali, è un casino senza fine. Il sistema fa acqua da tutte le parti. Nei ministeri la gente naviga a vista. Li ho visti all'opera. Hanno bisogno di pesci pilota, di cinghie di trasmissione. Hanno bisogno che gli si portino le informazioni e che si vada a fare il lavoro sporco.»

«Sì, il mercenariato della materia grigia. Sono giusto vent'anni che non facciamo altro.»

«Certo, ma in versione extralusso. Con un nuovo packaging.»

«Più caro?»

«Come sempre.»

«Bella idea.»

Brindarono.

Tre bicchieri dopo, Hélène si rese conto dell'ora e pensò che, continuando così, il ritorno a casa poteva rivelarsi acrobatico. Controllò il cellulare. Philippe aveva cercato di contattarla più volte, il che la convinse a farsi un'altra coppa di champagne. Alle undici Erwann continuava a essere irreperibile. Ormai la pista era affollata di gente che ballava, e l'impertinente stagista volle tentare un esperimento. Lanciò *Don't Be So Shy* di Imany e proseguì con qualche altro pezzo altrettanto lascivo e sinuoso. Ben presto cominciarono tutti a fare coppia e a strusciarsi.

«Se dopo non avremo una cucciolata...» disse Lison.

Hélène sorrise. Guardava la ragazza, quella grande cavalletta che assomigliava a un disegno: la trovava proprio bellissima. L'eleganza ottenuta con poco, il profilo equino, gli splendidi capelli e la distanza fra gli occhi, tutto in lei dava un'impressione di invidiabile singolarità. Senza ammetterlo, Hélène era orgogliosa di avere dalla sua parte quella giovane donna che sembrava in piena sintonia con i tempi. Complice l'ebbrezza, la cercava con la spalla, e aveva un po' voglia di baciarla.

«Balliamo?»

Si ritrovarono entrambe sulla pista, per un momento la stagista aveva persino preso per mano la sua capa. Poiché Hélène portava i tacchi alti, non aveva niente da invidiare alla statura di Lison e cominciarono a dondolarsi, esibendosi l'una per l'altra, mentre i loro sguardi si incontravano di tanto in tanto, evasivi ma pieni di sottintesi. Hélène aveva tremendamente bisogno di piacere.

Eppure, da quando lei e Christophe si frequentavano, su quel fronte si era sentita molto rassicurata. Certo, non era più scema o alienata di qualunque altra donna e non aveva affatto bisogno dello sguardo di un uomo per esistere. Ma in ogni caso le faceva bene: vedere come il cazzo gli veniva duro per via del suo culo, sentire come lui diventava selvaggio e dolce, le sue grosse spalle, la pancia appiccicata alla sua, i grossi colpi fino in fondo, perché lei era nuda e aperta per lui. Era bella, ecco la prova.

La cosa più scocciante, invece, era il ritorno con i piedi per terra, in famiglia, il tran-tran con Philippe. Ciò che di solito la irritava un po' marginalmente era diventato quasi insopportabile. Le sue assenze di lavoro e il modo in cui si defilava sempre non appena si trattava di cucinare o fare il bagno alla piccola. Frasi un tempo banali tipo «Dovresti chiamare i Menou per organizzare una cena» erano diventate il suo detonatore. Perciò le liti erano aumentate.

«Ma che cos'hai in questo periodo?» diceva Philippe. Anche questa domanda la mandava fuori di testa.

In fondo, i vecchi amori erano come quegli arazzi stinti sui muri dei castelli. Un filo penzolante, lo tiravi per scherzo e si disfaceva tutto. In un batter d'occhio restava solo l'ordito – le manie e le nevrosi venivano messe a nudo, il sogno agonizzava in filacce sulla moquette. E, come rimedio, gli strizzacervelli non erano di alcuna utilità, la loro rabberciatura narcisistica restava inefficace. Nessuna terapia poteva ricucire quei brandelli. Per fare le cose per bene sarebbe stato necessario tornare indietro, cancellare quei vent'anni di verità in ritardo che ti erano appena esplosi in faccia.

Ma il peggio veniva con le bambine.

Una sera della settimana precedente, Hélène aveva approfittato di un'assenza di Philippe per organizzare una serata tivù. In famiglia era una vecchia abitudine. Quando la mamma non aveva voglia di far niente, si poteva mangiare pane e cioccolata davanti a un cartone animato. Mouche aveva fatto i salti di gioia e Clara aveva commentato sobriamente che era fico. Quindi si erano ritrovate tutte e tre sul divano, che Hélène si era premurata di coprire con un plaid, dati i frequenti rischi di incidenti dovuti alla Nutella. Mouche aveva fatto un po' di storie per la scelta del programma, ma Clara si era dimostrata irremovibile. E quindi, per la centesima volta, si erano beccate il dvd di *Madagascar*.

«Ancora?» aveva protestato Hélène.

«Fino alla morte» aveva ribattuto Clara.

Risposta che aveva fatto ridere sua madre.

Per Natale la primogenita aveva chiesto uno smartphone. La sentiva sempre più catturata dal mondo esterno. Adesso, all'uscita da scuola Clara aveva il permesso di bighellonare una mezz'oretta con gli amici, e nel weekend la lasciava andare da sola in un giardinetto vicino dove si ritrovavano in tre o quattro. Una volta Hélène li aveva spiati, una manciata di preadolescenti stretti gli uni agli altri su una panchina, tutti rattrappiti, ridenti, caviglie nude, niente sciarpa, stranamente teneri e chiusi nella loro bolla. A parte questo, Clara faceva un po' di skate e in classe sgobbava come un mulo, diciotto e mezzo su venti di media generale, senza aver bisogno di aiuto per i compiti né altro. Aveva riletto almeno tre volte la saga di *Harry Potter* e cominciava a volersi comprare i vestiti su Vinted. Fra poco più di due anni sarebbe stata al liceo. Poi la maturità, e tutto sarebbe finito. Guardando le figlie concentrate sullo schermo della tivù, Hélène si era chiesta che cosa stava facendo. A quale ginepraio si stava preparando. I giorni si susseguivano così veloci, le settimane e poi gli anni, nello schiocco di dita di una vita in comune. I figli che all'inizio dipendevano così tanto da te, fino a farti dare i numeri, l'usura di essere sempre disponibile, il latte e il sudore, e poi un bel giorno cominciavano a staccarsi, a poco a poco diventavano quasi degli estranei. Clara aveva dodici anni. Mouche quasi otto. E la loro madre si vedeva di nascosto con un uomo. Il dramma incombeva, era ormai a portata di mano. A un certo punto, di sicuro, tutto sarebbe esploso e alcune cose sarebbero state rovinate per sempre. Allora Hélène aveva sentito una tale vampata di angoscia che aveva dovuto rifugiarsi in cucina per riprendere fiato. E lì aveva ricevuto un nuovo messaggio di Christophe.

Un'emoticon che inviava un bacio a forma di cuore.

Dal divano, Mouche aveva gridato: Presto, mamma!, e Hélène aveva messo il cellulare in modalità aereo, con un pizzico di irritazione. Aveva raggiunto le figlie e Mouche si era rannicchiata contro di lei, massaggiandosi automaticamente i piedi e avvicinando di tanto in tanto la mano alle narici per annusare l'odore delizioso raccolto fra un dito e l'altro, cosa che disgustava sua sorella, ma non aveva importanza, e avevano passato la serata così, come prima, nell'ovatta delle abitudini, nel fuoco lento delle ore vissute e rivissute.

Al momento di dormire, dopo il rito della storia, Hélène aveva ceduto alla figlia minore, che ogni sera inventava un nuovo stratagemma per tenersi accanto la madre un po' più a lungo. Si era infilata sotto il piumone e Mouche, con gli occhi al soffitto, aveva ricominciato con una delle sue solite litanie.

«Non voglio che muori, mamma.»

«Nemmeno io.»

«Oppure fra tantissimo tempo.»

«Ecco, sì.»

«Fra duecentocinquanta milioni di miliardi di anni.»

«Bene, adesso spegniamo.»

E saltando di palo in frasca la bambina aveva chiesto: «Credi che esistano le galline zombi?»

«Perché me lo chiedi?»

«Così.»

Nel proprio letto, Hélène aveva cercato di leggere un po', ma non ci stava con la testa. Cinque romanzi sul comodino, tutti iniziati e che probabilmente non avrebbe mai finito, dimostravano a sufficienza che non era un problema nuovo. Perciò aveva ripreso in mano il cellulare e dimenticato tutto, scambiandosi messaggi con Christophe. Quando aveva sentito l'auto di Philippe nel vialetto, aveva spento la luce e fatto finta di dormire. Durante la notte Mouche aveva avuto un incubo e lei aveva dovuto alzarsi per rassicurarla e farle bere un po' d'acqua. Hélène si era infilata di nuovo a letto con lei, senza più chiudere occhio. Aveva sentito contro di sé il corpicino bollente e fiducioso. Pensava a Christophe. Alle bambine. Quel genere di cose la distruggeva.

«Eccolo qui.»

Erwann aveva appena fatto la sua comparsa, tutto sorrisi, maestoso, scarpe a punta, questa volta indossando sotto il piumino una camicia con i gemelli.

«È quasi l'una» disse Hélène guardando il cellulare. «Se la prende comoda.»

In assenza del boss, la gente era diventata molto indisciplinata e la festa aveva assunto un andazzo piuttosto allarmante, con gli invitati che fumavano nell'*open space* fregandosene del regolamento interno e si dimenavano in modo aggressivo sul pavimento appiccicoso di alcol e disseminato di lustrini, che una collega in vena di scherzi aveva pensato bene di spargere a manciate nel momento in cui la playlist era arrivata alla casella Britney, per cui li si vedeva luccicare un po' dappertutto, anche nei capelli e nelle scollature. Lison se n'era persino appiccicati alcuni sugli zigomi.

La comparsa di Erwann provocò un breve sommovimento, ma i dipendenti di Elexia erano troppo brilli per preoccuparsi sul serio e il caos riprese alla grande. Il nuovo arrivato, del resto, aveva rapidamente guadagnato la pista da ballo, con la sua pancia merovingia ben illuminata mentre faceva ruotare le suole di cuoio come un ballerino di twist. Hélène lo guardava da lontano, chiedendosi che cosa diavolo stesse tramando. Alla prima occasione lo bloccò: «Allora?»

«Allora cosa?» disse Erwann, raggiante.

La barba più folta del solito gli dava un'aria hipster piuttosto sconcertante.

«Dov'eri finito? Qui aspettavamo un discorsetto.»

«Ah, ne ho piene le scatole dei discorsi!» rispose lui alzando gli occhi al cielo. «Basta!»

Lison restava un po' in disparte, con la cannuccia fra le labbra, ironica per natura. Erwann le gettò una rapida occhiata, poi tornò a Hélène.

«A proposito, mi è giunta notizia delle tue prodezze all'Azienda sanitaria regionale. Brava. Ben fatto.»

«Grazie.»

«No, sul serio.»

«Grazie, sul serio.»

«Bene... Si crepa, qui» disse lui, e si tolse il piumino facendo un cenno a Parrot, che stava davanti al buffet con la sua guardia del corpo.

«Ti lascio, divertitevi.»

«Che deficiente!» osò Lison.

«Vacci piano, comunque. Qui non siamo al liceo.»

Lison si mordicchiava l'interno della guancia, senza staccare gli occhi dal ciccione che, con una flûte in mano, ora si dava ostentatamente al *jerk*.

«Io so perché non vuole fare un discorso.»

«In che senso?»

«Parrot sta per diventare associato.»

«Che cosa?»

«A gennaio.»

«Come fai a saperlo?» chiese Hélène, aggrappata al suo bicchiere e con le gambe di colpo vacillanti.

«Lo sanno tutti.»

Fu come una corrente d'aria fra le due donne. All'improvviso Hélène sentì dissiparsi gli effetti dello champagne, e quanto di disponibile e di morbido aveva dentro si congelò.

«Non sapevo come dirglielo» aggiunse Lison.

Ma Hélène non la ascoltava più. Ora fissava quei due, l'orco rosso e bonario e il suo accolito tutto in ghingheri, il signor perfettino con il suo garbo e il suo cv che era il *non plus ultra*. Rifletteva a tutta velocità. Era la solita vecchia storia fin dai tempi dell'associazione studentesca, il sodalizio dei cazzi, i maschi che facevano comunella e, dopo, trovavano sempre un espediente per giustificarsi. Vuotò il bicchiere, ne prese subito un altro. Quello che avrebbe voluto fare immediatamente, lì per lì, era spaccargli le ginocchia a martellate.

L'ora successiva fu piuttosto sconnessa. Continuando a bere, Hélène si lasciò invadere da un umore al tempo stesso allegro e vendicativo. Poi raggiunse sulla pista dei colleghi che si erano tolti la giacca e ondeggiavano come danzatrici orientali, aloni di sudore sotto le ascelle e capelli appiccicati. Alla fine scelse il giovane Morel, un ragazzo piuttosto carino con un taglio da marinaio di lungo corso, bruno e riccio, molto inoffensivo, la cui moglie aveva appena cominciato a lavorare come naturopata freelance. Lo stuzzicò per un po', finché non ce la fece più e fu costretta ad andare a pisciare.

La toilette delle signore era inespugnabile, ovvio. Si intrufolò in quella degli uomini, si chiuse in un cubicolo, sedette senza nemmeno prendersi la briga di asciugare la tazza e pisciò abbondantemente, un autentico getto da puledra, teso e interminabile, tornando a poco a poco in sé mentre contemplava il cavallo delle mutandine fra le caviglie. Rimase lì a lungo, amara, intorpidita, stringendosi la testa con entrambe le mani senza riuscire ad alzarsi. Poi si lavò le mani con calma, si rifece lo chignon. Doveva sottrarsi a quell'orribile sensazione di fallimento, di "tutto questo solo per questo". Stringeva le labbra. A quel punto fece irruzione Erwann.

«Ops...» disse lui sollevandosi istintivamente in punta di piedi.

«Capiti a proposito» ribatté Hélène, sferzante.

Il sorriso di Erwann scomparve subito. Si tornava al sodo, la gerarchia.

«Quando contavi di dirmelo?»

«Cosa?»

«Non fare il finto tonto.»

Dopo un secondo di incertezza il suo boss riprese, con un insipido tono neutro: «Aspettavo il momento giusto.»

«Mi prendi per il culo? Lo sapevano tutti.»

«Cosa vuoi che ti dica? La gente parla. Non posso tenere sotto controllo tutta la comunicazione della baracca.»

«Spiegami cosa cazzo ci faccio qui.»

Mantenevano le distanze. Sapevano entrambi che, nonostante l'alcol e l'ora tarda, erano ripiombati in pieno nella vita professionale. Le parole che si sarebbero scambiati adesso avrebbero potuto essere rinfacciate in seguito, finire davanti a un tribunale, in una causa, essere sfruttate dagli avvocati, un giorno o l'altro.

«Non capisco cosa intendi dire» rispose Erwann.

«Lavoro qui da tre anni. Fra i quadri sono la più quotata, quella che porta a casa più fatturato. Non ho mai toppato. Sono in pista dalla mattina alla sera. Allora, che significa questa fregatura?»

«Jean-Charles poteva pagare il biglietto d'ingresso, tutto qui.»

«È una faccenda di grana?»

«Principalmente.»

«Quanto ci mette?»

«Centomila.»
In effetti Hélène non si aspettava una cifra del genere.
«Avrei potuto farlo anch'io.»
«Non è quello che mi è parso di capire.»
Una fitta le attraversò il petto e sentì che la sua faccia assumeva un colorito paonazzo.
«Che vuoi dire?»
«Niente.»
«Hai parlato con Philippe?»
«No.»
Ma era l'unica spiegazione possibile.
«Cosa ti ha raccontato?»
«Niente, ti dico.»
Lei scattò in avanti di due passi e dovette appoggiarsi al lavabo per mantenere l'equilibrio.
«Voglio saperlo.»
«Non ho altro da aggiungere. Comunque, non è una questione di grana.»
«E allora cosa?!»
La rabbia era esplosa di colpo, tanto che le si inumidirono gli occhi. A Erwann faceva gioco: confermava in pieno la sua sensazione.
«Non è il caso di discuterne al cesso» disse. «Comunque, non sei nelle condizioni. Ne parliamo lunedì.»
«Aspetta.»
Con gli occhi chiusi, Hélène raccolse le forze. Doveva respingere le grida e le lacrime. Per tutta la vita aveva combattuto contro questa cosa, la logica della voce che trema. La diga avrebbe resistito. Fece un respiro profondo e riprese in tono calmo.
«Credo che in ogni caso tu mi debba una spiegazione. L'arrivo di Parrot non c'entra niente. Posso sempre diventare associata.»
Erwann si passò una mano nella zazzera rossa e poi sulla faccia, imbarazzato. Avrebbe tanto voluto che qual-

cuno aprisse la porta e lo liberasse da quello spiacevole confronto.

«Mi secca dirtelo. Ma penso che tu non sia più in grado di farti carico di tante cose.»

Allora Hélène staccò la spina. Aveva riconosciuto la frase, una di quelle che le erano state tanto ripetute dopo il suo *burnout*. Deve risparmiarsi. Penso che lei non sia più nelle condizioni. La alleggeriremo. Tutto quel lessico della premura e delle precauzioni che era sempre e solo un modo per metterti fuori gioco. Quelle parole significavano che non eri più la macchina da guerra che ci si aspettava che fossi. Restavano l'infermeria e le posizioni subalterne. Ormai facevi parte dei fragili.

«Tutti ti vogliono bene» continuò Erwann, spietato. «Non è contro di te. Ma è chiaro che hai la testa altrove.»

Erwann non volle precisare che cosa intendesse con quelle parole, e lei rimase sola nel cesso degli uomini.

Più tardi salì con Lison sul tetto del palazzo a fumare un'ultima sigaretta. La notte stava finendo e la città silenziosa, ai loro piedi, sembrava molto docile e disordinata. Come se qualcuno, dopo aver giocato con i Lego, fosse andato a dormire lasciandosi dietro un paesaggio postbellico, una città ricostruita in fretta e furia dove si mescolavano alla rinfusa testimonianze del passato e brutture, tracce sparse di preoccupazione per la bellezza e ovunque l'impero dell'utilità immediata.

«Che farai?» chiese la stagista.

Le dava di nuovo del tu. Adesso era così tardi.

«Non lo so.»

«Ne parlerai con il tuo uomo?»

«Per forza. Devo sapere che cosa ha raccontato a quel cazzone. Mi fa impazzire pensare che ne abbiano discusso alle mie spalle.»

«Credi che sappia?»

«Cosa?» chiese Hélène.
«Di Christophe.»
«Forse. Eppure sono stata attentissima. Cancello tutti i messaggi man mano.»
«Basta qualcosa nella cronologia. O dimenticare di disconnettere Messenger.»
«Sì.»
«Nessuno può nascondersi. Si lasciano troppe tracce.»
Per accompagnare le sue parole, Lison aveva fatto quella sua buffa faccina avvilita e sorridente, un po' come se stesse annunciando a un bimbo che il topino dei denti non sarebbe più passato.
«Cosa pensi di fare con quel tizio?»
«Non lo so proprio. Non so più a che punto sono.»
Lison aspettò un momento prima di porre la vera domanda, quella che in fondo la rodeva.
«E gli altri due, Erwann e Parrot?»
«Che intendi?»
«Lasci che se la cavino così?»
«Cosa vuoi che faccia? Non c'è mica una legge contro gli stronzi.»
Lison tacque, ma un'ideuzza ce l'aveva. Con una schicchera lanciò la sigaretta nel vuoto e le due donne la seguirono con lo sguardo, un puntino rosso, giallo e vibrante inghiottito dalla notte.

Tornata a casa, Hélène svegliò Philippe, che mugugnò un pochino ma alla fine ascoltò quello che aveva da dirgli. Seduta sul bordo del letto, gli pose tre domande alle quali fu inevitabile rispondere. Sì, sapeva che lei scopava con un altro. Sì, ne aveva parlato a Erwann, era un suo amico dopotutto. Sì, sapeva che Parrot diventava associato. In ogni caso, dopo il suo "crollo", percepiva che le cose con lei erano cambiate.
Parlarono per quasi due ore, sottovoce per non sveglia-

re le bambine, e per la prima volta da un sacco di tempo si sforzarono di mostrarsi sinceri, senza riuscirci davvero perché ognuno dei due si riservava qualche angolo morto, manipolava i fatti, non tanto per limitare i danni quanto per garantirsi un ruolo dignitoso in quella recita.

«Vuoi che ci lasciamo?» chiese Philippe.

«Non ho detto questo.»

«Che cosa vuoi di preciso?»

«Vorrei che la smettessi di fregartene di me.»

Philippe ammise senza difficoltà che passava troppo tempo in ufficio, e che lo faceva perché la vita familiare gli rompeva le palle. Sì, gli davano fastidio l'amministrazione quotidiana, le cose domestiche. Per tutto il santo giorno dirigeva venti persone, gestiva centinaia di migliaia di euro, perciò quando tornava a casa e doveva chiedere cento volte a Mouche di mettere via i calzini si sentiva un po' sottoutilizzato. In effetti.

«Mentre io, ovvio, è esattamente ciò che mi compete» commentò Hélène, senza enfasi.

«Non ho detto questo.»

Invece, quando gli chiese se la tradiva, si vide propinare la danza del serpente. Lui si contorse così bene che alla fine Hélène preferì lasciar perdere. Non è che lui la irritasse. Erano i suoi modi che la mettevano a disagio.

Hélène ammise comunque di aver cercato una scappatoia dalla routine, riconobbe anche di aver mentito e accampò scuse che non erano certo più brillanti: il tempo che passa, l'indifferenza di lui, il modo in cui la guardava, l'impressione di far parte del mobilio.

«Ti ho sempre sostenuta. Ti ascolto. Continuiamo a scopare bene. Ci intendiamo su tutto. Siamo d'accordo su tutto. Qual è il tuo problema?» chiese Philippe, per il quale quella conversazione diventava sempre meno comprensibile.

Hélène esitava. Era poi così saggio dissotterrare tutti gli scheletri nel cuore della notte? Valutò le opportunità e i rischi. Sotto il culo, l'estremo comfort del materasso Simmons invitava piuttosto a optare per lo *statu quo*.

Poi la conversazione si trasformò in negoziato. Ognuno dei due barattò sforzi contro vantaggi, cambiamenti contro promesse. Hélène si sentiva vuota, con il cuore arido. Quell'uomo non le faceva più nessun effetto. Non aveva più voglia di toccarlo né di parlare con lui. Comunque scoparono, per rassicurarsi. Alla fine, completamente stremati, si addormentarono fianco a fianco. Al mattino Hélène trovò in cucina un post-it con un cuoricino e si odiò.

Quanto a Lison, tornò al suo appartamento dove la aspettava Faïza, la coinquilina. Già da qualche tempo, quest'ultima aveva preso l'abitudine di lavorare di notte e dormire di giorno. Quel ritmo si era imposto dopo cinque anni dedicati a una tesi di dottorato in diritto, sobriamente intitolata: *Management e* compliance. *Per un'analisi giuridica delle regole di distribuzione del potere in azienda*. Ora le mancavano solo due mesi di lavoro, o perlomeno così sosteneva, e non voleva correre il rischio di sbalestrarsi a un passo dal traguardo riadattando la sua agenda al funzionamento del resto della gente. Perciò, quando Lison tornava tardi, le due ragazze si facevano un tè e chiacchieravano a lungo, come se fossero state le cinque del pomeriggio. Parlavano della loro giornata, delle persone che avevano incontrato, dei libri che avevano letto o avevano voglia di leggere. Quasi mai di ragazzi. Lison aspirava non-stop la sua sigaretta elettronica. Le parole fluivano veloci. C'erano Marx, Edith Wharton, Mona Chollet ed Emmanuel Guibert, la cucina orientale e *Ballast*, rivista su cui Faïza aveva pubblicato due articoli, Jhumpa Lahiri e Beyoncé. Se Hélène avesse visto Lison in quei momenti, non avrebbe riconosciuto la sua stagista.

Ma questa volta, nonostante la loro complicità, Lison preferì non dire niente a Faïza di quel Natale aziendale orgiastico né dello smacco della sua capa. Poco dopo le sei, annunciò che andava a dormire, fece una doccia e s'infilò sotto le lenzuola.

Lì, cellulare alla mano, mandò un messaggio a Erwann su WhatsApp, giusto un salutino. E anche a Parrot. Quest'ultimo rispose solo molte ore dopo; Erwann, invece, quasi subito: «Ciao...»

«Non sta dormendo.»

«No, e tu?»

«Non mi va tanto.»

E dopo qualche secondo di esitazione Erwann osò: «Ah... E che cosa ti va?»

Allora cominciò a tentare di rimorchiarla spudoratamente. Lison lo assecondò piuttosto a lungo, schivando e pungendo come una vespa. Poi quel piccolo maneggio riprese il giorno dopo, e proseguì in quelli successivi, anche con Parrot, benché quest'ultimo stesse un po' di più sulle sue, e fosse meno ingenuo nell'utilizzo dei social. Lison aveva chiesto a ognuno dei due di mantenere il segreto. Inviò loro foto scattate in bagno, complimenti, condivise confidenze e fantasie, e li fece lievitare a poco a poco come una grossa torta. Nel giro di una settimana, erano arrapati a tempo pieno.

18

Fin dal principio, Christophe aveva capito che quella sarebbe stata una stagione complicata, e a gennaio il coach lo convocò nel suo minuscolo ufficio per fare il punto: «Il presidente mi sta addosso perché ti faccia giocare, pensa che per noi sarà tutta pubblicità. E soprattutto pensa che, visti i nostri risultati, non serva a niente lasciarti in panchina. Insomma, be'... Ti darò del tempo sul ghiaccio. Ma devi piantarla con le cazzate.»

Christophe non finse di non capire, sapeva con precisione a che cosa alludeva Madani. Dalla ripresa della stagione aveva saltato vari allenamenti e non aveva perso un grammo. Continuava a passare regolarmente da Marco per aperitivi che non finivano mai, soprattutto da quando il bambino se n'era andato e suo padre era ricoverato in una rsa.

All'inizio il vecchio aveva recalcitrato molto. Era persino fuggito e l'avevano ritrovato in vestaglia, a tre chilometri dalla casa di riposo Les Églantiers, lungo la strada di Cornécourt. Se l'era cavata con una bella faringite.

Ciò detto, l'istituto era pulitissimo, la stanza decorosa, e aveva potuto portarsi alcuni mobili da casa. Christophe aveva dovuto compilare un sacco di scartoffie e aspettare a lungo al telefono ascoltando Vivaldi prima di ottenere l'assegno di invalidità e il sussidio per la casa di riposo. Ma non era nemmeno sicuro che bastasse. Forse sarebbe stato necessario vendere la casa e svuotare i conti correnti, dilapidare tutto per quei pochi anni terminali. E dire che il suo vecchio aveva sgobbato quasi mezzo secolo perché tutto finisse divorato dall'assistenza, il suo patrimonio trasformato in lavaggi intimi, biscotti secchi e passeggiatine nel parco alberato.

Però Les Églantiers non accettava animali da compagnia, e per il vecchio era stato un grosso sacrificio. Christophe lo aveva visto in lacrime perché il gatto doveva restare a casa. Lui, un tempo così intransigente: era un'altra, crudelissima sorpresa vedere come l'età minasse la resistenza e distruggesse le forze. Superata una certa soglia, trattenersi dal pisciare o dal piangere, dall'addormentarsi o dal tremare diventava di un'enorme difficoltà. E Christophe, guardando la propria mano sul volante mentre guidava, scoprendo un pelo sull'orecchio o il cambiamento che subiva la sua pelle, meno fine, più secca, si diceva ecco, sono sulla china, non ho vissuto e già comincia tutto.

Il neuropsichiatra lo aveva avvertito: in genere le condizioni si deterioravano molto in fretta per i pazienti come suo padre non appena iniziavano a vivere in casa di riposo, lontano dai loro punti di riferimento e dalle loro abitudini. Avevano fatto il possibile per ritardare quel momento, e Christophe aveva sperato a lungo che una specie di incidente provvidenziale gli avrebbe evitato di arrivare fin là. Ma dopo la visita del vecchio ai genitori di Kylian era stato ineluttabile. Del resto, la polizia continuava a mandare avanti una denuncia per minacce e intimidazione, anche se era difficile immaginare che mettessero in galera Gérard Marchal, nel suo stato.

All'inizio Christophe era andato a trovarlo quasi tutti i giorni. Il vecchio reagiva poco. Dopo la fuga gli avevano prescritto ansiolitici, sedativi per aiutarlo a dormire, ogni sorta di schifezze che lo mettevano k.o. Tuttavia lottava per restare lucido, con quei quattro capelli ispidi intorno al cranio. Christophe si sedeva di fronte a lui, vicino alla finestra. Fuori era già buio. Donne agili e scattanti a volte si affacciavano a chiedere se aveva mangiato la minestra. Il figlio pettinava i capelli al padre, gli tagliava le unghie, lo guardava mangiare, sperava di veder apparire un po' di colore dietro quell'immenso muro della vecchiaia. Ogni volta usciva di lì un po' stravolto. Aveva chiamato suo fratello per avvertirlo, e perché contribuisse alle spese, ma il numero non era più attivo. Lo aveva cercato su internet, sui social, invano. Doveva cavarsela da solo.

Poi, verso i primi di marzo, aveva trovato suo padre nella stanza di un'altra ospite. Seduti fianco a fianco ascoltavano la radio da un piccolo apparecchio, in sordina, con un'aria al tempo stesso concentrata e distratta.

«Ciao, papà.»

Il padre aveva sorriso. Sembrava più in forma, meno amorfo in ogni caso. Aveva salutato quella signora un po' robusta, che aveva sorriso a sua volta, e poi era tornato nella propria stanza con il figlio.

«Chi è?»

«Chi?»

«La donna che era con te.»

«Oh, nessuno. È venuta lei a cercarmi. Io mica le avevo chiesto niente.»

Impossibile saperne di più.

Il giorno dopo aveva trovato suo padre nello stesso posto, accanto a quella donna sconosciuta con le mani incrociate sulla pancia. Questa volta ascoltavano la radio un po' più forte, un dibattito su François Fillon e sua moglie. Christophe si era informato da un membro del personale.

«È la signora Didier. Le piace andare a cercare altri ospiti.»

«E cosa combinano?»

«Niente di particolare. Passano il tempo.»

Da allora, quasi ogni giorno aveva trovato suo padre in

compagnia di quella donna e aveva dovuto imparare a conoscerla. Aveva lavorato per tutta la vita all'Agenzia delle entrate, nei dintorni di Parigi, nel Gard e alla fine a Épinal, accedendo a posizioni di responsabilità di cui andava ancora fiera. Era una donna piantata su un paio di gambe monolitiche, civettuola, che si rifiutava di portare le pantofole e ci teneva alla messa in piega. Sul comodino, una famiglia sorrideva da una serie di piccole cornici argentate, quarantenni, adolescenti e bambini più piccoli. In compenso, nessuna traccia di un marito.

«Ma cosa vi dite tutto il santo giorno?»

«Niente di speciale» rispondeva il padre. «E Gabriel, che novità?»

«Sta con sua madre, lo sai.»

«Certo.»

In realtà, suo padre e la signora Didier si limitavano ad ascoltare la radio, Rtl perlopiù. Non facevano niente di male. Christophe aveva potuto diradare le visite.

Anche sul fronte degli amici le cose avevano subito notevoli cambiamenti. Alla fine, Greg e Jennifer avevano deciso di tenere il bambino, il che scombussolava il povero, vecchio Marco.

«Sei malato di mente» si lamentava, pensando alla vita che attendeva Greg.

«Sì, lo so» ribatteva lui, per provocarlo.

La nascita era prevista per il mese di luglio e Jennifer aveva predisposto la distribuzione dei compiti in funzione di quella scadenza. Greg avrebbe pensato a trovare un trilocale in grado di accogliere tutta la famigliola, compreso Bilal, anche se quest'ultimo restava piuttosto refrattario alla piega presa dagli eventi. Quanto a lei, si riservava l'organizzazione del matrimonio.

«E per di più si sposa» continuava Marco, sbigottito da tanta insensatezza.

E in effetti era pazzesco vedere quanto fosse cresciuto di colpo quel tizio fino ad allora totalmente irresponsabile, che passava la vita imbucato a casa di sua madre. Si era iscritto alla scuola guida, frequentava lezioni di teoria, sgobbava di notte per arrotondare lo stipendio e passava in rassegna le auto usate su un sito di annunci. Per la prima volta in vita sua guardava più lontano del prossimo weekend, e lui che era sembrato il più fancazzista dei tre alla fine si rivelava l'unico adulto. Il che, però, non bastava per scovare un appartamento quando non si aveva un soldo da parte e bisognava versare una cauzione pari a due mensilità di affitto.

«Io posso contribuire un po'» aveva detto Marco. «Anche se stai facendo una bella cazzata.»

Greg si era girato verso Christophe.

«Per me è complicato.»

Ovvio, con il vecchio in casa di riposo, il bambino andato via e uno stipendio tutt'altro che stratosferico. Greg e Marco avevano evitato di fare commenti. E poi, per un'associazione di idee piuttosto maldestra, Greg aveva chiesto: «E la tua amica?»

«Cosa, la mia amica?» aveva detto Christophe.

«Be', mi domandavo, come va la tua storia?»

«Va.»

Greg aveva insistito: «Sempre decisa a divorziare?»

«La separazione è in corso.»

«E lei non vorrebbe venire?»

«Venire dove?»

Christophe non poteva fare a meno di considerare quel genere di domande come attacchi subliminali. Probabilmente perché la sua relazione con Hélène aveva preso una piega meno ovvia.

In principio era stato tutto così semplice. C'erano stati gli incontri dalle cinque alle sette in albergo, i messaggi tutto il santo giorno, la novità, scopare come adolescenti, il corpo dell'altro da scoprire, tutto un lavoro di sintonizzazione, un gesto dopo l'altro, gli incastri migliori, accordarsi sul movimento, le pause, il riposo, il formicolio dei baci e rimanere lì, sdraiati e sfiniti sulle lenzuola, le parole che passano di bocca in bocca, gambe attorcigliate e schiena sudata.

C'erano stati i nascondigli e i mormorii per non farsi sentire da nessuno, aspettarsi da qualche parte, osare un ristorante in un paesino, o una trattoria per camionisti con una buona fama. In seguito, frutti di mare, una vera notte in un bell'albergo della Foresta Nera, un primo doposbronza, scopare ancora al mattino, con gli occhi chiusi, senza osare baciarsi perché, anche con l'alito pestilenziale, il ventre può tutto. Imparare a usare le stesse parole, pensare a lei in continuazione perché il mondo pullulava di segni in cui compariva sempre, conoscere le sue routine e i suoi orari, ascoltarla al telefono la sera tardi, dopo una lite con il suo uomo, oppure perché Clara non combinava più niente a scuola e forse era un po' colpa sua. Dirle, sottovoce, ma no, tu non c'entri niente. Sentire in sé quella specie di pelliccia, l'infinita morbidezza che di tanto in tanto ti tappezza tutto dentro.

E poi, quando l'unione di Hélène aveva cominciato a sfaldarsi, Christophe non era più stato così sicuro. Avrebbe dovuto farsi coinvolgere? Sarebbero diventati una coppia, avrebbero vissuto insieme, condiviso una camera da letto, un bagno, le auto, le vacanze? Era un'idea da cacarsi sotto.

Ma il vero problema stava altrove.

Durante l'adolescenza, amare andava da sé. Passava una ragazza, la trovavi bella da morire. Da quel momento, ogni volta che la incrociavi erano gli stessi sintomi, fifa blu, mani sudate, impossibilità di dire tre parole, e poi quella cosa in testa, la follia totale. Architettavi piani demenziali per parlarle. La sera, in segreto, ascoltavi musica con le cuffie facendoti i film. Alla fine la abbordavi, e se non ti andava subito buca cominciava il periodo dei punti in comune. Erano pazzesche, le coincidenze, all'improvviso, le passioni condivise, gli odi identici. Ci si stupiva di aver potuto vivere l'uno senza l'altra, essendo Gemelli fino a quel punto. Ci si teneva per mano, ci si cercava in cortile e, con un po' di fortuna, si finiva a letto, e poi, da un giorno all'altro, *puf*, le cose si sgonfiavano per ricominciare da un'altra parte. L'amore era tragico e temporaneo. Il desiderio infinito, ma senza asperità. Allora appartenevi a un mondo fatto per te, più o meno.

In fondo, tutto ciò Christophe lo aveva conosciuto per tanto tempo, le fiammate, le fisse, e Charlie aveva occupato nella sua esistenza un ruolo intermittente ma sempre chiaro, quello dell'anima gemella, in ogni caso fino alla loro separazione.

Ma adesso non sapeva più tanto bene. Era cambiato qualcosa. Forse era l'età, o delle ferite mal rimarginate. Comunque, non era più a nudo come in passato. I suoi slanci non avevano più niente di quella loro limpidezza. Ormai si trascinava, gravato da un desiderio che lo solcava come un vomere. Tutto in lui era diventato più grosso, le spalle, il girovita, il bisogno delle donne. Al nitido splendore di un tempo era subentrato un non so che di rauco e inquietante. Guardava le ragazzine e si diceva merda, mai più, e quel lutto gli attizzava dentro delle brutte sensazioni. Pensava al loro culo giovane, ai ragazzi che se le potevano permettere, agli amplessi senza gualciture, alla bellezza dei loro corpi intatti che non erano più per lui. Allora gli si levavano nel petto passioni cupe, un fremito di disagio nel collo.

Per tanto tempo le ragazze lo avevano cercato. Rimorchiato nei bar. Lusingato con i loro sguardi. Avevano gridato il suo nome sulle gradinate. Si era sentito carino e alla loro altezza. Aveva potuto scegliere. Persino fare il difficile.

E senza preavviso, quel periodo era finito. Ormai i loro occhi gli scivolavano addosso senza neanche vederlo, e quando era lui a fissare una donna in un negozio, o per strada, la vedeva distogliere lo sguardo, imbarazzata e preoccupata. Era così che ti ritrovavi a essere un vecchio stronzo, esiliato dalla gioventù dall'oggi al domani. Per le ragazze non esistevi più. Molto spesso dovevi ripiegare su internet e soddisfarti miseramente, come a quattordici anni. Perlomeno, l'offerta era molto più ampia. Ma non andavi fiero, a quarant'anni, quando eri padre e avevi una vita da adulto, di digitare rossa, magrebina o interrazziale nella barra di ricerca.

A Christophe quei cambiamenti causavano non poca irritazione, ma non si preoccupava più di tanto. Quella specie di segregazione era una rottura fra le altre, nella vita non ne mancavano di certo. Solo, non si sentiva più capace di dire ti amo. Quelle parole erano come pesci fuori dal loro acquario. Forse, appunto, erano morte insieme alla sua gioventù. Oppure Charlie se le era portate via andandosene. A meno che non si sentisse troppo disgustoso per osare, troppo sprofondato nei propri fallimenti, nel proprio corpo di uomo che scoreggiava alzandosi al mattino, un padre di famiglia, non più un fico, neanche lontanamente. Forse l'amore era come il resto, un momento nella vita. Un'ultima ipotesi era la fifa. Insomma, amare non andava più da sé.

«In ogni caso è la benvenuta al matrimonio» aveva detto Greg. «Ci farebbe piacere.»

Di colpo, a Marco era andata la saliva per traverso: «Stai scherzando?»

Quella sera i tre compari erano accampati in soggiorno, a casa di Marco, dove la tivù rimaneva accesa per principio, senza che nessuno le prestasse davvero attenzione. Greg non aveva rinunciato al piacere di ribadire il concetto.

«Certo. Più matti ci sono e più ci si diverte.»

«Quella ha un marito, dei figli. Dai i numeri.»

«Ma no, si sta separando. Alla peggio, potrebbe essere l'occasione buona.»

«È un'idea» aveva concordato Christophe, principalmente per contrariare Marco.

Il quale aveva sospirato e si era passato una manona nella spessa calotta di capelli ricci che gli ricopriva il cranio, prima di dirigersi in cucina strascicando i piedi.

«Mi sfinite, sul serio...»

Al ritorno brandiva tre birre e un altro sacchetto di patatine. Christophe aveva guardato l'orologio.

«Io devo andarci piano, domani gioco.»

«Allora bevi acqua.»

Comunque Marco aveva distribuito le birre, poi si era lasciato cadere in poltrona facendo zapping per pura mania, senza nessuna voglia particolare. Fillon e sua moglie erano ancora la notizia di apertura del tg, sul terzo. Sentendo che somme erano in gioco, Greg aveva detto «ah, cazzo, però», poi Marco aveva cambiato canale.

Intanto Elexia continuava a vivere un periodo piuttosto esaltante. Gli affari andavano alla grande e a gennaio molti collaboratori avevano ricevuto bonus a cinque cifre. Per di più Erwann era appena stato contattato dal nuovo partito creato apposta per quel candidato alle presidenziali che nessuno aveva previsto, di cui era stata preannunciata cento volte l'esplosione in volo e che invece aveva sempre più il vento in poppa.

Quell'arrivo a sorpresa, del resto, aveva suscitato in tutto il paese un'ondata di inattese vocazioni per la cosa pubblica e altrettante adesioni dell'ultimo minuto. Un po' ovunque, tizi ambiziosi e scalpitanti, socialisti disorientati e centristi cento volte sconfitti, responsabili delle Risorse umane e personaggi locali di modesto rilievo volevano saltare su quel treno in corsa, tutta gente baldanzosa e in sintonia con i tempi, esponenti della società civile oppure notabili che avevano subodorato la Beresina degli apparati tradizionali e si entusiasmavano unanimi per quella personalità rinvigorente, ex banchiere, prodigio a scuola come alla Francia piacciono da morire, impeccabile nei suoi completi millimetrati, senza passivi né pendenze, che veniva paragonato a Mozart e che conteneva in sé, a un grado di concentrazione quasi mai visto, qualcosa della contemporaneità: una certa ossessione per l'efficienza.

Così, nei suoi discorsi, la sinistra e la destra venivano spedite in soffitta, vecchiumi che ostacolavano il cambiamento con le loro opposizioni di principio, le loro ideologie sempre sterili, tutta quella sceneggiata che dalla Rivoluzione in poi era solo uno spreco di energie e creava solo divisioni e statalismo. Ormai bisognava dimostrarsi pragmatici, gestire il mondo così com'è, raccogliere sfide e *challenges*, liberare e innovare, aprirsi, ovvio. Per quanto rivoluzionario fosse, quel nuovo movimento aveva conservato la vecchia mania dei verbi all'infinito.

In ogni caso, le parole d'ordine guadagnavano alla causa del nuovo candidato ampie porzioni dell'opinione pubblica, che si trovava perfettamente a suo agio con un lessico nel quale, peraltro, era già immersa tutto il santo giorno. Sia pur in meeting oceanici, si trattava in fin dei conti degli stessi obiettivi che nelle riunioni strategiche, dello stesso vocabolario manageriale, della stessa morale del *team building* e del superamento, una visione per il paese che riproduceva quella del coach e del Ceo, argomenti per la Francia che assomigliavano a quelli di un reparto vendite, lo spirito *corporate* esteso alla Repubblica.

Naturalmente era un modo di vedere che in Elexia esercitava una forte attrattiva. Per una volta ci si diceva che questo vecchio paese di scioperanti e di interessi particolari, intrallazzatore e marcio, aveva un'occasione per allinearsi alle esigenze della modernità. Parrot, che si vantava in continuazione di avere amici negli studi di *consulting*, ora millantava di conoscere un bel po' di gente nel giro di colui che appariva sempre più come un possibile favorito, tenuto conto in particolare del crollo della destra tradizionale. Peraltro, a quel che si diceva, il candidato in questione si dimostrava molto disponibile. Si poteva fargli pervenire idee, organizzarsi per dare una mano. Quindi tutta l'azienda era in fermento per queste prospettive entusiasmanti e ognuno si chiedeva come fare i propri interessi. Quanto a Erwann, era stato avvicinato perché si presentasse alle legislative che si sarebbero tenute dopo. In ogni circoscrizione si cercavano, infatti, persone della sua tempra, con le spalle quadrate, contatti, convinzioni, capacità di muoversi bene, e soprattutto determinazione.

«Se lo eleggono, ci sarà un cambiamento gigantesco» profetizzava Parrot, con lo sguardo elettrico davanti alla macchina del caffè nell'area relax.

«Chiaro. Uno tsunami.»

«Se vince...»

Erwann faceva grandi sorrisi. Aveva fiuto, e buone sensazioni in proposito. I diagrammi parlavano da sé. Si sarebbe aperta una finestra per il paese e tutta una generazione avrebbe approfittato dell'occasione e del repulisti generale per conquistare posti decisionali. Del resto, l'effetto delle primarie favoriva questa ipotesi. Avevano infatti condotto a scelte radicali, a discriminanti nette che spingevano i moderati fra le braccia del nuovo candidato. Però Erwann restava convinto che le elezioni si vincevano al centro. Una volta esaurita la cagnara dei fanatici, sarebbe apparso chiaro. Solo che, per una volta, la via mediana non passava più per il ventre molle delle province, quello dei convivi elettorali e del radical-socialismo. E non si trattava neanche più di grandi gesti patriottici, asserzioni golliste e *bullshit* del genere. Quello che si profilava era uno stile da comitato esecutivo supremo, con gente giovane, professionisti, équipe disciplinate, un tocco chic e *fun* che ricordava la Silicon Valley. Onestamente, tutto ciò aveva un certo appeal.

Ma avevano fatto i conti senza Lison.

Dalla famosa festa di Natale, la stagista aveva continuato a messaggiare audacemente con i due capobranco. Ognuno credeva di essere l'unico a beneficiare di quell'invidiabile scambio, in cui si dimostravano di un'estrema imprudenza. I discorsi erotici andavano di pari passo con la maldicenza sistematica. Erwann spiegava perché considerasse cretino un tizio e Parrot in che senso un altro era un coglione. Si criticavano l'un l'altro, ovvio, e naturalmente ogni tanto postavano foto della loro anatomia a cui Lison rispondeva con uno *slurp!* di circostanza. Lei e Faïza sghignazzavano come matte, e a volte forzavano la mano, azzardando degli *all in* terrificanti, ma ricadendo sempre in piedi. I due, accecati dalla libido e incapaci di immaginare che una stagista fosse più furba di loro, ci sguazzavano.

Il giochetto continuò fino al mese di marzo.

Allora Lison fece alcuni *screenshot*, tenendosi comunque le foto, come garanzia, e organizzò una serie di fughe di notizie usando una mailing list che comprendeva, oltre ai collaboratori di Elexia, la moglie di Erwann e quella di Parrot, qualche cliente e altri personaggi di spicco dell'economia locale, nonché una manciata di giornalisti della stampa regionale. Si era premurata di rendere anonimi i propri contributi, ma i suoi due corrispondenti non ebbero la stessa fortuna. Ben presto furono lo zimbello di tutta la città e il matrimonio di Erwann, già in crisi, non sopravvisse a quelle rivelazioni. Per lui diventò impensabile presentarsi a qualunque elezione. Si trovarono un avvocato e valutarono se sporgere denuncia, ma avevano già avuto la loro dose di cattiva pubblicità e alla fine rinunciarono. Quanto a Lison, continuò ad andare al lavoro come al solito. Ogni volta che la incrociavano, Erwann e Parrot la fulminavano con gli occhi, impallidivano, ma non dicevano una parola. Sapevano che la stagista era in possesso di un bel po' di altri elementi che avrebbero potuto danneggiarli ancora di più.

Alla fine la ragazza fu convocata, e poiché aveva diritto a farsi assistere da un membro del personale, chiese a Hélène di accompagnarla. L'incontro si svolse nella sala riunioni al mezzanino, alle nove di sera per non avere testimoni. Hélène aveva esitato molto prima di acconsentire ad affiancare la sua stagista, temendo di passare per complice, e salendo le scale era forse lei ad avere più paura. Quel giorno Lison aveva optato per una gonna corta, Dr. Martens basse con calzini sberluccicanti, il chiodo e una camicetta di seta.

«Buonasera buonasera» disse a mo' di esordio.

Parrot era accompagnato dall'avvocata Bontemps, una donna sulla cinquantina che somigliava vagamente a Françoise Giroud, guance scavate, zigomi alti, e nello sguardo una piacevole scintilla di malizia che stonava un po' con la dentatura a ventaglio. Erwann, invece, era venuto da solo. Comunque, aveva un'idea ben precisa di come si sarebbe svolta la riunione.

«Ho voluto questo incontro per mettere in chiaro le cose.» E rivolgendosi a Lison: «Tanto per cominciare, volevo dirti che quello che hai fatto è una delle peggiori porcate che abbia mai visto. Fidati, sapranno tutti come regolarsi con te.»

Senza fare una piega, Lison appoggiò il cellulare sul tavolo per registrare la discussione e si limitò a dichiarare: «Se si potesse evitare di darsi del tu.»

Erwann lanciò un'occhiata a Parrot, poi all'avvocata, che decisamente non sorrideva più. Lui aveva cominciato ad ansimare e si asciugò la fronte con un fazzoletto. La camicia sembrava sgualcita e la barba meno regolata del solito. Si intuiva che sarebbe stato capacissimo di scavalcare il tavolo per venire alle mani.

«Penso che sia più utile mantenere la calma» disse Hélène, piuttosto divertita dalla situazione.

La riunione proseguì senza intoppi. In ogni caso non si era lì per discutere. L'avvocata ricordò il quadro giuridico: rispetto della privacy e tutela del segreto degli scambi epistolari. Erwann spiegò che non voleva mai più vedersi intorno Lison e che lei aveva una bella faccia di bronzo a presentarsi ancora come se niente fosse. Quanto al ruolo di associato di Parrot, ovviamente non aveva più ragion d'essere. Poi si rivolse a Hélène, enunciando ogni frase come si pianta un chiodo a martellate.

«Non so fino a che punto tu sia coinvolta in questa storia. Ma stai certa che non diventerai mai associata qui dentro, né da nessun'altra parte.»

Hélène avrebbe potuto dire che non c'entrava niente. Ovviamente non era la mandante di quei messaggi e non aveva costretto nessuno a ridicolizzarsi per i begli occhi di una ragazza di vent'anni. Ma preferì tacere perché non voleva far loro quel regalo, scusarsi o giustificarsi, prendere le distanze dalla stagista che, secondo lei, si limitava a usare i colpi bassi tipici degli uomini.

Dopo un quarto d'ora, Erwann si alzò e pregò tutti quanti di togliersi dai piedi. Non ci si strinse la mano, e i due uomini lasciarono la sede come se avessero il fuoco al culo. Hélène e Lison uscirono un'ultima volta a fumare una sigaretta.

«Hanno contattato anche me per convincermi a candidarmi» disse Hélène.

«Alle legislative?»

«Be', sì.»

«Dovrebbe accettare» commentò Lison esalando dalle narici impressionanti sbuffi di fumo bianco.

«Non è il mio campo.»

«Non è un buon motivo.»

La stagista era convinta che anche una capra avrebbe

potuto vincere, una volta che il nuovo uomo della Provvidenza avesse conquistato l'Eliseo, riprendendo così un'idea peraltro molto diffusa, e che atterriva i deputati uscenti. Ma Lison la presentò talmente bene che Hélène non trovò nulla da obiettare. In realtà la ragazza conosceva persone, il suo patrigno, cugine, amici di sua madre, che più o meno facevano parte di quegli ambienti ben informati, la politica, la comunicazione, i giornali, e le spiegò gli annessi e connessi di tutta la faccenda con una sicurezza al tempo stesso evasiva e irrefutabile. Hélène annuiva, ma fu costretta ad ammettere che in realtà non aveva semplicemente voglia di cacciarsi in un simile ginepraio.

«Credo di non essere poi così ambiziosa, in realtà.»

Le due donne non si dissero molto altro. La babysitter di Mouche e Clara staccava alle dieci e mezzo e Lison aveva appuntamento da qualche parte per una birra con gli amici.

«Che farai adesso?» chiese Hélène.

«Mah. Forse ho una dritta per uno stage in uno studio di design.»

«A Nancy?»

«Parigi.»

«Allora torni lì?»

«In ogni caso da qui taglio la corda. E lei?»

«Non so proprio.»

Hélène era ben consapevole che Christophe non era un uomo per lei. Eppure. Dopo anni passati a cercare qualcosa di lontano dal suo punto di partenza, a competere e a far carriera, era riposante frequentare un tipo come lui. Se le avessero chiesto di spiegare che cosa stava combinando, non avrebbe saputo rispondere. Non era amore vero. Ma non era più solo una storia di sesso.

Quando si alzava al mattino, pensava a lui e le giornate sembravano meno pesanti. Aveva ritrovato un'allegria che credeva perduta. A colazione chiacchierava, scherzava, le bambine erano strabiliate. Andando a scuola, non si ascoltava più il notiziario alla radio. Ora lei preferiva pezzi di France Gall o di Benjamin Biolay. Nell'abitacolo, con la musica ad alto volume, a volte le sembrava di avere il cuore così gonfio, come se stesse per esplodere.

«Perché piangi?» chiedeva la piccola da dietro.

«Non piango.»

Ma le luccicavano gli occhi, e non era più allegria.

«Papà torna presto?» s'informava Clara.

«Sì, domani.»

«Meglio così.»

Perché lei e Philippe avevano deciso di concedersi un po' di spazio, in attesa di un *modus vivendi* più definitivo. A dire il vero la loro quotidianità non era cambiata granché. Hélène si rendeva conto che già da tempo vivevano vite parallele. Philippe le aveva detto del tuo tizio non me ne frega un cazzo. E probabilmente era vero. Comunque, anche lui doveva scopare a destra e a manca. Si arrangiavano.

Il seguito, invece, si annunciava meno amichevole. La casa, i prestiti, le auto, i conti in banca, le bambine. Un giorno o l'altro sarebbe stato necessario dare un taglio a quei quindici anni di legami, e lei sapeva che Philippe avrebbe fatto qualunque cosa per non avere l'impressione di essere rimasto fregato. Allora tutti i colpi sarebbero stati leciti. In fondo si riteneva migliore di lei, più importante, e il peggio era che lo aveva più o meno pensato anche Hélène. Era nato in una città più grande, aveva frequentato scuole migliori. Sciava da dio e aveva vissuto per un anno negli Stati Uniti. La sua *business school* era più prestigiosa ed era un uomo. Insomma, la surclassava su tutti i piani. Certo, non si poteva mai dire. Se lui le avesse intimato chiudi il becco, qui comando io, Hélène gli avrebbe riso in faccia e gli sarebbe passata sopra come un bulldozer. Dopotutto aveva avuto l'esempio di una donna irriducibile, sua madre. Sua madre, sempre con i nervi scoperti, tagliente, tanto da far pensare che il mondo esistesse solo per contrastarla. Sua madre, gonfia di una tempesta che probabilmente risaliva a venti generazioni, tutta una genealogia di brava gente permalosa che poteva rovesciare un tavolo o spingersi giù da un ponte per una parola di troppo. E poi suo padre, l'uomo pentola a pressione per eccellenza, che si teneva tutto dentro fino al giorno in cui scoppiava.

Probabilmente lei doveva a quei due antecedenti la riserva di brutalità da cui attingeva ogni volta che le capitava un contrattempo, un intoppo, quell'istinto della sfuriata che le era tornato così utile sulla strada da Cornécourt a Parigi. Quando le avevano detto *non è per te*, *non ce la farai mai*, si era impuntata, aveva raddoppiato gli sforzi, sgobbona per rabbia quanto per spirito di contraddizione. I suoi genitori, così disciplinati, malgrado tutto, l'avevano rifornita di quello straordinario carburante.

Ma non era bastato a instaurare un equilibrio fra lei e Philippe. Lui apparteneva già in partenza al mondo a cui lei aveva mirato. Gliene veniva una posizione immediatamente più favorevole. E poi era un uomo... Bastava vederli agli orali, quando era studentessa, come se la cavavano, con la faccia tosta, la fiducia in se stessi, perché fin dall'infanzia li avevano venerati e convinti che lo stato delle cose era dalla loro parte. Anche nella loro coppia questo pesava. Nonostante Hélène recitasse la commedia della parità, si sentiva un pelo al di sotto. Era diventato più evidente da quando frequentava Christophe, perché con lui aveva piuttosto la sensazione contraria.

In ogni caso Philippe imponeva il proprio ritmo. Per esempio, l'aveva avvertita da subito: «Sbattiti pure chi vuoi. Ma giù le mani dalle bambine. Non ti lascerò fare cavolate. Idem per quanto riguarda la casa.»

«Dai i numeri?»

«Ti avverto. Tutto qui.»

Ancora una volta lei era stata lì lì per esplodere. Lo aveva guardato e le era sembrato brutto, con le sue certezze da cazzone, nella luce diffusa della loro cucina su misura.

Eppure non era esattamente una guerra. Fra loro restava dell'orgoglio, e in particolare la precisa sensazione di essere al di sopra della mischia. Quindi farsi scenate da buzzurri era escluso. Hélène e Philippe si limitavano a una certa freddezza, lunghe rigidità all'ora dei pasti, svicolamenti; insomma, gestivano la situazione. Per esempio, avevano avuto un'idea che poteva essere solo temporanea ma che comportava molti vantaggi: la presenza alternata in casa. Soluzione che aveva il merito di non sconvolgere troppo le bambine, lasciandogli i loro punti di riferimento, e di non sollevare troppo in fretta le spinose questioni della spartizione dei beni. Così, durante la settimana coabitavano – anche se molto spesso Philippe dormiva nella camera degli ospiti – e nel weekend uno dei due restava lì mentre l'altro poteva farsi i fatti suoi. In fin dei conti non andava poi così male, anche se una domenica sera Hélène aveva trovato Mouche intenta a tagliarsi i capelli davanti allo specchio del bagno, in ginocchio su uno sgabello, con in mano un paio di forbici a punta tonda.

«Ma che ti prende?»

Si era precipitata a disarmarla, e con un tale impeto che la piccola, spaventata, era scoppiata a piangere.

«Guarda!»

L'aveva messa in piedi perché potesse vedere meglio i danni, i suoi bei capelli folti triturati dal metallo, ciocche storte, un massacro totale. E in mezzo il faccino, grondante di lacrime.

«Cosa diremo a tuo padre? Perché l'hai fatto?»

Era una tentazione ovvia collegare quel tipo di comportamento alla separazione. Hélène si rifiutava di farlo.

«Bene, nascondi tutto, papà non deve vederti.»

«Perché?»

«Perché sì. Domani andiamo dal parrucchiere.»

«Non voglio andare dal parrucchiere.»
«Dovevi pensarci prima.»
Naturalmente era arrivata Clara, che aveva riso con malignità insistendo molto sul fatto che la sua sorellina era matta.
«Non sono matta!»
«Sei completamente matta!»
«No!»
Altre lacrime, grida.
«Stop!» aveva tagliato corto Hélène. «Non voglio più sentirvi. Basta.»
Le bambine si erano zittite, e Hélène aveva proposto loro un patto.
«Stasera mangiamo su un vassoio davanti alla tivù. Scongelo dei tortini salati di Picard. Ma non voglio più sentirvi.»
Le bambine avevano fatto i salti di gioia e l'avevano adulata senza ritegno abbracciando la mamma migliore del mondo.
«Ma manterrete il segreto. Promesso?»
«Promesso.»
«Giurin giurello.»
«Con lo sputo.»
Mouche aveva sputato davvero, ma questa volta Hélène non aveva avuto la forza di farle una scenata. Aveva preferito girare i tacchi.

Ecco, ognuno per conto proprio, Hélène e Christophe si organizzavano. Si vedevano, in modo più regolare e meno clandestino. A volte in albergo, a volte per una gita, e Hélène s'incaricava di trovare un bel posto su Airbnb. Era sempre lei a pagare il conto. Il sesso continuava a funzionare, il che si traduceva in indolenzimenti, buon sonno, cistiti. Ognuno era ancora per l'altro una parentesi e una gioia. Ma un giorno, verso la fine del mese di marzo, Christophe aveva sputato il rospo.

«I miei amici non mi danno tregua. Vorrebbero conoscerti.»

«Ah.»

«Greg insiste perché tu mi accompagni al matrimonio.»

A quel punto Hélène aveva storto il naso. Aveva acconsentito una sola volta ad avventurarsi nel suo mondo e ne conservava un ricordo piuttosto deprimente.

Christophe l'aveva invitata da lui, nella grande casa che aveva tirato a lucido ma senza riuscire a cancellare quel non so che di fantomatico, di vecchiotto, che dipendeva dai mobili, dalla carta da parati anni Ottanta, dall'odore negli armadi. Erano rimasti quasi sempre in camera da letto e la prima sera era andato più o meno tutto bene. Avevano scopato due volte, bevuto vino e mangiato toast, prima di addormentarsi guardando una serie al computer.

Ma alla luce del giorno le cose erano sembrate già meno accettabili. Cercando il bagno al piano di sopra, Hélène si era imbattuta in una cameretta da bambino in perfetto ordine che le aveva dato una stretta al cuore. Poi avevano fatto colazione in cucina e quella casa gliene aveva ricordate altre, con la sua tovaglia, la credenza a vetri e le mattonelle sotto i piedi nudi. Odiava le mattonelle.

Nel primo pomeriggio Christophe l'aveva convinta a fare una passeggiata, prestandole un paio di stivali di gomma, numero quarantaquattro, che aveva dovuto riempire in punta con dei calzini. Come succedeva spesso, il cielo era basso e la terra intrisa d'acqua. Era un'atmosfera campagnola e domenicale che pesava sul morale e faceva venir voglia di rifugiarsi lontano, in un posto caldo e rumoroso dove mangiare una zuppa ascoltando le chiacchiere ai tavoli vicini. Prima che nascessero le bambine, lei e Philippe avevano viaggiato parecchio. Durante le feste avevano l'abitudine di passare qualche giorno a Bruxelles, dove bevevano birre troppo alcoliche in taverne con le pareti brunite. Lì la gente rideva forte e si sbafava piatti che sembravano usciti dal Medioevo. La coppia ne approfittava per fare il giro degli antiquari del quartiere Marolles. Innamorati e spendaccioni, si compravano lampade, mobili *Seventies*, abiti di seconda mano, poi mangiavano cialde in una piazza dal lastricato tutto storto. Quando erano ubriachi capitava che litigassero. Il giorno dopo visitavano un museo tenendosi per mano. Era un appuntamento fisso, un modo per sconfiggere dicembre. Non ci andavano più. Da quando?

«Qualcosa non va?» aveva chiesto Christophe.

«No, no» aveva mentito Hélène.

E mentre camminavano nel paesaggio desolante di Cornécourt aveva ripensato a tutto, a quando lei e Philippe vivevano nel ventesimo *arrondissement*, al loro primo appartamento tra le fermate Télégraphe e Porte des Lilas del metrò, quaranta metri quadrati costosissimi in uno di quei vecchi edifici d'anteguerra tutti di mattoni. Lavoravano come pazzi, neanche trentenni, e si rivedevano la sera, completamente sfiniti ma soddisfatti. Ai suoi occhi Philippe era senza eguali, e quando andavano a una festa, o in un bar, vedeva gli sguardi su di loro e se ne compiaceva fino a rincretinirsi. Avevano tutto, la gioventù, i soldi, buongusto, una pila di *Les Inrockuptibles* in bagno e una fantastica macchinetta per il caffè. Si vestivano in piccole boutique del Marais e Hélène usava quel profumo maschile, Bensimon, che lui adorava. La domenica mattina scendevano a piedi fino alla fermata Jourdain e compravano una baguette appena sfornata, poi formaggio, frutta e verdura bio, salame e un mazzo di fiori al mercato. La borsa della spesa di stoffa scozzese, Philippe e le sue Vans, lei con le ballerine, era sempre primavera, perlomeno nei suoi ricordi.

Prima di tornare all'appartamento si sedevano nella veranda di un caffè a guardare i passanti. Entrambi amavano quel quartiere rimasto popolare, così dicevano agli amici, la sera tardi, quando si ubriacavano al Chéri o allo Zorba, caffè di Belleville sempre affollati che attiravano tutta una fauna di giovani marginalmente marginali e principalmente omologati. Insieme, si facevano delle gran mangiate e bevute al Président, si godevano il brunch, si sforzavano di andare a vedere le ultime mostre, i film sui quali era indispensabile pronunciarsi, assistevano ai concerti della Cigale, del Divan du Monde, della Boule Noire, e ascoltavano gruppi punk alla Miroiterie. Per cancellare lo stress lavorativo non c'era niente di meglio di quegli svaghi-vetrina, cose di cui si poteva parlare con amici e colleghi, l'ultimo ristorantino trendy, i migliori bagel della città o il denim *made in Japan* che stava così bene. Era un piacere e un fardello mantenere i contatti con il top di ciò che contava. Philippe era bravissimo in quel genere di cose, scovava indirizzi e buone dritte, luoghi insoliti e cortili interni dove c'erano un certo negozio di abiti usati, un baretto o un locale etnico straordinario. Lo stesso per i viaggi. Al Senegal si preferiva Zanzibar. Le isole Shetland erano meglio delle Canarie. Barcellona e Londra le si poteva sempre prendere in considerazione, ma solo per un weekend. Amavano anche noleggiare una monovolume per percorrere una qualunque strada dei vini, in Borgogna o nella regione della Loira, insieme a Samir e Julie, i loro migliori amici, usciti anch'essi da una *business school*, sebbene Julie pensasse già a una riconversione.

Hélène aveva adorato quell'epoca, sentirsi proprio là dove bisognava stare, al crocevia dei contatti, dove si producevano i soldi, la moda, le idee, le feste migliori, dove incontravano la gente più bella, di cui lei faceva più o meno parte; in ogni caso si vestiva come loro. Aveva conosciuto la speciale voluttà che si prova entrando in un posto esclusivo, con addosso jeans attillati Acne e, sul naso, occhiali da sole comprati da Chloé. Quel genere di ostentazione l'aveva vendicata di un sacco di affronti. Le era sembrato di riscattare, così, le estati schifose di quando era studentessa, passate a guadagnare quattro soldi per pagarsi l'affitto, la vita nei quartieri di villette e il lungo dramma degli anni del liceo, piccola, atroce Versailles con i suoi idoli, le sue gerarchie e le sue squallide cadute in disgrazia.

Ma, tutto sommato, quel periodo in cui si compensava il superlavoro coi bar lounge e i negozi chic era durato poco. Clara era nata nel 2004, l'anno in cui Philippe era stato assunto da Axa. La luna di miele parigina si era conclusa così, fra quel nuovo impiego e l'inizio del congedo di maternità. Come indennizzo, Philippe le aveva regalato una borsa Goyard. Ora Christophe le offriva di fargli da accompagnatrice al matrimonio. Fra l'uno e l'altro era tutto talmente cambiato, come se ci fosse stata una guerra. E Hélène non aveva la più pallida idea di dove cazzo fosse finita la famosa borsa da duemila euro.

19

Ogni volta che Hélène andava a vedere una partita di hockey lasciava le figlie dai suoi genitori, erano di strada. L'agonia del rapporto con Philippe aveva almeno quel vantaggio, i nonni si godevano di più le nipotine. Quasi dimenticavano di rimproverarla.

Questa come altre volte, le due bambine saltarono subito giù dall'auto e si precipitarono in giardino. Il nonno aveva appena installato dei giochi e loro litigarono su chi avrebbe usato per prima l'altalena; alla fine perse Mouche, un vero peccato perché non riusciva ad arrivare né al trapezio né agli anelli.

«Fatto buon viaggio?» chiese Mireille dando un bacio a sua figlia.

«Non è poi così lontano.»

«Però è stato troppo lontano per tanto tempo...»

Hélène non raccolse. Mireille si schermava gli occhi con una mano. Eppure portava occhiali scuri. La luce violenta le dava sempre più fastidio.

Poi Hélène diede un bacio a suo padre, che indossava i soliti mocassini ammosciati, così comodi per l'orto, e la sua eterna maglietta blu. Subito riconobbe l'odore della sua guancia, la pelle liscia e il dopobarba. Lo scrutò per un momento. Era rimasto uguale, conservando l'altezza e persino il peso di quando era militare. In lui la vecchiaia non aggrediva il nocciolo, come fa spesso. Sembrava semplicemente che Jeannot si sbriciolasse sul contorno, tutto diventava estremamente sottile: i capelli erano simili a peluria, la pelle era più chiara, diafana alle tempie e sotto gli occhi, benché lasciasse trasparire qua e là la traccia commovente di una vena violetta o azzurra, e dava a quella silhouette che non aveva perso un centimetro né preso un grammo un aspetto volatile, quasi di nuvola.

«Bene» disse Mireille.

Il padre dichiarò che andava a tener d'occhio le bambine e Hélène lo guardò allontanarsi con il suo passo tranquillo.

«Hai tempo?» chiese la madre.

«Sì» rispose Hélène, riemergendo dalle sue fantasticherie.

Entrarono in casa, dove le tende erano in parte chiuse per risparmiare gli occhi di Mireille. Hélène ritrovò il proprio posto a tavola, in cucina, e toccò la tela cerata con il motivo di ciliegie.

«Stavo per fare un tè» disse Mireille.

«Perfetto.»

Dalla portafinestra poteva vedere le bambine giocare fuori. Mouche era finalmente riuscita ad accaparrarsi l'altalena e Clara penzolava a testa in giù con le ginocchia agganciate al trapezio. Il nonno le guardava divertirsi, mani in tasca. Da quando non fumava più, sembrava che alla sua fisionomia mancasse un *quid*. Ovunque fosse, ormai lo si sarebbe detto in attesa di qualcosa che non sarebbe più accaduto.

L'acqua cominciò a fremere nel bollitore e Mireille mise sul tavolo due tazze, poi versò l'acqua e distribuì le bustine di Lipton. Mentre stavano in infusione, riferì di una conversazione che aveva avuto con i nuovi vicini, due giovincelli che avevano appena messo su casa. Lei lavorava all'ospedale e lui vendeva auto in uno dei garage ammassati fra Cornécourt e Chavelot.

«Fra l'altro, viene da chiedersi perché li abbiano messi tutti lì.»

Comunque, la giovane coppia voleva un bambino e faceva una vita da schifo. Tre fecondazioni artificiali si erano già concluse con un insuccesso. Eppure insistevano.

«Dovrebbero spassarsela, piuttosto» disse la madre. «Hanno tutto il tempo per avere figli.»

Era una vecchia solfa. Prima di crearsi una famiglia, per Mireille era stato importante "fare la sua vita". Probabile che con quell'intenzione di preservare la propria libertà c'entrasse un po' l'esempio di sua madre. La povera donna aveva avuto cinque figli, poi suo marito era morto per un incidente in bicicletta, a un passaggio a livello. Per tutta l'infanzia Mireille l'aveva vista consumarsi a lavare piatti, fare bucati e stirare, sempre con qualcosa sul fuoco, stremata e costretta a risparmiare ogni centesimo per restare a galla.

«Non fa proprio per me» diceva Mireille ripensandoci, o quando vedeva quel genere di sacrifici nei film o nei servizi alla tivù.

Alla fine aveva avuto Hélène piuttosto tardi, e quest'ultima era rimasta figlia unica. Nella mitologia familiare si diceva e ridiceva che Mireille non era una di quelle "brave donne" che davano tutto alla famiglia, e niente la irritava quanto dover subire i discorsi sull'altruismo, tutto il "cinema" che facevano certe sue conoscenti incrociate al supermercato o in tabaccheria quando andava a comprare la schedina del lotto.

«Ho visto di nuovo la Christiane Lamboley. Sempre lì a parlare dei suoi acciacchi e dei suoi figli, sai che conversazione.»

Forse Jean, invece, avrebbe voluto un altro figlio, ma non se n'era parlato. In compenso aveva avuto il suo orto, la cui estensione si era peraltro molto ridotta negli ultimi anni, e dopo che la figlia se n'era andata avevano scoperto il piacere dei viaggi organizzati. Tutto considerato, le cartoline illustrate valevano quanto le foto di famiglia.

Hélène ascoltò sua madre raccontare le ultime notizie

bevendo il tè. Parlava di cugini che lei non vedeva più, di vicini che non conosceva, e poi, con piccoli tocchi aciduli, della propria situazione, del modo in cui influenzava la loro vita, sua e di Jean. Comunque, alla fine la madre chiese alla figlia se andava tutto bene.

«Sì sì, va...»

Mireille spiava la risposta da dietro gli occhiali, che nella penombra erano ridiventati trasparenti.

«Sai che le bambine vedono tutto» disse in tono serio.

«Te ne hanno parlato?»

«Un po'» rispose la madre. «La grande si chiede se potrà tenersi la sua camera.»

«Lo so. Glielo sto spiegando a poco a poco.»

«L'importante» disse la madre, «è non mollare il lavoro.»

«Su quel fronte non avrò mai problemi.»

«Hai qualcosa da parte, almeno?»

«Ma sì, non preoccuparti.»

Con un cenno del capo la madre espresse la sua soddisfazione.

«Io ho sempre lavorato. È questo che conta.»

La pensava così anche Hélène. La sua tazza era vuota, ma non aveva ancora voglia di andarsene. Era buffo come si sentisse bene dai suoi genitori, adesso.

Certo, se si fosse fermata, la situazione avrebbe inevitabilmente preso una brutta piega. Perché ben presto sua madre avrebbe voluto dettarle ogni gesto, le avrebbe chiesto perché facesse una certa cosa e non un'altra, le avrebbe imposto di usare le pattine di feltro, e tutte le loro piccole abitudini di vecchi acclimatati l'uno all'altra da decenni sarebbero ridiventate un'insopportabile camicia di forza. Però, doveva ammetterlo, Cornécourt e i suoi dintorni non le facevano più schifo come in passato. Già varie volte, quando andava a trovare Christophe, aveva provato una curiosa sensazione di relax percorrendo le vie della sua adolescenza. Ora che non era più prigioniera di quei muri, di quelle facciate, ora che era sicura di non diventare una di quelle donne che andavano al mercato col cagnolino e i capelli tinti, quella città non le suscitava più la stessa inquietudine. Anzi, era dolce ritrovare in un vicolo, all'imbrunire, la luce dei suoi quindici anni, e la familiarità delle vetrine. Ogni ponte evocava un ricordo, la basilica e il suo sommario dedalo di vicoli contenevano ancora i tragitti che faceva con Charlotte nel freddo gelido per fumare di nascosto fra i ruderi. L'odore soprattutto, l'odore della sera, dopo la pioggia, dell'humus nei giardini e sulle rive della Mosella, restava lo stesso. Anche Christophe le ricordava quella vita elementare e protetta, senza troppa rivalità, la vita di prima, quando era piccola e invecchiare era escluso. In realtà, trovava un tale conforto in quel ritorno al paese che la cosa cominciava a preoccuparla.

«Comunque non ti assomigliano. Né l'una né l'altra» disse sua madre guardando le due bambine che giocavano fuori.

Mouche aveva abbandonato l'altalena per scavare un buco in un angolino circondato da grosse pietre, che il nonno le aveva preparato apposta. Clara invece seguiva il vecchio che, incapace di restare più di due minuti senza far niente, ora era impegnato ad annaffiare i cespugli di fiori.

«Com'ero, io, alla loro età?»

«Non te lo ricordi più?»

Hélène ci pensò su per un istante. Non le veniva in mente nulla.

«Prima degli otto, dieci anni non ho nessun ricordo.»

«Fa piacere» commentò la madre.

«E allora, com'ero?»

La madre la fissava, cercando di capire se non la stesse prendendo in giro, poi si decise: «Ridevi sempre» disse.

I Lupi erano decisamente una strana squadra, quella stagione, con non meno di quattro giocatori sopra i quarant'anni e tre sotto i diciotto. Avevano dovuto fare i conti con quella compagine disomogenea, i numerosi infortuni e Jimmy Poulain, il portiere canadese, che se n'era andato a gennaio perché suo fratello aveva avuto un incidente d'auto. Ironia della sorte, alla fine era stato lo Strasbourg, l'eterno nemico, a prestare il suo secondo portiere. L'unico investimento significativo che il club si era concesso era Tomas Jagr, un giocatore della nazionale slovacca che malgrado l'evidente buona volontà non era servito a granché. Dal suo arrivo aveva a malapena segnato dieci reti.

Eppure, i Lupi avevano tenuto duro a tutti i costi, vincendo le partite giocabili e resistendo alle squadre più forti, come il Dijon e il Reims. Una stagione da sgobboni, con qualche momento lusinghiero, un grosso cedimento in gennaio e la vaga speranza di accedere alla prima divisione. Ora si accingevano ad affrontare i Titans di Colmar in casa, dopo aver vinto la partita di andata.

Christophe aveva giocato poco e segnato solo due volte. La sua stagione era stata caratterizzata soprattutto da scontri piuttosto seri con il coach, e Madani gli aveva rotto le palle in particolare perché non riusciva a perdere peso. Ormai lo lasciava in panchina. «Sul ghiaccio non mi serve un calzone farcito» aveva tagliato corto due settimane prima.

Quella sera, nello spogliatoio, Christophe guardava i compagni di squadra come se ormai fossero solo un ricordo. Eppure erano la stessa routine, gli stessi rumori familiari, il nastro adesivo srotolato, il colpo sordo delle mazze sul pavimento, i compagni che tiravano su col naso, concentrati, i raschiamenti di gola, e la voce di Gilles, il tizio incaricato delle attrezzature, che ripeteva il solito mantra, *forza ragazzi*. Lui era impaziente, contrariato, uno spettatore.

Poco dopo, non resistendo più, si decise ad andare dal coach nello sgabuzzino che gli serviva da ufficio. Madani era al telefono e guardava gli schemi tattici sparpagliati sulla scrivania. Mancava una buona mezz'ora all'inizio della partita, ma già si sentiva il frastuono delle gradinate.

«Vorrei parlarti» disse Christophe.

Il coach alzò gli occhi e gli chiese di aspettare qualche istante, invitandolo comunque a sedersi. Si conoscevano da quanto? Più di venticinque anni. Non erano mai stati amici. Christophe prese posto sulla sedia che gli era stata offerta. Aveva mal di pancia e un po' di voglia di vomitare.

«Allora?» disse il coach dopo aver chiuso la telefonata.

«So di aver avuto una stagione di merda.»

Madani scoppiò a ridere. Portava un berretto con i colori del club, una giacca di pile, e masticava aggressivamente il suo chewing-gum. La dolcezza degli occhi color caramello stonava un po' con il suo atteggiamento nervoso, quasi vendicativo.

«Non parlo solo dell'hockey» riprese Christophe.

Le parole stentavano a uscire. Per fortuna al coach non servivano i particolari. E poi, dopo un sospiro, continuò: «So benissimo che non giocherò più.»

«Cioè?»

«È la mia ultima stagione. È finita.»

Madani fu tentato di dirgli che era finita già da un pezzo, che beveva troppo e non si allenava abbastanza. Ma si limitò ad annuire. Gambe divaricate, avambracci sulle ginocchia e testa bassa, Christophe si schiarì la voce.

«Stasera c'è qui mio figlio.»

Sulla faccia del coach passò un fremito. Non apprezzava molto gli appelli ai sentimenti. Christophe tirò di nuovo su col naso, poi alzò gli occhi. Le labbra non si vedevano più, una specie di fessura orizzontale. E per tirare fuori le parole successive dovette fare uno sforzo che lo dilaniò.

«Non mi ha mai visto sul ghiaccio.»

«E quindi?»

«Non chiedo molto.»

«Bene» disse il coach. «Vedremo.»

Christophe aspettò. Avrebbe voluto ricevere qualche rassicurazione. Da quando il piccolo viveva vicino a Troyes, lo vedeva solo durante le vacanze e un weekend di tanto in tanto. Qualcuno gli aveva detto: perché non ti trasferisci là? Altri gli avevano chiesto per quale motivo non reagisse. Secondo loro doveva prendersi un avvocato e mettere la faccenda in mano a un giudice. Quanto a Marco e a Greg, dicevano peste e corna di Charlie ancora più del solito, e non avevano tutti i torti. Solo Hélène si era astenuta dal pronunciarsi con chiarezza. Lei stessa avvertiva benissimo che la sua vita era in balia di forze contrapposte e che in quei casi nessuno era completamente responsabile o innocente.

All'inizio, Christophe aveva pensato che non sarebbe stato un grosso problema, avrebbe visto Gabriel meno spesso, ma lo avrebbe visto meglio: tempo di qualità, come si diceva adesso. Lo avrebbe viziato. Con lui sarebbe sempre stata un po' una vacanza. Ma non aveva tenuto conto del passare dei giorni, della velocità con cui questo agiva su un bambino. Ogni volta che lo rivedeva, era quasi irriconoscibile. Lontano da lui era diventato più magro, meno ingenuo e più bello. Pronunciava parole nuove, parole colte e parolacce in arabo imparate nel piccolo Bronx del cortile della scuola. Aveva anche contratto manie e tic inediti, tipo mettersi le dita nel naso o grugnire come un maialino. Di questo perlomeno poteva incolpare Charlie, era una piacevole compensazione che vendicava lo scorrere della clessidra.

Certe sere, di domenica, quando Christophe lo lasciava davanti a casa di sua madre, e lo guardava attraversare la strada con il grosso zaino sulle spalle, poteva quasi avvertire l'accelerazione fin nelle ossa. In un batter d'occhio avrebbe avuto dieci, dodici, sedici anni, sarebbe diventato uno stupidotto, un adolescente, non avrebbe più ascoltato i consigli e avrebbe pensato solo ai suoi amici, si sarebbe innamorato, avrebbe sputato sangue per la scuola, i voti, lo stress, di già, lo avrebbe asfissiato per avere un Eastpak, un piumino caro come il fuoco, un cazzo di scooter per ammazzarsi, si sarebbe fatto le canne, avrebbe baciato con la lingua e imparato il sapore delle sigarette, della birra e del whisky, si sarebbe fatto rompere le palle da quelli più grandi e grossi di lui, altre persone lo avrebbero ascoltato e tenuto per mano, avrebbe voluto dormire fuori, fare le vacanze senza i genitori, avrebbe chiesto loro sempre più soldi e li avrebbe visti sempre di meno. Sarebbe stato necessario andare a prenderlo al commissariato o pagare multe, decifrare attraverso le comunicazioni degli insegnanti il ritratto di un perfetto estraneo, una creatura capace di limonare con le ragazze o insultare un professore, a meno che non fosse diventato un tipo trasparente, uno zimbello, completamente incolore, non si sapeva quale calamità fosse più da temere.

E un giorno, con un pizzico di fortuna, durante un tragitto in auto o in cucina, la sera tardi, quel figlio gli avrebbe raccontato un po' della sua vita. Allora Christophe avrebbe scoperto che non lo conosceva più. Che era andato per la sua strada e ormai era più intelligente di lui, che capiva meglio gli oggetti e le usanze, e avrebbe riso bonariamente di quanto suo padre fosse inadeguato ai tempi. Christophe avrebbe scoperto che il figlio gli era superiore in tutto e sarebbe stata davvero la migliore notizia del mondo. Solo che lui non avrebbe visto succedere nulla. Gabriel sarebbe cresciuto per metà senza di lui. Quel tempo sarebbe andato definitivamente perduto.

La squadra dell'Épinal scese sul ghiaccio in un enorme baccano nel quale si mescolavano grida, acclamazioni e il lungo barrito dei corni da nebbia. Lì erano riunite duemila persone, Freddie Mercury cantava *We Will Rock You* e nell'andirivieni dei faretti bianchi e verdi sembrava che tutta la città si fosse data appuntamento per battere con un unico cuore. Ben presto, sotto la cupola di quella sorprendente chiesa, la solita voce da luna park sciorinò i nomi dei giocatori. Quello di Christophe non suscitò nessun sussulto, ma sentendo quello di Théo Claudel il pubblico si scatenò per un momento. Era il ragazzino che la settimana precedente aveva segnato tre delle quattro reti della vittoria e già diventava una specie di piccola star. I compagni di squadra di Christophe fecero qualche altra elegante evoluzione, poi andarono ad allinearsi mentre comparivano i giocatori del Colmar, accolti dai soliti *buuuh*.

In piedi nell'arena, Christophe provava ancora una volta le stesse martellate nel petto. Era qualcosa a cui non ci si abituava mai. Il catino, il rumore, tutto un popolo che incalza. Quella gioia, inesauribile, e che doveva finire. Si mise a cercare con gli occhi suo figlio sulle gradinate, ma c'era troppo casino, troppa gente che si era alzata in piedi. Marco invece era ben visibile, al centro della tribuna dei tifosi, con il suo corpaccione, la sua statura e le sue smorfie minacciose. Alla fine la musica tacque, tornò la luce e Christophe individuò il bambino, in piedi vicino a Hélène, con Greg e Jenn. Notò subito che era senza berretto e quella dimenticanza lo irritò. Ma doveva già andare a sedersi in panchina.

L'Épinal avviò la partita a tavoletta, con le tre linee che si susseguivano come rulli compressori. Théo Claudel segnò già al secondo minuto, poi altre due volte durante il primo tempo, dando l'impressione che stesse nascendo una stella in diretta, il che mise i tifosi in uno stato prossimo alla sincope. Sentendosi capace di miracoli, osò persino uno *slap shot* da dieci metri di distanza, bloccato dal portiere, certo, ma la cui potenza, audacia e, per dirla tutta, plasticità estasiarono gli spettatori. Persino il portiere avversario rese omaggio a quel gesto degno di ammirazione.

Ben presto fu chiaro che era una di quelle eccezionali serate di passione, quando lo stadio si metteva a vibrare come una locomotiva, e l'esultanza degli spalti si trasformava in velocità sul ghiaccio, le particelle del baccano generale finivano per creare un unico rombo sordo e continuo. Ognuno sembrava catturato nella rotazione del gioco, come nel tamburo di una macchina mostruosa in cui si mescolavano in modo spaventoso i destini e i gesti, il desiderio e il timore. Là dentro Marco imperversava, tonitruante e con la faccia sofferta, come un semaforo nell'infinito sventolio delle bandiere.

Christophe, invece, se ne stava al suo posto, in panchina.

Mai, forse, i minuti gli erano parsi così brevi. Guardava il gioco, poi il pubblico, con occhi cupi, tirava su col naso, poi sputava fra i denti, le gambe scosse da movimenti involontari, in un bagno di sudore nonostante l'inazione. In un modo o nell'altro stava succedendo qualcosa per l'ultima volta e lui lo avvertiva con tutto il corpo. Si sentiva come un pesce boccheggiante sulla spiaggia. Doveva scendere sul ghiaccio.

In piedi dietro la balaustra, il coach organizzava il gioco come al solito, rivolgendo cenni cabalistici ai suoi giocatori e dettando le sostituzioni. Di tanto in tanto si accovacciava per disegnare sulla lavagnetta una combinazione tattica che in genere si teneva per sé. Era il suo modo di riflettere, di canalizzare l'ansia. Suonò la fine del primo tempo. Christophe non aveva giocato. Tornò nello spogliatoio senza dire una parola.

Le prime volte, Hélène si era fatta un po' pregare per andare a vedere le partite. Le ricordavano troppe cose. Ma in fin dei conti lo stadio del ghiaccio era una sorta di sedativo più che una macchina per tornare indietro nel tempo. Stretta nell'abbraccio del pubblico non pensava più a niente, dimenticava le proprie grane. Bastava urlare insieme alla folla, applaudire allo stesso ritmo, seguire con gli occhi il movimento del dischetto sul ghiaccio e tutto scompariva. Ma questa volta era un po' diverso perché l'atmosfera era particolarmente folle e Christophe le aveva affidato suo figlio. All'inizio il bambino aveva seguito la partita con entusiasmo, gridando e facendo mille commenti. Poi gli era piombata addosso la stanchezza, e ora restava appoggiato a lei, pallido e con gli occhi appesantiti dal sonno dietro le lenti. A un certo punto si girò verso Greg e chiese: «Zio, sta per finire?»

«Quasi» mentì l'adulto.

E durante l'intervallo andò a prendere dei bicchieri di Picon e una Coca che rianimò un poco il bambino. Poi chiese a Jenn di spostarsi per potersi sedere vicino a Hélène. Brindarono.

«Bene» disse, «ci ho pensato.»

«A cosa?»

«Al matrimonio.»

«Ah, spero bene.»

La partita era ricominciata e, insieme, il frastuono sugli spalti, perciò dovevano stringersi l'uno all'altra e parlarsi all'orecchio. Greg puzzava di sigarette e deodorante, ma a Hélène non dava fastidio.

«No, volevo dire, devi venirci.»

«Non so se potrò.»

«Non sai neanche la data.»

Hélène sorrise.

«Quand'è?»

«Il 6 maggio.»

«Davvero?»

«Be', sì, perché?»

«È il secondo turno delle elezioni.»

Greg restò un momento interdetto, non capendo dove volesse andare a parare.

«E allora?»

«No, niente.»

«Chi se ne frega delle elezioni?»

Bevve un sorso di Picon, e Hélène fece altrettanto. Era proprio simpatico, quell'uomo.

La partita continuava nella stessa atmosfera sovreccitata. Alla fine del secondo tempo, l'Épinal conduceva per nove a uno, ma Christophe non aveva giocato. Nello spogliatoio il coach si congratulò con le truppe e ordinò loro di risparmiarsi. Da quel momento in poi, quel che contava era evitare gli infortuni. Ci sarebbero state altre partite, la stagione non era finita e, trattandosi del Colmar, una manciata di terra in più o in meno sulla sua bara non faceva una grossa differenza.

I giocatori ascoltarono senza dire una parola, fumanti come cavalli dopo la corsa, limitandosi a tirare su col naso, soffiare, raschiarsi la gola e sputare per terra. Alcuni sgranocchiavano una barretta ai cereali, altri addentavano una banana. Bevevano acqua a canna, a lunghi sorsi, con il pomo d'Adamo che andava su e giù veloce lungo la gola di quegli uomini già stanchi e costretti a resistere ancora. In tutta la stanza si avvertiva un misto di pesantezza e di elettricità. Il portiere, che aveva qualche problema con le chiusure della divisa, chiese aiuto e Desmarais si impegnò a bardarlo di nastro adesivo.

Christophe considerava la scena da molto lontano. Avrebbe voluto dire qualcosa, ma cosa?

«Bene, ragazzi...»

La partita riprese. Il Colmar sembrava completamente intontito e quasi non osava più attaccare. Il conto alla rovescia di quell'ultimo tempo attanagliava Christophe alla gola. Si sentiva sempre peggio. Al nono minuto si alzò per dire una parola al coach.

«Devo giocare.»

Madani continuava a seguire con gli occhi gli spostamenti dei suoi giocatori, lavagnetta alla mano.

«Per piacere» insistette Christophe.

Questa volta l'altro gli concesse uno sguardo e, dopo qualche istante di riflessione, gli rivolse un cenno incoraggiante con la testa.

«Sostituisci Kevin» disse.

«Okay. Grazie.»

E Christophe scese sul ghiaccio con la linea successiva. Restavano da giocare solo otto minuti. In genere si sostituivano le linee ogni quarantacinque secondi. La squadra ne aveva quattro, tre delle quali giocavano molto, Christophe poteva sperare in un paio di minuti di gioco prima del fischio di chiusura. Per fortuna, quelli del Colmar avevano un possesso del dischetto quasi inesistente.

In effetti, fin dal primo passaggio Christophe riuscì a piazzarsi e tirò due volte in rete, ma senza risultato. Era uno strano finale di partita, piuttosto lento, erano tutti stanchi morti e giocavano come in sogno. Sulle gradinate la tribuna dei tifosi continuava a spolmonarsi, Marco più di tutti, battendo i piedi e urlando da farsi scoppiare le vene.

Tornato in panchina, Christophe ebbe diritto a una pacca sulla spalla da parte del coach prima di crollare. Quarantacinque secondi di gioco ed era completamente cotto, in un bagno di sudore dalla testa ai piedi. Mentre seguiva la partita, grosse gocce gli scorrevano sulla faccia e cadevano dalle ciglia che sbattevano rapidamente. Passandosi la lingua sulle labbra riconobbe il gusto salato del proprio sudore.

Ecco. Aveva cominciato trent'anni prima e gli restava questo, quarantacinque secondi di gioco per concludere. Nel petto, i polmoni si gonfiavano e si svuotavano a tutta velocità. Chiuse gli occhi, cercando di ritrovare la calma, e strinse la mazza con entrambe le mani. Allora Desmarais si girò verso di lui e lo vide muovere le labbra in un mormorio silenzioso. Diede una gomitata al suo vicino. Anche gli altri giocatori in panchina sorpresero quel momento sospeso. Il bel volto stillante di sudore, la voce inudibile che cercava il cielo, e l'enorme aggrottare di sopracciglia che diceva sottovoce *ancora una volta, per pietà*.

Scendendo di nuovo sul ghiaccio, Christophe constatò di non avere più niente nelle gambe, o quasi. Per fortuna i Titans erano ancora più cotti. Ora resistevano all'assedio dell'Épinal come potevano, difendendosi con astio, quasi con rabbia. Christophe cercava di compensare la propria debolezza piazzandosi nei punti giusti. Ben presto il dischetto scivolò fino a lui lungo la balaustra, volle spingerlo avanti per qualche metro prima di passarlo ma non ne ebbe il tempo. Un difensore avversario sbucato dal nulla lo urtò in pieno e lo scagliò contro il plexiglas. Una carica così frontale, da rinoceronte, che il pubblico non poté trattenere un *ooooh* di disapprovazione. Christophe rimase un momento immobile, con un ginocchio appoggiato a terra, incapace di riprendere fiato. Poi si rialzò aiutandosi con la mazza. Restavano venti secondi o poco più. Spinse sui pattini. Kamel Krim stava appunto tirando a rete. Ma il portiere del Colmar si mise in mezzo e un difensore avversario respinse lontano il dischetto. Per fortuna Desmarais si trovava sul suo percorso, lo intercettò e lo rimise subito in gioco. Christophe stava uscendo da dietro la rete. Fece lo sforzo necessario e la sua traiettoria curva incontrò quella perfettamente dritta del dischetto, gli bastò deviarlo con un gesto al tempo stesso elegante e pieno di abilità, quasi niente. E segnò.

Allora dalle gradinate si levò un clamore, punteggiato dal *tut tut tuuuuuut* dei corni da nebbia, mentre lo speaker annunciava per l'ultima volta il nome di Christophe Marchal, e il suo numero 20. Lui fece un giro di pista per salutare i tifosi, con la mazza sopra la testa. Arrivando dove c'era suo figlio vide che il bambino aveva una strana espressione. Greg lo aveva appena svegliato per assistere al trionfo di suo padre. Sembrava che stesse per piangere.

Quando Christophe comparve con la pesante sacca sulla spalla, il parcheggio era già quasi deserto. I Titans avevano tagliato la corda da tempo. Restavano solo qualche parente dei giocatori e una manciata di fanatici che speravano in un autografo o in due parole da scambiare con un idolo qualunque. Hélène aspettava con gli altri a bordo della Duster di Jenn. Per non svegliare il bambino, che dormiva rannicchiato contro di lei, chiacchieravano tutti a bassa voce, il che naturalmente provocava battute e scoppi di ridarella, tanto più che avevano sbevazzato un bel po'. Hélène li aveva fatti ridere di cuore meravigliandosi per il profumo al frutto della passione che emanava il piccolo pino arancione appeso allo specchietto. Sotto gli effetti congiunti della vittoria e del Picon Bière, aveva dichiarato con la massima sincerità: «Ne voglio uno anch'io, è troppo buono.»

A un certo punto, non potendone più, era uscita dalla Duster per fare pipì fra due auto, cosa che era molto piaciuta agli altri. Dopotutto, contrariamente a ciò che si sarebbe potuto credere, non era poi così perbenino, quella donna: aveva dovuto ammetterlo persino Marco. Una volta tirati su i jeans, era rimasta fuori un momento a farsi una sigaretta e l'avevano guardata tutti senza dire niente, con quella silhouette alta e la coda di cavallo, fasciata nei jeans e intenta a fumare come un cowboy.

«Bene, è deciso» aveva detto Jennifer. «Viene al matrimonio.»

Perciò, tornata in auto, Hélène non aveva avuto scelta. Aveva promesso, e si era detta che sì, tutto sommato era bello ritrovarsi con quelle persone, in quei luoghi, godersi il loro accento e la loro greve gentilezza. Dava un po' l'impressione di infilare una vecchia felpa supercomoda recuperata in fondo a un armadio. Aveva deposto un bacio sulla testa del bambino.

«Eccolo» disse Marco vedendo arrivare Christophe.

Hélène uscì dal suv e corse verso di lui per gettarsi fra le sue braccia. Lui la afferrò al volo e si baciarono lì, senza preoccuparsi di niente, due ragazzini nella notte facile. Christophe aveva i capelli bagnati e profumava di bagnoschiuma. Hélène si soffermò a guardarlo.

«Ciao» disse, facendo la leziosa.

«Ciao.»

Christophe aveva lasciato cadere il borsone e la stringeva per la vita. Negli occhi di lei, le luci dello stadio disegnavano cunei luminosi e, per una volta, il suo sorriso era privo di ironia, non suggeriva niente, non lo inquietava più. Le chiese come le era sembrata la partita.

«È stata fantastica» rispose lei, con assoluta sincerità.

Nella penombra, la trovava davvero bella. Lei lo baciò ancora. Sapeva di alcol, ma che importava?

«Ho voglia di tornare a casa.»

«E la tua macchina?»

«Mi riaccompagni qui domani.»

«Sei sicura?»

Il motore della Duster rombò alle spalle di Hélène mentre la luce degli abbaglianti li stagliava brutalmente nel buio. Si allontanarono l'uno dall'altra e Jenn diede qualche ironico colpetto di clacson. Allora dovettero spiegare agli amici che tornavano a casa invece di andare al ristorante come previsto.

«Che palle» disse Marco, deluso.

«Il bambino è cotto.»

«La prossima volta» aggiunse Hélène.

Gli altri insistettero un po', tanto per fare, per poi abbandonarli lì con la gratificazione di un'ultima salva di clacson. Christophe teneva in braccio suo figlio e il sonno del bambino dava all'insieme un'impressione di grande dolcezza.

«Sono carini» disse Hélène, mettendosi in spalla il borsone sportivo.

Poi si diressero verso la station-wagon di Christophe. Lei si sentiva riconciliata con il mondo intero.

Una volta messo a letto il piccolo, Hélène si fece una doccia e Christophe preparò qualcosa da mangiare in cucina. Si era premurato di alzare il riscaldamento e sembrava che la casa facesse le fusa intorno a loro. Quando Hélène ridiscese, in mutandine e maglietta, con un paio di vecchie pantofole ai piedi, trovò la tavola apparecchiata e il suo uomo in grembiule. Aveva preparato un'omelette e tostato del pane.

«Siediti. Vuoi dell'insalata?»

No, solo l'omelette andava benissimo. Bevvero vino e Hélène, di nuovo un po' brilla, spalmò burro salato sul pane, che intinse nel tuorlo d'uovo. Era ricco, grasso, assolutamente delizioso.

«Alla tua» disse Christophe.

Brindarono e si misero a parlare della partita, della squadra e della stagione, degli amici di Christophe.

«Credo di avergli più o meno promesso di andare al matrimonio.»

«Ah, tanto meglio.»

«Non sono così sicura.»

Christophe mangiava con grande appetito, tagliando con la forchetta la consistenza ricca e vischiosa dell'omelette, cacciandosi in bocca grossi pezzi di pane, il tutto così in fretta che si sporcò le dita di tuorlo d'uovo. Con una leccata rimediò all'incidente e sorprese lo sguardo di Hélène.

«Che c'è?»

«Niente. Mangia. Mi piace guardarti.»

Accompagnò l'ultima parola con un cenno incoraggiante del mento. E si versò un altro bicchiere, il terzo. Ma Christophe aveva posato la forchetta, e si pulì le labbra con il tovagliolo. Entrambi si sentivano bene, rilassati e sazi. Avevano tempo e tranquillità. E la presenza del bambino al piano di sopra contribuiva in uno strano modo a quel piacere così semplice, quasi routinario. Hélène sperava che non avrebbero speso troppo tempo a tavola. Però fu lei a rilanciare il discorso: «Hai sempre vissuto qui?»

«In questa casa?»

A quel punto arrivò il gatto a elemosinare carezze e la mano di Christophe scomparve sotto il tavolo per grattargli la testa.

«No, voglio dire a Cornécourt» riprese Hélène. «Hai sempre vissuto da queste parti?»

«Sì.»

«Non è un rimprovero, eh...»

«Lo so.»

Con la punta della lingua recuperò un pezzetto di pane che si era incastrato fra i denti, e lei lo vide masticare, stringendo le labbra.

«Io non ho conservato nessuno di quei tempi.»

«Che vuoi dire?»

Hélène avvertì la sua diffidenza, ma non poté fare a meno di parlar chiaro.

«Non so. Non hai mai avuto voglia di qualcos'altro?»

«Non si sta mica peggio che da qualunque altra parte.»

«Io invece ho voluto tantissimo tagliare la corda.»

«Ma sei tornata.»

«Non proprio.»

Il gatto balzò sulle ginocchia di Christophe e lui, con la sua manona, accarezzò la schiena dell'animale, che cominciò a fare le fusa rumorosamente.

«Quindi non hai mai visto nient'altro?» chiese Hélène.

Lo vide storcere il naso.

«Per far che?» ribatté lui, con una faccia di colpo dura come il legno. «È uguale dappertutto.»

Hélène sollevò un sopracciglio dubbioso e Christophe si alzò dalla sedia, costringendo il gatto a saltare giù. L'animale uscì dalla stanza lasciandosi dietro un miagolio indignato, mentre il suo padrone cominciava a sparecchiare. A Hélène rincresceva, ma era più forte di lei. Lui le piaceva così tanto, quella sera, che non poteva fare a meno di volerlo tirare dalla sua parte.

«Non intendevo offenderti» disse.

«Non sono offeso.»

Si alzò anche lei, per raggiungerlo vicino al lavandino. Aveva bisogno di ridurre le distanze. Voleva essere felice subito.

«Dai, vieni» disse. «Chi se ne frega.»

Lo baciò e cercò subito la sua pelle sotto la maglietta, mentre le mani passavano sul torace come per riscaldarlo. Immediatamente quei gesti bastarono a svuotargli la testa. Christophe la strinse a sé. Sentiva il suo respiro sulla pelle, un morso al collo. Hélène annusò il suo odore, poi lo leccò con la punta della lingua per incamerarne il sapore e si strinse di più a lui, contro le sue cosce enormi da pattinatore che gli conferivano un non so che di non umano, un lato centauro un po' disgustoso, e che lei adorava. Nel momento in cui Christophe le afferrava la nuca per baciarla davvero, si sentì sciogliere e gemette. Poi cercò i bottoni dei jeans con la punta delle dita, li fece saltare a uno a uno e infilò una mano dentro, trovando subito il cazzo attraverso la stoffa delle mutande. Sotto la morbidezza del cotone era già grosso, teso, e l'eccitazione di Hélène raddoppiò. Lo morse di nuovo, incollarono la fronte l'uno all'altra, lui le afferrò il culo, ne tastò la cedevolezza, quella morbidità perfetta e la stoffa delle mutandine. Hélène lo sovrastava di un paio di centimetri, ed era bello sentirsi stretto così, avviluppato, occhi negli occhi, il suo grosso culo per lui, la mano di lei sul suo cazzo, ancorati e in pieno naufragio. Ora anche lei gli stringeva la nuca. Si scambiarono un altro paio di baci a fior di labbra. Hélène aveva cominciato a dondolarsi, respirava forte, dal naso. Con una mossa Christophe la bloccò contro il lavandino, e a lei sfuggì un breve grido di sorpresa sentendo il freddo della ceramica sulle natiche. Ma lui le aveva già arrotolato le mutandine sulle cosce. Hélène si contorse per aiutarlo, e quando le mutandine arrivarono alle caviglie le scagliò all'altro capo della stanza con una pedata.

Ora il cazzo di Christophe era durissimo e lei gli infilò una mano nelle mutande per impugnarlo, fino al groviglio pungente dei peli. Il bisogno saliva su dal ventre. Si scambiarono altri baci, con le bocche che si univano a intervalli, la lingua pesante, le pupille nere e i loro due respiri rivaleggianti. Quando la afferrò per i capelli, Hélène gemette più forte, dal petto, e con la mano fece un gesto rotatorio intorno al suo cazzo che le lasciò sulla parte anteriore del polso una sensazione di vischiosità assolutamente deliziosa. Quelle gocce che erano stillate, e che erano appena entrate in contatto con la sua pelle, furono come una scarica di fuoco nelle vene.

Allora afferrò la mano di Christophe e la guidò fra le sue cosce, sollevandosi in punta di piedi per appoggiarsi al lavandino e aprirsi di più. Lui infilò due dita nella piega, poi nella fessura, i festoni marezzati dove la pelle diventava così sottile, drammaticamente sensibile. Hélène si sentì scorrere addosso un brivido fino alla punta dei capelli e sospirò di piacere, in attesa che lui trovasse la strada, lieve, quasi subliminale, sondando l'interno bollente con la punta delle dita, prima di scovare il clitoride, che massaggiò premendo allusivamente, muovendo l'indice e il medio sul piccolo rilievo nascosto e senza mistero. Insistette finché Hélène si sentì diventare come un pozzo, una pozzanghera, poi gli nascose il viso nel collo, continuando a masturbarlo anche lei, tirando la stoffa delle mutande per liberare di più il cazzo.

«Vieni» disse dopo un momento, perché voleva sentirlo.

Ma invece lui si impegnò ulteriormente, ostinato e abile, passando le dita ora sulle sue labbra ora nella fica, scivolando dentro il bollore, tornando al clitoride che, sotto la pressione, lanciava nel corpo di Hélène le sue inevitabili ondate. Voleva farla godere, ma lei si tratteneva, per divertirsi, per far durare la cosa, per malignità.

«Non mi avrai» bisbigliò, ansimante e con un sorriso sulle labbra.

Invece di accelerare il movimento, Christophe continuava con la stessa delicatezza ottusa, sfiorando la frastagliatura delle mucose, premendo sui corpi gonfi di sangue, tirando i peli. Hélène invece aveva adottato un movimento di andirivieni vellutato e infinito, e poteva avvertire quanto lui fosse duro, con le vene in rilievo, congestionate e al limite. Quando si sputò in mano, Christophe non poté fare a meno di imprecare. Era diventato un gioco, uno scontro. Perfezionò il suo gesto, sperando di farla cedere per prima.

«Te lo sogni» disse lei, e ridacchiarono entrambi.

Hélène si aggrappò al suo braccio teso sul bordo del lavandino per inarcarsi meglio. C'erano quasi. Erano saldati insieme, congiunti come serpenti, capelli mescolati, occhi chiusi, senza inutile dispendio, e nella mano lei sentì la pulsazione del suo cazzo che non ne poteva più. Christophe si distolse per riprendere fiato. Anche lei era al capolinea, con i piedi sull'orlo del trampolino. Allora gli bisbigliò all'orecchio qualche parola che non lasciò a Christophe nessun'altra scelta.

Venne in piedi in cucina, su di lei, e Hélène trattenne la sua mano perché finisse quello che aveva cominciato. Venne a sua volta, solo pochi secondi dopo. Aveva vinto.

20

Aveva esitato fino all'ultimo, ma quando Philippe la informò che *vedeva qualcuno*, una donna sul lavoro – sai che originalità –, si disse eccheccazzo. Allora scrisse a Christophe per annunciargli la buona notizia: *Va bene, vengo al matrimonio.*

Era comunque una mazzata, quella vita costruita insieme in oltre quindici anni che finiva così. A volte Hélène avrebbe tanto voluto riavvolgere il film. Con Mouche giocava ancora alla "lavagna magica": quando la bambina faceva una stupidaggine davvero grossa, tipo incollare con l'attaccatutto i suoi animaletti di plastica sulla carta da parati, Hélène era disposta a passare un colpo di spugna a patto che la piccola chiedesse scusa dal profondo del cuore. Ma alla sua età i pentimenti sinceri non bastavano più. Ogni azione era come una cicatrice, un tatuaggio, e se le scelte potevano portarti lontano, le vigliaccherie o l'inazione non erano meno temibili. Tutto contava, sullo scivolo quasi perpendicolare della vita adulta.

In ogni modo, quel famoso matrimonio sarebbe stato per forza una svolta. Per questo aveva tanto esitato. Ora che Philippe aveva *qualcuno*, Christophe diventava necessariamente più di una semplice avventura. Era un'idiozia, peraltro, ma improvvisamente ebbe paura di perderlo.

Per cominciare corse a comprarsi un vestito e si preoccupò dell'abbigliamento del suo cavaliere.

«Tutto a posto, ho un completo Boss» spiegò Christophe. «È perfetto.»

«Che colore?»

«Blu.»

«Quando l'hai comprato?»

«L'avevo preso a Troyes, in un outlet. A meno del cinquanta per cento.»

Si cominciava bene...

«Non ti ho chiesto dove» riprese Hélène, «ma quando.»

«Non so, quattro o cinque anni fa.»

«Mandami una foto.»

«Adesso?»

«Ma sì. È sabato, quel tuo matrimonio. Mandamela.»

«Okay, poi ti richiamo.»

Cinque minuti dopo riceveva una foto di Christophe vestito di tutto punto. Esattamente come temeva. Un completo troppo largo, giacca troppo lunga, spalle squadrate, e per di più di un gessato sottile che sarebbe stato più adatto d'inverno. Ciliegina sulla torta, Christophe se l'era provato senza prendersi la briga di mettersi le scarpe e l'effetto di quella cosa indossata con i calzini da tennis era assolutamente spaventoso.

Lo richiamò subito.

«Devi comprarti al volo un altro completo.»

«Cosa?»

«Vieni a Nancy, andremo a fare spese al Printemps.»

«Ma non mi va di buttare mille euro per un completo che metterò una volta sola.»

«Ci penso io.»

«Vuoi scherzare?»

E al momento di pagare l'attillato completo blu De Fursac che gli stava da dio ebbero il loro primo litigio serio. Alla fine pagò Christophe, ma Hélène ottenne che si lasciasse regalare le scarpe. Quindi dovettero passare al setaccio tutta Nancy alla ricerca di un paio di Oxford adeguate.

Dai e dai, Christophe si fece coinvolgere e ben presto si trovò a camminare con leggerezza a fianco di Hélène, per la quale i soldi contavano poco e che ci teneva a viziarlo. Era piacevole girare per la città con la sensazione che tutto poteva essere tuo, che le vetrine erano altrettanti *open bar*. A fine pomeriggio era rivestito da capo a piedi, scarpe Paul Smith, cintura Smalto, cravatta di seta e camicia agnès b. L'equivalente di un mese di stipendio. Poi passarono da un sarto per gli indispensabili ritocchi ai pantaloni. Come ricompensa per i loro sforzi, presero un caffè in place Stanislas. Osservando i sacchetti ammonticchiati ai loro piedi, Christophe protestò.

«Mi fa piacere» disse Hélène.

«Comunque, non mi va molto l'idea di farmi mantenere.»

«Non essere misogino.»

«Non vedo che cosa c'entra.»

«Ma sì. Dai, basta che paghi i caffè.»

E questa discussione chiuse provvisoriamente la questione del potere fra loro due.

Il gran giorno, Hélène arrivò a Cornécourt con il completo ritoccato e si vestirono ognuno per conto proprio prima di ritrovarsi nella camera di Christophe a verificare come stavano davanti alla specchiera dell'armadio. Una volta fianco a fianco, lei in tacchi alti, con il suo abito, e lui fasciato nel completo nuovo e nell'impeccabile camicia bianca, furono costretti ad ammetterlo: facevano colpo.

«Non siamo mica male» disse Hélène.

«Sì...»

Fuori, il mese di maggio regalava il suo primo weekend e nell'aria aleggiava un odore di fresco, uno scintillio verde che allargava il cuore.

A quel punto qualcuno bussò alla porta e il padre si affacciò con l'aria di chi cerca qualcosa. Christophe era andato a prenderlo la sera prima e lui aveva dormito lì, nella sua vecchia camera. Era già pronto, vestito di grigio, con la camicia abbottonata fino in cima.

«Ah...» disse vedendo quella donna alta in abito a fiori che non conosceva. «Cercavo la cravatta.»

Christophe si affrettò ad andargli incontro, pieno di imbarazzo.

«I denti, papà.»

La bocca vuota del vecchio si richiuse con uno schiocco umido e gli occhi rotearono comicamente nelle orbite.

«Vieni» disse Christophe.

Uscirono dalla stanza tallonati dal gatto, che da quando il padre era arrivato non lo aveva mollato di un palmo. Così Hélène rimase sola nel suo splendido abito, con il suo riflesso e l'immensità della primavera che la finestra socchiusa tratteneva a stento.

In bagno, Christophe aiutò il padre ad annodare la cravatta e poi, prendendolo per le spalle, controllò che fosse tutto a posto. Aveva la dentiera, gli occhiali in tasca, qualche soldo nel portafoglio. Era lavato e pettinato, con le unghie tagliate. Il completo gli ballava un po' addosso, sul corpo smagrito, ma poteva andare bene così e, nel complesso, aveva abbastanza un bell'aspetto. Comunque, Christophe si premurò di strappargli due peli che si rizzavano sul naso.

«E Gabriel?» domandò il padre.

Dalla sera prima gliel'aveva chiesto cento volte. Christophe lo aveva persino sorpreso nella camera del bambino, sbigottito e con le braccia ciondoloni.

«È da sua madre. Te l'ho detto.»

«Ah, sì.»

Un delicato sorriso ornò la faccia del padre.

«Sono un po' fuori di testa.»

Christophe gli toccò un braccio e sorrise a sua volta. Erano di una dolcezza infinita.

«Andiamo.»

«Di già?»

«Abbiamo appuntamento al municipio.»

«Ah, sì» disse il vecchio.

Ma Christophe sapeva bene che il padre barava e non aveva la minima idea di che cosa sarebbe successo quel giorno. Perciò gli ricordò il motivo di tutti quei preparativi. Si sposava Greg, e sarebbe stato papà Müller a celebrare il matrimonio in municipio. Sentendo quel nome, gli occhi del vecchio si illuminarono.

«Bel babbeo, quello lì!»

Christophe gli ricordò anche che ci andavano con una sua amica e che si chiamava Hélène.

«Sì, la tua ragazza.»

«Ecco.»

Christophe esitò un secondo, poi azzardò una domanda.

«Che te ne pare?»

Il padre si limitò a un'alzata di spalle.

«Oh io, sai, le donne...»

Greg e Jenn arrivarono nella piazza del municipio poco prima delle quattro, a bordo di una due cavalli decappottabile, con un bel po' di colpi di clacson e una manovra particolarmente disinvolta che suscitò fra gli invitati nutriti applausi e qualche timore. Aggrappata nell'abitacolo, Jenn, al settimo mese di gravidanza, parve apprezzare solo in parte quelle acrobazie. Quando l'auto si fermò, rimproverò aspramente il futuro sposo, che annuì con entusiasmo prima di saltare giù, tutto sorrisi, braccia alzate, e al collo una cravatta texana impreziosita da una pietra turchese. Dopo aver fatto il segno della vittoria con entrambe le mani, girò intorno alla due cavalli per aiutare Jenn a tirarsi su dal sedile. Indossava un lungo abito bianco sotto il quale il pancione formava come un uovo. Sorrideva anche lei, ma nel suo portamento si avvertiva una certa tensione, una durezza nello sguardo, tutta la preoccupazione che le causava la gestione di quell'evento eccezionale. Rivolse qualche cenno impaziente a Bilal, suo figlio, che se ne stava con il naso all'aria fra gli invitati, indifferente e sordo, e Jenn dovette chiamarlo due volte perché si decidesse ad assumere il proprio ruolo di paggetto e andasse a reggere lo strascico insieme a una cugina rosa bonbon che non doveva avere più di dieci anni.

Christophe e Hélène si tenevano un po' in disparte, insieme a Gérard, che sembrava a suo agio, baffi al vento, allegro come un fringuello in quel fresco raggio di sole.

«Ciao, sfigati!»

Alle loro spalle era appena comparso Marco, in completo chiaro e cravatta rossa, piuttosto chic anche lui.

«Sei proprio bello» disse Hélène.

«Eh eh» ribatté l'altro, alzando un indice al cielo e accennando un passo di danza.

Poco dopo aver salutato il padre di Christophe, aprì un lembo della giacca e mostrò la fiaschetta di metallo infilata nella tasca interna.

«Hai paura di avere una crisi d'astinenza?»

«Possono essere lunghe, le cerimonie.»

«Non andiamo in chiesa, ce la caveremo in fretta.»

Dopodiché rievocarono ancora una volta la spinosa questione dei testimoni, che in quelle ultime settimane avevano dibattuto a lungo. Per Jenn nessun problema, aveva scelto la sua migliore amica, Florence, ma Greg aveva rimandato la decisione il più possibile, non riuscendo a decidersi fra Marco e Christophe. Due giorni prima era arrivato il verdetto, alla fine sarebbe toccato a uno dei suoi prozii, un vecchietto che viveva da qualche parte in Haute-Saône, patriarca agricolo che si chiamava Jacques e aveva più di ottant'anni.

«A quanto pare viene in macchina da solo.»

«In ambulanza, al limite.»

Hélène, incuriosita, chiese lumi. Stando a Greg, il Jacques in questione era vedovo e abitava da solo in un'enorme fattoria. Ma per comodità aveva concentrato tutte le funzioni indispensabili alla vita quotidiana nella stanza principale al pianterreno. Stanza che quindi serviva da soggiorno e da cucina, ma anche da camera, con il letto che troneggiava davanti al camino, e da bagno, perché lui si lavava nel lavandino. Infine coltivava un pezzetto di vigna, in ogni caso abbastanza per il suo consumo personale, cioè una bottiglia a pasto di un succo astringente e violetto che lasciava sui denti un'impressione di strana porosità, come se lo smalto fosse stato eliminato dall'acidità dell'uva. A parte questo, si supponeva che fosse ricco, anche se viveva con una certa parsimonia. Insomma, era una di quelle leggende delle campagne, personaggio indistruttibile e ostinato, ex consigliere generale del partito gollista, vigoroso e avido, che morendo avrebbe lasciato fotografie di antenati baffuti in cornici dorate, un tesoretto alla Cassa di risparmio e un mobilio rustico di cui gli eredi si sarebbero sbarazzati portandolo alla comunità Emmaus.

Marco era impaziente di vedere *l'articolo*. Christophe rideva. A Hélène, invece, sembrava un po' inquietante. Ma la lancetta sulla facciata della chiesa camminava e poco dopo sui gradini d'ingresso del municipio comparve papà Müller. Sotto il suo comando, gli invitati si schierarono in ordine di battaglia e si avviarono in corteo fino alla sala dei matrimoni, al primo piano. Il sindaco e Gérard Marchal scambiarono qualche parola al volo. Si intuiva che il notabile stava in guardia, come se cercasse su quella vecchia faccia così ben nota i segni precisi della malattia. Alla fine, disse al padre di Christophe che lo trovava in forma.

«In forma di che cosa?» ribatté il vecchio, con uno sguardo ingenuo sotto le sopracciglia aggrottate.

Papà Müller sorrise educatamente e Gérard fu di nuovo inghiottito nel movimento ascendente degli invitati, nello scalpiccio sui larghi gradini di pietra.

Nella sala dei matrimoni non ci misero molto a trovare ciascuno il proprio posto. In fin dei conti lo zio di Greg non era poi così esotico, perlomeno a prima vista. Era un vecchio con una faccia ragionevolmente rossa, piuttosto ben messo, che non assomigliava per nulla al ritratto fatto dal nipote. Però Hélène aveva notato le sue mani e le segnalò a Christophe. Due zampacce enormi, diventate minerali a forza di lavoro, così spesse che restavano sempre mezze aperte, come quelle dei Playmobil. A vederle, ti dicevi che potevano rompere noci, spezzare vertebre, in ogni caso trasformare la materia, ma di certo non digitare su un Mac. Erano mani di un'altra epoca, che si erano misurate con l'antico lavoro della terra, e sembravano incongrue nella civiltà dei display e delle sensibilità epidermiche. Contrastavano in modo impressionante con il loro proprietario dall'aria timida. Riempivano lo spazio.

Papà Müller si schiarì ostentatamente la voce e il mormorio delle conversazioni si spense. Fu enunciato lo stato civile dei futuri coniugi e dei testimoni. Furono pronunciate promesse di rispetto e fedeltà, di aiuto e assistenza. Ci si impegnava inoltre alla coabitazione. Hélène, che non era sposata, trovò tutto ciò spaventosamente desueto e quasi fuori luogo. Cosa avevano da dire il sindaco di Cornécourt o lo stato sulla fedeltà delle persone? Seduta in seconda fila, si voltò per controllare che effetto facessero quei discorsi agli altri invitati e in quella schiera di volti non trovò nulla di rassicurante. Quelle persone erano la società, in blocco, nel loro tranquillo anonimato, nella loro approvazione di principio. Osservò le facce al tempo stesso simili e di un'infinita varietà e provò una sorta di disgusto. Fuori, le fronde di un grande ippocastano nel cortile della scuola attigua frusciavano al vento. Sentì la mano di Christophe sulla sua gamba. Jenn e Greg firmarono il registro, poi toccò ai testimoni. Era già finita, era per sempre.

Dovettero fare un bel po' di strada prima di arrivare a Moudonville, il villaggio a trenta chilometri da Cornécourt dove si trovava la sala affittata per il ricevimento. Greg ci aveva pensato troppo tardi, e nella stagione in cui la maggior parte degli innamorati sceglieva di convolare non aveva trovato niente di più vicino. Per raggiungerlo si percorreva una stradina sinuosa che attraversava un po' di bosco, paesini allineati come su una corda, vasti pianori di campagna ondulati e morbidi. Gli invitati fecero il tragitto in fila indiana, con le auto ornate di nastri e suonando il clacson a ogni minima località. Sembrava di vedere la carovana del Tour de France.

«Finirà male, al ritorno» osservò il padre di Christophe dal posto accanto al conducente, il più pericoloso, a destra di suo figlio.

«Ah, di sicuro» rincarò Marco. «Gente sbronza nei fossi.»

«Fra l'altro, chi guida al ritorno?» chiese Hélène.

I tre tacquero.

«Io ho intenzione di bere, vi avverto» aggiunse lei.

«Posso guidare io» disse il padre.

«Va bene, ci andrò piano» tagliò corto Christophe.

Al che Marco tirò fuori di tasca la fiaschetta e propose a Hélène un cicchetto. Tanto per scherzare, lei accettò e bevve un sorso di whisky. Di colpo sentì il calore invaderle il viso e un pizzicorino fra i capelli. Comunque aveva guadagnato punti con Marco, che bevve anche lui facendole l'occhiolino.

La sala delle feste Marcelin Lançon era un brutto edificio cubico spalancato sulla campagna e appollaiato in cima a una collinetta. Ci arrivava una sola strada. Intorno non c'era niente. Veniva da chiedersi come mai avessero dotato quel posto di un'infrastruttura viaria. In un prato vicino, si vedevano delle tende che gli invitati più previdenti si erano premurati di montare in anticipo. All'arrivo, Gérard Marchal indicò un puntino bianco che trotterellava davanti all'ingresso.

«E quello cos'è?»

Marco scoppiò a ridere.

«È una capretta!» rispose.

«Cioè?»

«È per il fratello maggiore di Greg. Siccome è l'unico non sposato gli hanno preso una capra.»

Hélène ci mise qualche secondo a capire.

«Dici sul serio?»

«Be', sì, è il regalo del legionario.»

Christophe lanciò un'occhiata nello specchietto retrovisore per verificare di persona la reazione della sua compagna. Anche lui si sentiva contrariato e teso. Tanto per cominciare, l'idea di dover tenere d'occhio suo padre non gli piaceva affatto. Se per di più doveva moderare il consumo di alcol... Ma quello che lo disturbava maggiormente era avvertire le distanze che prendeva Hélène senza nemmeno rendersene conto. Non sapeva cosa fare perché fosse a suo agio. Dal mattino le aveva chiesto dieci volte se andava tutto bene, tanto che alla fine lei gli aveva detto di lasciarla un po' in pace. Per coronare il tutto, Hélène ci teneva assolutamente a tornare a casa la sera stessa per poter votare a Nancy il giorno dopo. Niente era semplice, decisamente.

Alcuni invitati già si affollavano intorno alla capretta e la povera bestia, legata a un piolo con una corda, faceva tintinnare freneticamente la sua campanella e di tanto in tanto lanciava un debole belato. I bambini soprattutto, come uno sciame di mosche su una carogna, sgomitavano per accarezzarla o darle da mangiare un po' d'erba, mentre i genitori si limitavano a immortalare con il cellulare quelle ingenue molestie. Il colmo della raffinatezza fu raggiunto quando Didier, il fratello maggiore, il celibe in questione, accettò di posare abbracciato all'animale, stringendolo a sé come una sposa.

«Pesantuccio, comunque» osservò Hélène.

«Sì. Cosa vuoi che ti dica?»

Osservavano a distanza quella triste attrazione, con la flûte in mano. Per il servizio si era fatto ricorso ai ragazzini del locale istituto alberghiero, che tracciavano i loro implacabili andirivieni fra gli invitati in modo un po' goffo, dicendo «prego» in tono di scusa, con i vassoi pieni di bicchieri e di tartine, facendo scricchiolare la ghiaia sotto i loro passi frettolosi. Era l'ora più dolce, all'imbrunire, e gli invitati chiacchieravano a gruppetti, godendosi lo champagne che aveva sciolto le lingue e reso le facce più familiari. Intorno, si vedeva estendersi a perdita d'occhio la geometria dei prati e dei campi su un rilievo dolcemente ondulato. Un po' più in basso attiravano lo sguardo alcuni ciliegi in fiore e, verso il tramonto, si indovinava l'interminabile ruminare di alcune vacche pezzate la cui lentezza sembrava contaminare tutto il paesaggio. A contraddire quell'impressione di morbidezza, incidendo una trincea nera nella piega del vallone, c'era solo un piccolo corso d'acqua quasi invisibile.

Ma Christophe non era libero di dedicarsi a quel genere di fantasticherie bucoliche. Doveva sorvegliare suo padre, valutare l'umore di Hélène, che al momento chiacchierava con una cugina della sposa, e salutare coraggiosamente vari conoscenti che, uno dopo l'altro, venivano a rinfrescargli la memoria, una zietta agghindata come la regina d'Inghilterra, un vecchio amico che non rivedeva da quel famoso barbecue al lago Perdu, ti ricordi, era l'estate delle vuvuzela, ah sì, certo, bei tempi. Quanto a Greg, felice e panottico, distribuiva bicchieri e pacche sulla schiena. Era strano pensare che lui e Jenn sarebbero stati una famiglia.

«Ti va un cicchetto?»

Marco era ricomparso, con la famosa fiaschetta in mano, già senza cravatta.

«C'è lo champagne, caro mio. Mica voglio sbronzarmi col Label 5.»

Marco non ebbe il tempo di rimanerci male. Lo sposo era appena salito su una sedia e faceva tintinnare un cucchiaio contro il bicchiere.

«Per favore...»

Il frastuono delle conversazioni si spense.

«Bene... Voglio parlare adesso perché non so in che stato sarete fra un'ora. Volevo dirvi che io e Jenn siamo contenti che siate venuti tutti. Per di più c'è bel tempo. Ecco. Non mi piacciono granché i discorsi, semplicemente è un gran giorno e sono contento. Cioè, siamo contenti.»

E alzò il bicchiere verso Jenn che stava seduta in un angolo, circondata da un areopago di donne di diversa età, fra cui sua madre, sua sorella, la sua migliore amica, tutte premurose intorno alla sua ineludibile pancia.

Poi Greg si lanciò in una serie di ringraziamenti che, con andamento eccentrico, partivano dai parenti prossimi per arrivare fino ai colleghi della fabbrica. La frase conclusiva fu per suo padre, che non c'era più ma pensavano a lui. E anche per la finanziaria, senza il cui prestito tutto ciò non sarebbe stato possibile. Peraltro, per chi avesse voluto contribuire c'era una cassetta accanto alla postazione del dj.

«E votate bene!» urlò Didier, il fratello maggiore celibe, già discretamente brillo.

Alcuni trovarono la cosa divertente, altri meno.

Da quando Marine Le Pen era arrivata al secondo turno delle presidenziali, quella frase era diventata il mantra del paese. Sui giornali, sui social, alla tivù, personalità varie e presunti opinionisti si susseguivano senza tregua per sviscerare le cause del disastro e redarguire la nazione. Persino il sindaco di Cornécourt, che non aveva etichetta e «non faceva politica» (testuale), aveva scodellato la sua pappardella dopo la cerimonia. Bisognava fare muro, per la Repubblica e per i nostri figli, non si poteva giocare col fuoco a quel modo, tanto più che gli occhi del mondo intero erano puntati sulla Francia, anche se ovviamente si doveva prestare orecchio alla rabbia, alle difficoltà della gente eccetera eccetera. Gli invitati lo avevano ascoltato educatamente prima di sciamare fuori in uno scalpiccio tranquillo, disseminato di cupi mormorii. I vecchi, soprattutto, sembravano allarmati per la situazione, proprio loro che del futuro dovevano preoccuparsi di meno. Nei più giovani, invece, e fra gli uomini in particolare, quel trambusto suscitava una specie di esultanza. Per una volta era bello, comunque, vedere il panico ai piani alti, gli sproloqui dei privilegiati. Ora toccava a loro sentirsi mancare la terra sotto i piedi. Per due settimane l'ordine delle cose sembrava sospeso, le forze ribaltabili.

Al matrimonio come altrove non si poteva evitare a lungo di toccare l'argomento. Le teste erano imbottite di sondaggi, le menti ingozzate di analisi e numeri. L'interminabile campagna elettorale aveva messo a dura prova i nervi di un intero popolo. Ma in quell'enorme razzia delle coscienze le opinioni restavano tante quanti erano i francesi. Così, alcuni avevano guardato il faccia a faccia fra il primo e il secondo turno, altri no. C'era chi non si perdeva nemmeno un telegiornale e chi non voleva più sentirne parlare. Macron aveva i suoi fan, Le Pen i suoi simpatizzanti. I militanti si obnubilavano ognuno nel proprio cortile. Sotto il microscopio degli analisti che facevano finta di capire tutto, pullulavano le nicchie, le varianti, i gruppuscoli, le peculiarità. Persone ben intenzionate invocavano più istruzione, più risorse, più tempo, più ascolto. Altre più severe vedevano solo declino, logorio, regressione e caldeggiavano duri giri di vite. I disillusi non ci credevano più. Gli ottimisti compulsivi sognavano per la millesima volta ipotetiche rifondazioni. Da entrambe le parti di queste linee di demarcazione, che si credeva fossero morali ma che molto spesso erano banalmente riconducibili all'origine, alla geografia, al livello d'istruzione o di ricchezza, i fanatici vomitavano il proprio disgusto per lo schieramento avversario, simmetrici nel rifiuto, parimenti convinti, tutti infelici e gonfi di certezze. Il paese era diventato la spaventosa pentola a pressione pronta a esplodere in cui sobbolliva da decenni il tremendo stufato dei rifiuti e delle sordità, della stizza e della sofferenza, della paura del domani e delle inguaribili nostalgie. Ogni giorno si parlava dei musulmani, dell'Europa, un po' del clima, sempre dei soldi, del debito pubblico che diventava una ferita personale e toglieva il sonno a gente che in vita sua non era mai andata in rosso neanche per un minuto. Ma in fondo l'unico argomento era il mondo che ognuno voleva ritagliarsi su misura, a seconda della propria potenza, protetto dalle cose così come andavano, quella zattera sulla quale in definitiva si sarebbe stati per conto proprio. E anche i fautori dell'apertura, se sfoggiavano un atteggiamento universalista e positivo, non facevano altro che circoscrivere il loro atollo ideale, accogliente in teoria, condivisibile in sogno. Quanto ai presunti seguaci della chiusura, in genere si limitavano a oscillare fra il bisogno di un'oasi di pace e il fantasma di una rivincita.

Christophe aspettava che passasse la nottata, e lui e Hélène non ne parlavano. In ogni caso, la politica faceva solo litigare e alla fine le cose non sarebbero poi cambiate così tanto. Il lunedì successivo bisognava comunque tornare al lavoro, tenere il ritmo, veder aumentare il costo dell'elettricità e le trattenute in busta paga, sentirsi spogliati un po' per volta di ogni piccola prerogativa, resistere a quella progressiva erosione delle gioie, e pensare alla prossima visita del bambino, prendere l'auto o il Tgv, e le vacanze, dove avrebbe potuto portarlo?

«A cosa stai pensando?»

Hélène lo sovrastava di cinque centimetri buoni, con quei tacchi. Gli mise un braccio sulle spalle, con lo sguardo pieno di malizia, e lo baciò sulla fronte. Odorava di alcol e di profumo.

«A niente» rispose Christophe.

«Ho individuato i nostri posti.»

«E?»

«Siamo con tuo padre. E con Didier, il fratello maggiore legionario.»

«Forse si terrà la capra sulle ginocchia.»

«Che cavolata. Povera bestia. Siete proprio dei cretini, eh.»

«È il segreto del nostro fascino.»

Christophe le aveva cinto la vita e si tenevano stretti, ancora giovani in fin dei conti, allegri sotto la carezza della sera, facili come gattini.

A quel punto la gente fu invitata a entrare, era ora di sedersi a tavola.

All'interno, tavoli da sagra paesana con tovaglie di carta attendevano i convitati, ognuno sistemato al proprio posto e con il proprio sacchetto di confetti. Christophe guardò il menu. Chips di barbabietola con mousse di rapa, carré di agnello, tagliere di formaggi e per dessert il *vacherin*. Al loro tavolo c'era anche una coppia piuttosto passe-partout, invitata perché lui, Michel, era un compagno di pesca dello sposo. Sua moglie, Giovanna, capelli tinti e palpebre azzurre, lavorava in un asilo nido. Tutti sorridevano molto, cercando di fare la propria parte ed entusiasmandosi troppo alle battute di Didier. Quanto al padre di Christophe, sembrava felice. Lo si capiva dagli occhi scintillanti e dal modo di annuire in continuazione, un po' come quei cani che una volta si vedevano dietro il lunotto posteriore delle Renault 16.

Dopo l'antipasto Hélène chiese scusa e andò a fumare fuori, e Christophe l'accompagnò. L'effetto dello champagne cominciava a dileguarsi e lei stava attenta a bere acqua. Non perdeva di vista la sua idea fissa, non voleva fermarsi a dormire lì.

«Tutto bene?»

«Sì. Magari non rientriamo troppo tardi.»

«Abbiamo appena finito l'antipasto.»

«Lo so. Sono solo un po' stanca.»

Christophe fece un gran tiro dalla sigaretta elettronica. Lungo le ampie vetrate, che avevano permesso di apprezzare il crepuscolo e ora si affacciavano sulla notte, si poteva contare una decina di fumatori che si alternavano. Quando all'interno fischiarono le casse, si voltarono tutti all'unisono, sorpresi come da un colpo di pistola.

«Signore e signori...»

Alla postazione dell'impianto stereo era comparso un omino quasi calvo, con pizzetto e occhiali dalla montatura aerodinamica. Si presentò con quella voce nasale tipica degli amplificatori di scarsa qualità e chiese se stessero passando una bella serata. Poiché nessuno reagiva, insistette, e il pubblico concesse un unanime quanto apatico sì.

«Atmosfera frizzante!» ironizzò il dj.

Allora fece qualche battuta piuttosto classica sui rischi del matrimonio e sulle virtù di una buona moglie, dopodiché pescò fra gli invitati un cugino con il colletto della giacca alla Mao, che lo raggiunse sul palco.

«Bene, ora passiamo alle cose serie!»

E si strofinò le mani esibendo una mefistofelica dentatura bicolore.

Christophe si girò verso Hélène, che osservava la scena con un'attenzione dolorosa.

«Torniamo dentro?»

Lei annuì, dispiaciuta ma sorridente, e Christophe la prese per mano per rientrare nella sala. Ma mentre varcavano la porta tutti gli sguardi si appuntarono su di loro. Hélène si bloccò, chiedendosi che gaffe avesse mai commesso, pensando al suo vestito e ai capelli. Sul palco, il cugino con il colletto alla Mao la additava.

«Lei!» esclamò.

E i presenti approvarono con un univoco mormorio.

«Venga, signora, per favore» disse il dj.

Hélène arrossì all'istante.

«Che succede?» chiese.

Christophe non lo sapeva e cercava un espediente per cavarla da quella situazione imbarazzante. Ma il dj, che le aveva letto le labbra, spiegò: «Faremo un giochino. Abbiamo bisogno di lei. Forza, venga.»

«Forza! Forza!» si misero a urlare gli adolescenti, tutti allo stesso tavolo, su cui battevano con la mano e con le posate.

Hélène ripassò dal suo posto e vuotò il bicchiere di bianco tutto d'un fiato, gesto che suscitò qualche applauso e un paio di commenti affettuosi. Poi, come un bastimento, fendette la sala, guance rosse, mento alto, fenomenale sui suoi tacchi.

Qualche minuto dopo erano in cinque, sedute sul palco, in bella vista, in abito o gonna e a ginocchia strette.

«Ecco, ora ci servono due volontari.»

Subito lo sposo avanzò la candidatura di Marco, e gli adolescenti ripresero in coro il suo nome. A poco a poco l'atmosfera stava cambiando e si avvertiva che le cortesie, il contegno non erano decisamente più all'ordine del giorno. Era la festa vera, il momento pagano di incendiare le navi e ridere come il diavolo.

Marco si alzò in piedi e, con un gesto non privo di baldanza, roteò il tovagliolo sopra la testa. Di nuovo gli invitati applaudirono, poi fu designato d'ufficio uno zio della sposa, che si precipitò comicamente verso le donne allineate.

Allora il dj presentò i due uomini alle candidate, che declinarono la propria identità, una dopo l'altra, da sinistra a destra e poi da destra a sinistra. L'operazione fu ripetuta finché Marco e lo zio non ebbero memorizzato ogni nome, Cathy, Hélène, Rolande, Samia e Christelle, il che richiese un po' di tempo, suscitò qualche risata e parecchi commenti. Ai due uomini vennero bendati gli occhi e il dj, microfono alla mano, li aiutò a inginocchiarsi. Christophe sospettava già da un po' come sarebbe andata a finire, ma Hélène capì che cosa bolliva in pentola solo quando Marco fu ai suoi piedi.

«Allooora!» urlò il dj, a mo' di rullo di tamburo.

E spiegò le regole del gioco. Marco e lo zio avrebbero dovuto tastare i polpacci delle cinque donne sedute davanti a loro e cercare di attribuire a ogni paio di gambe il nome giusto. Ma per rendere le cose più difficili fu chiesto alle partecipanti di alzarsi e scambiarsi di posto. Quella fase tipo sedie musicali andò per le lunghe, con il dj che alternava gli ordini: si alzi, si sieda, si alzi, si sieda. Al tavolo, Christophe non staccava gli occhi da Hélène, che per fortuna sembrava prestarsi volentieri ai sollazzi. Finalmente la gara ebbe inizio e fu Marco il primo a doversi dedicare a quel palpeggiamento in piena regola.

Quando sentì una mano sulla tibia, la prima donna lanciò un grido, che subito scatenò l'ilarità dei convitati. Marco non insistette oltre, immaginò che si trattasse di Cathy e fra i presenti si udì un mormorio di delusione.

«Silenzio!» esclamò il dj. «Non dovete aiutarli.»

Poi Marco passò alla seconda, palpò e optò per Rolande. Era in una posizione scomoda, la benda sugli occhi era troppo stretta, per non parlare del caldo che faceva. Però bisognava bere l'amaro calice fino in fondo. Quando fu il turno di Hélène, Marco indovinò subito e ritrasse in fretta le mani, come se quel contatto lo avesse scottato. Allora lo sguardo di Hélène trovò quello di Christophe nella sala. Si scambiarono a dieci metri di distanza uno di quei sorrisi mortificati che vanno al di là dei rimproveri. Il gioco proseguiva allegramente. A un certo punto un uomo con le gambe pelose prese il posto di Samia e lo zio giurò di aver riconosciuto Rolande, che ci rimase molto male. Nel tempo che durò quella farsa, Christophe si scolò tre bicchieri di vino. Alla fine, lo zio vinse facile per quattro a due e le candidate poterono tornare al proprio posto fra le acclamazioni.

«E facciamogli un bell'applauso!» si spolmonò il dj.

I giovani camerieri avevano cominciato a servire il carré di agnello e si muovevano veloci nella loro divisa bianca e nera, deponendo la carne fumante davanti a ogni convitato prima di tornare in cucina. Hélène chiese a Christophe di riempirle il bicchiere. Le tremava un po' la mano ma fece buon viso.

«Sei sicura che va tutto bene?»

«Piantala, per favore» ribatté lei.

Per fortuna la carne era succulenta, con contorno di *gratin dauphinois* e un involtino di fagiolini, e intorno al tavolo le conversazioni ripresero vivacemente.

I bambini, invece, si erano già alzati. Si erano rimpinzati di salatini e noccioline al momento dell'aperitivo. Adesso, impadronitisi delle scorte di cotillon, si scatenavano a lanciare proiettili nel corridoio che portava all'uscita, e ogni volta che un fumatore si avventurava lì doveva subire un fenomenale fuoco di sbarramento. A un certo punto la capretta fece una clamorosa irruzione nella sala e il fratello di Greg accettò di prendersela sulle ginocchia, continuando a mangiare mentre la teneva ferma. Fuori non si vedeva più niente del paesaggio, solo le sagome indistinte dei fumatori, il momentaneo bagliore rosso di una sigaretta aspirata da qualcuno. Ci furono altri giochi, vino, e poi si passò al formaggio. A quel punto il padre di Christophe si alzò in piedi e il figlio lo trattenne per la manica.

«Dove vai?»

«Avrò ancora il diritto di andare a pisciare.»

Lo sposo aveva intrapreso un esaustivo giro dei tavoli e

distribuiva a ognuno parole gentili e ringraziamenti, passando da uno zio che veniva da Reims a un amico che si era preso appositamente un giorno di ferie, manifestando la sua gratitudine a un certo ramo della famiglia che aveva fatto una colletta per comprare il Bimby, indubbio pezzo forte della lista nozze, e poi abbracciando sua madre, che un po' si chiedeva che cosa diamine ci facesse lì. Domandava a tutti se la cena era di loro gradimento, scherzava di nascosto con gli amici, faceva brindisi a non finire. Quanto agli invitati, si congratulavano cortesemente con lui, chiedendo anche notizie di Jenn che, dal suo posto, maestosa e stanca, presiedeva ai festeggiamenti come una divinità prolifica.

In ogni caso Greg sembrava felice, alla maniera dei santi, dei poveri di spirito. Faceva piacere vederlo. Del resto, Hélène lo disse a Christophe: ha un'aria soddisfatta, il tuo amico. Sì, rispose lui. E sulla constatazione condivisa della felicità di un altro dimenticarono in parte il penoso episodio del gioco dei polpacci.

Non si sfuggì nemmeno a quello della giarrettiera, che però, tenuto conto delle condizioni della sposa, non si spinse troppo oltre. Arrivò il momento di ballare. Il dj abbassò le luci, faretti rossi, verdi e blu cominciarono a spazzare la pista mentre una palla stroboscopica proiettava sulle pareti il solito milione di bagliori bianchi. Gli sposi aprirono le danze con un breve valzer, soli e centrifughi, poi il dj passò a una vecchia hit disco di Sheila, un pezzo la cui sofisticata desuetudine aveva qualcosa di parecchio commovente. Alcune coppie cominciarono a ballare al rallentatore mentre la voce sintetica sciorinava il suo mediocre rosario di parole inglesi.

Era uno spettacolo buffo vederli tutti lì a scalpicciare con le mani alzate, seguendo il ritmo ingenuo della cantante ormai dimenticata, nella danza incrociata dei fasci luminosi. Con un'espressione assorta, un sorriso fugace, si abbandonavano, in preda all'amnesia dei sabati sera, al nudo desiderio dei *dance floor*. Ma quella trance non parve sufficiente al dj, che pensò bene di azionare una macchina della nebbia. Subito, sulla pista e fuori si diffuse una spessa nube di fumo, tanto che alcuni anziani rimasti al tavolo cominciarono a tossire. Si avvicinava la mezzanotte. Il formaggio era stato servito. Dal soffitto partirono dei laser verdi che tracciarono nella nebbia linee moderne e ventagli sorprendenti, mentre la madre dello sposo tornava alla sua casa di riposo a bordo di una Renault Modus.

Christophe si alzò in piedi e invitò Hélène a ballare. Entrarono insieme in quello spazio delimitato dalla musica e dal fumo, poi si abbandonarono al ritmo della canzone, fra gli altri corpi che non avevano più un volto, nel pulsare ripetitivo dei bassi, nello schiocco netto del rullante, nelle pozze acute che si aprivano parallele al pavimento. A un certo punto Hélène osò una giravolta e Christophe l'afferrò per la vita, respirando l'odore dei suoi capelli, del collo. Lei si lasciò baciare. Purtroppo il pezzo stava finendo.

Allora Christophe scoprì che suo padre non era ancora tornato al loro tavolo. Lo cercò con gli occhi e bisbigliò due parole a Hélène, le cui spalle si afflosciarono mentre lo guardava allontanarsi. Pazienza. Lei aveva voglia di divertirsi. Prese dal tavolo più vicino una coppa senza proprietario e la vuotò. Il dj aveva appena messo un pezzo dei Daft Punk. Hélène tornò sulla pista e, con gli occhi chiusi, si lasciò catturare.

«Hai mica visto il mio vecchio?»

Alzando gli occhi dal cellulare, Marco rispose di no. A Christophe venne voglia di chiedergli se andava tutto bene, ma sembrava piuttosto evidente che Marco non stava passando la miglior serata della sua vita. Si limitò a dire: «Dovresti bere un po' d'acqua.»

Poi partì alla ricerca di suo padre cominciando dal cesso, prima di chiedere ai fumatori, fuori, se non avessero visto un vecchio signore con i baffi, alto più o meno così, e sollevò una mano all'altezza degli occhi. Ovviamente nessuno l'aveva visto. Proseguì le ricerche nel parcheggio. Iniziava a far fresco, e la preoccupazione, l'umidità notturna gli davano i brividi. Controllò ogni auto usando la torcia del cellulare, ma la batteria si esauriva in fretta e suo padre restava introvabile. Frugò ancora, chiamò. Le sue grida risuonavano nel vuoto, quasi ridicole. Si avventurò addirittura nei prati, ma la terra era spugnosa, grassa, e risucchiava ogni passo. Rimase fermo per un momento, avvertendo la cupa indifferenza della campagna che si estendeva lontano, e in tutte le direzioni. Pensare che suo padre si trovava là da qualche parte, forse anche a crepare di freddo, perso nella notte come un bambino.

«Papà!»

Le due sillabe gli ricaddero ai piedi, nella loro povera semplicità, senza suscitare la minima eco. Quindi tornò verso la luce e dentro la sala, fece il giro dei tavoli ripetendo la stessa domanda. A ogni passo si lasciava dietro un po' di fango, ma non se ne preoccupava. Quando Greg gli chiese se avesse bisogno di aiuto, rifiutò, probabilmente per paura di disturbare. In ogni caso il vecchio non poteva essersi allontanato molto.

Cercò ancora nelle cucine e dietro il palco, di nuovo nei bagni. Era sempre più in ansia, e ora supplicava nel vuoto, ritrovando la via delle vecchie parole, quelle che si rivolgono al cielo quando monta la paura. Marco si unì a lui e andarono a chiedere al personale in cucina.

«Dovremmo fare un annuncio.»

«Facciamo un ultimo giro e poi vediamo.»

Sulla pista i ballerini non mollavano. Alcuni settantenni si erano lamentati del volume troppo alto, ma il dj non sentiva ragioni. Era lì per far ballare gli invitati, e si vedeva bene dal suo sguardo spiritato, dal suo atteggiamento megalomane, che il poveraccio si credeva allo Stade de France.

Comunque, quando Marco volle parlargli si degnò di sollevare una cuffia.

«Se faccio un annuncio adesso, mando a monte il ballo del qua qua. Mi ammazzate la serata.»

Marco non insistette e tornò da Christophe, che stava parlando con un cameriere.

«Ha cercato nel guardaroba?»

«Quale guardaroba?»

Il cameriere spiegò che bisognava passare dai bagni, prendere la rientranza a destra, c'era una porta che di solito era aperta e, dietro, un grande locale dove d'inverno la gente lasciava i cappotti. Si precipitarono. In effetti la porta era aperta. A tentoni Christophe cercò l'interruttore e accese la luce.

Suo padre era proprio lì.

Dormiva della grossa, rannicchiato sopra spesse tende di tela marrone in cui si era fatto un nido, con le labbra che vibravano delicatamente sotto i baffi imbiancati. Christophe tirò fuori tutte le imprecazioni che conosceva. Tale era il suo sollievo che avrebbe pianto. Si concesse il tempo di accovacciarsi vicino al vecchio e ascoltò per un momento il suo respiro. Era perfettamente regolare. Gli passò una mano fra i capelli, sulla tempia si drizzava una ciocca.

«Che si fa?» chiese Marco.

Christophe rispose senza girarsi.

«Niente. Lo lascio dormire. Qui sta bene.»

E si rialzò in piedi, con lo sguardo velato.

«Non hai sete?» disse Marco.

«Cazzo, come se fosse la fine del mondo.»

Marco sorrise. Anche lui era di un umore da o la va o la spacca.

Quando tornarono in sala, nei loro piatti si stava liquefacendo una porzione di *vacherin* e non c'era più tanta gente. Alcune famiglie con bambini se n'erano andate, ben presto imitate dagli invitati più anziani. Sulla pista ci si continuava a dimenare, zie che ballavano fra loro, coppie, gli adolescenti e in particolare Bilal, che si era trovato una dama piuttosto carina, del tipo spilungona con i capelli rasati, lo sguardo miope dietro gli occhialini tondi e addosso solo una maglietta bianca con un cuore rosso, infilata in un paio di pantaloni blu scuro, abbigliamento di assoluta sobrietà che i tacchi di sette centimetri rendevano comunque piuttosto stupefacente. Marco e Christophe, leggermente intontiti dalle bevute e dalla stanchezza, osservarono per un momento il movimento dei ballerini, il pulsare basso della pista, poi tornarono al tavolo per concedersi una pausa. Lì, gomiti sulla tovaglia, si versarono del vino e bevvero, raggiunti poco dopo da Greg che, armato di due bottiglie di alcolici incolori, faceva un altro giro tra gli invitati.

«Allora, contento?» chiese Marco.

«Eh eh» fece Greg. «È l'ora del digestivo, ragazzi.»

Distribuì bicchierini solidi come barili e li riempì fino all'orlo.

«Alla tua!»

«All'amore!»

«Cin cin.»

Ne scolarono due tutto d'un fiato, scambiandosi discorsi solenni sull'amicizia e sul tempo che passa. Era l'ora virile dell'autocompiacimento, della sbronza pesante, quando ci si permettono abbracci e la cravatta sta per diventare superflua.

«Ragazzi, ho una sorpresa per voi» disse allora Marco.

«Ah, sì?»

«Ma dobbiamo andare nei cessi.»

Gli altri due sorrisero. Non dovevano lambiccarsi troppo il cervello per immaginare il seguito. Perciò lo accompagnarono e, arrivati nei bagni, Marco preparò sul lavabo tre piste di coca belle spesse. Intanto Christophe era rimasto con le spalle appoggiate alla porta per prevenire un'eventuale intrusione. A un certo punto qualcuno cercò di entrare.

«Occupato» urlò Greg.

«Chi è?» chiese la voce.

«Tua madre!» ribatté Marco.

Scoppiarono a ridere come idioti. L'intruso non insistette.

Se le spararono a turno, dopodiché Marco ne preparò un altro giro identico. Tra una pippata e l'altra i tre tiravano su col naso, sovreccitati e saltellando sul posto, Greg fece persino qualche mulinello con le braccia, che erano lunghissime. Altre tre piste, tanto per finire il grammo, e si guardarono allo specchio.

«Be'» fece Greg.

«Ci stiamo facendo vecchi, comunque.»

«Mica poi tanto.»

Ma l'immagine che rimandava loro lo specchio non era quella di una foto di classe. Avevano quarant'anni, meno capelli, più pancia, pochi soldi. Domani, e anche dopodomani, l'avrebbero pagata cara, quella notte in bianco che aveva l'aria di essere l'ultima. Ma questo non se lo dissero. Bisognava continuare a fare gli scemi e a divertirsi molto. Erano felici e si volevano bene.

«Forza ragazzi» disse Marco.

Tornarono sulla pista da ballo e solo allora Christophe realizzò che non aveva la minima idea di dove fosse la sua dama. Gli era semplicemente passata di mente. Lo sfiorò un fuggevole scrupolo, ma la musica (Donna Summer) era ancora più forte di prima, l'atmosfera satura di fumo, le facce umide sotto i faretti colorati e lui stesso in uno stato che non permetteva più i sentimenti in chiaroscuro. Si lasciò scivolare nello spessore del suono, palpebre chiuse, seguendo il ritmo, pugni che colpivano a vuoto e cuore pronto a esplodere, e tanta sete, cazzo, per cui fra un pezzo e l'altro raggiungeva i tavoli, afferrava un bicchiere a caso, una bottiglia, acqua o champagne, e si dissetava con una bella sorsata prima di tornare sulla pista, come se fosse un lavoro, ostinato, senza più rendersi conto di niente, in balia del caldo e dell'interminabile ruotare della luce e delle persone.

Hélène, invece, era andata a prendere la trousse da toilette in auto, tanto per rinfrescarsi un po' prima di andare via. Di ritorno nella sala, rimase sorpresa dal volume e dall'impressione di caos che vi regnava. Ma nel complesso era abbastanza soddisfatta. Nonostante i giochini idioti e l'inevitabile ballo del qua qua (a cui quello stronzo di Christophe era scampato chissà come), se l'era cavata bene. Certo, non poteva fare a meno di trovare il tutto un po' greve, ma si era divertita e aveva fatto la sua figura. Ora che avevano mangiato il dessert potevano filarsela senza offendere nessuno. Aveva anche voglia di fare l'amore e pensò che, se non avessero tardato troppo, la notte si sarebbe potuta concludere davvero bene. S'immaginò in ginocchio davanti a Christophe fasciato nel suo completo nuovo e l'idea la stuzzicò parecchio.

Perciò si mise a cercarlo nel magma dei colori e dei corpi sulla pista. Ora la musica era così forte che sembrava provenire dal pavimento e le picchiava nel petto. Già solo quello rendeva quasi sbronzi. Il dj si era tolto la maglietta. Nel pulsare stroboscopico della luce il suo corpo biancastro luccicava come quello di un lamantino. Ogni volta che sollevava le braccia per seguire il movimento dei bassi, si vedeva un ciuffetto di peli rossi sotto l'ascella. Alla fine, individuò Christophe che saltava in mezzo agli altri ballerini, fuori tempo e senza scarpe. Non l'aveva mai visto così, e il fatto di stentare a riconoscerlo la preoccupò un poco. I capelli umidi si sollevavano e ricadevano a ritmo, al rallentatore, la camicia trasparente era appiccicata al petto e lui chiudeva così forte le palpebre da farle sembrare due bocche. Hélène restò un momento sbigottita di fronte a quello spettacolo. Che la riaccompagnasse a casa era escluso.

Poi, all'improvviso, il suono cominciò ad abbassarsi, i faretti trovarono il pavimento, la canzone finì.

Allora ci fu silenzio e ognuno rimase al proprio posto, ansimante e con il fiato corto. Si levarono voci di protesta. Volevano divertirsi ancora, e perdersi. Christophe, invece, barcollava, completamente intontito. Girandosi, trovò la faccia di Hélène e le sorrise. I suoi occhi avevano un aspetto al tempo stesso vacuo e scuro, uno scintillio oleoso quasi inquietante. Hélène voleva andare a prenderlo, ma arrivarono le prime battute, ovvie per tutti. La musica che montava lenta, il rumore del vento. Le note di pianoforte, poi gli strumenti a corda che flirtavano con Gershwin.

E finalmente la voce di Sardou, e quelle parole che fingevano di parlare di un altrove, anche se lì ognuno sapeva di cosa si trattava. Perché la terra, i laghi, i fiumi erano solo immagini, folklore. Quella canzone non aveva niente a che fare con l'Irlanda. Parlava di un'altra cosa, di un'epopea ordinaria, la loro, che non si era svolta nella brughiera o quel genere di cretinate, ma lì, nelle campagne e nelle villette, passo dopo passo, nella sofferenza dei giorni tutti uguali, in fabbrica e in seguito in ufficio, di recente nei magazzini di stoccaggio e nelle catene logistiche, negli ospedali e a pulire il culo ai vecchi, quella vita con i suoi equilibri disperanti, caterve di lunedì e qualche volta la spiaggia, chinare la testa e un aumento quando capitava, quarant'anni e più di lavoro per finire a sarchiare uno scampolo di orto, guardare un ciliegio in fiore a primavera, sapersi a casa, e poi la figlia grande che passava di domenica in Megane, con il seggiolino del bebè dietro, un bambino che tranquillizzava tutti: in definitiva, ne valeva la pena. Tutto questo lo sapevi d'istinto, fin dalle prime note, perché quella canzone l'avevi sentita mille volte, alla radio, in auto, alla tivù, magniloquente ed esplicita, che ti strizzava le budella e ti rendeva orgoglioso.

Hélène vide i ballerini prendersi per le spalle e cominciare a cantare a squarciagola, le mogli e i mariti insieme, quelli di sinistra che odiavano il cantante ma sapevano a memoria tutte le parole, gli altri idem, e persino i bambini, come un tempo era successo nella sua *business school*, il fior fiore dei giovani francesi, ubriachi fradici a mescolare sudore e saliva, i ragazzi nella mischia e le ragazze con gli occhi chiusi, sotto il diluvio di colori e nel rifiuto dell'alba. Poi gli invitati cominciarono a saltare e a girare in tondo, orribilmente solidali, arcaici da far paura, battendo i piedi sul pavimento nell'esplosione alternata della luce bianca, mentre il tamburo dei loro passi faceva eco a quello della canzone. Anche chi era rimasto al tavolo si era alzato in piedi e batteva le mani a ritmo. Hélène non si muoveva più. Aveva quasi fifa.

Allora una donna prese per mano il suo cavaliere e se lo trascinò dietro. La videro salire su una sedia e poi inerpicarsi sul primo tavolo. Tutta la sala li seguì con gli occhi, per un attimo trepidante, prima di battere le mani ancora più forte. Il dj, che in fin dei conti non era così maldestro, faceva durare il pezzo mentre la coppia inverosimile passava da un tavolo all'altro, prudente ma veloce, in punta di piedi, al ritmo della musica e della sua scansione da carnevale. *Tam tatam tatatatatam!* Anche altri vollero provarci, uomini massicci, gente sbronza, fra cui Christophe e Marco, ovviamente. Sotto il loro peso i tavoli s'incurvarono, con le gambe pieghevoli agonizzanti, ma ormai nessuno era abbastanza lucido per impedire la catastrofe. La musica sembrava provenire dal più profondo degli animi, spietata come un'acquavite, e in quella notte formidabile una vite cedette. Christophe ci stava sopra. Hélène vide il tavolo mancargli sotto i piedi e lui scomparve in un gran caos di stoviglie e di carta bianca, testa all'ingiù e gambe all'aria. La sua caduta schiarì le menti nel giro di un secondo. Si capì subito che non c'era niente da ridere. Cinquanta cuori in sospeso aspettavano il seguito. La musica tacque, lasciando ognuno da solo con la violenza dei fatti e il silenzio. Hélène aveva visto tutto, la barbarie e la gioia, lo sconquasso e quello strano volo, come in un video di gag. Vide anche Marco che si precipitava e faceva spazio.

«Chiamate qualcuno!» gridò l'omone.

Si riaccesero le luci e gli invitati si ritrovarono alla mercé dei neon, sentendosi quasi nudi in quella luminosità da ospedale. Si scambiavano sguardi imbarazzati. Alcuni non erano più ben saldi sulle gambe, altri sembravano particolarmente sbracati, e quasi sporchi. La dama di Bilal scappò via di corsa, e il ragazzino scomparve dietro di lei, seguendo il nitido *clac clac* dei suoi tacchi sul pavimento. Tutti accusavano il colpo. Ora faceva quasi freddo.

Hélène si avvicinò, seguita da una manciata di festaioli sgomenti, e dietro i tavoli rovesciati trovò Marco che, in ginocchio, stringeva a sé Christophe, con la nuca umida dell'amico nel palmo della manona. Si creò un cerchio intorno a quella strana scena che ricordava confusamente immaginette religiose, drammi antichi, storie di minatori, di fabbriche, disgraziati incidenti di cui gli alberi genealogici erano pieni. Marco aveva alzato gli occhi.

«Chiamate qualcuno» ripeté.

Ma la sua voce roca era spenta e una patina umida gli velava lo sguardo.

«È morto?» chiese un ragazzino lì accanto, stupito dall'orrore di quell'immagine.

«Ma no» ribatté secco suo padre.

Hélène non osava avvicinarsi di più. Si sentiva estranea in un modo difficile da formulare. Ma lì, in quella sala delle feste in disordine, fra gente che conosceva così poco eppure riconosceva così bene, sapeva per certo un'unica cosa: ce l'aveva con Christophe. Il quale appunto si era appena mosso, prima la testa, poi le braccia. Ognuno udì distintamente una sorta di sospiro liberatorio e Hélène avvertì il sollievo intorno a sé. Poi ci fu un sussulto e il corpo di Christophe ridivenne elastico e vivo. Videro comparire la sua faccia, e dopo qualche incerto battito di ciglia, lui sorrise. Sulla fronte, un bozzo grosso come un uovo aveva già assunto i colori dell'arcobaleno.

21

I primi ad alzarsi sbucarono dalle tende verso le nove del mattino, con l'aria di chi esce da un rifugio antiatomico dopo il cataclisma. All'inizio, si misero a vagare per i prati, scarmigliati, e spesso con la stessa camicia del giorno prima ma i pantaloni della tuta e le infradito ai piedi, alcuni con la sigaretta in bocca, molti con gli occhiali da sole sul naso. Ben presto si formò la coda ai bagni. Degli uomini si fecero persino la barba. Il sole picchiava già forte.

I genitori della sposa, che erano stati gli ultimi ad andare a letto per sparecchiare, si erano alzati presto e stavano lì, in canottiera e calzoncini, entrambi stempiati, lui colossale, lei tondissima, con le stesse Puma ai piedi. Si accertavano che ognuno avesse quello che gli serviva, lei forse un po' più generalessa, ma entrambi principalmente ridenti e accomodanti. Nelle cucine avevano fatto tostare il pane della sera prima e preparato il caffè per riempire i dispenser termici, perciò poco dopo si diffuse nella sala un delizioso odore di domenica mattina che andò a solleticare gli ultimi dormienti fin nella loro tenda. Restavano vino e birre, Picon, e il frigo rigurgitava di costolette di maiale e salsicce. Aldo, il padre di Jenn, versò la carbonella in un barbecue e, con le braccia conserte, guardò la brace arroventarsi con una soddisfazione neanderthaliana. Alla fine, arrivarono ad aiutarli altri invitati e apparecchiarono il tavolo, distribuirono pane e confezioni di burro, marmellata e mostarda, tirarono fuori dal frigo enormi ciotole piene di verdure miste o insalata di patate.

A poco a poco la gente trovò qualcosa da fare. Alcuni davano una mano, altri si godevano il paesaggio stirandosi o facendo sciogliere un'aspirina. La maggior parte si limitava a chiacchierare, con un pizzico di imbarazzo nella voce, il pallido ritegno del giorno dopo una festa. Quando Gérard Marchal uscì dal suo guardaroba, era tutto indolenzito ma aveva un'aria soddisfatta. Spiegò che da qualche tempo dormiva sempre di più, forse era la terapia. Comunque, sembrava di ottimo umore e cominciò a scherzare con l'uno e con l'altro, poi si sedette a fare colazione. E solo allora si rese conto di non essersi rimesso la dentiera.

Alle undici lo zio Jacques uscì dalla sua tenda. Non si degnò di lavarsi i denti, ma si prese la briga di lisciare gli ultimi capelli con un po' di brillantina. Anche lui sembrava nella disposizione di spirito migliore, nonostante l'età avanzata e una notte spartana. Quanto a Greg, all'alba aveva riaccompagnato a casa la novella sposa e, per via della distanza, la giovane coppia non aveva avuto diritto alla visita a sorpresa che è tradizione fare la prima notte di nozze. Così, quando tornò da solo a Moudonville perché Jenn preferiva riposarsi, fu afferrato e ricoperto di schiuma da barba e coriandoli, prima che Marco gli appiccicasse in testa una manciata di carta igienica spalmata di Nutella. Tutto ciò doveva portare fortuna e lui non si sottrasse, anzi si prestò volentieri a farsi fotografare. In ogni caso aveva previsto lo scherzo e si era portato un cambio d'abito.

«E dov'è l'acrobata?» chiese mentre cercava di ripulirsi in bagno.

Marco, che beveva una birra messicana, alzò le spalle.

«Dorme, credo.»

«Non ho visto la macchina.»

«La spilungona se n'è andata da sola.»
«Ma va'?»
«Sì, ha preso le sue chiavi. Doveva *assolutamente* tornare a casa.»
«Eh, be'...»
Christophe uscì verso mezzogiorno dalla tenda in cui aveva trovato rifugio. Aveva l'impressione di non aver chiuso occhio per tutta la notte, e scoprendo nello specchio della toilette il bozzo che gli ornava la fronte si lasciò sfuggire un fischio. Era raddoppiato di volume e aveva perso i suoi colori arcobaleno per virare al giallo, al blu e al nero. Controllò il cellulare. Hélène non aveva risposto a nessuno dei suoi messaggi. Il morale non volgeva propriamente al bello stabile.

Comunque si sforzò di fare colazione con suo padre e bevve una birra che lo rimise un po' in sesto, in ogni caso abbastanza per sorridere quando qualcuno gli rivolgeva la parola. Ma lo sapeva. Era uno di quei giorni persi, quando persino il sole fa male e gli amici hanno facce da assassini.

Poco dopo venne presa la decisione di alzarsi da tavola e continuare il barbecue all'aperto. Il pasto durò per ore. La carne alla griglia profumava l'aria e gli invitati facevano la spola per servirsi mentre Aldo montava la guardia, magistrale e tonitruante davanti alla brace. Restava una montagna di formaggio e si bevve un bel po' di rosso senza riuscire però a esaurire le scorte, cosa che si tradusse in canti e nuove risate. A un certo punto lo zio Jacques si alzò in piedi e intonò una canzone della legione straniera la cui gravità commosse gli invitati. Seduti a tavola, pensierosi, ascoltarono le parole patriottiche, il ritmo ansimante che aiutava a scandire il passo dei militari, la voce di petto di quello zio così vecchio che si era appoggiato una mano sul cuore. Era comunque qualcosa, l'amore per il proprio paese.

«Forse bisognerebbe andare a votare» disse un imprudente.

La sua idea raccolse onomatopee e qualche protesta. Per quel che te ne veniva in tasca. Per quel che te ne fregava.

Allora si ripensò a tutto quel circo, il fascismo e gli *startupper*, era un mondo da non capirci niente... Per fortuna le conversazioni ripresero presto il corso abituale. Ci si sapeva comportare e la politica non era un argomento per il giorno dopo una notte di baldoria. Christophe fissava il fondo del piatto di carta, dove la salsiccia aveva lasciato tracce arancioni e brune. La madre della sposa e due delle sue sorelle impacchettavano avanzi nella carta stagnola. La festa stava finendo davvero, questa volta. Christophe si alzò per andare a dire due parole all'orecchio di Greg. Non aveva ancora notizie di Hélène. Voleva tornare a Cornécourt.

«A far che?» chiese Greg guardando l'orologio. «È ancora presto.»

Alla fine, Christophe gli disse che aveva intenzione di votare, voleva anche accertarsi che Hélène fosse rientrata sana e salva.

«Non puoi chiamarla?»

«Già fatto» rispose Christophe.

Greg si rimproverò di averlo chiesto.

«Bene» disse alzandosi non senza qualche difficoltà. Poi gridò ai quattro venti: «Qualcuno vuole tornare in città?»

«Vai già via?»

«Vado e torno in un attimo. Se c'è qualcuno che vuole venire.»

Erano poco più delle quattro. La giornata era passata troppo in fretta e ognuno si sentiva un po' offeso nel veder arrivare la fine di un così bel weekend. Si erano divertiti, avevano riso, avevano mangiato molto e bevuto troppo. I cellulari erano pieni di foto che avrebbero riguardato in seguito. I suoceri avrebbero fatto di sicuro un album, e di tanto in tanto qualcuno lo avrebbe tirato fuori da un armadio e avrebbe verificato la felicità fissata lì per sempre, il volto di una nonna o di uno zio morti nel frattempo, il corpo inverosimile dei figli, allora così piccoli, la lenta emorragia del tempo trattenuta nella diga di un rettangolo di carta lucida. Ci si sarebbe divertiti alla vista del look dell'epoca, dei tagli di capelli e della foggia dei pantaloni. Retrospettivamente la caduta di Christophe avrebbe assunto una dimensione al tempo stesso leggendaria e burlesca. E questa ragazza alta, qui, chi era? avrebbe chiesto qualcuno. Il nome di Hélène sarebbe stato dimenticato. Sarebbero rimasti solo il contorno indistinto della sua faccia sullo sfondo a destra, la sua silhouette di spalle durante l'aperitivo, un profilo di tre quarti a tavola. Lei avrebbe continuato la sua vita altrove, abbandonando un po' di luce fra le pagine dell'album, per diventare che cosa? Chissà.

Intanto l'appello di Greg aveva suscitato qualche adesione e altri si dissero che effettivamente era ora di far fagotto. Furono smontate le tende e Marie, la madre della sposa, insistette perché si portassero via un po' di avanzi, poi le prime auto partirono suonando allegramente il clacson prima di ridiscendere verso Cornécourt, con nastri di pizzo agganciati agli specchietti.

Intorno a loro la campagna era tonda, i campi ricoperti di peluria, l'acqua dei ruscelli e delle pozzanghere scintillava sotto il facile sole di maggio, mentre nel cielo appiattito rare nuvole sfilacciate si dissipavano senza fine. Durante il tragitto i quattro uomini non si scambiarono una parola. Si limitarono a strizzare gli occhi osservando il paesaggio. Marco si fece portare a casa per primo.

«Be', ciao a tutti.»

«Ciao, ciccio. Ci vediamo.»

Poi fu il turno di Christophe, che chiese a Greg di lasciarli, lui e suo padre, davanti al municipio.

«E come fai a tornare a casa?»

«Hélène dovrebbe aver lasciato la mia macchina dietro il Narval.»

Greg non fece domande. Si limitò a dire: «Bene, è stato bello.»

«Sì. Davvero.»

Si sorrisero. Il padre di Christophe, che era sceso dall'auto, chiese dove si trovavano e suo figlio glielo ricordò.

«Ah, sì» disse il vecchio, come se gli fosse tornato in mente.

Mentre si allontanavano, Greg gridò per scherzare: «Forza, e votate bene, ragazzi!»

Christophe sorrise, ma quel sorriso si trasformò subito in una smorfia. La testa gli faceva male di nuovo e, con la punta delle dita, si palpò il bozzo sulla fronte. Era sempre lì, e non lasciava dubbi su come sarebbe stata la nottata.

«Devi aver fatto un bel salto mortale» commentò il padre.

«Proprio così. Ti ricordi che stasera dormi a casa?»

«Ci sarà il bambino?»

«È da sua madre, lo sai.»

«Ah, sì, è vero.»

Ai tavolini fuori dal Narval nessuno prestò loro attenzione quando passarono. Il clima era ancora mite, a fine giornata, e i clienti si godevano quegli istanti di calma, la quasi totale assenza di traffico e il cielo impeccabile bevendo qualcosa o raschiando un gratta e vinci. Eppure, in fondo a quella quiete c'era una specie di contrarietà, una sensazione di conto alla rovescia che rovinava anche le ore più dolci. Era un'impressione nuova, non si sarebbe potuto dire quando fosse cominciata, né spiegarne davvero la causa. Ora ogni piacere sembrava contenere in sé quell'umore da fine licenza, ogni momento privilegiato assumeva l'aspetto dell'ultimo giorno delle vacanze. Come se il ritorno delle stagioni non fosse più garantito.

Nel frattempo, intorno a quella piazza banale, con la sua sala scommesse, la sua panetteria, la sua agenzia immobiliare e, poco lontano, la chiesa sempre vuota, un mondo si godeva pienamente la tregua. E nella bella domenica di maggio che si avviava verso la sera, il clima era così tiepido, la vita così paziente che era quasi impossibile intuire l'immenso accumulo di gas che rombava nelle viscere di quell'universo preoccupato per la propria fine.

Epilogo

In genere Christophe preferisce lasciare la macchina vicino all'ingresso, ma il sabato pomeriggio il parcheggio del Castorama è inespugnabile e, dopo aver girato un po', deve rassegnarsi a fermarsi all'altro capo.

«Dovremo camminare, orsacchiotto.»

Dietro, il bambino è immerso in un grosso fumetto di zio Paperone. Come al solito Christophe lo ha vestito troppo, felpa, piumino, sciarpa, perciò il bambino ha le guance tutte rosse.

«Non hai troppo caldo?»

«Sì.»

«Be', togliti la sciarpa, slacciati il giaccone.»

Gabriel appoggia il libro e obbedisce.

Ora ha otto anni. I capelli si sono scuriti e gli piovono sugli occhi, dietro gli occhiali. Non vuole tagliarseli. E comunque a sua madre piacciono così.

Ogni volta che Christophe va a prenderlo, non può che constatare i cambiamenti. Com'è lontano il biondino con la testa quasi sproporzionata, il corpo fatto di stecchetti e lo sguardo innocente che ricordava quello di un cerbiatto. A volte, quando è a letto, la sera tardi, Christophe fa scorrere le vecchie foto sul cellulare. Non riesce a capacitarsi. Si chiede dove si trovasse allora, a che cosa pensasse. Guarda il piccolo seduto a un tavolino con i suoi compagni del secondo anno di scuola materna, tutti impegnati a dipingere, seri nel loro grembiulino, ed è costretto ad ammettere di non avere nessun ricordo di quel periodo. Era troppo preso dalle sue grane, il lavoro, la separazione da Charlie, i doposbronza con gli amici. A volte pensa di essersi perso il meglio. Allora si alza ed esce a fumare sulla soglia di casa. Quel tempo non tornerà. Forse bisognerebbe cancellare le foto, condannarsi sul serio al presente. Christophe non ha il coraggio di farlo.

Il bambino sbatte la portiera, prende per mano suo padre e tutti e due si dirigono verso il negozio. Nel parcheggio la gente va e viene con i carrelli pieni di sacchi di terra, bastoni da tenda o rotoli di carta da parati. Hanno un'aria frettolosa, indossano jeans e sneakers, piumini senza maniche, e parlano con un pesante accento che è un piacere ascoltare. All'ingresso, una signora truccatissima con un berrettino di carta offre cialde il cui profumo zuccherato riempie la bocca di saliva.

«Me ne compri una?» chiede il bambino.

«Vedremo quando usciamo.»

Christophe prende un cestino all'ingresso e, dopo aver consultato la lista della spesa, si mette alla ricerca di un rilevatore di fumo. Si sforza di non camminare troppo veloce perché il bambino possa stargli dietro.

«Mi piacerebbe da morire avere una cassetta degli attrezzi.»

«Per far che, orsacchiotto?»

«Ma per fare bricolage, no?»

«Potresti chiederla a Babbo Natale.»

«Che non esiste, ovviamente.»

«Ah, no?»

«Lo sai benissimo.»

«Dovevi avvertirmi, avrei messo da parte i soldi.»

«Ah ah...» risponde il bambino. «Che ridere.»

Nel reparto elettricità Christophe sceglie due ciabatte,

prende al volo un metro pieghevole perché può sempre servire, poi si dirige verso il fondo, nell'angolo riservato al giardinaggio.

«Vorrei guardare i decespugliatori, quanto costano.»

«Va bene.»

Passando, lo colpisce una silhouette all'altezza del reparto bagno. Una donna alta, jeans aderenti, camicia a quadretti, Converse, coda di cavallo in cima alla testa. Si ferma, con il batticuore.

«Che succede, papà?»

«Niente, micino.»

Hélène è lì, e sta chiacchierando con un commesso. Al suo fianco, una preadolescente e una bambina che deve avere più o meno l'età di Gabriel. Christophe non la vede in faccia e non ne ha bisogno. Ha riconosciuto d'istinto quella mano sul fianco, l'inclinazione tipica della testa, la curva in fondo alla schiena, le spalle strette e quel culo così ben messo. Subito, è tutto un mondo che torna a galla, con le sue luci e i suoi particolari.

«Andiamo, papà?»

«Un minuto, tesoro.»

Christophe scuote il capo e stringe di più la mano di suo figlio.

«Torniamo a casa» dice, con un po' di difficoltà.

«Non andiamo a vedere i tagliaerba?»

«Un'altra volta.»

«E le cialde?»

«Non c'è tempo.»

«Perché?»

Seguono faticose trattative. Christophe cerca di trascinare il figlio verso l'uscita, ma Gabriel è cocciuto. E instancabile.

«Cammini troppo in fretta!» protesta. «E la mia cialda?»

«Sbrigati. Abbiamo fretta.»

Il padre getta un'occhiata da sopra la spalla. Hélène se ne sta impalata in mezzo al corridoio centrale. Lo guarda scappare. Allora lui si ferma e le rivolge un sorrisetto educato. Fanno qualche passo l'uno verso l'altra.

«È buffo rivedersi qui.»

«Sì. Che fai da queste parti? Non abiti più a Nancy?»

«Sì, sì.»

Comunque, Christophe vede bene che anche lei è un po' scossa. Le guance si sono colorate di rosa, come sempre quando è emozionata, e i capelli le si arricciano leggermente sulla testa. Riconosce quei segni. Succedeva anche dopo l'amore. E riconosce il suo odore, il mix della sua pelle, bucato e profumo che è sempre lo stesso. I bambini si guardano in cagnesco. Hélène ha cominciato a raccontargli la sua vita, per riempire il vuoto, soprattutto. Cerca di essere allegra e di sembrare a suo agio. La si direbbe una conduttrice televisiva.

Dunque, in realtà la casa di cui erano proprietari lei e Philippe è stata venduta (e venduta bene, aggiunge con un'alzata di sopracciglia piena di soddisfazione). Ha potuto comprare un trilocale carinissimo in un complesso residenziale moderno e soprattutto ha scovato una vecchia casa colonica nei Vosgi, dalle parti di Saint-Michel-sur-Meurthe, un posto magnifico, in mezzo ai prati, con quasi nessuno intorno e una bella vista.

«Avevo dimenticato com'è fico vivere senza avere niente di fronte» dice.

Christophe concorda. Ha mollato la mano di Gabriel e Hélène dà dieci euro alle figlie perché vadano a comprarsi delle cialde con il nuovo amichetto.

«Insomma, c'è un sacco da fare. Ci passo tutti i weekend.»

«E il lavoro?»

«Ho dato un bel colpo di freno. Aspetto che la piccola sia cresciuta un po' e poi metterò su uno studio mio. Ho un sacco di idee.»

«Fai bene» ammette Christophe. «E con la manutenzione te la cavi?»

«Mah, sai, abbastanza.» Per educazione, aggiunge subito: «Dovete fare un salto, tu e Gabriel.»

«Sì» sorride Christophe. «Sarebbe carino.»

La guarda. È bella, bella come i ricordi delle vacanze, come quelle facce familiari che ti tornano in mente insieme all'odore dell'erba appena tagliata, o resuscitano quando il pomeriggio filtra dalle imposte e rianima la memoria di un sonnellino in una casa dove sei stato felice. Hélène contiene tutto quel tempo condiviso. La grande boccata d'aria dei loro sei mesi.

«E tu?» dice lei.

«Tutto bene.»

«Lavori sempre per la stessa azienda?»

«Sì. E faccio più o meno il direttore sportivo della squadra, anche.»

«Ah, fantastico!» si entusiasma Hélène.

Christophe nota che è sollevata. Anche nella vita di lui si è mosso qualcosa.

«Puntiamo alla divisione élite fra tre o quattro anni. C'è tanto da costruire, ma abbiamo buone basi.»

«Certo. Bisogna crederci!»

Dalle narici di Christophe esce un piccolo sospiro divertito. Non è cambiata. E lui nemmeno. Eppure, niente è rimasto uguale. Avverte una contrazione nelle spalle e sorride.

«Mi fa piacere rivederti.»

«Sì. Anche a me.»

A quel punto tornano i bambini, sovreccitati e tutti appiccicosi di zucchero.

«Ah, quanto siete carini. No no no, non toccarmi con quelle mani disgustose.»

Hélène si è alzata in punta di piedi, con un paio di occhiacci che fanno ridere i bambini. Christophe nota che Clara lo guarda con un'aria strana, addentando la sua cialda.

«Bene» dice Hélène.

«Sì.»

Per un secondo non sanno se baciarsi sulle guance. Poi si separano così.

«Ho ancora due o tre cose da comprare» dice Hélène.

«Allora buon weekend.»

«Sì, anche a voi. Ciao, Gabriel.»

Il bambino alza un pollice per dire che è tutto okay, inghiottendo un altro morso della sua cialda. Ha il mento coperto di zucchero a velo, che gli disegna una specie di aureola bianca sul petto. Christophe sente nella mano i suoi ditini fiduciosi e inzuccherati. Tornano all'auto passando dalla cassa. Prima di uscire dal parcheggio, Christophe non può fare a meno di rallentare davanti alla porta d'ingresso.

«Chi era?» chiede Gabriel.

«Un'amica.»

«Mi ricordo di lei.»

«Ah, sì?»

«Certo.»

«E sono bei ricordi?»

«Abbastanza.»

Christophe si gira per guardare in faccia il bambino, che gli concede un sorriso forzato, proprio come per le fotografie. Si è già immerso di nuovo nel suo *Zio Paperone* formato gigante. A Christophe vibra in tasca il cellulare. È Nadia. Risponde.

«Dimmi, tesoro.»

La massiccia station-wagon parte e, dopo il segnale di precedenza, s'immette sulla strada che torna a Cornécourt. Poi Christophe getta un'occhiata al cielo sopra di loro, in cui passa qualche nuvola grigia. Ma risponde che sì, certo, un barbecue è un'ottima idea. Il primo dell'anno. Si scambiano qualche altra parola, un bacio, la telefonata finisce così e lui preme forte sull'acceleratore, con il cuore a pezzi. Dietro, il bambino, sorpreso dalla velocità, esclama allegramente: «Forza ragazzi.»

Ringraziamenti

Sabine Barthélemy, Édith Bernez, Gaëlle Bona, Guillaume Chassard, Thierry Corvoisier, Cindy Couval-Mathieu, Sabine Desilles, Pierre-Henry Gomont, Elsa Grimberg, Thaël Huard, Jean-Nicolas Lecomte, Éloïse e Philippe Martin, Hélène Martin, David Mathieu, Nicolas Matyjasik, Anthony Maurice per il suo aiuto così prezioso, Lucie Mikaelian (per il suo formidabile diario adolescenziale «Mes 14 ans»), Cécile Moizard-Matyjasik, Brigitte e Patrick Nouyrigat, Cécile Rich, Anne Rosencher, Romain Sarmejean, Manuel Tricoteaux, Faïza Zerouala.

Ringrazio infine Nicolas Martin e la squadra di hockey di Épinal, i giocatori, lo staff tecnico.

Stampato da
Grafica Veneta S.p.A., Trebaseleghe (PD)
per conto di Marsilio Editori® in Venezia

EDIZIONE
10 9 8 7 6 5 4 3 2 1

ANNO
2023 2024 2025 2026 2027